NATIONAL G
piccola guida

NATIONAL GALLERY
piccola guida

Erika Langmuir

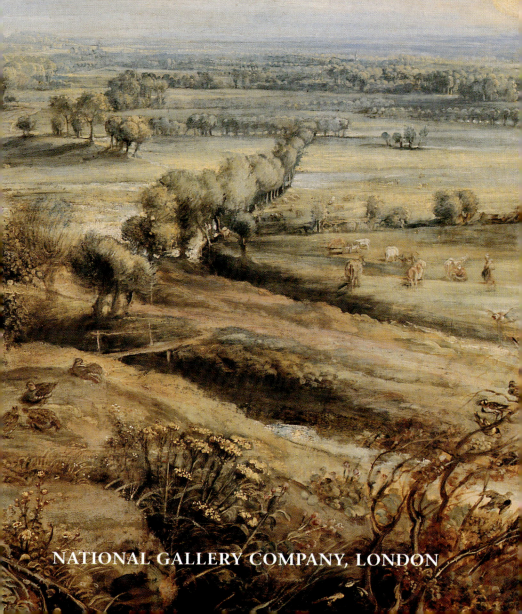

NATIONAL GALLERY COMPANY, LONDON

In affettuoso ricordo dei miei genitori

Traduzione dall'inglese di Anna Bertolino

PARTICOLARI
Frontespizio Dettaglio dal *Paesaggio autunnale con veduta di Het Steen di prima mattina* di Rubens, si veda pagina 236.
Pagina 10 Dettaglio dalla *Natività, notturno* di Geertgen tot Sint Jans, si veda pagina 47.
Pagina 13 Dettaglio dalla *Famiglia di Dario davanti ad Alessandro* del Veronese, si veda pagina 165.
Pagina 16 Dettaglio dall'*Annunciazione con Sant'Emidio* di Crivelli, si veda pagina 37.
Pagina 98 Dettaglio da *Giuseppe e Giacobbe in Egitto* del Pontormo, si veda pagina 144.
Pagina 168 Dettaglio dalla *Scena di cucina con Cristo nella casa di Marta e Maria* di Velázquez, si veda pagina 251.
Pagina 258 Dettaglio dai *Bagnanti ad Asnières* di Seurat, si veda pagina 320.

IN COPERTINA:
Dettagli di angeli dalla *'Madonna di Manchester'* di Michelangelo; si veda pagina 135.

Titolo originale: *The National Gallery Companion Guide*
© National Gallery Publications Limited 1994
Edizione italiana riveduta © National Gallery Company Limited 2000
Ristampa 2000
Henri Matisse, *Ritratto di Greta Moll*, 1908. © Succession H. Matisse/DACS 2000
Pablo Picasso, *Vaso di frutta, bottiglia e violino*, 1914 ca. © Succession Picasso/DACS 2000
I diritti di traduzione, di memorizzazione elettronica, di riproduzione e di adattamento, totale o parziale, in qualsiasi forma e con qualsiasi mezzo elettronico o meccanico, compresi i microfilm e le copie fotostatiche, sono riservati.
ISBN 1 85709 233 3
525297
Redazione: Diana Davies, Felicity Luard
Progetto grafico: Gillian Greenwood
Impaginazione: Helen Robertson
Realizzazione tecnica: Hugh Tempest-Radford *Book Producers*
Stampa: Snoeck-Ducaju & Zoon, Belgio

Indice

Premessa 7

Ringraziamenti 8

Prefazione di Neil MacGregor 9

Breve storia della National Gallery 11

Pianta del piano principale 14

Introduzione 15

ALA SAINSBURY 17
   La pittura dal 1260 al 1510

ALA OVEST 99
   La pittura dal 1510 al 1600

ALA NORD 169
   La pittura dal 1600 al 1700

ALA EST 257
   La pittura dal 1700 al 1900

Nuove acquisizioni 331

Indice dei nomi, dei luoghi e delle opere 339

Chiunque abbia visitato la National Gallery più di una volta nell'arco degli ultimi cinque anni, avrà certamente notato grandi cambiamenti. Un'incessante opera di ristrutturazione ha infatti restituito molte sale della galleria ai suoi antichi splendori, e inoltre sono state acquisite alcune opere d'arte, ora visibili al pubblico. Infine, l'apertura nel 1991 della nuova ala della Galleria, l'Ala Sainsbury, ha consentito di ampliare lo spazio espositivo e di ricollocare l'intera Collezione.

Si sentiva la mancanza di una guida di pronta consultazione al servizio del visitatore, di chiunque, in verità, potesse nutrire un qualche interesse per la principale collezione d'arte britannica. Il presente volumetto vuole appunto colmare tale lacuna. Noi della ABN AMRO Bank siamo felici del nostro coinvolgimento in questa impresa, e ci auguriamo che la guida sia pienamente apprezzata dai lettori. Non potrebbe immaginarsi migliore illustrazione della ricerca di qualità e di eccellenza perseguita dalla National Gallery; un obiettivo condiviso, nel suo specifico campo, anche dalla ABN AMRO Bank.

P. J. Kalff, PRESIDENTE
Consiglio Direttivo, maggio 1994

Ringraziamenti

Neil MacGregor e Patricia Williams sono i veri ideatori di questa *Guida*, oltre che suoi primi lettori. Non potrò mai ringraziarli abbastanza per il loro incoraggiamento e i loro commenti acuti e stimolanti. A Neil MacGregor sono grata anche per il suo contributo di informazioni e di intuizioni nel campo della storia dell'arte, così come sono grata a tutti i colleghi della National Gallery, presenti e passati, sulla cui opera di ricerca e sul cui generoso aiuto ho potuto fare notevole affidamento. Spero che conservino memoria di quel vecchio adagio secondo il quale il plagio è la forma più sincera dell'adulazione. È stato per me, inoltre, un privilegio poter lavorare insieme a Diana Davies, redattrice che non si potrebbe desiderare più attenta e scrupolosa, e a Felicity Luard, abile traghettatrice del manoscritto verso la sua forma finale. È quasi superfluo aggiungere che gli eventuali errori residui sono di mia esclusiva responsabilità. L'abile opera di Gillian Greenwood ha reso possibile l'inserimento, in una veste grafica gradevole per il lettore, di tavole più ampie e una maggiore quantità di testo di quanto avessi osato sperare.

Non inferiore è il mio debito verso altri, maestri e amici. Sir Ernst Gombrich ha rappresentato un importante punto di riferimento per gran parte della mia esistenza matura; gli sono debitrice di numerosi gesti di grande gentilezza. Lorenz Eitner ha reso possibile la mia carriera di storica dell'arte. Entrambi troveranno tra queste pagine riflessi delle loro opere; così come Lorne Campbell, Judy Egerton, Jennifer Fletcher, Enriqueta Harris Frankfort, Martin Kemp, Norbert Lynton, Elisabeth McGrath, Linda e Peter Parshall, Paula Rego, Catherine Reynolds, Bridget Riley e altri, troppo numerosi perché io li possa menzionare tutti.

Se fondamentale è stata la consulenza in campo informatico di Valerie Langmuir, si può dire, letteralmente, che senza l'inesauribile sostegno di Charles McKeown questo libro non sarebbe mai stato scritto. A entrambi, il mio affettuoso ringraziamento.

Prefazione

Nel Paese delle Meraviglie, come forse ricorderete, in un momento di tristezza Alice si domanda a che cosa mai possa servire un libro senza figure o dialoghi. Questo libro, sono ben felice di poter dire, è ricco di entrambe le cose: le illustrazioni presentano immagini tra le più belle che siano mai state dipinte; e il dialogo, è con qualcuno che le conosce così intimamente come sia mai possibile conoscere grandi opere d'arte.

La Collezione della National Gallery è inesauribile; in un certo senso, è essa stessa un paese di meraviglie. Non perché sia grande in senso spaziale o quantitativo: in confronto all'Ermitage, al Prado o al Louvre, la nostra è una piccola galleria, con poco più di duemila opere, tutte di solito esposte al pubblico. Ma contiene supremi capolavori di ogni scuola pittorica europea, dalla fine del tredicesimo secolo all'inizio del nostro. A Trafalgar Square, come forse in nessun altro luogo, si possono percorrere sette secoli di pittura europea restando sempre ad alta quota; e, come sempre in montagna, è utile avere una guida. Naturalmente, tutti amiamo osservare in solitudine, faccia a faccia con Leonardo o con van Gogh; senza contare che nel corso di una visita alla Galleria è sempre possibile consultare su ogni opera il computer della Micro Gallery. Sono sicuro, tuttavia, che ognuno di noi trovi più facile soffermarsi a lungo davanti a un dipinto con qualcuno accanto, che noterà particolari a noi sfuggiti e sollecitarà riflessioni che, se soli, non ci sarebbero venute in mente.

Questo è appunto il ruolo della nostra guida. Erika Langmuir ha la rara capacità di accostarsi alla pittura con occhi spontanei e allo stesso tempo con grande erudizione, senza ombra di pedanteria. Non c'è nessuno che preferirei avere accanto più di lei per le sale della Galleria. Ripetutamente, i suoi commenti mi hanno riportato a quadri che credevo di conoscere, ma che si rivelano ancora più ricchi di quanto avessi immaginato. E sono convinto che questa sarà l'esperienza di ogni lettore.

La National Gallery è nata nel 1824 con lo scopo di offrire a tutti, nel paese intero, l'occasione di possedere e apprezzare grandi opere pittoriche. L'ingresso è gratuito perché tutti possano venire a visitarla, ogni qual volta lo desiderino. Questa *Piccola guida* ci dà modo di approfondire l'esperienza del piacere estetico; perciò siamo molto grati alla ABN AMRO Bank, la cui generosità ci ha permesso di pubblicarla e renderla accessibile al più vasto pubblico. Se per suo tramite il visitatore sentirà di apprezzare maggiormente i dipinti, entrambi potremo ritenerci pienamente soddisfatti.

Neil MacGregor, DIRETTORE

Breve storia della National Gallery

La National Gallery è un'eccezione tra i grandi musei pubblici europei, non avendo come nucleo una collezione reale o principesca; né, suscitando talvolta lo stupore dei visitatori stranieri, espone principalmente opere di artisti britannici, concentrati invece alla Tate Gallery. La National Gallery ospita la collezione nazionale di opere pittoriche di ogni scuola dell'arte europea occidentale, dalla fine del tredicesimo secolo al 1900; in altre parole, da Margarito d'Arezzo (pagina 65) a Monet (pagina 303).

Fondata nel 1824, la Galleria giunge in ritardo rispetto ad altre comparabili istituzioni. Le collezioni dei Medici a Firenze erano state donate allo Stato di Toscana nel 1737, e altri importanti ricettacoli di opere d'arte furono aperti al pubblico di lì a poco: a Vienna nel 1781, a Parigi nel 1793, ad Amsterdam nel 1808, a Madrid nel 1809, a Berlino nel 1823. Nel 1753, è vero, era stato fondato il British Museum, ma si trattava fondamentalmente di una collezione di scultura antica, monete e medaglie, che si era poi ampliata con l'aggiunta di libri, stampe e disegni; il numero delle opere pittoriche era esiguo. La Royal Academy, istituita nel 1768, aveva finalità didattiche e periodicamente allestiva mostre d'arte, ma i pittori moderni non vi potevano trovare dipinti dei Grandi Maestri da copiare. E sebbene Constable, tra gli altri, deplorasse l'idea di una Galleria Nazionale, scrivendo nel 1822 'sarà la fine per l'arte nella povera vecchia Inghilterra ... coloro che producono quadri essendo diventati il criterio della perfezione, invece della natura', altri accademici, conoscitori animati da senso civico e politici, si associarono per spingere il parlamento a considerare 'un progetto ... volto all'istituzione di una Galleria Nazionale di pittura e alla promozione della pittura storica' (Joseph Farington, membro della Royal Academy, in un'annotazione del 1805). Nel 1823, come incentivo a un governo in ristrettezze economiche, Sir John Beaumont, patrono di Constable e fervido fautore dell'istituzione di una Galleria Nazionale, promise di lasciare la sua collezione pittorica alla nazione, a patto che si trovasse una sede adeguata alla sua esposizione e conservazione. A questa generosa offerta ben presto si aggiunse quella del reverendo Holwell Carr, che promise i propri dipinti alle stesse condizioni. Essi sono stati i primi, e tra i più grandi, dei numerosi benefattori della Galleria. Il *Paesaggio autunnale col castello di Steen* di Rubens (pagina 237) e *Il cortile dello scalpellino* del Canaletto (pagina 262) sono due delle pitture donate da Beaumont, mentre il lascito di Holwell Carr annovera, tra il resto, il *San Giorgio e il drago* del Tintoretto (pagina 156) e la *Giovane che si bagna in un ruscello* di Rembrandt (pagina 228).

A convincere il governo fu, infine, la sorprendente concomitanza di due eventi nel 1824: l'offerta di vendita della collezione di Grandi Maestri raccolta da John Julius Angerstein (1735–1823), finanziere intraprendente, di modeste origini, filantropo e collezionista nativo di San Pietroburgo, e l'inattesa restituzione di un debito di guerra da parte degli austriaci. Utilizzando quest'ultima per acquisire la prima, nacque la National Gallery. La bellissima pala di Sebastiano del Piombo, la *Resurrezione di Lazzaro* (pagina 151), faceva parte della collezione di Angerstein e reca il numero di accessione '1' della Collezione.

Aperta in un primo tempo presso la residenza privata cittadina di Angerstein, al 100 di Pall Mall, la Galleria si trasferì in una sede appositamente costruita solo nel 1838, e per i trent'anni successivi dovette condividere l'assai criticato edificio di William Wilkins a Trafalgar Square (che non era ancora la 'diletta amica' degli anni '80 appena trascorsi) con la Royal Academy. Grazie a donazioni, lasciti e acquisizioni, la Collezione crebbe rapidamente, rendendo necessari gli ampliamenti apportati negli anni '70 del secolo scorso per opera di E. M. Barry, che coinvolgono l'intera parte dell'edificio situata dietro l'ala orientale della costruzione originaria. Nel 1887 furono aggiunte altre gallerie a nord del colonnato; nel 1911 l'edificio fu esteso sul lato occidentale. Nei tardi anni '20, nei primi anni '30 e nel 1961 furono aggiunte nuove sale e coperti alcuni cortili. Le Gallerie Nord, che offrono un altro ingresso da Orange Street, sono state completate nel 1975. Infine, nel 1991 è stata inaugurata l'Ala Sainsbury, costruita a ovest del principale complesso della Galleria grazie a una donazione privata, e appositamente progettata da Robert Venturi per ospitare i dipinti più antichi della Collezione, sul luogo in precedenza occupato da un emporio di mobili distrutto dai bombardamenti durante la guerra.

Sin dall'inizio si intendeva che la Galleria fosse aperta non soltanto agli artisti e ai copisti, ma a tutti senza distinzione. Il parlamento insistette che anche i bambini vi fossero ammessi, altrimenti i poveri, che non disponevano di servitù né di bambinaie, sarebbero stati impossibilitati a visitarla. Richieste di trasferire la Galleria in un quartiere meno inquinato non furono esaudite, poiché si ritenne che l'ubicazione dell'edificio nel 'principale corridoio di passaggio di Londra' rispondesse nel migliore dei modi alle esigenze di coloro che non avevano la fortuna di possedere grandi opere pittoriche, quel 'folto gruppo di persone che hanno scarsa familiarità con l'arte, assai desiderose di saperne di più, molto occupate dai propri affari, che di tanto in tanto trovano una mezz'ora di tempo libero, mai un giorno intero ...', come scrive Justice Coleridge nel 1857 alla commissione parlamentare incaricata di occuparsi dell'ubicazione della Galleria.

La moderna National Gallery, un'istituzione più complessa rispetto al suo precedente ottocentesco, continua a onorare i propositi originari. I Dipartimenti scientifico e della conservazione fanno in modo che i dipinti siano esposti in buone condizioni, preservati per le generazioni future; obiettivo cui contribuisce, in modo diverso, anche il personale responsabile della sorveglianza, che garantisce il benessere e l'incolumità delle opere e dei visitatori. L'accesso alla Collezione permanente è tuttora gratuito, e la visita dei bambini molto gradita, non soltanto in compagnia dei familiari ma anche nell'ambito delle attività scolastiche. I 'desiderosi di saperne di più' possono ricorrere a vari strumenti informativi: conferenze e visite guidate, pubblicazioni, materiale videoregistrato o consultabile tramite computer; in questo modo, grazie all'esperto personale addetto alla conservazione della Galleria, i visitatori hanno l'opportunità di venire a conoscenza dei frutti della ricerca degli studiosi. Occasionalmente la Galleria allestisce, inoltre, mostre temporanee di opere pittoriche normalmente non esposte a Londra e di dipinti della Collezione inseriti in nuovi contesti. Malgrado le continue trasformazioni, caratteristica di ogni istituzione viva, la migliore illustrazione dei propositi, presenti e passati, della National Gallery resta quella presentata alla Commissione parlamentare del 1857: 'l'*esistenza* delle pitture non è in sé il fine della collezione, ma soltanto un mezzo per offrire alle persone un piacere nobilitante.'

Pianta del piano principale

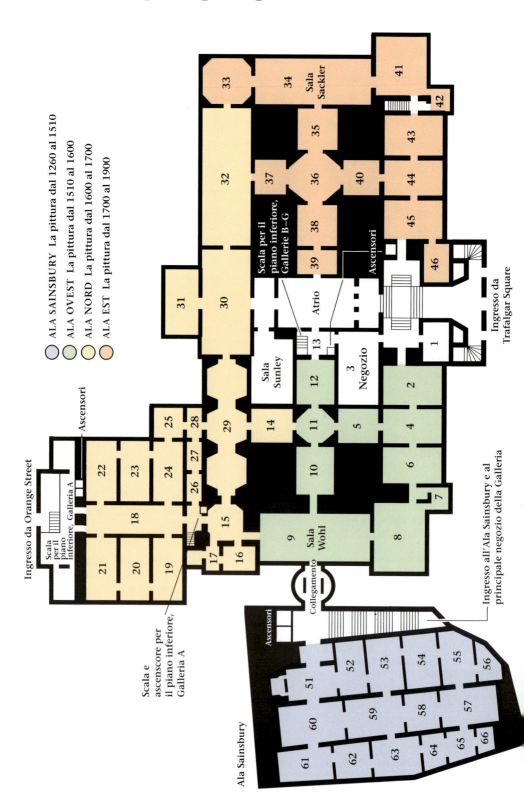

Introduzione

Questa *Guida* vuol essere un utile *vademecum* per i visitatori della National Gallery, ma anche un testo leggibile tra le pareti domestiche. Essa è suddivisa in quattro sezioni, che corrispondono alla disposizione cronologica delle opere negli ambienti del piano principale della Galleria: la *pittura dal 1260 al 1510* nell'Ala Sainsbury, la *pittura dal 1510 al 1600* nell'Ala Ovest, la *pittura dal 1600 al 1700* nell'Ala Nord, e la *pittura dal 1700 al 1900* nell'Ala Est. Ogni sezione si apre con un breve testo che introduce i principali artisti rappresentati nell'ala e descrive i principali generi dei dipinti, la loro funzione e ubicazione originaria, tecnica, materiali, soggetto e stile. I lettori vengono sensibilizzati verso particolari temi – quali l'evoluzione del paesaggio o della ritrattistica ufficiale – che essi potranno anche ricercare per conto proprio nel corso della visita, e messi in guardia contro eventuali 'trabocchetti': molti dipinti del primo Rinascimento esposti nell'Ala Sainsbury, ad esempio, sono frammenti di opere più complesse, destinate a un particolare contesto visivo. Sono illustrati e commentati circa 50 dei quadri più importanti o più noti per ogni ala della Galleria, duecento opere complessivamente, disposte in ordine alfabetico in base al nome dell'artista in ogni sezione. Nel caso in cui vi siano più dipinti dello stesso artista, questi vengono trattati secondo l'ordine di acquisizione. L'unica eccezione è la *Signora con scoiattolo e storno* di Holbein, pittura acquistata mentre si stavano compilando le voci relative all'artista e inclusa in uno slancio di entusiasmo. Ciascuna voce è completa in sé; e tuttavia, la natura eccezionalmente equilibrata della Collezione della National Gallery e l'allestimento cronologico dell'esposizione, trasversale alle diverse scuole nazionali, la varietà degli argomenti trattati nel testo e i copiosi rimandi tra le diverse voci, consentono la lettura della *Guida* come un'introduzione ai principali temi della storia dell'arte occidentale. In calce al volume si può trovare un indice dei nomi e dei luoghi.

Il lettore interessato a conoscere meglio l'intera Collezione potrà consultare il catalogo illustrato completo della National Gallery (*Complete Illustrated Catalogue*) curato da Christopher Baker e Tom Henry. Per un'illustrazione dettagliata delle tecniche e del contesto sociale della pittura del primo Rinascimento, si rimanda, invece, a *Giotto to Dürer: Early Renaissance Painting in The National Gallery*, primo di una serie di quattro libri dedicati alla Collezione, che offre un approfondito commento su alcuni dipinti dell'Ala Sainsbury.

ALA SAINSBURY
La pittura dal 1260 al 1510

L'Ala Sainsbury, inaugurata nel luglio del 1991, è stata espressamente progettata per ospitare i dipinti più antichi della National Gallery. Anziché essere segregate in base a stretti criteri di scuola nazionale, le pitture del Nord e del Sud dell'Europa sono integrate tra loro, esposte in ordine largamente cronologico in sale adiacenti; una disposizione che serve a ricordarci, mentre attraversiamo l'ala, che in questo periodo le opere d'arte, gli artisti e i loro clienti viaggiavano molto, e vi era libero scambio di idee e di ideali. I confini di stato erano, comunque, diversi da quelli attuali: né l'Italia, né la Germania, né l'Olanda esistevano come nazioni. La mappa dell'Europa si configurava sostanzialmente come un mosaico di principati e città-stato, alcuni dei quali legati a signori feudali, inclusi re e l'Imperatore. Le corti, grandi consumatrici d'arte, erano in continui rapporti tra loro e spesso avevano interessi in più parti d'Europa.

Tutti i regnanti in Occidente riconoscevano l'autorità spirituale del papa, capo della Chiesa cattolica romana per la quale veniva creata la maggior parte delle opere di architettura, pittura e scultura. Nello stesso periodo, tuttavia, si stabilirono tradizioni di arte locale, incoraggiate dalle corporazioni degli artigiani e dai legami familiari. Entrambe le tendenze – verso una dimensione internazionale da una parte, e verso la formazione di stili locali dall'altra – possono essere riconosciute nella disposizione dei dipinti in quest'ala. Il maggior numero di sale è riservato all'arte italiana, fatto, questo, che rispecchia una predilezione nella Collezione della National Gallery e che, a sua volta, trova riflesso nello stile architettonico dell'Ala Sainsbury, che evoca i sobri interni delle chiese rinascimentali italiane.

I dipinti esposti in quest'ala della Galleria sono per la maggior parte opere di carattere devozionale: pale d'altare, o frammenti delle stesse, che provengono da chiese o cappelle di culto cristiano, oppure immagini destinate a essere oggetto di meditazione religiosa o di preghiera, in ambiente domestico o nel corso di un viaggio. Talvolta, particolarmente per le opere della fine del Quattrocento, è difficile definire con precisione il confine tra la devozione religiosa e l'amore per la pittura, come vediamo, ad esempio, nella deliziosa raffigurazione di formato ridotto del *San Girolamo nello studio* di Antonello da Messina. I quadri che esulano dalla sfera religiosa sono principalmente ritratti; e uno dei temi che attraversano quest'ala della Galleria è l'evoluzione di una ritrattistica connotata da crescente realismo, un genere di pittura nel quale furono pionieri gli artisti dell'Europa settentrionale. Altre opere di carattere secolare sono dipinti che venivano usati come elementi decorativi di arredi o di pannellature d'interno; qui i soggetti potevano essere tratti liberamente dalla storia, come nella *Battaglia di San Romano* di Paolo Uccello, oppure dall'antica mitologia greco-romana, come nel *Marte e Venere* del Botticelli.

Nell'arco dell'intero periodo rappresentato, generazioni successive di pittori, tanto nel Nord quanto nel Sud dell'Europa, sembrano tendere verso una sempre maggiore verosimiglianza; a rendere, cioè, il mondo dipinto sempre più simile al mondo tridimensionale nel quale abitiamo, senza, tuttavia, sacrificarne l'ordine astratto e la bellezza. Ma sarebbe inesatto concludere che questa ricerca di maggiore affinità con il reale sia sintomo di una progressiva secolarizzazione, di un allontanamento dai valori spirituali. Al pari dei predicatori e dei poeti dell'epoca, anche i pittori miravano a toccare l'animo umano, a convincere il pubblico della pressante verità del loro messaggio, a muoverlo alle lacrime o alla gioia, insieme con i loro personaggi dipinti, a cercare in essi consolazione o a trarne conforto.

Escludendo l'affresco, le pitture di questo periodo pervenute sino a noi sono per lo più eseguite su tavole di legno. La cornice è sovente parte integrante della struttura della tavola. Molti dipinti venivano realizzati su un supporto di tessuto leggero di seta o lino, come decorazioni effimere, da portare in trionfo nelle processioni o da mandare a clienti all'estero. Di questi fragili lavori, pochi sono sopravvissuti; tra questi, la solenne *Deposizione nel sepolcro* di Bouts. Come molte opere dello stesso tipo, essa è stata eseguita con una pittura a base di colla. In Italia i dipinti su tavola a quest'epoca venivano realizzati principalmente a tempera, una tecnica che utilizzava pigmenti finemente polverizzati a mano sospesi in un'emulsione di rosso d'uovo o uovo intero, sopra una superficie bianca e liscia. Nell'Europa settentrionale si preferiva, invece, ricorrere agli oli seccativi, in particolare all'olio di lino, come diluenti nella pittura su tavola; dietro influenza dell'arte nordica, l'uso degli oli si sarebbe diffuso anche in Italia a partire approssimativamente dal 1500. La *Figura allegorica* di Cosimo Tura, che risale alla seconda metà del quinto decennio del Quattrocento, è probabilmente la più antica opera italiana che si conosca in cui si utilizzi un medium oleoso, secondo la tecnica già perfezionata dagli artisti dei Paesi Bassi. Sia gli oli, sia la tempera a uovo richiedevano una meticolosa pianificazione iniziale e grande precisione esecutiva, rendendo necessario il ricorso al disegno preliminare, ora visibile sotto la superficie dipinta tramite la fotografia e la riflettografia a raggi infrarossi.

Gli artisti, tanto a nord quanto a sud delle Alpi, facevano uso anche dell'oro in foglia, ricavato dalla battitura di monete d'oro, come sfondo oppure applicato sulla superficie della pittura come tratti luminosi. L'oro veniva spesso intagliato o punzonato per accrescere l'interesse della superficie del dipinto e per distinguere, ad esempio, le aureole dal fondo oro. Per catturare almeno parte dell'effetto originale, dobbiamo immaginare le pale d'altare dorate dell'Ala Sainsbury come evocative di preziosi oggetti d'oro massiccio decorato di smalti, che brillano alla luce intermittente di tremolanti fiammelle.

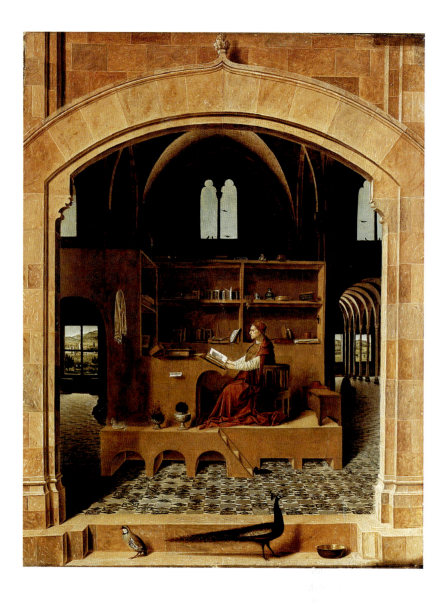

Antonello da Messina   attivo nel 1456–morto nel 1479

San Girolamo nello studio

Circa 1475–6. Olio su tavola di tiglio, 46 x 36 cm

Nel 1456 Antonello operava nella città di Messina in Sicilia, allora parte del Regno di Napoli. Nel 1475–6 era a Venezia, impegnato nell'esecuzione di un'ampia pala d'altare. Un tempo si pensava che egli avesse insegnato ai veneziani la tecnica dell'applicazione dei colori a velatura – in sottili strati semitrasparenti di pigmento sospeso in un medium di olio seccativo – avendola egli stesso appresa nel corso di un viaggio a Bruges. Questa tradizione può ora essere sfatata, poiché sappiamo che negli anni '60, non lontano da Venezia, erano stati eseguiti alcuni pregiati dipinti con questa tecnica (pagina 92); e non possiamo escludere che lo stesso Antonello l'avesse appresa nell'Italia settentrionale.

San Girolamo (?347–420 d.C.) era un monaco e uno studioso, l'autore della traduzione latina canonica della Bibbia, la Vulgata. Sebbene l'ufficio di cardinale all'epoca non fosse ancora stato istituito, come consigliere papale egli fu retroattivamente 'promosso' a tale carica, e viene talvolta rappresentato in rosse vesti cardinalizie, come in questo caso, e quasi sempre con accanto il rosso copricapo cardinalizio a larghe tese. Essendo anche un eremita penitente, nel Quattrocento egli viene spesso raffigurato di fronte a un crocifisso nel deserto, mentre si percuote il petto con una pietra. Qui lo vediamo nel suo solenne ruolo di studioso, in un intimo studiolo ligneo eretto in un un ambiente gotico che ricorda una chiesa e un palazzo allo stesso tempo. La leggenda gli attribuiva il miracoloso nobile gesto di un altro santo, l'estrazione di una spina dalla zampa di un leone; e un leone si intravede avanzare con passo felpato tra le ombre sul lato destro del dipinto.

Questa pittura faceva parte di una collezione veneziana nel 1529, anno in cui veniva descritta come opera di Antonello, o forse di Jan van Eyck o di un altro 'antico maestro dei Paesi Bassi'. È un vero prodigio di minuziosa descrizione, in particolare degli effetti della luce che fluisce verso l'interno attraverso l'apertura in primo piano, dal sito dell'osservatore, e attraverso le finestre sul lato opposto dell'edificio; una luce che proietta ombre ora ben definite ora sfumate, che si riflette da superfici diverse, e illumina, come in una miniatura, il paesaggio che appare dalle finestre al pianterreno e, in alto, il cielo in lontananza. Nella sua originaria collocazione in ambiente domestico, dove la tavola poteva essere osservata da vicino, doveva certamente sembrare che l'artista avesse dipinto ogni particolare percettibile all'occhio umano: uccelli volteggianti nel cielo e posati sulle cornici delle finestre, figure in una barca a remi sul fiume, alberi, una città murata dietro la quale si elevano dolci pendii montuosi.

La vita attiva fuori dello studio contrasta con la vita contemplativa che si svolge al suo interno, e tuttavia non possiamo fare a meno di immaginare Girolamo in una pausa dalle sue occupazioni intellettuali seduto accanto alla finestra sulla sinistra, che osserva il rientro degli uomini in barca. La pernice e il pavone in primo piano hanno probabilmente un valore simbolico: la prima della verità (poiché si credeva che le pernici riconoscessero sempre la voce della loro vera madre), il secondo dell'immortalità (si riteneva, infatti, che la carne di pavone fosse incorruttibile).

Alesso Baldovinetti 1426 ca – 1499

Ritratto di dama in giallo

Circa 1465. Tempera a uovo e olio su tavola, 63 x 41 cm

Oltre a dipingere su tavola, e direttamente a fresco sul muro appena intonacato, Baldovinetti disegnò anche vetrate, mosaici e tarsie. Il modello di questo ritratto non è stato identificato; nonostante la presenza delle tre foglie di palma e di altre due (o sono piume?) a decorazione della manica della dama, forse un emblema araldico, non sappiamo neppure se essa fosse fiorentina, come il Baldovinetti, o di qualche altra città italiana.

Sebbene nell'Europa settentrionale si preferisse a quest'epoca l'angolatura a tre quarti del volto, in alcune parti d'Italia il ritratto di profilo trovò favore fino intorno al 1500. I limiti di questa posa risultano qui piuttosto evidenti: il modello appare remoto e inespressivo, privo com'è di ogni contatto con l'osservatore. I ritratti di profilo, d'altra parte, evocavano venerabili associazioni: con le antiche monete greche e romane, molto richieste dai collezionisti, con le medaglie contemporanee che le imitavano, e forse persino con la leggendaria origine della pittura stessa, l'atto con il quale una fanciulla avrebbe tracciato sul muro i contorni dell'ombra del suo amante.

Baldovinetti rafforza l'affilatura metallica della sagoma con un sottile tratto bianco interno al bordo più scuro. Diversamente dall'azzuro graduato dello sfondo del ritratto del doge Loredan di Bellini (pagina 23), che richiama il cielo, l'azzurro uniforme attorno alla dama, che contrasta e complementa la bionda tonalità della figura, conferisce all'intero

Ritratto di dama in giallo

dipinto l'aspetto di uno stemma araldico. Paradossalmente, tuttavia, a mitigare l'effetto bidimensionale, minute pennellate chiare modellano i volumi del volto e del corpo, mentre la rotondità e la brillantezza delle perle che adornano la capigliatura e le pieghe dell'abito sono rese con rispettosa accuratezza.

La cornice, pur non essendo parte integrante della tavola, è originale.

Giovanni Bellini 1435 ca–1516

Il doge Leonardo Loredan

Circa 1501–4. Olio, probabilmente con aggiunta di tempera a uovo, su tavola di pioppo, 62 x 45 cm

Giovanni Bellini era figlio di un pittore, Jacopo, e fratello di un altro, Gentile. Essi costituivano la più importante dinastia di artisti veneziani, ed ebbero numerose commissioni ufficiali. Nel 1453 l'impresa familiare strinse un legame con il giovane artista emergente Andrea Mantegna (pagina 62), che sposò la sorella di Giovanni e Gentile, Nicolosia. Il primo dipinto noto di Giovanni eseguito a olio, l'*Incoronazione della Vergine* di Pesaro, risale

all'incirca al 1475. Oltre che per i dipinti in grande scala di carattere ufficiale e per i ritratti, l'artista è conosciuto per le sue numerose pitture devozionali della Madonna col Bambino.

Questo famoso ritratto fu probabilmente eseguito subito dopo l'elezione di Leonardo Loredan (1436–1521) alla carica di doge, il capo di stato della Repubblica di Venezia. Ci viene mostrato con il mantello e il corno ducale degli abiti da cerimonia, nel nuovo tessuto di damasco operato con fili d'oro, il lucente effetto del quale Bellini rappresenta irruvidendo deliberatamente la superficie della pittura. Questo ispessimento dello strato di colore, e la trasparenza delle ombre, sono possibili solo grazie all'uso di un diluente oleoso. In parte ispirato ai busti-ritratto scolpiti dell'antica Roma, in parte ai ritratti pittorici dei Paesi Bassi, il dipinto è allo stesso tempo una statica immagine ufficiale e un indizio di un carattere; forse anche una meditazione sulla vecchiaia.

Per ottenere questo effetto complesso, Bellini agisce sui lineamenti del modello e sulla rappresentazione della luce. L'espressione del volto è asimmetrica: il lato destro, illuminato, più severo; il lato sinistro, in ombra, più benevolo. Graduando il tono dell'azzurro dello sfondo, più intenso nella parte superiore del dipinto e più tenue verso la parte inferiore, Bellini, contrariamente al Baldovinetti del *Ritratto di dama in giallo* (pagina 22), evoca il cielo. La marcata direzionalità della luce e i lumi negli occhi di Loredan, riflessi della fonte luminosa, suggeriscono che egli guardi verso il sole. I particolari effetti di riverbero indicano che il sole deve essere piuttosto basso nel cielo, sebbene, a giudicare dal colore, non ancora al tramonto. Ma questo accenno al tempo che passa, insieme al volto segnato dagli anni di Loredan, richiama l'antico paragone tra la durata di un giorno e l'arco della vita umana, e l'ineluttabile calar della notte.

Giovanni Bellini   1435 ca–1516

Preghiera nell'orto

Circa 1465–70. Tempera a uovo su tavola, 81 x 127 cm

Questo episodio della vita di Cristo, tradizionale nell'arte, è riportato da tutti i Vangeli. Dopo l'Ultima Cena, Gesù si reca con i suoi discepoli al Monte degli Ulivi (o Getsèmani, il giardino sopra la valle del Cedron) nei pressi di Gerusalemme. Allontanatosi quindi insieme a Pietro, Giacomo e Giovanni, egli chiede loro di vegliare insieme con lui mentre prega Dio Padre, 'allontana da me questo calice; però non sia fatta la mia volontà, ma la tua.' Scrive Luca: 'apparve allora un angelo dal cielo a confortarlo' (22:43). Pietro e i suoi compagni si addormentano; e quando Cristo li sveglia, sopravviene Giuda con i soldati per arrestarlo.

Quest'opera di Bellini deve molto al dipinto di Andrea Mantegna che raffigura il medesimo soggetto (pagina 64). E tuttavia, benché, a quanto pare, egli ammirasse il cognato, Bellini si distacca apertamente dal modello del Mantegna nel trattamento dello spazio e, più notevolmente, della luce. Forse per la prima volta nella pittura italiana, l'artista ha qui rappresentato un'alba reale, veramente osservata, che colora le nubi più basse di un rosa aranciato, si riflette dalle mura di città lontane, brilla sulle armature, e le cui calde tinte si diffondono come attraverso l'aria pervadendo l'intero vasto paesaggio. (Come Mantegna, e secondo un'antica convenzione, Bellini in questa che è una delle sue prime opere rende le lumeggiature sul mantello azzurro di Cristo con tratti sottili d'oro in foglia finemente polverizzato e usato come pigmento.) Il preciso riferimento all'ora del giorno del dipinto richiama alla nostra mente la lunga notte d'agonia di Cristo – che culmina con l'accettazione della sua Passione, simboleggiata dal calice profferto dall'angelo come un sacerdote officiante la Messa – e in qualche modo ci fa provare compassione per l'umana debolezza dei discepoli addormentati, figure fuori scala e tuttavia inserite nel paesaggio più armonicamente di quanto non accada nel quadro del Mantegna. E poiché le vedute che si profilano in lontananza evocano, diversamente dalle fantastiche formazioni rocciose e dall'immaginaria città antica del Mantegna, panorami familiari agli osservatori di Bellini, questi sono portati a riflettere sull'attualità di quell'evento unico nella storia, la Passione di Cristo, che si compie nuovamente ogni giorno tra di noi attraverso il peccato.

I suoi nuovi poteri descrittivi, tuttavia, consentono al Bellini di trascendere questa nota penitenziale con un messaggio di speranza. Come il sole si alza sopra le città sui colli dell'Italia settentrionale, sembra dire il pittore, il Salvatore sorgerà dal suo oscuro sepolcro, affinché la profezia di Isaia (60:20) possa avverarsi: 'Il tuo sole ... non tramonterà più, perché il Signore sarà per te luce eterna; saranno finiti i giorni del tuo lutto.'

Hieronymus Bosch   attivo nel 1474–morto nel 1516

Cristo schernito (Incoronazione di spine)

Circa 1490–1500. Olio su tavola di quercia, 74 x 59 cm

Il pittore operò nella città olandese di Hertogenbosch. È famoso per le sue pitture di soggetto fantastico e demoniaco, molto ammirate dai collezionisti italiani e spagnoli nel Cinquecento, ma è anche l'autore di più convenzionali opere di tono moralistico e di carattere religioso come questa.

L'episodio dello *Scherno di Cristo* e della sua *Incoronazione di spine* viene riportato, con alcune variazioni, da tutti e quattro i Vangeli. Esso si verifica immediatamente prima della Crocifissione e per questo viene sovente incluso nelle rappresentazioni narrative della Passione. Ma qui il trattamento di questo tema iconografico non ha carattere narrativo: come in un'inquadratura cinematografica bloccata su un primo piano, l'artista ferma l'azione e restringe il fuoco, costringendo lo spettatore a un rapporto di intimità con la scena che gli viene mostrata. Questa tecnica fu sviluppata dalla pittura del Quattrocento come uno strumento devozionale, un complemento ai manuali che esortavano i laici e le donne a meditare sulle sofferenze di Cristo e della Vergine Maria, fino a farle proprie. È significativo che soltanto Cristo, mansueta vittima nella bianca veste dell'innocenza, rivolga lo sguardo fuori del quadro per incontrare gli occhi dell'osservatore. La corona di spine che sta per essere calcata sul suo capo ricorda un'aureola. I quattro brutali tormentatori, come sinistre caricature dei quattro evangelisti che attorniano la divinità (si confronti, ad esempio, con p. 65), sono abbigliati più o meno secondo la foggia contemporanea, ma con attributi simbolici. La falce di luna islamica e la stella sul drappo che orna il capo dell'uomo in basso a sinistra lo connotano come miscredente; l'uomo in alto a destra

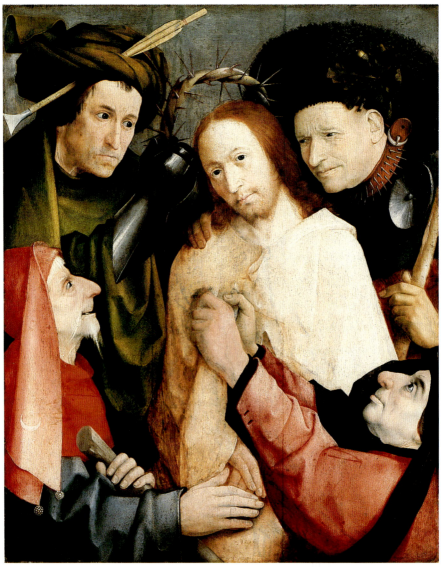

Cristo schernito (Incoronazione di spine)

porta un collare chiodato, particolare che richiama il frequente paragone dei torturatori di Cristo con cani feroci.

Poiché con il passare del tempo la pittura a olio acquista trasparenza sempre maggiore, sono visibili alcuni cambiamenti nella composizione originaria di Bosch là dove la pittura è più sottile: la veste di Cristo, ad esempio, era stata in un primo tempo immaginata come un mantello, fissato con un ampio fermaglio. Altre zone del dipinto sono state, al contrario, trattate con numerosi strati di pittura: il rametto di quercia con ghiande, 'appuntato' al cappello di pelliccia dell'aguzzino in alto a destra, sembra quasi appoggiato sulla superficie del dipinto, come la realistica mosca che appare sulla cuffia della donna ritratta da un artista svevo una ventina d'anni prima (pagina 91).

Sandro Botticelli   1445 ca–1510

Venere e Marte

Circa 1480–90. Tempera a uovo e olio su tavola di pioppo, 69 x 174 cm

Alessandro Filipepi, detto Botticelli, figlio di un conciatore fiorentino, deriva probabilmente il proprio nome dal fratello maggiore, battiloro soprannominato 'botticello', che forse si prese cura di lui durante l'infanzia. È possibile che egli sia riuscito a condurre il suo apprendistato grazie alle conoscenze del fratello nell'ambito dei pittori e dei corniciai, quasi certamente nella bottega di Filippo Lippi (si veda pagina 58), al cui figlio Filippino fece a sua volta da maestro dopo la morte di Filippo. Nel 1481–2 lavorò agli affreschi della Cappella Sistina a Roma, ma restò principalmente a Firenze, dove dirigeva un'ampia bottega specializzata in pitture devozionali della Vergine col Bambino.

    Questo dipinto appartiene a un piccolo gruppo di composizioni profane per cui Botticelli è ora famoso. La forma e il soggetto della tavola suggeriscono trattarsi di un pannello decorativo di una panca o di un cassone, parte degli addobbi di una stanza di una casa fiorentina in occasione di uno sposalizio. Venere, dea dell'Amore e della Bellezza, veglia mentre il suo amante, il dio della Guerra Marte, riposa; nemmeno la conca marina nella quale soffiano maliziosamente i piccoli satiri – metà umani e metà caprini – riesce a svegliarlo, né le vespe che gli ronzano attorno. (Questi insetti potrebbero alludere al nome di una famiglia per la quale sappiamo che l'artista ebbe certamente occasione di lavorare, quella dei Vespucci.) La pittura fa riferimento all'antica mitologia, forse anche a specifici passi della letteratura mitologica classica, ma l'esecuzione del Botticelli deve assai poco all'arte antica: l'armatura, la tunica, i gioielli e le acconciature, persino le proporzioni delle figure, sono conformi alla moda contemporanea. Contemporanea, oltre che argomento umoristico nelle celebrazioni nuziali, è anche l'idea che il compimento della passione amorosa sia spossante per l'uomo ma rinvigorente per la donna. E tuttavia, l'aspetto più serio del messaggio – quello che esprime la superiorità assoluta dell'amore, soprattutto sulla guerra – è eterno.

    Il notevole effetto di trasparenza della tunica di Venere è ottenuto mediante un fine tratteggio caratteristico della pittura a tempera, sovrapposto a un tratteggio ancora più fine usato per modellare le carni. Una solida, sinuosa linea nera definisce i contorni delle figure, anche nelle ombre, e l'utilizzo da parte del pittore di questa convenzione fiorentina, all'epoca antiquata, appare come una deliberata sottomissione della realtà osservata a un effetto decorativo.

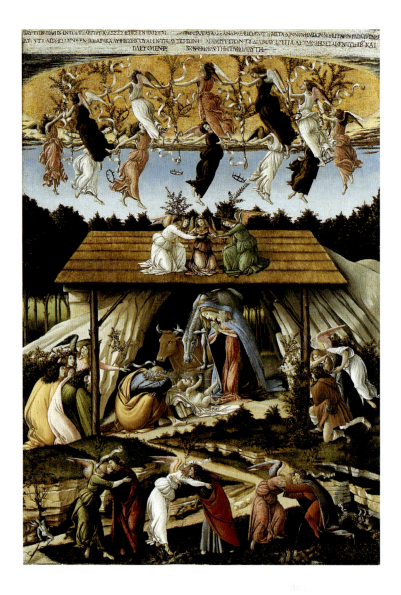

Sandro Botticelli 1445 ca–1510

'Natività mistica'

1500. Olio su tela, 108 x 75 cm

Si è ipotizzato che questo quadro, l'unico sopravvissuto che rechi la firma del Botticelli, sia stato dipinto per le sue devozioni private, o per qualcuno a lui molto vicino. Non è certamente una pittura convenzionale, che si limiti a rappresentare i tradizionali eventi della nascita di Gesù e l'adorazione dei pastori e dei Magi. È, piuttosto, una visione di tali eventi ispirata alle profezie rivelate nell'Apocalisse di San Giovanni. Botticelli sottolinea l'assenza di realismo del dipinto con l'aggiunta di testi greci e latini, e adottando convenzioni dell'arte medievale – discrepanze di scala, ad esempio – a fini simbolici. La figura della Vergine Maria, in adorazione di un gigantesco Gesù bambino, è così grande che, in piedi, non entrerebbe sotto il tetto di paglia della stalla. Essi sono, naturalmente, i personaggi principali, i più sacri, del dipinto.

Gli angeli hanno in mano rami di ulivo, e due di essi, in primo piano, li hanno offerti agli uomini che stanno abbracciando. Questi uomini, come anche i presunti pastori nei loro corti indumenti a cappuccio, sulla destra, e i Magi dalle lunghe tuniche a sinistra, sono tutti incoronati d'ulivo, emblema di pace. Le pergamene arrotolate attorno ai rami in primo piano, assieme ad alcune di quelle recate in mano dagli angeli che danzano nel cielo, portano la scritta: 'Gloria a Dio nel più alto dei cieli, e in terra pace e carità tra gli uomini' (Luca 2:14). Mentre, da destra a sinistra, angeli e uomini si avvicinano sempre di più per abbracciarsi, minuscoli diavoletti si disperdono dentro fessure aperte nel suolo. Sulle pergamene sorrette dagli angeli che indicano la mangiatoia un tempo si leggeva: 'Ecco l'Agnello di Dio, che toglie il peccato del mondo' – parole pronunciate da Giovanni Battista nel presentare Gesù (Giovanni 1:29). Sopra il tetto della stalla, il cielo si è aperto per svelare la luce dorata del paradiso. Corone dorate pendono dai rami di ulivo tenuti in mano dagli angeli danzanti. La maggior parte delle pergamene celebrano Maria: 'Madre di Dio', 'Sposa di Dio', 'Sola Regina del Mondo'.

L'enigmatica iscrizione greca che sovrasta il dipinto è stata così tradotta: 'Questo dipinto, sulla fine dell'anno 1500, durante i torbidi d'Italia, io, Alessandro, dipinsi nel mezzo tempo dopo il tempo secondo l'XI di San Giovanni nel secondo dolore dell'Apocalisse, nella liberazione di tre anni e mezzo del Diavolo; poi sarà incatenato nel XII e noi lo vedremo […] come nel presente dipinto.' La parola mancante potrebbe essere stata: 'precipitato'. Il 'mezzo del tempo dopo il tempo' è stato generalmente interpretato come un anno e mezzo prima, ovvero nel 1498, quando i francesi invasero l'Italia, ma la frase potrebbe anche indicare mezzo millennio (500 anni) dopo un millennio: il 1500, data del dipinto. Come già la fine del primo millennio, anche la fine del mezzo millennio successivo, il 1500, sembrava a molti annunciare la Seconda Venuta di Cristo, profetizzata nell'Apocalisse.

In un'epoca nella quale i pittori fiorentini ricreavano la natura con la loro tavolozza, Botticelli proclama apertamente l'artificialità dell'arte. Nel pagano *Venere e Marte* illustrato nella pagina precedente egli volta le spalle al naturalismo per esprimere una bellezza ideale. Con la *Natività mistica* si spinge ancora oltre, oltre l'antiquato verso l'arcaico, per dare espressione a verità spirituali; un po' come i vittoriani che l'avrebbero riscoperto nell'Ottocento e che associarono lo stile gotico con una 'Età della fede'.

Dirk Bouts 1400?–1475

Deposizione nel sepolcro

Circa 1450–60. Tinta a colla su lino, 90 x 74 cm

Uno tra i più importanti artisti dei Paesi Bassi del suo tempo, Bouts visse a Lovanio, dove prestò la propria opera di pittore a servizio del municipio ed eseguì pitture devozionali di carattere privato e pale d'altare.

La *Deposizione nel sepolcro* è una delle opere più commoventi dell'Ala Sainsbury, e vale una prolungata contemplazione. Essa è particolarmente ben conservata se ne consideriamo la delicata tecnica. Probabilmente parte di una serie di scene dalla vita di Cristo che formavano un'ampia pala d'altare a sportelli, potrebbe essere stata dipinta su un supporto di tela leggera, forse arrotolata come un tappeto per il trasporto in Italia, dove se ne ha documentata testimonianza nel XIX secolo. Come molte opere analoghe, anche questa ha bordi dipinti, che sarebbero serviti da guida nella nuova stiratura del dipinto sul telaio una volta giunto a destinazione.

Gli strati di pittura, composta di pigmenti disciolti in un medium di colla idrosolubile, venivano applicati direttamente sul tessuto, così da penetrarvi. La ritenzione di umidità da parte della tela consentiva al pittore di sfumare la pennellata per ottenere morbide transizioni, un effetto che Bouts ha utilizzato con grande raffinatezza nel paesaggio. I particolari, comunque, dovevano essere aggiunti con tocco leggero, in modo da non dissolvere

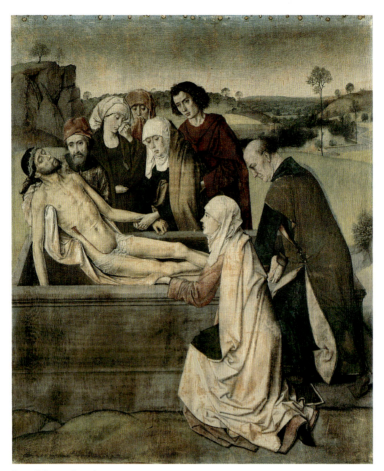

Deposizione nel sepolcro

i sottostanti strati di colore; il modellato dei volti, ad esempio, è stato rafforzato con un rapido tratteggio. Pur tenendo conto del fatto che i colori del dipinto non avrebbero mai potuto possedere la luminosità degli oli, alcuni pigmenti si sono comunque scoloriti: parti del cielo che in precedenza erano protette da una cornice risultano di un azzurro più intenso rispetto a quelle visibili più in basso, rese opache dall'accumulo di agenti esterni sulla superficie.

La sepoltura che segue la crocifissione di Cristo viene descritta nei Vangeli e ripresa, con l'aggiunta di dettagli ancora più commoventi, nella letteratura religiosa dell'epoca. Per creare un effetto di maggiore immediatezza, le figure sono state abbigliate con abiti contemporanei. Bouts distingue accuratamente il dolore di ciascuna di esse. Le tre Marie vengono mostrate frontalmente, da sinistra e da destra, con gli occhi rivolti a terra. Una di esse si asciuga il pianto, un'altra si copre la bocca, mentre la terza solleva il braccio di Cristo per deporlo delicatamente nel sepolcro. Quest'ultima è sorretta da Giovanni, che indugia in un ultimo sguardo al Maestro. Giuseppe d'Arimatea sostiene Cristo per le spalle, toccandone con reverenza il corpo solo attraverso il telo di lino, come un sacerdote che elevi l'ostia nella celebrazione della Messa. Nicodemo, segreto seguace di Cristo, ne adagia i piedi nella tomba, mentre la peccatrice pentita, Maria Maddalena, alza lo sguardo verso il volto di Cristo, unica tra le donne a levare gli occhi da terra. Il corpo di Cristo è accuratamente inclinato in modo da mostrare la ferita nel costato e il sangue che ne sgorga, un altro riferimento all'Eucarestia. L'intenzione dell'artista è chiara: egli ha cercato di destare, in uno spettatore genuflesso davanti all'altare che si prepari a ricevere il corpo del Salvatore, gli stessi sentimenti di dolore e di stupore che vediamo ancora impressi nelle figure dipinte.

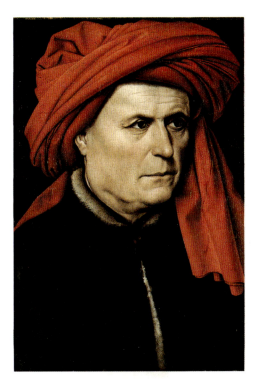 

Robert Campin 1378/9–1444

Ritratti di uomo e di donna

Circa 1430. Olio, con aggiunta di tempera a uovo, su tavola di quercia, ciascun ritratto 41 x 28 cm

Queste pitture rappresentano uno dei primi esempi sopravvissuti di ritratti a *pendant*, cioè in coppia. Essi appartengono a un gruppo di opere provenienti dai Paesi Bassi non firmate e prive di documentazione attribuite a un pittore che gli studiosi hanno chiamato il 'Maestro di Flémalle', poiché si suppone che tre tavole provengano da quella località. Robert Campin è un artista registrato negli archivi di Tournai, dove ebbe numerosi allievi, ricoprì una carica pubblica, si trovò in seri guai a causa della sua condotta di vita piuttosto dissoluta, e godette della protezione della figlia del conte d'Olanda. Molti oggi sono convinti che questo pittore e il Maestro di Flémalle siano la stessa persona. Qualunque sia il suo nome, l'artista che ha ritratto questi prosperi cittadini è un pittore di grande levatura.

È particolarmente interessante osservare come Campin/Flémalle ha affrontato il compito di ritrarre marito e moglie individualmente e tuttavia in coppia. Sebbene i loro sguardi non si incontrino, i due modelli sono rivolti l'uno verso l'altro. Mentre il viso della donna è più piccolo di quello del marito, e più intensamente illuminato dalla direzione opposta, i loro tratti risultano allineati e le due composizioni appaiono legate da una sottile simmetria, resa ancor più gradevole e sorprendente dalle palesi differenze: di sesso, di età, di carnagione, di probabile temperamento, e persino del colore e del tessuto del copricapo. Neppure la fedele adesione a una precisa tipologia figurativa rende i soggetti meno realistici. Poiché occupano più spazio nel dipinto rispetto alle figure a mezzo busto di van Eyck (pagina 46), e risaltano più decisamente dallo sfondo, essi hanno un'aria più assertiva e potenzialmente animata.

Bottega di Robert Campin 1378/9–1444

Madonna col Bambino in un interno

Circa 1435. Olio su tavola di quercia, con cornice, 23 x 15 cm
Prima della sua acquisizione da parte della Galleria nel 1987, questa minuscola tavoletta era quasi ignota e non era mai stata riprodotta in una pubblicazione. Come la *Madonna col Bambino davanti a un parafuoco* nella Sala 56, essa mostra la Vergine Maria in un'intima ambientazione domestica. Maria ha appena finito di lavare il Cristo infante di fronte al fuoco, o forse si accinge a farlo. La scena non trova alcuna corrispondenza nel testo dei Vangeli, ma si ispira a una letteratura devozionale all'epoca piuttosto diffusa nei Paesi Bassi. Siamo invitati a stupirci di fronte all'umiltà di Maria, modesta – seppure sorprendentemente agiata – cittadina, davanti alla sua dedizione materna, che non si avvale dell'ausilio di una nutrice, e alla tenerezza del rapporto tra madre e figlio. Più profondamente, siamo portati a riflettere sull'Incarnazione: Cristo è veramente diventato uomo, e tocca i propri genitali come qualunque infante maschio. Sua madre è senza dubbio la Vergine, poiché porta i capelli sciolti come una fanciulla nubile o una regina all'incoronazione. Dal capo di entrambi si irradia un'aureola luminosa. La candela accesa potrebbe simboleggiare il cero nuziale, poiché Maria non è soltanto la Madre, ma anche la Sposa di Cristo.

    Una sapiente manipolazione di sottili strati di pittura traslucida consente all'artista di rappresentare tre diverse fonti luminose – la finestra, il fuoco vivace e la fiammella fissa della candela – e la superficie di molti materiali diversi, dal luccicante metallo del bacile, al broccato di velluto dei cuscini, al drappo che riveste la panca. Quasi più magicamente ancora, egli riesce a evocare il cielo lontano attraverso la finestra aperta e attraverso i piccoli vetri a piombi in alto. Questi meravigliosi dettagli avevano certamente lo scopo di attrarre e di trattenere l'assorta attenzione dello spettatore o della spettatrice, e condurli senza sforzo (forse in particolare la spettatrice) a meditare sui valori spirituali rappresentati.

La cornice e il supporto sono ricavati da un unico pezzo di legno, della stessa tavola usata per il piccolo ritratto di un monaco dipinto nella bottega di Robert Campin, anch'esso parte della Collezione.

Giovanni Battista Cima da Conegliano   1459/60–1517/18
Incredulità di San Tommaso

Circa 1502–4. Olio su tavola di pioppo, trasferita su pannello sintetico, 294 x 199 cm

Il visitatore che entra nell'Ala Sainsbury attraverso il ponte di collegamento con l'edificio principale, oppure salendo lo scalone interno alla nuova ala e voltando a sinistra, si trova di fronte a una strabiliante prospettiva di archi e colonne che culmina, incorniciandola, con l'*Incredulità di San Tommaso* di Cima da Conegliano. È l'unico esempio nella Collezione di una grande pala d'altare veneziana del primo decennio del Cinquecento. Cima, pittore originario di Conegliano, cittadina situata a nord di Venezia, potrebbe essere stato allievo di Giovanni Bellini (pagina 22). Fu attivo a Venezia dal 1492 al 1516.

La pala fu commissionata nel 1497 dalla confraternita dei flagellanti di San Tommaso per l'altare della chiesa di Portogruaro, a est di Venezia, e mostra il momento più significativo della vita di San Tommaso (Giovanni 20:24–9). Il giorno della Resurrezione, Gesù appare ai discepoli riuniti in una stanza chiusa, ma Tommaso, che non è presente, si rifiuta di credere al miracolo in assenza di una testimonianza dei propri sensi. Otto giorni più tardi Gesù appare nuovamente, mostra a Tommaso i segni dei chiodi sulle sue mani e lo invita a toccare la ferita aperta sul costato. L'episodio si conclude con la frase di Cristo, 'benedetti coloro che non hanno visto, eppure hanno creduto.'

La figura di Cristo è stata inclusa nella scena soprattutto per permetterci di identificare Tommaso, il santo patrono della confraternita. Il Cima, tuttavia, colloca il Salvatore miracolosamente risorto al centro della composizione, e attrae maggiormente la nostra attenzione su di lui, facendo la sua figura più alta delle altre, privandola virtualmente di ogni colore, e usando la prospettiva lineare. Tutte le linee rette del pavimento piastrellato e del soffitto che si perdono verso il fondo sono state minuziosamente incise nel gesso bianco dell'imprimitura per incontrarsi in un punto appena a sinistra del ginocchio scoperto di Cristo. Attraverso questi accorgimenti, una scena narrativa viene adattata alla funzione primaria di una pala d'altare: quella di punto focale nella consacrazione del pane e del vino dell'Eucarestia, il corpo e il sangue di Cristo.

Oltre che all'illusione prospettica nell'architettura, buona parte dell'impressionante effetto tridimensionale del dipinto è dovuto all'uso di forti contrasti cromatici. La gamma dei pigmenti usati è particolarmente ampia, un fatto che ci ricorda che in questo periodo Venezia era al centro del commercio dei pigmenti in Europa, e l'artista situato dunque in posizione favorevole per procurarsi anche i colori più rari.

La tavola, grossolanamente restaurata nel 1745 e in cattive condizioni, fu inviata intorno al 1820 per ulteriori trattamenti di conservazione a Venezia, dove, sfortunatamente, il locale al pian terreno dove l'opera era stata riposta fu inondato da una improvvisa alta marea. Dopo la sua acquisizione da parte della National Gallery, furono fatti numerosi tentativi di consolidamento. Infine, si è ritenuto necessario trasferire l'imprimitura e gli

Incredulità di San Tommaso

strati di colore dalla tavola originale su un nuovo supporto, per impedire che ciò che restava della superficie dipinta potesse screpolarsi e sfogliarsi in conseguenza della lunga immersione della tavola nell'acqua salata.

Lorenzo Costa   circa 1459/60–1535

Concerto

Circa 1485–95. Olio su tavola di pioppo, 95 x 76 cm

Costa, originario della città-stato di Ferrara, fu notevolmente influenzato da Cosimo Tura (si veda pagina 92). Il 1483 lo trova a Bologna, governata dalla famiglia Bentivoglio per cui egli lavorava. Alla morte del Mantegna (pagina 62) nel 1506, Costa gli successe come pittore di corte a Mantova, dove morì.

Sebbene la data di questo dipinto corrisponda agli anni bolognesi di Costa, è possibile che esso rifletta con maggiore accuratezza i trattenimenti musicali alla corte di Ferrara,

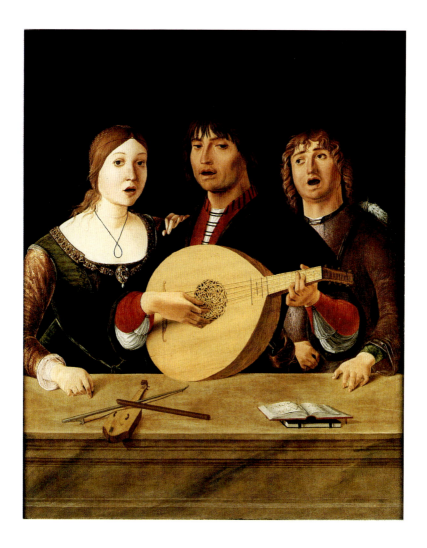

dove la musica godeva di particolare favore e la musica profana si sviluppò assai prima che in altri centri italiani. È improbabile, tuttavia, che si tratti di un ritratto commissionato dai modelli rappresentati. Più verosimilmente, la tavola fa parte di una serie destinata alla decorazione di un interno: se altri dipinti raffigurassero musici con strumenti diversi, oppure le 'arti sorelle' della poesia, della danza e le altre, non lo sappiamo.

Costa cattura fedelmente l'effetto dell'esecuzione musicale in concerto. Il liutista-cantante al centro dirige il trio, gli occhi rivolti all'intavolatura poggiata sul piano davanti a lui. Gli altri si uniscono in un canto polifonico – la diversa forma assunta dalla bocca di ciascuno dei cantori ci rivela che essi intonano note e parole diverse – battendo il tempo per mantenersi in sintonia. L'uomo sulla destra guarda attentamente il primo esecutore, la donna sul lato opposto gli appoggia una mano sulla spalla per seguire meglio. Forse, a un certo punto del concerto, questi due musici accompagnavano il primo cantante con la viola e con il flauto, visibili in primo piano.

Se il *Concerto* è insolito per l'epoca, non avendo connotazioni religiose o simboliche, tuttavia non è certo l'unico esempio tardo-quattrocentesco del tentativo di un artista di evocare la musica polifonica (possiamo citare, a questo proposito, gli angeli cantori nella *Natività* di Piero della Francesca [pagina 82]). Costa avrebbe in seguito adottato una maniera pittorica più morbida, ma quest'opera, come i suoi ritratti a mezza figura, tende a emulare il meticoloso realismo della pittura fiamminga.

Carlo Crivelli 1430/39–1494?

Madonna della rondine

Circa 1490–2. Tempera a uovo, con aggiunta di olio, su tavola di pioppo, tavola principale 150 x 107 cm

Nato a Venezia, Crivelli fu costretto a trascorrere la maggior parte della sua vita lontano dalla città dopo essere stato incarcerato nel 1457 per avere sedotto la moglie di un marinaio. Si stabilì infine nelle Marche, dove divenne uno dei più importanti pittori di pale d'altare, molte delle quali destinate a chiese francescane.

    Questa pala è tra le pochissime conservate alla National Gallery a rimanere integra in quella che è probabilmente sua cornice originale. Il restauro del dipinto e della cornice, completato nel 1989, ha rivelato l'originale vistosa ornamentazione della cornice della predella con le sue strisce di colore rosa, verde, rosso e bruno, screziate e variegate a imitazione del porfido e di altre pietre colorate. La rondine che dà il titolo al dipinto occupa una posizione preminente sul trono della Vergine. Poiché si credeva che le rondini ibernassero nel fango durante la stagione fredda, esse erano simboli sia dell'Incarnazione – Dio fatto uomo – sia della Resurrezione – una rinascita. Entrambi i significati ne fanno un attributo pertinente alla composizione.

La Vergine, raffigurata come Regina del Cielo, con il Cristo infante sulle ginocchia che stringe nella mano una mela come un orbe, è fiancheggiata da San Girolamo e San Sebastiano nei loro più eleganti abiti di corte. Il venerando Girolamo sorregge la Chiesa (accuratamente simboleggiata da un modello architettonico) con i propri scritti, e ha accanto il tradizionale leone (per accenni alla storia del santo e per una descrizione dei suoi attributi, si veda pagina 20). Sebastiano, per contrasto, è un giovane cavaliere, come si addice a un ufficiale della guardia del corpo dell'imperatore romano Diocleziano. Alla scoperta della sua professione di fede cristiana, l'imperatore lo sottopose al martirio facendolo trafiggere dalle frecce dei suoi arcieri, ciò che spiega la presenza della freccia con la punta rivestita in foglia d'argento in mano al santo, e dell'arco ai suoi piedi.

Nella predella, sotto questa scena celeste eterna, sono rappresentati episodi dalle vite terrene dei santi. E dunque Girolamo riappare in basso in penitenza nel deserto; sotto la Vergine e il Bambino si vede la Natività; e sotto la figura di Sebastiano, gli arcieri imperiali all'opera. Un dardo ha trafitto il piede del santo, che per il dolore lo solleva da terra, allo stesso modo in cui il leone di Girolamo alza la zampa ferita nella tavola sovrastante. In contrasto con lo spazio privo di profondità della scena raffigurata in alto, satura d'oro e di ornamenti, questi vivaci e naturalistici quadretti narrativi presentano una prospettiva profonda. Ai due lati della predella troviamo Santa Caterina con la ruota (si veda pagina 60) e San Giorgio, il santo omonimo del guardiano del monastero francescano per la cui chiesa presso Matelica la pala era stata commissionata con l'ausilio del signore della città. Lo stemma araldico di quest'ultimo viene mostrato sulla banda decorativa sotto il trono della Vergine, insieme a un'iscrizione con il nome dell'artista.

Vale la pena ricordare che le condizioni di luce nelle quali oggi la osserviamo sono del tutto improprie per una pala come questa, che originariamente doveva vedersi brillare da lontano, dietro le guizzanti fiammelle dei ceri sull'altare; come tributo dell'arte umana allo splendore divino del quale essa è un emblema.

Carlo Crivelli — 1430/39–1494?
Annunciazione con Sant'Emidio

1486. Tempera a uovo, con l'aggiunta di olio, trasferita da tavola su tela, 207 x 146 cm

Questa pala d'altare è uno straordinario esempio dell'inscindibilità della sfera politica e della sfera religiosa caratteristica del Quattrocento. Dipinta per la chiesa francescana dell'Annunziata ad Ascoli Piceno, città delle Marche sotto il dominio papale, essa celebra la concessione ai cittadini di un limitato autogoverno, sotto l'autorità del loro vescovo, da parte del papa francescano Sisto IV nel 1482. Notizia del privilegio giunse alla città il 25 marzo, festa dell'Annunciazione, e da allora ogni anno in quel giorno una processione si dirigeva alla chiesa per celebrare l'evento. Ecco perché nella rappresentazione pittorica sono stati inseriti Sant'Emidio – vescovo e martire del luogo e patrono di Ascoli Piceno – che sorregge un modello della città, e in basso l'iscrizione LIBERTAS ECCLESIASTICA, titolo dell'editto papale che accordava alla città la propria autonomia. I tre stemmi araldici sono quelli della città, del pontefice (che nel 1486 era Innocenzo VIII) e del vescovo, Prospero Caffarelli.

L'Annunciazione non ha probabilmente mai avuto luogo in un ambiente così marcatamente pubblico, dove l'arcangelo Gabriele si presenta sulla strada, anziché nella camera della Vergine. I testimoni dell'evento, quali il frate francescano e il bambinetto, ancora abbigliato con il gonnellino infantile, in cima alla scala, e in lontananza l'uomo che si ripara gli occhi dalla luce, sembrano scorgere il raggio dorato che segna il tragitto della colomba dello Spirito Santo dal Paradiso alla camera di Maria. Una provvidenziale apertura nel muro permette il suo accesso al cospetto della Vergine. Sul ponte, un uomo legge un messaggio portato da un piccione viaggiatore, ora nuovamente al sicuro nella gabbia lì vicino: un riferimento alla missiva papale argutamente presentato come controparte profana

Annunciazione con Sant'Emidio

dell'evento spirituale dell'Annunciazione. Tappeti orientali ornano i parapetti, come accadeva nella vita reale durante le celebrazioni delle festività pubbliche.

La città è descritta minuziosamente, fin nei dettagli dell'opera di muratura, dei corsi di mattoni e delle sbavature di malta visibili dove il muro merlato ha subito delle riparazioni. Crivelli, influenzato dall'opera del Mantegna (si veda pagina 62), rappresenta Ascoli Piceno come una città ideale rinascimentale: tutta mattone, pietra e marmo, con ornamenti in rilievo, secondo il nuovo stile copiato dagli antichi romani. Particolarmente sontuosa è la casa della Vergine, con i vasi di piante, l'ampia loggia ariosa e gli uccelli domestici, tra i quali spicca un pavone, simbolo di immortalità poiché si riteneva che la sua carne non si deteriorasse. Gli 'occhi' nel piumaggio della sua coda talvolta erano usati come riferimento alla 'Chiesa onniveggente'. Per inserire la sua ampia veduta urbana nel formato verticale della pala, l'artista ricorre a una notevole profondità di prospettiva, che gli consente anche di dimostrare le proprie capacità nella moderna scienza dello scorcio, di particolare rilievo nelle piccole aperture della colombaia nell'angolo in alto a sinistra.

Gerard David attivo nel 1484–morto nel 1523
Madonna col Bambino con sante e donatore

Circa 1510. Olio su tavola di quercia, 106 x 144 cm

Nato in Olanda, David fu il pittore preminente nella città di Bruges dopo la morte di Memling (pagina 76) e membro della gilda dei pittori di Anversa dal 1515. È l'ultimo grande esponente della tradizione stabilita nei Paesi Bassi da Jan van Eyck e Rogier van der Weiden (pagine 44, 95), che si contrappone al nuovo idioma italianizzante che va affermandosi ad Anversa per opera di Quentin Metsys (pagina 130). Questa pala, quasi certamente parte dell'altare di Santa Caterina nella cappella di Sant'Antonio in San Donaziano a Bruges, è un magnifico esempio del suo stile maturo.

Strati traslucidi di pittura a olio creano l'illusione di un mondo riccamente colorato e al contempo meticolosamente ordinato. Possiamo unirci in devota meditazione alla cerchia serena dei fedeli raccolti intorno alla Vergine e al Bambino, respirare l'odore intenso dei fiori, e crogiolarci al pallido sole. Ma il pittore e il suo mecenate domandano che si noti molto di più nel dipinto. La pala potrebbe essere stata commissionata da Richard de Visch de la Chapelle, 'cantore' ufficiante di San Donaziano, che vediamo inginocchiato sulla sinistra, a memoria dell'opera di restauro apportata, grazie a lui, alla chiesa dove era sepolta sua madre. Forse in onore di quest'ultima, e in onore della santa tutelare, Caterina, soltanto figure femminili di sante attorniano la Vergine. Maria è assisa in trono in un giardino cinto da mura, il 'giardino chiuso' del Cantico dei Cantici (4:12), metafora della sua verginità, cui si allude anche con i candidi gigli. Un angelo alle spalle del donatore raccoglie grappoli d'uva, riferimento all'Eucarestia sull'altare. Il Cristo infante mette un anello al dito di Santa Caterina, che occupa il posto d'onore alla sua destra: Caterina d'Alessandria fu martirizzata per essersi rifiutata di sposare l'imperatore, sostenendo di essere già la Sposa di Cristo (si veda anche pagina 60). Alla sinistra della Vergine, Santa Barbara legge un libro. Questa beata martire si era convertita al cristianesimo nonostante il padre possessivo l'avesse murata in una torre. Il suo attributo, la torre appunto, è un elemento dell'ingemmato copricapo della santa, mentre una 'vera' torre figura nel modello della città ideale alle sue spalle. Santa Maria Maddalena, che tiene in mano il vaso di unguento con cui cosparse i piedi di Cristo, volta impassibile le pagine del libro di Barbara. Questo gesto, frutto di un ripensamento, è stato aggiunto dall'artista con gli ultimi strati di pittura. Sant'Antonio abate, dedicatario della cappella, si intravede sullo sfondo alla destra di Barbara.

Richard de Visch de la Chapelle, identificato dallo stemma araldico sul collare del suo piccolo levriero, dal bastone di 'cantore', dal libro di preghiere e dal cappello nero ai suoi piedi, è leggermente scostato dal gruppo delle figure sacre. È la sua visione che David ha voluto rappresentare, e attraverso l' arte del pittore, la memoria di Richard stesso sopravvive, eternamente inginocchiato in quel sacro giardino dov'è sempre estate nell'atto di adorare il Cristo infante, di venerare la Vergine e le sue sante, e di commemorare sua madre.

Duccio di Buoninsegna   attivo 1278–morto 1318/19
Madonna col Bambino e santi

Circa 1315. Tempera a uovo su tavola di pioppo, pannello centrale, compresa la cornice, 61 x 39 cm

Uno dei più grandi e influenti pittori del Trecento italiano, Duccio lavorò principalmente a Siena, sebbene la *Madonna Rucellai*, una delle due sole sue opere documentate che ci restano, sia stata commissionata da una chiesa fiorentina. Come Margarito d'Arezzo (pagina 65), subì fortemente l'influenza della pittura greca medievale, apportando, tuttavia, alla maniera rigidamente schematica bizantina la grazia e la vivacità dell'arte gotica, a lui nota attraverso gli avori e i manoscritti importati dalla Francia. È assai probabile che egli abbia anche studiato con attenzione la scultura di Nicola e Giovanni Pisano (attivi a Siena alla fine del Duecento), ispirata essa stessa a fonti gotiche e antichi resti romani.

Questo trittico magnificamente conservato è stato concepito come una pala d'altare portatile. Chiusa, poteva essere agevolmente trasportata; aperta, costituiva una cappella in miniatura adatta al culto in forma privata. L'intera struttura lignea fu probabilmente disegnata da Duccio prima di essere messa in opera dal falegname, anteriormente all'applicazione di un'imprimitura in gesso, dell'oro in foglia e del pigmento. Dipinto e cornice sono dunque stati concepiti contestualmente come un'unità tridimensionale, che attira l'osservatore nella sottile armonia interna che Duccio ha impresso alla sua opera. Il cerchio evocato dalla curva dell'arco sopra la Vergine, ad esempio, viene otticamente completato dalla posizione dei piedi del Cristo infante e delle mani di Maria.

Mentre le piccole figure del re Davide e dei profeti dell'Antico Testamento nella cuspide ci parlano, attraverso i rotoli iscritti, della Vergine e del suo ruolo nella storia della Salvezza, i santi raffigurati sugli sportelli costituiscono un indizio sull'originale proprietario del trittico; la presenza di San Domenico sulla sinistra suggerisce che si tratti di un domenicano. La santa sulla destra, raramente rappresentata, è Aurea, martirizzata per annegamento a Ostia con una pesante pietra al collo. La presenza di entrambe le figure potrebbe identificare il committente di Duccio nel domenicano Niccolò da Prato, vescovo di Ostia (morto nel 1321).

Non era da tutti possedere un oggetto tanto prezioso. Il brillante manto azzurro della Vergine, ad esempio, è realizzato con il migliore oltremare, un minerale estratto dal lapislazzuli, pietra semipreziosa la cui unica fonte all'epoca erano le cave dell'Afganistan e che era più costosa dell'oro puro. Duccio, tuttavia, tempera la sontuosità dell'immagine con la tenerezza del rapporto tra Madre e Figlio, e il suo modellato è più naturalistico di quello di Margarito, pittore della generazione precedente. La terra verde apposta come base dell'incarnato del volto della Vergine traspare oggi più di quanto non accadesse originariamente.

Nel 1989, quando il dipinto è stato sottoposto a un esame riflettografico a raggi infrarossi, si è fatta un'interessante scoperta. Sotto il drappeggio color prugna che copre le gambe del Bambino si è infatti rivelata la presenza di un disegno, ragionevolmente attribuibile allo stesso Duccio e le cui peculiari caratteristiche si possono riconoscere anche in alcune tavole della *Maestà* di Duccio (pagina 43). I bruschi ed energici tratti sono stati delineati con una penna d'oca leggermente ruvida, la cui punta spaccata crea un doppio contorno chiaramente visibile nell'immagine ingrandita (fig. 1).

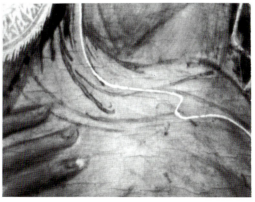

Fig. 1 Riflettografia in infrarosso della Madonna col Bambino e santi, *particolare che mostra il disegno a penna d'oca sotto il drappeggio del Bambino.*

Duccio di Buoninsegna attivo nel 1278–morto nel 1318/19

Annunciazione

1311. Tempera a uovo su tavola di pioppo, 43 x 44 cm

La tavoletta, e le altre due pitture vicine dello stesso artista, *Gesù apre gli occhi a un cieco* e la *Trasfigurazione*, provengono dalla predella di una grande pala d'altare a doppia faccia realizzata nella bottega di Duccio, e da lì portata in trionfo all'altar maggiore del Duomo di Siena nel 1311. Gran parte dell'opera è conservata nel museo dell'Opera del Duomo, sebbene, dopo che nel 1771 la complessa struttura era stata smantellata e smembrata, alcune delle tavole siano andate perdute e altre, tra cui quelle esposte alla National Gallery, vendute all'estero. La predella, una struttura simile a una cassetta che funge da basamento del pannello principale, era, come l'intera pala, dipinta sia sulla parte anteriore, sia sul retro. La faccia frontale era rivolta verso l'assemblea dei fedeli, mentre quella posteriore era visibile soltanto agli ecclesiastici della cattedrale. Il principale pannello del lato anteriore mostra la Vergine, cui era dedicata la città di Siena, assisa maestosamente in trono come Regina del Cielo e contornata da angeli e santi; da qui il titolo del dipinto, *Maestà*. Collocata in origine sotto questa scena di un momento eterno, la predella rappresentava episodi significativi della vita terrena della Vergine, a cominciare, sulla sinistra, dall'*Annunciazione* (si veda fig. 2). Le altre due pitture conservate alla National Gallery provengono dal retro della predella, istoriata con scene del Ministero di Cristo, sulla quale un tempo poggiava un'ampia tavola raffigurante ventisei episodi dalla Passione, Sepoltura e Resurrezione di Cristo.

Fig. 2 Ricostruzione della Maestà *di Duccio (lato frontale; basato su John White). Il pannello dell'*Annunciazione *in basso a sinistra è stato azzurrato.*

L'*Annunciazione* mostra l'Arcangelo Gabriele, che si fa avanti a grandi passi con in mano lo scettro di un messaggero reale, rivolgendosi alla Vergine: 'Ti saluto, o piena di grazia, il signore è con te: benedetta sei tu tra le donne' (Luca 1:28). Il libro mostrato da Maria riporta la profezia di Isaia (7:14): 'Ecco, una vergine concepirà e darà alla luce un figlio...'; tra Maria e Gabriele osserviamo un vaso con dei gigli bianchi, simbolo di purezza. Maria si porta la mano sul cuore, gesto solitamente interpretato come un atto di sottomissione: 'Eccomi, sono la serva del Signore; avvenga di me quello che hai detto' (Luca 1:38). O forse la Vergine ha appena abbassato il libro e si ritrae da Gabriele in atteggiamento di *allarme* e *riflessione*, le due emozioni successive attribuite da Luca a Maria: 'A queste parole ella rimase turbata e si domandava che senso avesse un tale saluto' (1:29). Qualunque sia la precisa intenzione di Duccio, il suo trattamento di questa scena fondamentale nel divino progetto di Salvezza stimola un nostro meditativo coinvolgimento. L'ambientazione architettonica insolitamente complessa ha un ruolo determinante nella creazione di tale effetto: donna mortale e angelo si incontrano in uno spazio reale che si estende oltre i confini della pittura. Le linee verticali delle mura e delle colonne, gli archi semicircolari e a sesto acuto contrastano le instabili diagonali delle figure, conferendo loro una parvenza di movimento. La Vergine è isolata, ma vacilla all'apparizione di Gabriele.

La fotografia a raggi infrarossi rivela la presenza di un disegno iniziale a penna della stessa mano che ha tracciato quello visibile nella fig. 1 (pagina 41). Si può immaginare che lo spazio sottostante l'ala di Gabriele a sinistra della colonna fosse destinato a essere dorato, come la zona sovrastante, poiché uno strato di bolo rosso, il fondo argilloso usato dai pittori per far aderire la foglia d'oro, è stato steso sotto la pittura di colore arancio. Duccio, o più probabilmente un assistente della sua bottega, dimenticatosi di eseguire la doratura, ha infine trattato con il colore quella zona del dipinto, estendendo la pittura arancio anche a destra della colonna per scrupolo di completezza.

Jan van Eyck attivo nel 1422–morto nel 1441

Ritratto di Giovanni (?) Arnolfini e di sua moglie
('Ritratto degli Arnolfini')

1434. Olio su tavola di quercia, 82 x 60 cm
L' 'invenzione' della pittura a olio è stata a lungo attribuita all'artista fiammingo Jan van Eyck. Ora sappiamo che questa tradizione non è esatta: è possibile che l'olio sia stato il medium originario usato per la pittura su tavola nell'Europa settentrionale, e altrove era stato utilizzato sin dall'ottavo secolo, se non prima, per dipingere su pietra o su vetro. Ma

non c'è dubbio che van Eyck abbia sfruttato questa tecnica nella pienezza delle sue potenzialità figurative. Come vediamo in questo famoso doppio ritratto, egli riusciva a imitare con grande precisione la qualità di qualunque superficie: il pelo setoso del piccolo cane, il lucido ottone del lampadario, il vetro convesso argentato dello specchio e i grani di cristallo del rosario appeso alla parete. Ancor più straordinariamente, plasmando con pazienza il colore a olio a lenta essicazione, talvolta con la punta delle dita, come dimostrano le impronte digitali sull'abito verde, l'artista è riuscito a rappresentare non soltanto gli effetti della luce sui singoli oggetti, ma la luce stessa, che sembra penetrare nella stanza attraverso la finestra visibile nel dipinto e da un'altra finestra invisibile collocata alla nostra sinistra, o, forse, dalla porta che si riflette nello specchio.

La luce proietta ombre, scivola dietro le figure e tra di esse, e appare onnipresente come l'aria, come la luce del giorno nel mondo reale. Un accorgimento che rafforza questa illusione è la costante variazione di rapporti tonali nell'intero dipinto. Più vicina alla finestra, ad esempio, la spalla destra di Arnolfini risalta per la sua chiarezza contro l'anta scura, ma la spalla e il braccio sinistro si profilano piuttosto scuri contro la parete più chiara. Tali sottili contrasti, che trovano una logica giustificazione nella direzione della luce, hanno la funzione di scindere il primo piano dallo sfondo, le figure da ciò che le circonda. È la maestria di van Eyck nel riprodurre l'apparenza della luce diffusa che gli permette di evocare lo spazio, non la prospettiva lineare, impiegata solo in modo approssimativo. L'illusione è così potente che neppure le proporzioni allungate e la testa piuttosto piccola delle figure riescono a dissipare la nostra sensazione di realismo nell'osservare la scena.

È comunque improbabile che questo dipinto raffiguri una vera cerimonia nuziale. Non siamo neppure certi dell'identità dei modelli. L'iscrizione latina sulla parete di fondo, 'Jan van Eyck fu qui/1434', è stata interpretata come la testimonianza della presenza del pittore alle nozze, ma potrebbe semplicemente attestare la sua paternità dell'opera, la sua creazione del 'qui'. Vero è certamente, tuttavia, che il dipinto ritrae marito e moglie. In questo contesto il cane potrebbe simboleggiare la fedeltà, e l'unica candela accesa l'occhio di Dio, onniveggente; un simbolismo sottolineato dallo specchio, la cornice del quale è decorata con scene della Passione di Cristo. L'intaglio sulla panca rappresenta Santa Margherita, santa patrona delle partorienti (per la sua storia si rimanda a pagina 65), sebbene la prominenza del ventre della signora raffigurata sia un fatto legato piuttosto alla moda dell'epoca. Gli zoccoli e sandali da strada che gli sposi si sono tolti potrebbero essere, come qualcuno ha ipotizzato, tipici doni nuziali, oppure rappresentare la rimozione delle calzature negli ambienti sacri. Il gesto della mano destra di Arnolfini, mutato dall'artista da una posizione più verticale, potrebbe essere un segno di benvenuto, o di assenso; oggi non lo sappiamo. Tutte queste allusioni sarebbero indubbiamente appropriate al ritratto di una coppia di prosperosi borghesi timorati di Dio. Solo il genio descrittivo del pittore conferisce alla scena l'aspetto di un evento significativo in un luogo particolare.

Jan van Eyck attivo nel 1422–morto nel 1441

Uomo col turbante

1433. Olio su tavola di quercia, 33 x 26 cm

In questo dipinto la rappresentazione della luce serve a suggerire i volumi e la qualità delle superfici piuttosto che, come nel *Ritratto degli Arnolfini*, a evocare l'illusione dello spazio. Si tratta di uno dei pochi ritratti quattrocenteschi che sopravvivono nella propria cornice originale. L'iscrizione che appare in alto, e nella quale vi sono alcune lettere dell'alfabeto greco, dice in fiammingo 'Come io posso'; quella apposta in basso, in latino,

Uomo col turbante

'Jan van Eyck mi fece 1443 21 ottobre'. Entrambe sembrano cesellate nel legno ma, in realtà, sono semplicemente dipinte. La prima, che appare in altre opere dell'artista, sembra derivare da un proverbio fiammingo; si tratta forse di un gioco di parole basato sull'ambiguità del soggetto 'IXH', inteso come 'io' ma anche come 'Eyck': 'Come io posso/Eyck può, ma non come io vorrei/Eyck vorrebbe'. La falsa modestia del motto e la direzione dello sguardo del modello, come rivolto verso uno specchio, hanno suggerito l'ipotesi che si tratti di un autoritratto, ma non esiste alcuna prova concreta di questa teoria.

Per quanto notevole, la descrizione del modello – gli ispidi peli della barba sul mento che si contrappongono al morbido collo di pelliccia, e l'occhio sinistro arrossato – non colpisce quanto la resa del copricapo. Van Eyck è celebre per l'impassibilità delle sue figure, ed è istruttivo paragonare questo ritratto con quello di Campin di un uomo con simile copricapo (pagina 31). In quest'ultimo, le estremità del lungo drappo avvolto a turbante pendono ai lati, incorniciando un volto che esprime forza di carattere e sul quale ci riesce naturale proiettare una vita emotiva interiore. Il personaggio di van Eyck rivela assai meno. Il turbante rosso occupa nel dipinto molto più spazio del volto; la sua massa tridimensionale è più assertiva, le sue spire e le sue pieghe più spettacolari. Il copricapo deve essere stato studiato a lungo, forse sopra un sostegno, indipendentemente dal modello e, come una natura morta eseguita in studio, accomodato dal pittore, annodato e attorcigliato per renderne l'aspetto più pittoresco. Esso appare meno legato alle convenzioni figurative di quanto non sia il taglio a tre quarti del volto. L'abilità di van Eyck nel riprodurre il drappeggio con tale straordinario realismo dipende in gran parte dalla sua grande padronanza del medium oleoso, che a differenza della tempera gli consente di rappresentare ombre scure e lumeggiature più chiare senza che vada perduto il rosso acceso dell'insieme.

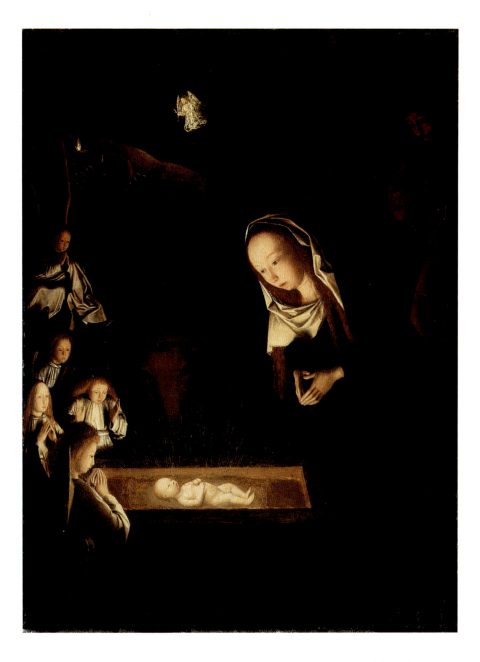

Geertgen tot Sint Jans   1455/65–1485/95

Natività, notturno

Circa 1480–90. Olio su tavola di quercia, 34 x 25 cm

Non esiste documentazione contemporanea di questo artista di Haarlem, il cui nome significa 'il piccolo Gerardo della confraternita di San Giovanni'. Questo dipinto gli è stato attribuito per analogia con opere ascritte all'artista da fonti seicentesche. È possibile che esso provenga da una pala d'altare andata perduta; all'epoca non era infrequente che composizioni in grande scala venissero adattate a esigenze di culto domestico.

Il soggetto di questa magica tavoletta è la visione: in primo luogo, la visione mistica descritta da una santa del Trecento, Brigitta di Svezia, nella quale essa è testimone della nascita senza dolore di Cristo, dell'adorazione della Vergine del proprio figlio e della radiosità del neonato che oscura la luce della candela di Giuseppe; ma anche la visione oculare dei pastori abbagliati che si riparano gli occhi all'apparizione nel cielo, come una stella cadente, dell'angelo che annuncia la nascita del Messia, e quella che si riflette nello sguardo meravigliato degli angeli dai tratti infantili, del bue e dell'asino, di Maria e San Giuseppe, rivolto verso la Luce del Mondo, l'infante che giace nudo nella mangiatoia. Infine, il dipinto esprime una nuova visione religiosa diffusa nelle regioni settentrionali dei Paesi Bassi, che fa dell'umiltà il cardine della santità, e una nuova visione artistica (si veda il dettaglio a pagina 10).

La radiosità divina non è stata rappresentata mediante un generoso impiego d'oro e di pigmenti rari sapientemente combinati nella decorazione di un oggetto prezioso (si veda pagina 40). Geertgen ce la rivela con la sua paziente modulazione dell'oscurità: la notte invernale scalfita appena da stelle lontane, riscaldata a stento dal fuoco, fievolmente rischiarata dalla candela un tempo tenuta in mano da Giuseppe (probabilmente andata perduta a causa di una riduzione della tavola). La maestria dell'artista nella descrizione naturalistica, cui si aggiunge appena qualche stenografica notazione di vero oro nei sottilissimi raggi luminosi emanati dal neonato, ci mostra come la notte d'inverno *prima* della nascita di Cristo fosse davvero, come è scritto nel Vangelo di San Giovanni, una notte in cui 'se un uomo cammina ... inciampa, perché non ha la luce' (11:10).

Gentile da Fabriano 1385 ca–1427
Madonna col Bambino (Madonna Quaratesi)

1425. Tempera a uovo su tavola pioppo, 140 x 83 cm

Gentile è ora noto come grande pittore su tavola, sebbene in vita fosse celebre soprattutto per la pittura murale. Nativo di Fabriano, nelle Marche, egli sarebbe diventato un artista itinerante, impiegato dai più importanti mecenati italiani: la Repubblica di Venezia, il Signore di Brescia, magnati fiorentini, i notai senesi, il Duomo di Orvieto. Morì a Roma, mentre lavorava per il pontefice.

Pittore preminente del suo tempo, capace di combinare un'elaborata tecnica medievale con nuove sperimentazioni di realismo nella rappresentazione pittorica, Gentile restò, tuttavia, un artista malleabile e aperto a influenze diverse, compresa quella del suo più giovane contemporaneo Masaccio (pagina 66), che originariamente era stato influenzato da lui. Ironicamente, nell'arco di una sola generazione, Masaccio, con il suo rigoroso impiego di osservazione dal vero e di imitazione della scultura antica, riuscì a eclissare la fama di Gentile. In prestito alla National Gallery dalla Royal Collection, la *Madonna Quaratesi*, così chiamata dal nome della famiglia che commissionò la pala della quale essa costituiva la tavola centrale, è esposta vicino alla *Madonna col Bambino* di Masaccio, dipinta a un anno di distanza. Storici dell'arte da tutto il mondo vengono in visita alla Galleria per comparare e contrapporre le due opere, di solito a vantaggio della seconda. La splendida tavola di Gentile, tuttavia, merita di essere considerata individualmente.

Il polittico Quaratesi era stato dipinto per l'altar maggiore della chiesa di San Niccolò Oltrarno a Firenze. Smembrato nel secolo scorso, esso era formato in origine dalla *Madonna col Bambino*, al centro, fiancheggiata da due pannelli cuspidati raffiguranti rispettivamente i santi Maria Maddalena e Nicola di Bari sulla sinistra, Giovanni Battista e Giorgio sulla destra. I santi (ora agli Uffizi) apparivano in piedi su un pavimento dipinto come una fascia continua, i bordi della quale si intravedono appena ai lati della base del trono di Maria, come figure osservate attraverso le sottili colonne di un loggiato. Allo stesso modo in cui Cristo con la sua aureola scorciata si sporge dal piccolo tondo nella cuspide sovrastante la Vergine, altre figure si affacciavano da tondi posti sopra i santi del registro principale.

Più in basso, nella predella (ora in Vaticano), erano rappresentate vivaci scenette dalle leggendarie imprese del santo che dava nome alla chiesa. L'armonia tra i diversi elementi era rafforzata da piccoli aggiustamenti nella composizione e nel colorito. I sontuosi effetti decorativi creati da Gentile possono ora essere maggiormente apprezzati nel broccato dorato, poiché il prezioso drappo, un tempo brillante, dietro la Vergine e il Bambino, realizzato sovrapponendo strati di pittura traslucida rossa alla foglia d'argento e verde alla foglia d'oro, con il passare del tempo si è scurito e macchiato.

Nonostante la sua regale magnificenza, il gruppo centrale mantiene una sua garbata intimità. La Vergine, una bellezza ideale dell'epoca con capelli chiari, fronte ampia e bocca a forma di bocciolo di rosa, guarda davanti a sé con espressione assorta mentre il figlioletto sorride contento, mostrando i piccoli denti da latte. Ben aggrappato al manto di sua madre, egli si volge verso l'angelo in adorazione, con una pratolina – simbolo della sua innocenza, colta in Paradiso, il giardino dell'eterna primavera – delicatamente tenuta tra le dita paffute.

Attribuito a Giotto di Bondone 1266/7–1337
Pentecoste

Circa 1306–12. Tempera a uovo su tavola di pioppo, 46 x 44 cm

I contemporanei riconobbero che Giotto aveva mutato il corso dell'arte. A differenza dei pittori che lo avevano preceduto, egli accentuò la realtà tridimensionale dei suoi personaggi e delle loro ambientazioni e cercò di coinvolgere gli oservatori come testimoni nello svolgimento del dramma della storia cristiana. Il suo esempio fu in seguito d'ispirazione per altri artisti fiorentini, tra i quali Michelangelo (pagina 133). Opere a lui attribuite con certezza sono alcuni cicli di affreschi realizzati in chiese di Firenze e di Padova, ed è dunque con questi che le pitture su tavola come la *Pentecoste*, ascritta a Giotto e alla sua attiva bottega, devono essere confrontate. Sebbene la qualità incostante delle figure suggerisca l'intervento di aiuti di bottega, i due uomini in primo piano, saldamente ancorati a terra e psicologicamente all'erta nonostante la simmetria decorativa delle loro pose, sono quasi certamente dello stesso Giotto.

Esami scientifici hanno stabilito che questa tavoletta è la settima, e ultima, di una serie di scene dalla vita di Cristo originariamente dipinte su un unico asse che formava una pala di formato orizzontale straordinariamente lunga. Altri pannelli, ora sparsi in musei statunitensi ed europei, raffigurano, in ordine da sinistra a destra, la Natività, la Presentazione al Tempio, l'Ultima Cena, la Crocifissione, la Deposizione e la Discesa di Cristo nel Limbo. Le tavole sono legate tra loro non soltanto dagli episodi rappresentati, dalla scala e dallo stile delle scene e dalla trama delle venature del legno, resa visibile dalle radiografie a raggi X, ma anche dalla loro insolita doratura. Per dare ai fondali dorati e alle aureole la calda luce del metallo massiccio, gli artisti erano soliti stendere l'oro in foglia su un fondo viscoso di argilla rossa detto bolo. In tutti questi pannelli, tuttavia, l'oro è stato applicato sopra uno strato di terra verde, un pigmento usato principalmente sotto i toni dell'incarnato dai pittori italiani dell'epoca. Ciò rafforza la cromia naturalmente verdognola dell'oro in foglia, e conferisce ai dipinti una peculiare tonalità piuttosto fredda.

La *Pentecoste*, ultimo pannello della serie, è l'unica scena in cui manca la figura di Cristo. L'episodio è descritto negli Atti degli Apostoli (2:1-13) e segna l'inizio della missione universale dei discepoli del Salvatore. Dopo l'Ascensione di Cristo, i dodici apostoli riuniti furono colmati di Spirito Santo sotto forma di 'lingue come di fuoco che si dividevano e si posarono su ciascuno di loro' e 'la folla ... rimase sbigottita perché ciascuno li sentiva parlare la propria lingua'. Oltre che con le fiammelle sopra il capo degli apostoli, lo Spirito Santo è stato rappresentato nella sua consueta forma di colomba, dalla quale si emanano raggi di luce. Giotto ha disegnato la scena con la stessa energica chiarezza dei suoi cicli di affreschi, mostrando sia l'interno della sala in cui si trovano gli apostoli, con il soffitto a cassettoni che recede in profondità, sia l'esterno. L'esotica moltitudine descritta nel testo evangelico è rappresentata da tre sole figure: l'uomo che medita sulle parole degli apostoli, e i due che ascoltano e comunicano, l'uno all'altro e allo spettatore, la loro meraviglia sia per l'evento straordinario che per il suo messaggio.

Giovanni di Paolo attivo nel 1417–morto nel 1482
San Giovanni Battista si ritira nel deserto

Circa 1453. Tempera a uovo su tavola di pioppo, esclusi i bordi, 32 x 38 cm

Insieme al Sassetta (pagina 89), Giovanni di Paolo fu uno dei più importanti pittori senesi del Quattrocento. Tale era il prestigio dei suoi grandi maestri trecenteschi – Duccio (pagina 40) e i suoi discepoli – nell'arte sienese, che sia Giovanni di Paolo, sia il Sassetta si rifecero costantemente ai modelli del passato. Il doppio legame di Giovanni con il moderno e con l'antico si palesa chiaramente nei quattro pannelli di predella, *Scene dalla vita di San Giovanni Battista*, esposti alla National Gallery, dei quali il *San Giovanni si ritira nel deserto* era probabilmente il secondo da sinistra. Le altre tavole rappresentano la nascita del santo, il Battesimo di Cristo, e il Banchetto di Erode, durante il quale la danza di Salomè, e la ricompensa promessa da Erode, causarono la decollazione del santo. La tradizione pittorica della storia di San Giovanni Battista, narrata nei Vangeli e dalla leggenda, era consolidata alla fine del Quattrocento. La pala della quale queste tavole formavano la

San Giovanni Battista si ritira nel deserto

predella – elemento a forma di cassetta che sosteneva il dipinto principale – non è stata identificata con certezza, ma sicuramente raffigurava l'immagine del santo.

Nel 1427, rilievi in bronzo del *Battesimo di Cristo* e del *Banchetto di Erode* eseguiti, rispettivamente, dagli scultori fiorentini Ghiberti e Donatello furono inviati a Siena come elementi decorativi per un nuovo fonte battesimale nel battistero. Giovanni di Paolo ha adattato le composizioni di questi artisti alle analoghe scene della sua predella, ma egli non disponeva di modelli altrettanto recenti per raffigurare la partenza da casa del piccolo Giovanni che si avvia furtivamente verso il deserto attraverso una fessura nella montagna. Il pittore trasmette alla scena un senso di movimento ricorrendo all'antiquato artificio della combinazione di due episodi, Giovanni alla porta della città e Giovanni sulle montagne, mostrandolo in entrambi di profilo, come a far progredire la storia da sinistra a destra. Altrettanto antiquate sono sia le grandi dimensioni della figura, che contrastano con la scala ridotta dell'ambiente circostante, sia il punto di vista assai elevato, a volo d'uccello, dal quale vediamo il paesaggio recedere bruscamente dalle mura della città verso il lato destro e la parte alta del dipinto. È questo punto di vista sollevato a consentirci di percepire la curvatura della terra sull'orizzonte e il nitido motivo delineato dall'alternarsi dei boschi e delle radure. Le montagne sono dipinte secondo una convenzione ereditata dall'arte greca medievale, e l'intera figurazione, con il suo tenue schema cromatico punteggiato di rosa intenso e dell'oro lucente dell'aureola di Giovanni, ha un fascino fiabesco.

Non meno incantevoli, benché per ragioni del tutto diverse, sono le fasce decorate con rose dipinte in modo ineccepibilmente realistico su entrambi i lati della tavola. Curiosamente, i fiori sono osservati dal basso, come da occhi all'altezza dei boccioli inferiori di ciascun ramo.

Attribuito a Jacopo di Cione   attivo nel 1362–morto nel 1398/1400

Incoronazione della Vergine con santi in adorazione
(Pala d'altare di San Pier Maggiore)

*1370–1. Tempera a uovo su tavola di pioppo, pannello centrale 206 x 114 cm;
pannelli laterali ciascuno 169 x 113 cm*

L'*Incoronazione della Vergine* e i collaterali *Santi in adorazione* costituivano l'ordine principale di una delle più ampie ed elaborate pale d'altare commissionate a Firenze nella seconda metà del Trecento. Essa fu eretta sull'altar maggiore della chiesa di San Pier Maggiore; le cronache dell'epoca rivelano che fu necessario un argano per metterla in sito. In seguito alla distruzione della chiesa avvenuta nel diciottesimo secolo, la pala fu smembrata, la cornice distrutta, tutti i pannelli alterati nella forma e le tavole della predella disperse in vari musei. Benché la National Gallery possieda i dipinti del registro principale e i pinnacoli, la disposizione originaria non può essere replicata per via della sua notevolissima altezza.

    Una complessa struttura di questo genere è senza dubbio opera di più mani. Mentre la fattura pittorica reca il marchio stilistico di Jacopo di Cione, il più giovane dei quattro fratelli artisti fiorentini, il disegno dell'insieme è stato affidato al suo collaboratore, Niccolò di Pietro Gerini. Un terzo maestro potrebbe essere stato incaricato della doratura e della sua elaborata decorazione. La cooperazione tra i tre maestri e i loro aiuti fu così stretta e organica che dal disegno iniziale all'installazione finale trascorse poco più di un anno.

    Il soggetto rappresentato al centro era all'epoca estremamente diffuso a Firenze (si veda pagina 60), e fornisce lo spunto per radunare un'orchestra celeste e un cospicuo numero di santi spettatori. Ve ne sono ben quarantotto, il più importante dei quali è il santo che dà nome alla chiesa cui la pala è destinata, San Pietro. Egli occupa il posto d'onore alla destra del trono in prima fila, e tiene in mano le chiavi del Paradiso e un modello della sua chiesa, simbolo anche della Chiesa universale. Benché a prima vista le teste possano sembrare individualmente caratterizzate, è improbabile che esse siano state dipinte, o copiate, dal vero, e quasi certamente sono tratte da un apposito libro di modelli (si veda pagina 83). Alcune sono, in realtà, immagini speculari di altre; così, ad esempio, i tratti del giovane diacono Santo Stefano raffigurato nella fila frontale sul pannello di sinistra (sul suo capo vediamo una delle pietre con le quali fu martirizzato) ricompaiono, rovesciati, sul volto del giovane diacono San Lorenzo nel pannello di destra (con la graticola che fu strumento del suo martirio). Gran parte del naturalismo e della teatralità di Giotto (pagina 50) risulta diluito da questo ricorso agli stereotipi. Sebbene le figure siano abbastanza piene e disposte, in piedi o genuflesse, in ordini arretranti, e benché il trono sia stato disegnato, a mano libera, in base a un criterio approssimativamente prospettico, l'effetto dell'insieme è bidimensionale.

Un nuovo interesse per la ricchezza decorativa, tuttavia, in particolare per le splendide stoffe, i cui motivi sono stati scalfiti sulla superficie dipinta per rivelare la foglia d'oro sottostante, contribuisce a compensare l'impassibilità delle singole figure e la severità della composizione complessiva. Osservati alla luce delle candele, l'oro lavorato e i colori ritmicamente ripresi avrebbero addirittura potuto conferire una parvenza di movimento alla scena: angeli e santi dolcemente ondeggianti al suono solenne della musica dell'arpa e dell'organo, della zampogna e della cetra, eseguita al cospetto della Vergine e di suo Figlio.

Leonardo da Vinci 1452–1519
Vergine delle rocce

Circa 1508. Olio su tavola, 190 x 120 cm
Persino i contemporanei provavano un senso di soggezione di fronte al genio leggendario che fu Leonardo da Vinci. Praticati studi artistici e ingegneristici a Firenze, egli trasformò e trascese allo stesso tempo la propria professione, in perenne attività e tuttavia, secondo i criteri dell'epoca, con scarsi esiti. Inadatto o refrattario a una metodica applicazione nel lavoro, dalla commissione al compimento dell'opera, Leonardo visse facendo assegnamento su sussidi di principi, e morì, considerato 'un grandissimo filosofo' dal re di Francia, in un castello sulla Loira. I collezionisti richiedevano invano opere di sua mano, eseguite 'con quella dolcezza e soavità de aere che avete per arte peculiari in eccellenza', come gli scrisse Isabella d'Este, marchesa di Mantova. Sembra che egli avesse conservato in proprio possesso pitture celebri e molto desiderate quali la *Gioconda*, lasciandole poi a un allievo disonesto. I suoi preziosi taccuini, pieni di disegni e di osservazioni nel campo dell'arte, dell'architettura, dell'ingegneria, dell'ottica, della geometria, dell'anatomia e di altre scienze naturali, non furono mai resi pubblici ma, ereditati da Giovanni Francesco Melzi, un altro componente della sua bottega, vennero tradotti da questi in un frammentario *Trattato della Pittura*, avidamente studiato per secoli. Ciononostante, ogni composizione nota di Leonardo, compiuta o meno, esercitò grande influenza in tutta Europa. La *Gioconda* non ha mai perduto il suo fascino, e il fatiscente affresco del *Cenacolo* resta la più memorabile e universalmente nota illustrazione di un episodio della storia cristiana. È quasi impossibile guardare all'opera di Leonardo con occhi spontanei, o ricatturare un'impressione convincente di come essa potesse essere apparsa agli occhi del suo pubblico originario.

La *Vergine delle rocce* fu dipinta intorno al 1508 per una congregazione laica, la Confraternita dell'Immacolata Concezione della chiesa di San Francesco Grande a Milano. Forse Leonardo aveva progettato questa composizione prima di ricevere la commissione al suo arrivo a Milano, nel 1483; una versione antecedente, probabilmente venduta al re di Francia, si trova al Louvre. Nel dipinto della National Gallery, un motivo piuttosto diffuso a Firenze sostituisce l'iconografia normalmente richiesta dai committenti francescani per rappresentare la dottrina dell'Immacolata Concezione di Maria: una Vergine senza il Bambino attorniata da profeti con in mano testi che si riferiscono alla sua esenzione dal Peccato Originale. Nella *Vergine delle rocce* il piccolo Battista, che si ripara sotto il manto di Maria, venera il Cristo infante sullo sfondo di un freddo e desolato paesaggio di rupi e acqua. I clienti milanesi di Leonardo devono essersi preoccupati di una possibile confusione tra i due bambini, poiché più tardi a Giovanni sono state attribuite, in aggiunta, una

pergamena che lo identifica e una croce maldestramente infilata in uno dei superbi studi di piante di Leonardo.

La tavola era inserita in una cornice preesistente, elboratamente ornata con intagli, dorature e sportelli dipinti. (I due angeli musicanti esposti non lontano, eseguiti da un aiuto, provengono probabilmente dalla faccia anteriore e posteriore dello sportello di destra.) Nella cappella illuminata dalle candele, la cornice lucente e le rocce dipinte dalle cui ombre emergono le figure dovevano creare, insieme, l'effetto di un antro misterioso. Nei suoi quaderni di appunti, Leonardo registra il ricordo di un momento in cui si era trovato di fronte all'apertura di una caverna: 'Sùbito salse in me due cose, paura e desiderio: paura per la minacciante e oscura spilonca, desidèro per vedere se là entro fusse alcuna miracolosa cosa.' Il contrasto tra le zone incompiute della pittura, per esempio la mano dell'angelo poggiata sul dorso di Cristo, e le parti compiute non doveva sembrare così marcato come ci appare oggi. Le intenzioni di Leonardo in quest'opera dai profondi toni emotivi e, tuttavia, strangamente ermetica, trovano forse l'espressione più autentica nella testa e nel diafano velo dell'angelo, là dove le luminose pennellate hanno una fermezza e una delicatezza davvero miracolose.

Leonardo da Vinci 1452–1519

Vergine col Bambino con Sant'Anna e San Giovannino

Circa 1507–8. Carboncino, con rialzi in gesso bianco, su carta, 142 x 106 cm

In un recesso appositamente costruito nella parete di una piccola sala, dietro la *Vergine delle rocce* (pagina 55), è esposta una tra le opere più preziose e fragili conservate alla National Gallery: il celebre cartone di Leonardo, un disegno raffigurante la madre della Vergine, Sant'Anna, con la Vergine seduta sul ginocchio che tiene in braccio il Cristo infante, proteso a benedire il piccolo Giovanni Battista e dargli un buffetto sotto il mento. Il disegno copre otto fogli di carta incollati insieme. Un'illuminazione ridotta è necessaria per evitare che il carboncino e il gesso possano sbiadire, ma l'atmosfera reverenziale creata da queste particolari condizioni appare comunque appropriata. Come nella *Vergine delle rocce*, Leonardo rappresenta quattro figure in estatica comunione cariche di significato teologico e di intensa, umana emozione. Un gioco di sguardi complici e sorrisi introspettivi appare sui volti dei personaggi, espressioni enigmatiche che Leonardo ha reso celebri.

Il triangolo aperto formato dalle figure nella *Vergine delle rocce* si condensa qui in una piramide di forme concatenate; le figure aumentano in scala e il paesaggio roccioso recede sullo sfondo, lasciando in primo piano soltanto dei ciottoli. Nonostante la monumentalità del gruppo figurale, nulla è pienamente risolto. Zone potenzialmente problematiche, là dove i corpi si toccano e si sovrappongono, sono rimaste indistinte e sbavate; l'avambraccio di Sant'Anna, profeticamente levato a indicare il Paradiso, è appena abbozzato. Cominciamo a capire perché Leonardo trovasse così grande difficoltà nel portare a termine i suoi progetti, poiché l'indeterminatezza del disegno e l'assenza di rifinitura sono parte integrante del significato dell'opera, là dove il mistero pittorico evoca il mistero divino: Dio fattosi carne nel grembo di una donna concepita essa stessa senza peccato, la Passione annunciata e accolta con melanconica gioia.

I cartoni erano disegni eseguiti a grandezza naturale e destinati a essere trasferiti su tavola, su parete o su tela come guida nell'esecuzione pittorica. Quello conservato alla National Gallery era certamente un disegno preparatorio a un dipinto, ma non fu mai trasferito, dal momento che i contorni non sono forati né incisi. Come la *Vergine delle rocce*, si tratta di una variazione su un tema al quale Leonardo lavorò per diversi anni. Già nel 1501 i fiorentini, 'gli uomini e le donne, i giovani et i vecchi, come si va a le feste solenni', si erano affollati per vedere un altro disegno di Leonardo di proporzioni e di soggetto analoghi, probabilmente destinato a una pala d'altare dedicata a Sant'Anna, una delle patrone della Firenze repubblicana, per la chiesa della Santissima Annunziata. La pala non fu mai realizzata, e il disegno andò perduto.

Qualche tempo dopo, Leonardo fu richiesto di rivedere la composizione per Luigi XII, re di Francia, il nome della cui seconda moglie, Anne, avrebbe reso il soggetto di particolare interesse. Il dipinto per il re francese, iniziato intorno al 1508, restò incompiuto alla morte di Leonardo e ora si trova al Louvre. Esso mostra Anna che sorride alla Vergine, poggiata sulle ginocchia della madre e piegata in avanti nel tentativo di trattenere il Bambino che gioca con un agnello, simbolo del sacrificio di Cristo e attributo di San Giovanni Battista. Tanto il disegno di Parigi, quanto il cartone della National Gallery illustrano il senso di meraviglia espresso da un testimone oculare del disegno perduto del 1501, il quale ebbe a rilevare come le figure, benché tutte in scala naturale, avessero trovato posto in un cartone di ridotte dimensioni grazie alle loro pose elaborate. Dono supremo di Leonardo era la sua capacità di risolvere un problema formale in molti modi diversi, sempre ugualmente suggestivi.

Fra Filippo Lippi   1406 ca–1469

Annunciazione

Circa 1448–50. Tempera a uovo su tavola, 68 x 152 cm

Orfano messo in convento da bambino, Filippo prese i voti in Santa Maria del Carmine a Firenze nel 1421, giusto in tempo per vedere Masaccio e Masolino (pagine 66, 69) all'opera sui famosi affreschi della chiesa. Evidentemente era più portato alla vita di pittore che a quella di carmelitano, dato che nel 1456, cappellano in un convento di Prato, indusse una monaca a fuggire con lui. Il figlio nato dalla relazione, Filippino, diventò un eccellente pittore di costumi straordinariamente casti; l'Ala Sainsbury ospita una sua splendida pala. Filippo fu impiegato come artista al servizio dei Medici, e per loro intercessione ottenne una speciale dispensa che gli permise di sposare la madre di Filippino.

L'*Annunciazione* è uno degli elementi di una coppia di pannelli che originariamente si trovavano in un palazzo dei Medici a Firenze; l'altro, esposto a fianco, raffigura sette santi di particolare rilievo per la famiglia. La forma e il soggetto di entrambe le tavole suggeriscono che esse fossero parte degli arredi di due stanze diverse ma collegate, usate come testiere o a decorazione delle pareti sovrastanti un letto o una porta. Mentre la lunetta con i *Sette santi* illustra un tema dinastico attraverso i membri di sesso maschile della casata, l'*Annunciazione* sarebbe stata più adatta alla stanza di una donna.

Lo stemma mediceo con tre piume infilate in un anello con diamante è 'scolpito' in rilievo sul bordo del parapetto che separa il 'giardino chiuso' della Vergine (pagina 39) dalla sua camera da letto. La purezza di Maria viene richiamata anche dai gigli tenuti in mano dall'Arcangelo Gabriele e da quelli che crescono nell'urna tra le due figure. Dal centro del profilo superiore arcuato del dipinto la mano di Dio ha liberato la colomba dello Spirito Santo. La traiettoria spiroidale del suo volo, delineata in oro brillante, sta per concludersi nel grembo della Vergine, dal quale si irradia un piccolo fascio di raggi dorati. Nella posa remissiva di Maria, Lippi illustra il momento del Vangelo di San Luca (1:38) in cui la Vergine risponde, 'Eccomi, sono la serva del Signore; avvenga di me quello che hai detto.'

Tutte le qualità che i Medici apprezzavano nell'arte di Filippo sono illustrate in questa immagine. L'austerità della prospettiva centrale (la pendenza del pavimento è esagerata per correggere l'inclinazione alla quale il pannello veniva originariamente osservato) e della rigorosa geometria ereditata da Masaccio è temperata dalla sublime delicatezza del tratto, del colorito e dell'ornamentazione. Il velo trasparente della Vergine addolcisce la curvatura del collo e delle spalle, le ali di pavone di Gabriele fanno eco alla curvatura dell'arco. Ma la bellezza del dipinto risiede soprattutto nell'incontro tra l'angelo e la Vergine, virtuali immagini speculari. Al gesto dell'uno, che china il capo in profilo piegando il braccio in segno di garbata deferenza, risponde l'altra con solenne umiltà.

Stephan Lochner attivo nel 1442–morto nel 1451

Santi Matteo, Caterina d'Alessandria e Giovanni Evangelista

Circa 1445. Olio su tavola di quercia, 69 x 58 cm
Lochner fu la personalità artistica preminente del suo tempo a Colonia, dove nel 1520 Dürer pagò perché gli si mostrasse la sua pala dell'*Adorazione dei Magi*. Questo pannello con figure di santi costituisce la tavola interna dello sportello sinistro di una piccola pala

d'altare il cui scomparto centrale è andato perduto; il laterale esterno, riportante anch'esso tre figure erette di santi, è gravemente danneggiato. Lo sportello di destra, ora in un museo di Colonia, è stato segato per ottenere due pannelli separati. Mentre lo sportello conservato alla National Gallery è stato leggermente accorciato in alto e in basso, il laterale interno esposto a Colonia, un tempo controparte di questo, mostra ancora decorazioni a traforo intagliate sopra e sotto le figure. Vi sono rappresentati i santi Marco, Barbara e Luca, cosicché, quando aperti, i due sportelli avrebbero mostrato i quattro Evangelisti e due tra le sante più venerate. L'identificazione dei santi è possibile grazie agli attributi di ciascuna figura, per gli Evangelisti le quattro figure dell'Apocalisse (4:6-8). Qui Matteo, intento a scrivere il Vangelo, è accompagnato dal suo angelo. Giovanni, accompagnato della sua aquila, tiene in mano un calice che contiene una serpe per richiamare l'episodio miracoloso nel quale, avendo bevuto da una coppa avvelenata, egli non subì alcun danno; un astuccio con una penna pende dalla cinta del santo, raffigurato nell'atto di benedizione. Caterina d'Alessandria sorregge la spada con la quale fu decapitata; ai suoi piedi, i frammenti della ruota con punte acuminate che fu lo strumento del suo supplizio, e che poi ha dato il nome della santa a un tipo di fuoco pirotecnico. I tre santi sono raffigurati in piedi su un terreno sassoso e contro un fondo a foglia d'oro lavorato in modo da catturare la luce ed evocare un sontuoso drappo dorato.

Lo stile pittorico di Lochner coniuga una netta linea di forme con una generalizzata liscia morbidezza dei volumi, particolarmente evidente nella fronte elegantemente arrotondata di Caterina. Allo stesso modo in cui le figure sono unite tra loro dalla ripresa in ciascuna dei medesimi colori – verde, rosso e bianco – le loro pose richiamano alla mente uno schema tipico delle danze a passo lento dell'epoca: un trio di danzatori, uomini e donne simmetricamente alternati, che avanzano all'unisono con lo stesso piede. L'analogia doveva apparire ancor più evidente quando la pala era integra, poiché mentre le figure di Londra sono atteggiate con il piede sinistro in avanti, i tre santi di Colonia allungano tutti il piede destro.

Lorenzo Monaco — attivo prima del 1372-1422/4

Incoronazione della Vergine e santi in adorazione

Circa 1414. Tempera a uovo su tavola di pioppo, scomparto di sinistra 182 x 105 cm; scomparto centrale 217 x 115 cm; scomparto di destra 179 x 102 cm

Piero di Giovanni diventò 'Lorenzo Monaco' prendendo i voti nel 1391 presso il convento camaldolese di Santa Maria degli Angeli a Firenze. L'ordine ascetico era stato fondato nel 1012 da un monaco benedettino, San Romualdo, che, disgustato dalla decadente mollezza che regnava nel proprio monastero, ne aveva tratto il nome dalla località appenninica di Camaldoli, in Toscana, dove aveva costruito un eremo. La leggenda vuole che, avendo sognato una scala che si estendeva dalla terra al Paradiso lungo la quale salivano uomini dalle candide vesti, egli avesse stabilito che i monaci del nuovo ordine si vestissero di bianco. Ed è per questo che le pale d'altare camaldolesi mostrano sempre San Benedetto, fondatore nel VI secolo dei Benedettini, vestito di bianco anziché del nero caratteristico dell'ordine.

Benedetto viene qui raffigurato all'estrema sinistra con un libro riportante l'esordio del Prologo alla sua Regola che, come Benedettini riformati, i Camaldolesi osservavano; nella mano sinistra, egli tiene la verga che usava per punire i monaci erranti. Al suo fianco siedono Giovanni Battista e San Matteo con il suo Vangelo. Altrettanto venerando, all'estrema destra, appare San Romualdo nel suo abito bianco, in compagnia di personaggi del calibro di San Pietro e San Giovanni Evangelista. Questi e altri santi sono testimoni dell'Incoronazione della Vergine adempiuta da Cristo dopo l'Assunzione in Cielo di Maria, una scena rappresentata per la prima volta nella Francia del Duecento e a quest'epoca assai diffusa a Firenze, sebbene non menzionata nei Vangeli. Poiché la Vergine talvolta impersona la Chiesa, la sua investitura della corona regale da parte di Cristo riafferma l'autorità ecclesiastica e papale: un soggetto quanto mai appropriato per una città politicamente alleata con il papato. In basso, alcuni angeli si producono in un'esecuzione musicale.

Nella sua forma originale, la pala non era strutturata come un trittico, ma presentava un'unica superficie sormontata da tre centine, corredata di cuspidi e di una predella. La tavola principale fu divisa in tre parti posteriormente al 1792. I pannelli laterali e la scena centrale sono pervenuti alla National Gallery in tempi diversi, e sono esposti in una cornice moderna.

Osservando quest'affascinante opera nel suo stato e nella sua collocazione attuali, è facile dimenticarne la solenne funzione liturgica e autocelebrativa: il modo in cui i santi fondatori degli ordini benedettino e camaldolese figurano insediati in Paradiso alla pari con gli Evangelisti, gli apostoli e il Battista. Ed è anche più difficile ricordare che l'autore di questi tratti calligrafici, delle squisite combinazioni cromatiche (l'originale colore rosa-lilla del manto della Vergine è ora sbiadito) e degli angeli dai modi cortesi fosse egli stesso un membro di quell'austera comunità bianco-vestita.

Andrea Mantegna   1430/1–1506

Introduzione del culto di Cibele in Roma

1505–6. Tinta a colla su lino, 74 x 268

'Andrea arebbe fatto molto meglio quelle figure e sarebbono state più perfette,' afferma sarcastico l'alienato maestro del Mantegna, il padovano Francesco Squarcione, nella cronaca vasariana, 'se avesse fattole di color di marmo, e non di que' tanti colori; perciocché non avevano quelle pitture somiglianza di vivi, ma di statue antiche di marmo...'. Guardando questo dipinto o gli altri illusionici rilievi scolpiti di Mantegna alla National Gallery, non si può fare a meno di pensare che l'artista abbia raccolto la sfida. Egli aveva provocato le ire del suo vecchio maestro stringendo nel 1453, tramite matrimonio, un sodalizio con l'impresa concorrente dei Bellini, i pittori più importanti di tutto il Veneto. Pur utilizzando la dote della sposa per annullare legalmente qualunque vincolo con lo Squarcione, Mantegna non si legò, comunque, alla bottega dei Bellini. Nel 1459 si stabilì presso la corte di Mantova, al servizio della quale sarebbe morto quando ormai era diventato una delle personalità artistiche più apprezzate in Italia. I suoi dipinti influenzarono numerosi artisti, non ultimo il cognato Giovanni Bellini (pagina 22), e le sue stampe molti altri, tra i quali il grande Dürer.

Nella città universitaria di Padova, Mantegna era diventato archeologo dilettante e amico di studiosi dell'antichità classica, interessi, questi, che egli continuò a coltivare alla raffinata corte di Mantova. Ma il dipinto di dimensioni relativamente limitate di cui ci occupiamo qui, evocazione dell'antichità romana non meno complessa di quella delle pitture di grandi proporzioni, fu commissionato nel 1505 per la residenza di famiglia del nobile veneziano Francesco Cornaro. I Cornaro vantavano una discendenza dal Publio Cornelio Scipione Nasica, designato nel 204 a.C. come l'uomo più degno di accogliere Cibele, la Madre degli Dei, che giungeva a Roma dall'Asia Minore. La dea si era manifestata sul Monte Ida in forma di meteorite, e il suo trasferimento a Roma era un atto preliminare

all'espulsione dei Cartaginesi dall'Italia durante le guerre puniche. Secondo il racconto degli storici e dei poeti antichi, la nave che trasportava la divina pietra si arenò; e una matrona romana accusata di adulterio, Claudia Quinta, la liberò tirandola con la sua cintura, provando così la propria castità.

Il dipinto di Mantegna faceva parte di una serie (mai terminata) di episodi collegati che, una volta disposti in sequenza sulle pareti di una stanza, sarebbero apparsi come un fregio scolpito. Più del rilievo marmoreo, tuttavia, l'artista imita le sembianze dei cammei – i lavori dell'arte antica maggiormente apprezzati nel Rinascimento – nei quali le figure scolpite in uno strato colorato della pietra emergevano da un altro strato, di colore diverso, che fungeva da sfondo. Neppure i più grandi cammei romani possono paragonarsi per le dimensioni al dipinto di Mantegna, cosa che lo fa apparire di particolare pregio e rarità.

Il meteorite di Cibele, un busto della dea (modellato su un'antica scultura romana) e una lampada vengono trasportati su una portantina dai sacerdoti del culto che avanzano a lunghi passi ritmici, preceduti da uno degli accoliti in pantaloni di foggia orientale. La figura inginocchiata dalla capigliatura scomposta potrebbe essere Claudia Quinta, oppure uno degli autoevirati adoratori della divinità. Scipione dev'essere l'uomo che si rivolge gesticolando verso i diffidenti colleghi senatori. Sulla destra, un veggente con turbante illustra l'esotico culto a un soldato romano, mentre un giovane africano suona un piffero e un tamburo, cui fanno eco trombe oltre il portale. La prospettiva della scala è calcolata in base a un punto di vista abbassato, come anche la positura delle figure. Le cromie della 'pietra', che variano gradatamente dal grigio-oro e di tonalità più fredda delle figure fino al brillante sfondo variegato, e il movimento che riverbera nell'intera scena si combinano per creare l'illusione di una scultura animata vibrante di vita.

Andrea Mantegna   1430/1–1506

Preghiera nell'orto

Circa 1460. Tempera a uovo su tavola, 63 x 80 cm

Fu forse l'intenso studio delle antiche rovine a suscitare in Mantegna un interesse per la pietra. Non soltanto l'artista dipinse immaginari rilievi in pietra e cammei (pagina 63), ma ritrasse persino dei cavatori al lavoro sullo sfondo di una piccola immagine di una Madonna col Bambino (Firenze, Uffizi). Dove si richiedeva magnificenza, egli dipinse pavimenti di marmo, colonne e mura di alabastro, porfido, serpentino e altre pietre esotiche apprezzate nella Roma imperiale e nella Venezia medievale. La nota predominante di questa *Preghiera nell'orto* è, tuttavia, costituita dalla possente asperità della nuda roccia del Monte degli Ulivi e dalla fredda solidità delle pietre edili di Gerusalemme, a proposito delle quali Gesù predice 'non resterà qui pietra su pietra…' (Matteo 24:2).

    La città viene rappresentata come doppiamente infedele. Falci di luna, emblemi dell'Islam, coronano le sue torri; un monumento equestre dorato sopra una colonna scolpita e un edificio circolare simile al Colosseo richiamano la Roma pagana. Nelle mura riparate da poco si apre una porta solo per lasciar uscire una colonna di soldati, con Giuda in testa. Questo è, infatti, l'episodio, narrato in tutti i Vangeli, che precede la cattura di Gesù. Dopo l'Ultima Cena, egli uscì da Gerusalemme insieme ai suoi discepoli per pregare, dicendo: 'Una tristezza mortale mi opprime…' (Marco 14:34). Ma anziché vegliare con lui, Pietro, Giacomo e Giovanni si abbandonano al sonno. Là dove Bellini, in una versione di questa stessa composizione anch'essa conservata alla National Gallery (pagina 24), mostra l'angelo che appare a Cristo 'dal cielo per confortarlo' (Luca 22:43), Mantegna illustra il doloroso momento della rassegnazione di Cristo alla volontà di Dio Padre. Davanti a lui, cinque angeli, nudi come gli atletici amorini dell'arte antica, reggono gli Strumenti della sua Passione: la colonna della Flagellazione, la croce della Crocifissione, la spugna pregna di aceto che gli fu offerta, la lancia che gli trafisse il fianco. Un avvoltoio, presagendo l'imminenza della morte, osserva la scena da un ramo secco.

Non sono, tuttavia, sentimenti di pietà e di desolazione quelli che Mantegna sembra voler evocare nello spettatore di questa piccola opera devozionale dalle linee incisive e dai colori forti. Le lepri (o conigli) sul sentiero, creature indifese esse stesse, simboleggiano coloro che ripongono la speranza della propria salvezza in Cristo, e i candidi aironi bianchi nell'acqua alludono alla purificazione del battesimo. Gli alberi sono stati tagliati, ma alcuni arboscelli spuntano dalla roccia. Nella sua aspra maniera, Mantegna istilla coraggio. E forse potremmo qui ricordare, senza commettere una forzatura eccessiva, che l'immagine della pietra ricorre metaforicamente in tutta la Bibbia, e che l'apostolo Pietro la riferisce a Cristo stesso (1 Pietro 2:6): 'Ecco, io pongo in Sion una pietra angolare ... e chi crede in essa non resterà confuso'.

Margarito d'Arezzo

Vergine in trono col Bambino, con scene della Natività e delle vite dei santi

Sesto decennio del Duecento. Tempera a uovo su tavola, 93 x 183 cm

Questo è il dipinto più antico della National Gallery, e fu quasi certamente realizzato con funzione di pala d'altare, anziché di paliotto (il paramento che decora la parte bassa anteriore dell'altare), come la sua forma potrebbe suggerire.

Nel sesto decennio del tredicesimo secolo la figura della Vergine Maria con il Cristo infante, che rifletteva la dottrina dell'Incarnazione, era diventata, insieme al Crocifisso che commemorava il sacrificio di Cristo sulla croce, l'immagine religiosa più diffusa. Maria e suo Figlio sono qui rappresentati secondo la tradizionale maniera bizantina, ovvero della Grecia medievale: la Vergine come Regina del Cielo, assisa su un trono decorato con teste di leoni come quello di Salomone (1Re 10:19), Cristo assiso a sua volta, come in trono, in grembo a sua Madre. Egli non viene realisticamente raffigurato come bambino, ma come la Parola di Dio, secondo il Vangelo di San Giovanni, abbigliato come gli antichi filosofi, gli uomini di stato e i giudici, con un rotolo nella mano sinistra mentre la destra è atteggiata nell'atto di benedizione. Su entrambi i lati del trono, angeli spargono incenso, come chierichetti durante la celebrazione della Messa. Le figure sono contenute in una mandorla, alone ovoidale che rappresenta il Paradiso. Ai quattro angoli dell'inquadratura centrale appaiono i simboli degli evangelisti, anch'essi tradizionali sebbene originariamente derivati dall'Apocalisse di San Giovanni, l'ultimo, profetico, libro della Bibbia.

In contrasto con questa eterna immagine simbolica, gli otto riquadri laterali rappresentano episodi di storia sacra: la Nascita di Cristo nell'angolo in alto a sinistra e, a fianco, un angelo che libera San Giovanni Battista da un calderone di olio bollente. Sulla destra della figurazione centrale nel registro superiore appare nuovamente San Giovanni, che resuscita Drusiana, mentre alla sua destra San Benedetto combatte le tentazioni della carne rotolandosi nudo in cespugli spinosi. Nell'angolo inferiore sinistro vediamo la decapitazione di Santa Caterina, il cui corpo viene trasportato dagli angeli sul Monte Sinai, e nel riquadro accanto San Nicola, che avverte i pellegrini che il demonio ha offerto loro olio mortale. Il santo ricompare poi per salvare tre giovani dall'esecuzione capitale, e nell'angolo inferiore destro viene mostrata, dietro le sbarre di una prigione, Santa Margherita, anch'essa in una duplice immagine: mentre viene ingoiata da un drago e mentre fuoriesce dal ventre dell'animale. Didascalie in latino descrivono ciascuna scena. Sotto i piedi della Vergine, un'iscrizione latina dichiara: 'Margarito d'Arezzo mi fece.'

Vergine in trono col Bambino, con scene della Natività e delle vite dei santi

Questo dipinto marca sia la fine che il principio di una tradizione pittorica. Margarito si ispira, come abbiamo visto, alle pitture bizantine importate in Italia; queste, a loro volta, facevano riferimento agli schemi figurativi derivati dall'arte antica greco-romana: usando ombreggiature e lumeggiature per indicare le pieghe del panneggio, ad esempio, e per mostrare la rotondità delle forme o i bordi frastagliati delle rocce. Margarito utilizza questi accorgimenti come una forma calligrafica, non modificandoli in base all'osservazione: si noti, ad esempio, come le 'ombre' sulle gambe di Cristo cadano sulla sinistra, mentre quelle sulle mani della Vergine cadono sul lato opposto. La suddivisione della pala in 'immagine' e 'storie', tuttavia, e l'uso di inquadrature simili a finestre dietro alle quali si svolgono i diversi avvenimenti – cornici sopra una delle quali la Vergine poggia i piedi, che sporgono nel mondo spaziale dello spettatore – sono rudimenti di un nuovo linguaggio pittorico, sviluppato dalle successive generazioni di artisti.

Masaccio   1401–1428?

Madonna col Bambino

1426. Tempera a uovo su tavola di pioppo, 136 x 73 cm

Tommaso di Giovanni, noto come Masaccio, è il giovane eroe del Rinascimento italiano. Acclamato dai contemporenei, non è mai stato dimenticato. Un secolo dopo la sua morte precoce, i suoi affreschi nella Cappella Brancacci di Firenze – eseguiti in collaborazione con Tommaso da Panicale, Masolino (pagina 69) – erano considerati un modello di eccellenza difficilmente eguagliabile. Leonardo (pagina 54), Michelangelo (pagina 133) e moltissimi altri trassero spunto dalla sua opera. Il giudizio che di lui ha dato Vasari resta per tutti indiscusso: 'Masaccio si può annoverare tra i primi che … desse principio alle belle attitudini, movenze, fierezze e vivacità, ed a un certo rilievo veramente proprio e naturale, il che infino a lui non aveva fatto niun pittore…'.

   Le innovazioni apportate da Masaccio non erano di natura tecnica; i suoi lavori su tavola si basano su materiali e metodi tradizionali, come pure i suoi dipinti a fresco. Ispirato dagli ideali di Giotto (pagina 50), dall'interesse contemporaneo per gli antichi resti romani, dai

recenti esperimenti dei suoi amici, l'architetto-scultore Brunelleschi e lo scultore Donatello, egli si affidava in primo luogo all'osservazione della natura. Lo studio della prospettiva si univa in lui a un'altrettanto profonda analisi della luce. I liuti dei due angeli ai piedi della Vergine, chiaramente studiati dal vero, sono esempi dell'effetto combinato dello scorcio e della direzionalità della luce. La paletta dello strumento sulla sinistra è rivolta all'interno, l'altra verso di noi. L'intensa luce proveniente da sinistra e dall'alto contribuisce a definire superfici arrotondate e piatte, e angoli retti; le ombre e le penombre proiettate dalle mani degli angeli appaiono così naturali che quasi non le notiamo.

Il pannello conservato alla National Gallery è un frammento di un'ampia pala d'altare, commissionata nel 1426 da un notaio per la cappella di famiglia appena acquisita nella chiesa di Santa Maria del Carmine a Pisa. La fig. 3 mostra la ricostruzione più accreditata dell'intera opera come polittico, che include tutti i frammenti sopravvissuti e ora sparsi in vari musei del mondo. Un'altra ricostruzione propone una superficie pittorica unificata. In entrambi i casi, sappiamo che Masaccio aveva inondato l'intero registro principale della stessa luce che osserviamo qui, poiché una striscia dell'ombra appartenente alla figura di uno dei santi mancanti sulla destra della Vergine si profila dietro l'angelo seduto.

Il dipinto è stato tagliato alla base e ha perso la sua cornice originale, sebbene l'arco sovrastante la figurazione, che definisce nitidamente la posizione del trono dietro di esso, sia opera di Masaccio. Il fondo in foglia d'argento della veste rossa della Vergine si è ossidato, il rosso stesso si è scurito, la superficie della pittura, abrasa e sfigurata, rivela la preparazione di terra verde sotto l'incarnato del volto della Vergine; l'effetto originario era senz'altro molto più decorativo. E tuttavia, l'aspetto decorativo non avrebbe mai costituito l'interesse primario di Masaccio. La Vergine, le cui forme voluminose richiamano quelle di una statua romana, siede su un trono imponente che incorpora i tre ordini delle colonne dell'architettura romana. Il motivo ondulato sulla base è copiato dai sarcofaghi romani, e l'allusione al tema della morte deve essere deliberata: il succo d'uva che il Bambino succhia dalle proprie dita rimanda al sangue versato da Cristo in croce nel pannello superiore (si veda fig. 3) e al vino eucaristico sull'altare. Il Bambino, nudo e paffuto come un putto romano scolpito, è sovrastato da un'aureola ellittica, la cui rappresentazione scorciata definisce la posizione della figura in grembo alla madre.

Il medium di tempera a uovo usato da Masaccio, quando è paragonato agli oli degli artisti contemporanei dei Paesi Bassi, si rivela carente nella caratterizzazione della consistenza e della lucentezza. Ma l'austera visione strutturale di Masaccio è resa ancor più possente dalla mancanza di finezze nel trattamento pittorico delle superfici.

Fig. 3 Ricostruzione della pala d'altare di Masaccio per Santa Maria del Carmine, a Pisa, comprendente tutti i frammenti sopravvissuti (basata su C. Gardner von Teuffel).

**Attribuito a Masolino
e Masaccio**

**nato nel 1383 ca–morto dopo il 1432
1401–1428?**

Santi Liberio(?) e Mattia

*Circa 1423–8. Tempera a uovo su tavola di pioppo, trasferita su pannello sintetico,
144 x 55 cm*

Tommaso di Cristoforo Fini, detto Masolino da Panicale, viene forse ricordato soprattutto come collaboratore di Masaccio (pagina 66). Si tratta, tuttavia, di un pittore pregevole anche individualmente, celebre abbastanza da essere impiegato presso la corte d'Ungheria tra il 1425 e il 1427. Lo stile aggraziato delle sue figure fu probabilmente influenzato dallo scultore Ghiberti, con il quale Masolino potrebbe aver lavorato a Firenze nei primissimi anni del '400, e da Lorenzo Monaco (pagina 60). Il suo uso stravagante della nuova scienza della prospettiva e il suo interesse per i dettagli della vita quotidiana danno ai mondi dipinti nei suoi indipendenti cicli di affreschi a Roma e a Castiglione Olona, nei pressi di Como, un fascino straordinario.

   I *Santi Girolamo e Giovanni Battista*, esposti non lontano, e l'opera qui illustrata costituivano un tempo la faccia anteriore e posteriore di un unico pannello, elemento di una pala d'altare bifronte dipinta per la chiesa romana di Santa Maria Maggiore e smembrata nel 1653. Il pannello centrale era costituito dall'*Assunzione della Vergine*, probabilmente sul lato anteriore, e dal *Miracolo della neve*, probabilmente sul retro rivolto verso il coro (entrambi si trovano attualmente a Napoli). Il *Miracolo* si riferisce alla fondazione di Santa Maria

Maggiore nel quarto secolo. Secondo la leggenda, la Vergine ordinò al papa Liberio di erigere una chiesa nel luogo in cui si era verificata una miracolosa nevicata nel mese di agosto; il dipinto lo mostra mentre traccia la pianta della costruzione sulla neve. Quello che compare qui è presumibilmente lo stesso santo pontefice. Mattia viene raffigurato perché il corpo del santo costituiva una delle principali reliquie conservate a Santa Maria Maggiore. Anche i resti di San Girolamo erano sepolti nella chiesa; e si dice che San Giovanni Battista sia apparso in una visione insieme a San Girolamo dopo la morte di quest'ultimo. Le due facce dell'altro sportello, ora a Filadelfia, mostrano San Martino (forse con i lineamenti del mecenate, papa Martino V Colonna) e San Giovanni Evangelista (simmetricamente al suo omonimo Battista), e i Santi Pietro e Paolo, il Principe degli Apostoli e l'Apostolo presso i Gentili.

Generalmente si ritiene che la pala sia stata iniziata da Masaccio poco prima della sua morte, avvenuta a Roma nel 1428, e completata da Masolino, principale autore dei *Santi Liberio e Mattia*. La pittura ha sofferto danni simili a quelli subiti dalla *Madonna col Bambino* di Masaccio (pagina 67). San Liberio, che porta sul capo la tripla corona di un papa quattrocentesco, indossava un tempo un piviale argenteo decorato con motivi eseguiti con una pittura rossa traslucida, e la lama dell'ascia di Mattia, macchiata di sangue in quanto strumento del suo martirio, era probabilmente anch'essa argentata; purtroppo, la foglia d'argento si è ossidata fino a un completo annerimento. Le teste dei due santi sono, tuttavia, in buone condizioni ed esemplificano la maniera tradizionale con cui Masolino affronta la sua rappresentazione di nobile e veneranda vecchiaia, cui si associa un modellato estremamente delicato e realistico – e dunque 'moderno' – delle carni e della capigliatura. La statica posa di San Mattia, con entrambi i piedi paralleli al piano del dipinto, è in qualche misura bilanciata dalle animate pieghe del pesante mantello di lana, il cui orlo riecheggia il bordo sollevato del piviale di San Liberio, cosicché un unico motivo curvilineo percorre entrambe le figure che si guardano intensamente negli occhi.

Maestro di Liesborn attivo nella seconda metà del Quattrocento

Annunciazione

1470–80? Olio su tavola di quercia, 99 x 70 cm

Come moltissime pale d'altare di ampie proporzioni di questo periodo, la grandiosa struttura che appariva dietro l'altar maggiore dell'abbazia benedettina di Liesborn fu smantellata. Numerosi frammenti di quella che doveva essere una delle più imponenti pale tedesche si trovano ora alla National Gallery; altri sono conservati a Münster, altri ancora sono andati perduti o distrutti. L'anonimo autore del dipinto, all'epoca artista preminente in Westfalia, trae la propria denominazione da questa pala; nonostante lo smembramento dell'opera, le capacità descrittive dell'artista che la eseguì, il suo delicato e poetico stile narrativo e il particolare uso del colore risultano ancora evidenti.

L'*Annunciazione* era probabilmente uno dei due pannelli che costituivano lo sportello a sinistra della scena centrale. Entrambi gli sportelli laterali raffiguravano episodi della vita di Cristo celebrati dalla Chiesa come festività. Questa tavola illustra l'evento narrato nel Vangelo di San Luca (1:27–35) e ricorrente il 25 marzo: l'annuncio dell'Arcangelo Gabriele alla Vergine Maria che avrebbe dato alla luce Gesù. La luce chiara e brillante di una primavera non ancora inoltrata sembra investire l'angelo e la Vergine attraverso l'arco di pietra che incornicia la profonda camera da letto, illuminata a sua volta da finestre affacciate su un vasto paesaggio. Come nella primitiva pittura dei Paesi Bassi, che influenzò l'artista, gli attributi simbolici sono accostati in una rappresentazione realistica agli oggetti d'uso quotidiano. La stanza stessa allude a una metafora tratta dal Salmo 19:6, 'Esce come uno sposo dalla stanza nuziale', descrizione sia del ventre della Vergine sia del suo ruolo di Sposa di Cristo. La brocca e il bacile accanto al letto evocano la sua purezza, mentre la candela richiama i ceri eucaristici sull'altare. Gli utensili per la scrittura accanto ad essi potrebbero

avere un significato tradizionale; o forse dovevano suggerire che la Vergine stessa avesse composto la preghiera iscritta sulla tavoletta appesa sotto la finestra, com'era possibile in una casa benestante. Gli emblemi araldici sui paramenti e sui cuscini di velluto ricamati, la cui superficie è resa tanto minuziosamente da suscitare in noi l'irrefrenabile desiderio di toccarli, e gli stemmi sui vetri colorati delle finestre, potrebbero fornire indizi sull'identità di committenti laici.

Chiaramente simboliche sono le statue ai lati dell'arcata di pietra, raffiguranti profeti dell'Antico Testamento che hanno preannunziato la nascita di Cristo, e la statua di pietra di Dio Padre nella stanza, mentre i motivi sulla pavimentazione e sul mobilio sono puramente ornamentali. È come se sacro e profano si confondessero nella realtà come essa appare ai nostri occhi, un enigma che attende di essere decifrato; questa era la visione del mondo a quell'epoca.

Su questo sfondo, l'Annunciazione stessa assume l'aspetto di a una rappresentazione teatrale, proprio come quelle che spesso venivano allestite nelle chiese in occasione della ricorrenza della festività. L'angelo richiama l'immagine di un chierichetto cui siano stati fatti indossare paramenti liturgici, l'alba (la tunica di lino bianca) e il piviale (il mantello di broccato d'oro). Egli indica il cartiglio avvolto intorno al suo scettro di messaggero reale che riporta il suo saluto a Maria, 'benedetta tra le donne'. La Vergine, seduta al suo leggio, è abbigliata con una veste sontuosa e un regale manto azzurro, che si riflette nelle ombre della tunica dell'angelo. La sua reazione al messagio di Gabriele corrisponde alla cronaca evangelica di Luca: 'Maria fu molto turbata da queste parole, e si domandava che significato potesse avere quel saluto'.

Maestro del ritratto Mornauer   attivo intorno al 1460–1480

Ritratto di Alexander Mornauer

Circa 1470–80. Olio su tavola di legno dolce, 44 x 36 cm

Ci si riferisce all'anonimo autore di questo notevole ritratto con il nome del modello, Alexander Mornauer, segretario comunale di Landshut, in Baviera, identificato dalla lettera a lui indirizzata che egli tiene in mano. Il testo, tradotto, dice: 'All'onorato e savio Alexander Mornauer ... scrivano di Landshut, mio (?vero) patrono.' Ulteriore prova della sua identità viene fornita dall'emblematica testa di moro raffigurata sul suo anello a sigillo.

Quando nel 1991 questa pittura è entrata a far parte della Collezione, Mornauer era raffigurato contro un intenso fondale azzurro. Le analisi eseguite dagli scienziati della National Gallery, tuttavia, hanno rivelato che lo sfondo era stato eseguito con blu di Prussia – un pigmento sintetico che risale al diciottesimo secolo – e non poteva dunque essere originale. Allo stesso tempo si è scoperto che anche la forma a zucchetto del copricapo del modello era un'alterazione fatta più tardi. È stato quindi deciso di riportare il ritratto al suo aspetto originario e di svelare il fondale bruno, come di corteccia, e l'alto copricapo.

Il dipinto, che nel corso del Settecento e dell'Ottocento era ritenuto essere un ritratto di Martin Lutero eseguito da Holbein, era stato forse alterato per renderlo più gradito ai collezionisti inglesi; era giunto in Inghilterra ben prima del 1800. La pittura anticipa, in effetti, i ritratti cinquecenteschi di Holbein (si veda pagina 122) nella frontalità della posa e nell'enfasi posta sulla mole del modello tramite l'estensione della massa corporea oltre i bordi del quadro. Il disagio dell'impatto diretto con un ritratto a volto intero viene, tuttavia, in qualche modo mitigato dalla posizione del capo, non perfettamente centrale e leggermente voltato lateralmente, oltre che mettendo in evidenza l'angolazione della luce che proviene dall'esterno, proiettando addirittura sul dipinto l'ombra illusoria della cornice.

Maestro dell'Altare di San Bartolomeo
attivo tra il 1470 ca e il 1510 ca

Deposizione dalla croce

Circa 1500–5. Olio su tavola di quercia, 75 x 47 cm

Figura preminente a Colonia tra il Quattrocento e il Cinquecento, questo artista sconosciuto viene identificato dalla pala d'altare attualmente a Monaco, ed è autore anche di una versione della Deposizione assai più ampia, ora al Louvre. Tanto nel dipinto conservato a Parigi quanto in quello della National Gallery, la scena sembra avere luogo all'interno di una cappelletta decorata a intaglio e dorata, che imita i tabernacoli scolpiti tedeschi del Quattrocento, con i loro trafori gotici e le statue dipinte.

   Il tema si presenta in questa forma davanti ai nostri occhi a Colonia (o così sarebbe apparso a un osservatore contemporaneo, che immaginiamo inginocchiato davanti alla tavola in intima preghiera). Le rocce e il teschio in primo piano, tuttavia, specificano la località storica della Crocifissione: il Calvario o Gòlgota ('luogo del cranio', nella lingua dei Vangeli). Come un precettore medievale, l'artista si propone di mostrarci la via che conduce alla spiritualità cristiana. Attratti dai motivi ornamentali, dall'oro e dalla ricchezza del colore, siamo spinti verso una forma di empatia sensoriale, inizialmente di genere gradevole, con le ricche trame del broccato indossato dalla mondana Maddalena, le splendide perle e la nappa del vecchio Giuseppe, 'uomo ricco di Arimatea' (Matteo 27: 57). Quindi l'artista ci conduce oltre il piacere, a contatto con il duro legno della scala e della croce, con la sofferenza fisica e il dolore della morte. Enormi gocce di sangue sgorgano dalle ferite aperte di Cristo, e smisurate lacrime luccicano sulle gote delle altre figure. I loro occhi sono rossi per il pianto. Le braccia di Cristo sono serrate nel *rigor mortis* mentre il suo corpo assume il colore cinereo di un cadavere. Come insegnavano i vividi manuali di preghiera dell'epoca, dobbiamo imprimere il suo messaggio nel nostro cuore, rivivendo nella meditazione questo dolorosissimo momento della Passione. Soltanto allora potremo raggiungere la meta anelata dai mistici dell'Imitazione di Cristo e dei santi.

Le figure sono meticolosamente differenziate: Nicodemo, sulla scala, assiste la discesa del corpo di Cristo passandolo nelle braccia di Giuseppe di Arimatea, che ha offerto la propria tomba per la sepoltura. San Giovanni sorregge la Vergine che viene meno. Maria Maddalena, ai piedi della croce, si stringe il capo tra le mani, quasi completamente ripiegata su sé stessa per lo strazio. Un giovane aiutante ha una gamba accavalcata intorno al legno traversale della croce, mentre le altre due Marie si mantengono, in piedi, più arretrate; l'una è assorta in preghiera, l'altra contempla la corona di spine mentre cerca di confortare la Maddalena. Uomini e donne, giovani e vecchi, ricchi e poveri trovano posto di fronte al loro Salvatore crocifisso.

Maestro di Sant'Egidio   attivo intorno al 1500
La Messa di Sant'Egidio

Circa 1500. Olio e tempera a uovo su tavola di quercia, 62 x 46 cm

Il pittore, che prende nome da suoi dipinti nella National Gallery, svolse certamente il proprio tirocinio artistico nei Paesi Bassi, ma alla fine del Quattrocento lavorava a Parigi. Questo pannello faceva parte di una più ampia pala d'altare che non è stato possibile ricostruire, sebbene vi dovessero appartenere il *Sant'Egidio e la cerva* esposto nelle vicinanze e probabilmente altre due tavole di analoghe misure attualmente a Washington, l'una raffigurante la cappella inferiore della Sainte-Chapelle, l'altra la piazza di fronte a Notre-Dame a Parigi. La scena qui rappresentata si svolge davanti all'altar maggiore dell'Abbazia di Saint-Denis, nei pressi di Parigi, il cui interno così come appariva intorno al 1500 è documentato con grande accuratezza, sebbene secondo la tradizione il miracolo descritto sarebbe avvenuto nell'anno 719, probabilmente a Orléans.

La storia è narrata nella *Legenda aurea*, una compilazione duecentesca sulle vite dei santi. Il re franco Carlo Martello, macchiatosi di una colpa che non osava confessare, chiese a Sant'Egidio di pregare per lui. La domenica successiva, mentre Sant'Egidio celebrava la Messa per il re, raffigurato sulla sinistra a un inginocchiatoio, un angelo affisse un documento sopra l'altare; esso riportava il peccato del re e il perdono ottenuto grazie alle preghiere del santo, conidizionato al pentimento del re.

La pala d'oro tempestata di gemme davanti alla quale officia Sant'Egidio fu donata all'Abbazia dal re Carlo il Calvo (873-77); l'opera viene menzionata in un inventario del 1505 e sopravvisse fino alla Rivoluzione francese. In un primo tempo usata per adornare la parte anteriore dell'altare, sarebbe stata posta dietro di esso nel Duecento, quando un mutamento nella liturgia rese appropriato provvedere un fondale all'elevazione dell'ostia, il pane eucaristico, che Sant'Egidio espone all'adorazione del re, e alla nostra. La pala è

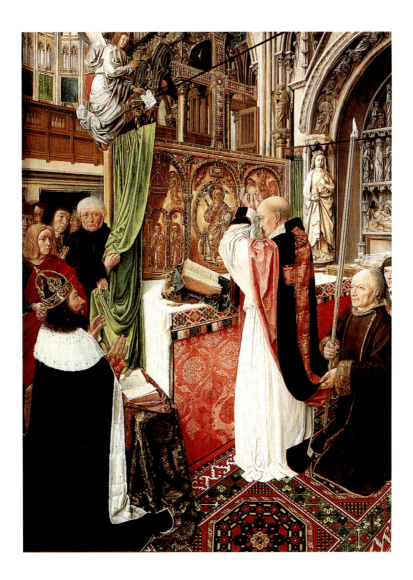

sovrastata da una croce realizzata da Sant'Eligio, vescovo di Noyon nel VII secolo, orafo e patrono degli orafi. Il piccolo reliquiario alla base conteneva un frammento della Vera Croce. Gli angeli in rame con candelieri, poggiati su colonnine d'ottone che sostengono le cortine verdi ai lati dell'altare, compaiono anch'essi nell'inventario del 1505.

Dietro l'altare scorgiamo la bara di ottone dorato di San Luigi montata su alte colonne, costruita nel 1398 e donata all'Abbazia dal re Carlo VI. Sulla destra, tagliato dall'inquadratura del dipinto, il sepolcro della metà del Duecento di re Dagoberto (morto nel 639), ancora *in situ* benché massicciamente restaurato. Non è escluso che anche la corona portata da Carlo Martello raffiguri un oggetto un tempo conservato presso Saint-Denis, la Sainte Couronne con cui, fino alla fine del Cinquecento quando andò distrutta, venivano incoronati tutti i re di Francia. Possiamo essere certi che il prezioso tappeto orientale disteso di fronte all'altare, i drappi operati dei paramenti sacri, le custodie dei libri e i cuscini, registrano accessori realmente esistiti. Mentre i pittori dei Paesi Bassi danno spesso l'impressione della verosimiglianza, è assai raro in questo periodo trovare una descrizione di un luogo reale tanto accurata quanto lo è questa. E sarebbe bello pensare che l'ecclesiastico dallo sguardo acuto che scosta il tendaggio possa essere l'anonimo Maestro di Sant'Egidio, che ci invita all'ammirazione e alla preghiera.

Hans Memling
attivo nel 1465–morto nel 1494

Madonna col Bambino con santi e donatori (Trittico Donne)

Circa 1478. Olio su tavola di quercia, pannello centrale 71 x 70 cm; sportelli ciascuno 71 x 30 cm

Di origine tedesca, Memling divenne l'artista di maggiore fama a Bruges. Molte opere della sua ampia bottega furono esportate in Italia, dove la sua maniera di dipingere paesaggi di sfondo, con nebbiose colline in lontananza e foglie individualmente in risalto sugli alberi, influenzò, tra gli altri, il Perugino (pagina 77). Uno di questi sfondi compare proprio in questa piccola pala dipinta per il nobile cortigiano gallese Sir John Donne, inginocchiato a destra della Vergine nel pannello centrale. Il Cristo infante in grembo alla madre lo benedice, e i due santi di cui egli porta il nome, Giovanni Battista, che sorregge un Agnello di Dio dipinto in modo molto realistico, e Giovanni Evangelista, sono raffigurati negli scomparti laterali. In posizione relativamente meno autorevole, a sinistra della Vergine, sono inginocchiate la moglie Elisabeth e la figlia maggiore, Anne. Le due sante raffigurate sono Caterina, che presenta Sir John alla Vergine, e Barbara, dietro Lady Donne. (Per la loro storia si rimanda alle pagine 60 e 39.) La ruota di Caterina e la torre di Barbara sono state argutamente inserite nella composizione quali elementi realistici del remoto paesaggio dietro le figure; la prima come ruota del mulino sull'acqua, nelle cui vicinanze scorgiamo il mugnaio impegnato a caricare un sacco di farina in groppa a un asino. Gli angeli fanno musica e allietano il Bambino, che accartoccia le pagine del libro materno, con l'offerta di frutta, motivi spesso usati nella pittura della bottega di Memling. In armonia con l'architettura – parte a impronta domestica e nordica, parte sontuosa e italianizzante – l'atmosfera del dipinto è allo stesso tempo familiare e solenne, devota e solare.

Sir John e Lady Donne portano i collari della Casa di York con rose e soli dorati, dai quali pende il ciondolo con il Leone di Edoardo IV. La pala potrebbe essere stata commissionata quando, nel 1468, Sir John si trovava a Bruges per le nozze di Margherita di York, sorella di Edoardo, con Carlo il Temerario, duca di Borgogna, o forse in occasione di un successivo viaggio alla vicina Ghent.

All'esterno degli sportelli sono raffigurati, in tonalità di grigio a imitazione di statue in pietra, San Cristoforo e Sant'Antonio abate.

Pietro Perugino 1452 ca–1523

Madonna col Bambino con un angelo, l'Arcangelo Michele e l'Arcangelo Raffaele con Tobia

Fine del nono decennio del Quattrocento. Olio, con aggiunta di tempera, su tavola di pioppo; pannello centrale 127 x 64 cm, ridotto; pannelli laterali 126 x 58 cm ciascuno, ridotti

Quando Perugino – Pietro Vannucci da Perugia – raggiunse un'età avanzata, la sua fama fu soppiantata da quella di artisti più giovani, in particolare di Raffaello (pagina 86), che era stato suo assistente, e Michelangelo (pagina 133), perché in un'epoca di rapida evoluzione artistica egli aveva continuato a ripetersi. Un aneddoto vuole che egli avesse replicato alle critiche rivolte a un nuovo dipinto, 'Io ho messo in opera le figure altre volte lodate da loro, e songli infinitamente piaciute; se ora gli dispiacciono e non le lodano, che ne posso io?' La pala d'altare della quale questi pannelli facevano parte, tuttavia, fu commissionata al vertice dell'influenza e della fama del Perugino per la Certosa di Pavia, un complesso abbaziale certosino patrocinato dal duca di Milano. Una decina d'anni prima, Perugino aveva diretto i lavori di affresco di alcune pareti della Cappella Sistina a Roma, eseguendo egli stesso le scene principali. All'epoca di questa pala, nell'ultimo decennio del Quattrocento, egli era nuovamente richiesto a Firenze, dove in età giovanile aveva svolto il proprio apprendistato presso il Verrocchio.

La pala si componeva in origine di sei scomparti: Dio Padre in alto, affiancato sui due lati dall'Arcangelo Gabriele e dalla Vergine dell'Annunciazione e, sotto, i tre pannelli esposti alla National Gallery che mostrano la Vergine in adorazione del Cristo infante e, ai

Madonna col Bambino con un angelo, l'Arcangelo Michele e l'Arcangelo Raffaele con Tobia

due lati, altri due arcangeli, Michele e Raffaele. Michele, come comandante della schiera celeste che sgominò Lucifero, è tradizionalmente raffigurato in armatura; in questo caso una contemporanea corazza di piastre per la quale esiste un meticoloso disegno preparatorio, attualmente parte della Royal Collection di Windsor. L'uso del medium oleoso ha permesso al Perugino di rappresentare la luce riflessa dal metallo e gli oggetti, il pomo della spada o la cinghia rossa, che vi si rispecchiano. Dietro Michele, su un alberello, appare la bilancia con cui egli soppesa le anime. Il diavolo ai suoi piedi è sparito quasi completamente quando i tre pannelli sono stati tagliati.

L'Arcangelo Raffaele è il misterioso benefattore di Tobia nell'omonimo libro degli Apocrifi. Offertosi di accompagnarlo nel viaggio che Tobia intraprende al fine di riscuotere un debito per il vecchio padre cieco, gli ordina di estrarre il cuore e il fegato di un pesce catturato lungo il tragitto, e il fiele con cui la vista del padre sarebbe stata sanata. Il piccolo Tobia con il pesce, il cane – anch'esso mozzato nell'accorciamento delle tavole – e la scatola con gli organi del pesce sono stati inseriti nella figurazione per consentirci di identificare Raffaele. Benché queste figure, come tutte le altre, siano state dotate della graziosa bocca a forma di bocciolo di rosa e della capigliatura ariosa così ammirate dai contemporanei, anche questi particolari sono stati studiati dal vero. Due aiuti di bottega in abito da lavoro furono fatti posare dal Perugino e disegnati con estrema meticolosità a punta di metallo (il disegno è conservato a Oxford presso l'Ashmolean Museum); sullo stesso foglio, separatamente, appaiono il particolare ingrandito delle mani congiunte e la testa doppiamente scorciata di Tobia.

Nel dipinto, la quieta aria angelica delle figure è caratteristica del mondo idealizzato del Perugino quanto l'armonioso paesaggio con i suoi alberi dalle chiome piumate. L'unica traccia di accorgimenti spicciativi che più tardi avrebbero segnato il declino dell'artista è visibile nei tre angeli del pannello centrale. Sembra, infatti, che queste figurine siano state trasferite sul dipinto più tardi da un disegno (cartone) in scala naturale non eseguito per questa composizione; esse compaiono in almeno un'altra pittura di questo periodo del Perugino.

Piero di Cosimo   1462 ca–dopo il 1515

Satiro piange la morte di una ninfa

Circa 1495. Olio su tavola di pioppo, 65 x 184 cm

Piero di Cosimo, figlio di un orafo, fu allievo del pittore fiorentino Cosimo Rosselli, dal quale prende nome. A una generazione di distanza dalla morte di Piero, l'artista e cronachista Vasari riferisce del suo eccentrico amore per la natura: non permetteva mai che le sue viti o i suoi alberi da frutta fossero potati, e sovente si assentava per recarsi a osservare piante e animali curiosi. I suoi sentimenti per gli animali, e l'immaginazione fantastica per la quale egli era anche noto, traspaiono da questo come dall'altro suo dipinto alla National Gallery, il *Combattimento tra Lapiti e Centauri*. Entrambi dovevano costituire pannelli ornamentali di panche o cassoni di residenze fiorentine, come il *Venere e Marte* del Botticelli (si veda pagina 27).

    Il soggetto di questa pittura non è mai stato identificato, ma potrebbe essere legato alla storia mitologica di Cefalo e Procri. Come narra il poeta latino Ovidio nelle *Metamorfosi*, Cefalo dubitava senza motivo della fedeltà dell'adorata moglie Procri. Dopo la loro riconciliazione, Procri a sua volta dette ascolto a false voci sull'infedeltà di Cefalo, e decise di spiarlo di nascosto. Mentre si riposava nel bosco dopo la caccia, Cefalo udì un rumore tra i cespugli, e immaginando si trattasse di un animale selvatico scagliò la magica lancia che Procri gli aveva dato, ferendola mortalmente. Il cane al suo fianco potrebbe essere il segugio che Procri aveva anche donato a Cefalo. Il pianto del satiro, metà umano e metà caprino, non viene menzionato da Ovidio, ma appare in un dramma del Quattrocento sullo stesso tema. L'episodio, un ammonimento contro la gelosia tra coniugi, avrebbe costituito un motivo appropriato per una decorazione d'interno offerta come dono nuziale.

    Piero ammirava Leonardo da Vinci (pagina 54), la cui influenza potrebbe qui essere riconosciuta nella graduale attenuazione dei colori fino al pallido azzurro in lontananza. Il cielo è stato in gran parte plasmato con le dita. La trasparenza acquisita dal colore a olio con il passare del tempo ha reso visibile il disegno sottostante eseguito da Piero: il cane in primo piano, ad esempio, in origine doveva avere la bocca aperta.

Piero della Francesca   1415/20 ca–1492

Battesimo di Cristo

1450/60. Tempera a uovo su tavola di pioppo, 167 x 116 cm

Noi vogliamo credere che la nostra epoca sia la prima ad avere apprezzato pienamente Piero della Francesca. Egli è stato acclamato, per esempio, come il più antico pittore 'cubista'. Per molti versi, tuttavia, egli era figlio del suo tempo e del suo luogo di nascita, Borgo San Sepolcro, in quegli anni feudo di Firenze: come Paolo Uccello (pagina 93) appassionato studioso della geometria e della prospettiva, anticipò Leonardo (pagina 54) nell'interesse per il comportamento della luce e della sua resa pittorica. A quanto pare, lavorò a Firenze in una sola occasione, come aiuto di Domenico Veneziano, ma godette di grande fama nell'intera penisola italiana, e fu impiegato dalle corti principesche di Ferrara, Urbino e Rimini, e a Roma dal pontefice. I suoi numerosi affreschi, ora quasi tutti perduti, influenzarono le successive generazioni di artisti. Siamo a conoscenza degli straordinari risultati che egli raggiunse in questo difficile medium soprattutto attraverso l'assai deteriorato ciclo della *Leggenda della vera Croce* nella chiesa di San Francesco ad Arezzo. Seppure la sua fama tramontò dopo la sua morte, Piero non fu mai dimenticato, e all'inizio del secolo scorso gli artisti stranieri in Italia incominciarono a copiare i dipinti aretini con l'acquerello o con gli oli. Furono proprio alcune di queste copie nella cappella dell'École des Beaux-Arts di Parigi a influenzare Seurat (pagina 320). Il *Battesimo* fu acquistato nel 1859 da un collezionista inglese, e nel 1861 entrò in possesso della National Gallery. Probabilmente dipinta per l'altare di una cappella dedicata a San Giovanni Battista nell'abbazia camaldolese di Borgo San Sepolcro, la tavola fu trasferita nel Duomo nel 1808, corredata di sportelli e di una predella realizzati da un altro artista.

Il Battesimo di Cristo rappresenta l'evento cruciale della vita di San Giovanni, ed è identificativo del santo, allo stesso modo in cui la miracolosa apparizione di Cristo costituisce il momento saliente nella vita di San Tommaso (si veda l'*Incredulità di San Tommaso* del Cima, pagina 34). Come Cima da Conegliano, Piero colloca Cristo esattamente al centro della pittura. Una linea dal vertice dell'arco superiore del dipinto attraversa il becco della scorciata candida colomba dello Spirito Santo, il rivolo d'acqua che cade dalla ciotola tenuta da Giovanni, anch'essa osservata di scorcio e i cui bordi catturano la luce del sole, scende lungo il volto di Cristo, dividendolo a metà, e attraverso le sue mani devotamente giunte per terminare nel tallone del suo piede destro, che regge il peso del corpo. Le limpide acque del Giordano, che quieto e sinuoso scorre attraverso il caratteristico paesaggio a mosaico della Toscana orientale, con Borgo San Sepolcro annidato tra le sue anse, riflettono le colline dietro la figura di Cristo. Ma proprio là dove si potrebbe immaginare che l'osservatore (o forse Cristo) guardi direttamente nell'acqua all'ombra dell'albero, i riflessi cessano e vediamo il letto del fiume. (Si tratta probabilmente della prima rappresentazione nell'arte italiana di questo fenomeno ottico, già tuttavia descritto nel 1444 in un dipinto, attualmente a Ginevra, del pittore di scuola tedesca Konrad Witz.)

Gli elementi convenzionali dell'immagine, quali i tre angeli sulla sinistra in attesa di asciugare e di rivestire Cristo, dovettero passare in secondo piano agli occhi dei contemporanei rispetto ai fattori innovativi: le sicure esecuzioni di scorcio, non soltanto della colomba e della ciotola ma anche dei piedi, che rendono le figure saldamente ancorate a terra al pari di quelle di Masaccio (pagina 66); e soprattutto, la fredda luce di Piero, che definisce le ampie forme semplificate e il raffinatissimo drappeggio, e unifica figure e paesaggio nella fresca alba di un nuovo giorno.

Piero della Francesca 1415/20 ca–1492

Natività

1470–5. Olio su tavola di pioppo, 124 x 123 cm

Il *Battesimo di Cristo* fu eseguito da Piero nel tradizionale medium della tempera a uovo secondo una tecnica immutata dai tempi di Duccio (pagina 40). Tuttavia, già da verso la metà del quinto decennio del secolo, Piero sembra aver mostrato un certo interesse per l'arte dei Paesi Bassi. La *Natività* è dipinta a olio, e la preparazione verde dell'incarnato ancora evidente nel *Battesimo* è stata sostituita da una modellatura bruna. Essa è chiaramente visibile nei volti dei pastori venuti ad adorare il Bambino appena nato, ancor più a causa della eccessiva pulitura cui il dipinto, forse comunque incompiuto, è stato sottoposto nel secolo scorso. La conoscenza di Piero delle tecniche dei pittori dei Paesi Bassi era approssimativa; il corrugamento della superficie pittorica rivela un uso imperfetto del medium oleoso, ed egli usò velature traslucide principalmente per rafforzare le ombre più profonde. Mentre il modellato si caratterizza per un più spiccato contrasto, il tono generale del dipinto resta, pertanto, tenue quanto quello delle sue opere a tempera.

La *Natività* rappresenta, di fatto, un'Adorazione del Cristo infante. Dopo avere deposto il neonato sopra un lembo del suo manto steso a terra, la Vergine si inginocchia ai suoi piedi; scena ispirata dalla visione della mistica trecentesca Santa Brigitta di Svezia. L'abito di Maria, con le perle lucenti e il velo, ora non più visibile, il suo volto e la figura allungata

Natività

del bambino richiamano modelli della prima generazione degli artisti quattrocenteschi dei Paesi Bassi. Queste esotiche figure, tuttavia, sono affiancate da cinque angeli senza ali, abbigliati secondo l'imitazione rinascimentale della foggia antica, che suonano strumenti a corda e cantano in armonia. Essi ricordano i musici marmorei scolpiti da Luca della Robbia per una famosa cantoria nel Duomo di Firenze e installati nel 1438, un anno prima di quando si sa per certo che Piero già lavorasse nella città toscana.

Ancora di fattura completamente diversa sono le dignitose, ma realistiche, figure dei pastori. Una di esse indica verso l'alto, forse additando la stella che guiderà i Magi alla capanna, o forse mostrando l'angelo che l'ha condotta con i suoi compagni in quel luogo. In origine, Piero aveva deciso di lasciargli scoperti il braccio e la spalla destra; parte della manica è stata, perciò, dipinta sopra il muro retrostante. La figura più sorprendente è quella di San Giuseppe. Seduto sopra una sella dipinta di scorcio, il vecchio incrocia una gamba sul ginocchio, mostrando, in una posa indecorosa senza precedenti, la pianta del piede. Forse avvantaggiandosi della libertà consentita dalla nuova tecnica degli oli, Piero ha improvvisato le pieghe del mantello di Giuseppe, che non hanno alcun rapporto con il disegno sottostante ora visibile in trasparenza.

Vi sono numerosi altri elementi improvvisati, e presumibilmente destinati a rifacimento, in questa enigmatica pittura: ad esempio, il corno del bue che sembra sporgere dalla paletta del liuto antistante. Nelle sue dissonanze, nel terreno completamente spoglio e nei liuti privi delle corde, nella sagoma traslucida dell'asino che raglia, o forse si protende verso un invisibile fieno nella mangiatoia, questa imperfetta e danneggiata *Natività* sembra evocare l'umana vulnerabilità del corpo del Salvatore, la cui nascita come Figlio dell'Uomo essa narra nella sua figurazione.

Pisanello — 1395 ca–1455?

Visione di Sant'Eustachio

Metà del Quattrocento. Tempera a uovo su tavola, 54 x 66 cm

Il Pisanello (nome che gli deriva dalla città natale del padre, Pisa) era apprezzato soprattutto per le sue medaglie in bronzo e in argento, ma si cimentò anche con ampie pitture murali e piccole pitture di cavalletto come questa. Fu assistente ed erede di Gentile da Fabriano (pagina 48), con il quale lavorò a Venezia e a Roma. La sua carriera personale, tuttavia, fu spesa per la maggior parte al servizio di alcune corti principesche italiane. Come altri artisti del suo tempo, in particolare quelli impiegati da clienti aristocratici che avevano in comune la passione per la caccia e per le cose esotiche, egli compilò album di disegni-modello. Questi erano dettagliati e accurati studi – eseguiti dal vero o presi da altre raccolte – di animali e uccelli, piante, costumi, riproduzioni di opere d'arte, pronti per essere trasferiti direttamente su dipinti o medaglie. Pisanello fu tra i primi a trascendere questa forma piuttosto impersonale del disegno a favore di una concezione più immaginativa ed esplorativa, prendendo rapidi appunti di momentanee pose o espressioni e facendo schizzi di composizione quando gli venivano in mente, utilizzando il disegno come un ausilio alla sua capacità inventiva piuttosto che come suo sostituto.

Questo dipinto, tuttavia, è stato probabilmente compilato sui motivi basilari più convenzionali del Pisanello. La maggioranza degli animali è stata raffigurata di profilo, alcuni comunque in pose molto ben definite, con un minimo di sovrapposizione: non molto diversamente da come avrebbero potuto apparire su un taccuino di modelli, nonostante l'immagine spiritosa del segugio che annusa il levriero. La storia e l'ambientazione sembrerebbero a prima vista soltanto il pretesto per una decorativa compilazione di animali 'nobili': il cavallo, i cani da caccia e le loro prede, l'orso, il cervo, la lepre, uccelli acquatici di varie specie. E, naturalmente, la più nobile creatura di tutte: un elegante cortigiano, nitidamente delineato come un'effigie su una medaglia. Vero oro è stato usato per le bardature, il corno da caccia e gli speroni, oro in foglia per la giubba, inciso e lumeggiato di bianco. Ma in mezzo a tutte queste meraviglie terrene appare l'emblema di un altro regno di esperienza: il Crocifisso. La leggenda racconta che Sant'Eustachio (come il cortigiano Sant'Uberto, più frequentemente rappresentato nell'arte nordica) un giorno, mentre cacciava, ebbe la visione di Cristo crocifisso tra le corna di un cervo e si convertì al cristianesimo.

La pergamena in primo piano non mostra tracce di iscrizione; forse il committente non ne fornì mai il motto. Ma, probabilmente, neppure un motto avrebbe potuto spiegarci come considerasse questo curioso e incantevole dipinto il suo possessore originario: come un ricordo di vita attiva oppure come un'immagine contemplativa di devozione a Eustachio, patrono dei cacciatori, e al miracoloso evento della sua conversione?

Antonio del Pollaiolo e Piero del Pollaiolo

1432 ca–1498
1441 ca–prima del 1496

Martirio di San Sebastiano

Completato nel 1475. Olio su tavola di pioppo, 292 x 203 cm

Figli di un pollaiolo fiorentino, Antonio, apprendista orafo e scultore, e Piero, primariamente pittore, lavorarono in coppia alla maggior parte dei progetti più importanti. La loro carriera congiunta culminò nella convocazione papale a Roma intorno al 1484, dove essi collaborarono alla realizzazione dei sepolcri in bronzo di Sisto IV e Innocenzo VIII. Ma forse ancora più notevoli di questi due monumenti senza precedenti, o delle prestigiose commissioni fiorentine, furono i piccoli bronzi che Antonio realizzò a imitazione dell'arte romana e la sua incisione, la *Battaglia dei dieci ignudi*. Come scrisse il Vasari quasi un secolo più tardi, Antonio 's'intese de li ignudi più modernamente che fatto non avevano gli altri maestri inanzi a lui, e scorticò molti uomini per vedere la loro natomia lor sotto'. La stampa della battaglia, riprodotta più volte piratescamente, fornì a generazioni di artisti in tutta Europa il modello o lo schema di una figurazione di corpi maschili in energico movimento.

La modernità dell'approccio dei Pollaiolo si evidenzia chiaramente in questa pala destinata all'Oratorio di San Sebastiano a Firenze, una delle cui preziose reliquie era l'osso di un braccio del martire centurione romano. Anche il formato era moderno: un unico pannello rettangolare invece dei numerosi scomparti arcuati, incorniciati da elaborate strutture gotiche, dei tradizionali polittici (si veda ad esempio pagina 68). Il soggetto è stato dipinto in maniera fluida con un medium a base di olio di noce, sebbene in questo precoce esperimento gli artisti fiorentini mostrino di non aver compreso a pieno la tecnica dei pittori nordici. Anziché applicare meticolosamente i vari strati di pittura in sottili velature traslucide, essi hanno mescolato preventivamente i colori, come si usa per la tempera, applicandoli pesantemente con ampie e sicure pennellate. In conseguenza di questo procedimento, i pigmenti a lenta essicazione quali i bruni bituminosi in primo piano si sono sollevati in bolle, e le velature verdi in lontananza, non sostenute da un base opaca, sono sbiadite. Ciononostante è ancora evidente che il panoramico paesaggio, il cui colorito, come nelle vedute della pittura nordica, si fa più tenue verso l'orizzonte, è molto simile alla valle dell'Arno intorno a Firenze ed è stato molto probabilmente studiato dal vero.

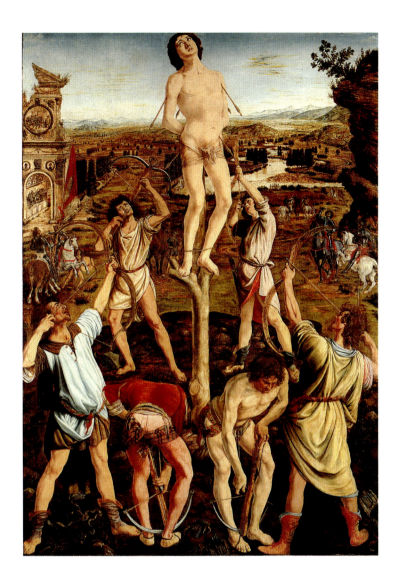

L'interesse di Antonio per il mondo antico si rivela nell'arco di trionfo romano, che si sgretola con il sopravanzare della nuova fede sul vecchio ordine (una testa di moro, l'emblema della famiglia Pucci, che fece costruire l'Oratorio che alloggiava la pala, appare nei tondi), e nella stessa figura di San Sebastiano. Issato su uno spoglio tronco d'albero, Sebastiano non richiama solamente l'immagine del Cristo crocifisso, ma anche i nudi statuari eretti in onore dei giovani atleti nella Grecia e nella Roma antiche. In contrasto, i cavalieri in secondo piano sfoggiano l'ultima moda in fatto di corazze di piastre, e le figure altrettanto contemporanee degli arcieri, la cui disposizione intorno al martire evoca la pura forma geometrica di un cono, danno realistica dimostrazione degli effetti dello sforzo muscolare. I piccoli bronzi di Antonio devono avere suggerito l'idea di mostrare le stesse figure da diversi punti di vista, come nell'incisione della *Battaglia dei dieci ignudi*.

Sebastiano non morì in seguito alle ferite provocate dalle frecce ma, dopo essere stato curato e rianimato da pie donne, fu bastonato a morte. Sin dall'antichità, comunque, la peste bubbonica era stata paragonata a dardi divini, e per associazione Sebastiano divenne uno dei santi invocati contro il terribile morbo. Egli viene tradizionalmente raffigurato in questa fase del suo martirio.

Raffaello   1483–1520

Santa Caterina d'Alessandria

Circa 1507–8. Olio su tavola, 72 x 56 cm

Più giovane sia di Leonardo (pagina 54) che di Michelangelo (pagina 133), Raffaello è associato a entrambi nella creazione dello stile del periodo che oggi chiamiamo alto Rinascimento, dove l'elemento fondamentale del disegno dal vero è temperato dallo studio dell'arte antica greco-romana e dalla ricerca della bellezza ideale. Più prolifico di Leonardo, più soave e meno esclusivamente ossessionato dalla forma umana di Michelangelo, uomo piacevole, rapido nell'apprendimento ed eccellente organizzatore, Raffaello non avrebbe sofferto delle contrarietà professionali che segnarono la carriera dei due grandi fiorentini.

    Nato a Urbino, dove suo padre, Giovanni Santi, era attivo come poeta e artista presso la corte ducale, Raffaello divenne aiuto del pittore umbro Perugino (pagina 77), che lo influenzò a tal punto da rendere le sue prime opere difficilmente distinguibili da quelle dell'artista più anziano. Nel 1500, secondo documentata testimonianza, egli risulta 'maestro' indipendente. Dopo un periodo di alcuni anni nel quale, basato a Firenze, lavora in Toscana e in Umbria, l'artista viene chiamato in Vaticano nel 1508 per prendere parte alla nuova decorazione degli appartamenti papali di Giulio II, poi completati per Leone X. Ben presto Raffaello diventa l'artista preminente a Roma, rivaleggiato soltanto da Michelangelo. Molti grandi artisti italiani si formeranno nella sua bottega, e i suoi affreschi, la sua pittura di cavalletto e i suoi progetti architettonici ispireranno gli ideali di molte generazioni di artisti.

Uno dei grandi disegnatori dell'arte occidentale, Raffaello costruiva una composizione per stadi successivi a partire da grezzi schizzi dell''idea', passando quindi a studi dal vero, per giungere alla redazione finale del 'cartone' che veniva poi trasferito su tavola, tela o parete. Per questo dipinto eccezionalmente ben conservato, esistono un cartone (seguito solo approssimativamente), alcuni schizzi per la posa di Santa Caterina, e un dettagliato studio del collo.

Via di mezzo tra opera devozionale privata e pezzo da collezione, questo quadro fu probabilmente dipinto poco prima che il pittore si trasferisse a Roma. Assai più evidente dell'influenza del Perugino è qui quella di Leonardo, che perfezionò quella posa 'serpentinata' nella quale il corpo si avvita intorno al proprio asse e che conferisce movimento, grazia e presenza tridimensionale anche a figure statiche. Caratteristicamente, Raffaello giustifica questa posizione un po' artificiale con uno stratagemma narrativo: Caterina solleva e volge il capo alla propria destra in estatica comunione con la luce divina che discende dal cielo in sottili raggi d'oro. La figura è sorretta da una delle ruote sulle quali la santa fu smembrata; alle crudeli punte acuminate della leggenda, Raffaello sostituisce sul bordo delle borchie. La prospettiva e la modellatura della ruota contribuiscono alla definizione dello spazio nel quale si volta voluttuosamente la figura di Caterina, avvolta dalla fodera gialla del mantello rosso, ritorto in una spirale dorata sotto l'azzurro cenere dell'abito e ripiegato a risvolto sulla spalla sinistra, dove si sovrappone a un velo trasparente. Queste zone di colore ben definite, inalterate da riflessi, delineano l'anatomia della figura senza compromettere la sembianza di un unico blocco flessuoso che si distende ad assorbire la radiosità emanata dal Cielo. Degli stessi toni di azzurro cenere, verde oliva, oro e rosso è delicatamente pervaso anche il paesaggio, cosicché figura e sfondo risultano perfettamente omogenei; come se la santa, circondata da fiori (il dente di leone è uno dei simboli della Passione di Cristo), fosse un distillato di tutti i colori della natura.

Raffaello 1483–1520

Madonna col Bambino con San Giovanni Battista e San Nicola di Bari (Madonna Ansidei)

1505. Olio su tavola di pioppo, 210 x 149 cm

Questa pala d'altare, di soggetto noto come 'sacra conversazione', dove la Vergine in trono col Bambino e i santi che li attorniano sembrano essere in comunione tra loro, fu commissionata da Bernardino Ansidei per la cappella di famiglia, dedicata a Nicola di Bari, in una chiesa perugina. Il santo vescovo viene mostrato con le caratteristiche tre palle d'oro (da cui traggono origine le insegne dei prestatori su pegno) che rappresentano le borse di oro che egli donò in dote a tre fanciulle povere. Giovanni Battista, che annunciò la nascita di Cristo e lo battezzò, indossa la tunica di pelo di cammello che portò durante il soggiorno nel deserto e un mantello color cremisi da profeta. Invece della solita croce di canna egli tiene in mano una croce di cristallo dalla meravigliosa trasparenza. Indicando il Bambino in grembo alla Vergine, egli leva meditabondo lo sguardo verso l'iscrizione latina che la sovrasta, 'Ave, Madre di Cristo'. Coralli scarlatti, comune amuleto contro il maligno, del colore del sangue di Cristo, pendono dal baldacchino. La nicchia a volta, aperta sulla luminosa campagna umbra, doveva sembrare perfettamente integrata nella reale architettura della cappella.

Non mi ero soffermata particolarmente su questa tavola altro che per rilevare la tenace influenza peruginesca su Raffaello (pagina 77) finché un giorno, accidentalmente, non mi

*Madonna col Bambino con San Giovanni Battista e San Nicola di Bari
(Madonna Ansidei)*

accadde di proiettare una diapositiva del dipinto alla rovescia. D'improvviso le figure sono balzate di lato uscendo quasi dalla cornice (l'effetto può essere replicato mettendo l'illustrazione davanti a uno specchio). Soltanto allora mi sono resa conto di come Raffaello (a differenza del Perugino) avesse sottilmente variato l'assetto simmetrico dell'immagine, rieccheggiando l'arco superiore della tavola e spingendoci a 'leggere' la pittura circolarmente da sinistra a destra. La gamba destra allungata in avanti di Giovanni e l'ombra del trono suggeriscono il segmento di un arco inscritto nel rettangolo definito dal margine inferiore del dipinto, conducendoci, allo stesso tempo, in uno spazio tridimensionale. La testa di Giovanni, piegata all'indietro e di lato in una difficile esecuzione di scorcio, la posizione obliqua della sua croce di cristallo, il capo inclinato della Vergine, del Bambino e di San Nicola (pose inevitabilmente giustificate in Raffaello da motivazioni psicologiche, se non addirittura narrative) definiscono una serie di diagonali parallele. Ma questo movimento verso destra è contrastato nel dipinto dalla linea del pastorale di Nicola, dalla pesante curva del suo piviale verde scuro e dalla caduta verticale della fodera rossa. Il suo sguardo abbassato sul libro che il santo sta leggendo ridirige il nostro a completare l'implicito arco verso il basso per guardare nuovamente in alto con gli occhi di San Giovanni, rafforzando la nostra impressione che i personaggi sacri condividano la stessa infinita meditazione, così come lo stesso spazio luminoso. La scena è illuminata da due direzioni diverse. Dall'apertura sullo sfondo, la luce diurna rischiara la fredda pietra grigia della nicchia, mentre una luce più brillante, come proveniente da una vera finestra della cappella situata sopra la nostra testa, investe dall'alto e dal lato destro del dipinto il trono e le figure, traendoci ancor più profondamente nel limpido universo raffaellesco.

Uno dei tre pannelli che componevano la predella di questa pala sopravvive, ed è esposto alla National Gallery; è il *San Giovanni Battista che predica*, che doveva essere collocato sulla sinistra, sotto la figura del santo. Sotto la *Vergine col Bambino* vi era una scena con le *Nozze della Vergine*, mentre nello scomparto di destra della predella figurava un episodio con *San Nicola che salva la vita ai marinai*.

Sassetta 1392?–1450
San Francesco riceve le stimmate

1437–44. Tempera a uovo su tavola di pioppo, 88 x 52 cm

Stefano di Giovanni, noto come Sassetta, fu uno degli artisti senesi più importanti del secolo. Nel 1437 ricevette una delle più ampie, e costose, commissioni della pittura senese cinquecentesca: un polittico a due facce per la chiesa di San Francesco di Borgo San Sepolcro (luogo natale del suo giovane contemporaneo Piero della Francesca, pagina 80). Figure e scene furono probabilmente specificate dai frati. La pala fu dipinta a sezioni per facilitarne il trasporto da Siena a Borgo San Sepolcro, dove l'opera fu inviata nel 1444. Nel 1752 essa fu smembrata; nel secolo successivo, i frammenti sopravvissuti furono venduti a varie collezioni.

Secondo la ricostruzione che è stato possibile prospettare, questa grande pala francescana, come la *Maestà* di Duccio eseguita per il Duomo di Siena (pagina 43), mostrava nel registro principale della faccia anteriore, rivolta verso i fedeli riuniti nella navata, la Madonna col Bambino in trono. Il retro, rivolto verso i frati e il coro, ritraeva *San Francesco trionfante* sulla Disobbedienza, la Lussuria e l'Avarizia, attorniato da otto scene più piccole dalla vita del santo disposte in due ordini su ciascuno dei lati. Sette di queste si trovano attualmente alla National Gallery. Il pannello qui illustrato è uno dei meglio conservati. Esso mostra uno degli eventi cruciali della vita di Francesco, citato nel processo della sua canonizzazione: l'impressione sul suo corpo delle cinque ferite di Cristo. Il miracolo si compì il 14 settembre 1224 sulla Verna. Questo monte boschivo nei pressi di Arezzo, dove il santo fondò un convento eremitico, era stato donato a Francesco nel 1213; e ancora oggi è meta di pellegrinaggio.

La biografia di Francesco attinge a numerose fonti; molto probabilmente, tuttavia, il Sassetta basa la propria interpretazione sulla tradizione artistica. Quando Cristo gli apparve, ad esempio, il santo era solo, ma la pittura e la scultura erano solite raffigurare frate Leone come testimone dell'evento; proprio come accade qui, dove il confratello, colmo di meraviglia, alza lo sguardo dal libro di preghiere. Giotto (pagina 50) aveva già raffigurato San Francesco in questa posa, inginocchiato e con le braccia levate verso il Cristo-serafino con sei ali. Sassetta è, per molti versi, un pittore paradossale. Come Giovanni di Paolo (pagina 51) e tutti gli altri artisti senesi, egli coltivava un sentimento di

San Francesco riceve le stimmate

profonda ammirazione verso i propri sommi predecessori senesi del Trecento, i seguaci di Duccio. Ma aveva studiato anche l'arte fiorentina dello stesso periodo, oltre che della propria epoca, e intorno al 1432 era venuto a conoscenza delle miniature francesi e dell'Italia settentrionale. Tracce di tutte queste fonti sono visibili nella nostra tavola, nelle forme decorative degli alberi, nell'irrealistica conformazione a cornice delle rocce in primo piano e nell'angolazione obliqua della cappella annidata nella montagna, sistema usato nella pittura del secolo precedente per suggerire la prospettiva.

Ma se da un lato il Sassetta emulava gli effetti ornamentali di stili arcaici, egli non poteva sottrarsi all'influenza dell'arte contemporanea. La luce soprannaturale, originata dal serafino, che inonda la Verna è virtualmente uniforme nell'intera pittura; le ombre delle montagne oscurano la facciata a stucco della cappella, ornata con l'immagine della Madonna col Bambino; il cordone che cinge la vita di Francesco getta un'ombra sul saio del santo, come fanno le dita aperte della sua mano per terra, dietro di lui. Il miracolo, che fa sanguinare la croce di legno nell'improvvisato oratorio e fa di Francesco un *alter Christus*, viene percepito in tutto il mondo naturale, mentre il tramonto tinge di rosso l'appennino toscano.

Scuola sveva, artista ignoto Quattrocento
Ritratto di donna della famiglia Hofer

Circa 1470. Olio su tavola di abete, 54 x 41 cm

L'ignoto artista operò in Svevia, una zona della Germania meridionale la cui città principale era allora Ulm. L'iscrizione attesta l'appartenenza del modello alla famiglia Hofer. La donna porta un copricapo imbottito, ornato di gale e impunturato – senza dubbio fresco di bucato e di stiratura – che il pittore ci invita ad ammirare, allo stesso modo in cui sollecita il nostro apprezzamento della meticolosa distinzione che egli ha operato tra la pelliccia del collare e i fermagli metallici dell'abito. Ma il segno più rivelatore delle abilità mimetiche dell'artista è la mosca, che getta un'ombra sulla cuffia della dama o, se vogliamo, sulla superficie dipinta, sollecitando nell'osservatore l'impulso di spazzarla via con un gesto e conferendo alla pittura un paradossale senso di temporaneità, smentito dalla posa statica del modello e dal suo sguardo remoto. La signora tiene in mano un rametto di nontiscordardimé, simbolo di rimembranza anche nella lingua tedesca. Mentre la sua mano destra indica il cuore, la sinistra è posata sul bordo inferiore della tavola, in parte coperta, come se un parapetto sottraesse alla vista il resto del corpo.

Oltre ai volumi e alla consistenza dei diversi elementi che lo compongono, il dipinto mette in evidenza anche la linea e i motivi che essa crea sulla superficie pittorica; le diagonali formate dalle dita, ad esempio, sono riprese ripetutamente. È probabile che il modello stesso abbia scelto di farsi ritrarre con questo particolare copricapo, il cui drappeggio, tuttavia, assicura la maggiore concentrazione di luce sul volto e intorno ad esso, ditraendo così la nostra attenzione dalle zone chiare delle mani.

Cosimo Tura prima del 1431–1495

Figura allegorica

Circa 1455–63. Olio su tavola di pioppo, 116 x 71 cm

Cosimo Tura fu il primo pittore ferrarese di rilievo (si veda anche Costa, pagina 34), e servì Borso d'Este e il suo successore Ercole come pittore di corte presso gli Estensi dal 1458 al 1486. Di lui sopravvivono pochi dipinti, ma la National Gallery ha la fortuna di possederne quattro. Influenzato dalle opere giovanili di Mantegna (pagina 62), dagli affreschi ferraresi, poi andati perduti, di Piero della Francesca (pagina 80) e da Rogier van der Weyden (pagina 95), che aveva eseguito pitture su tavola – anch'esse perdute – per il fratello e predecessore di Borso, Lionello d'Este, Tura divenne uno degli artisti più originali e raffinati del tempo. Malgrado gli effetti fantastici della sua pittura e dello 'splendore da bomboniera' delle sue cromie, egli era capace anche di grande solennità e *pathos*.

Questa figura proviene quasi certamente dallo studiolo cominciato per Lionello d'Este a Villa Belfiore nei pressi di Ferrara. Le ville ferraresi quattrocentesche riprendevano l'idea della Roma antica di un rifugio dai travagli urbani – particolarmente nelle afose estati italiane – dove ci si poteva ristorare in raffinati svaghi. Uno studiolo, come dice il nome stesso, era una stanzetta nella quale il principe poteva ritirarsi per leggere, ascoltare della poesia o della musica, ammirare oggetti preziosi e intrattenere amichevolmente uomini colti senza dover rispettare il protocollo di corte. Queste stanze venivano decorate con soggetti appropriati, ad esempio con personificazioni delle Arti Liberali (pagina 213), ma lo studiolo di Villa Belfiore fu il primo dall'antichità a includere una serie di pitture delle Nove Muse che, nel mito greco e romano, presiedevano alle arti.

In origine questo pannello avrebbe forse dovuto raffigurare Euterpe, Musa della Musica: un'analisi ai raggi X ha infatti rivelato la presenza, sotto la figurazione attuale, di una versione anteriore, non necessariamente opera dello stesso Tura, che mostra una donna assisa su un trono costruito con canne d'organo. Come completata dal Tura, la figura tiene in mano un ramo con ciliegie e siede su un trono marmoreo decorato con delfini in metallo. Un riferimento alle leggendarie origini della musica viene, comunque, mantenuto nella minuscola figurina, visibile in basso a destra, di un fabbro – il mitologico Vulcano o il biblico Tubalkain (Genesi 4:22) – che dentro una caverna batte sonoramente il metallo. Ma l'enigma del significato attribuito all'epoca alla figura principale costituisce soltanto una parte del suo fascino. L'analisi condotta dagli scienziati della National Gallery ha mostrato anche che l'immagine sottostante, mai proceduta oltre lo stadio di una preparazione, era stata eseguita con tempera a uovo. La figura femminile che oggi vediamo è stata dipinta con colori a olio applicati secondo un sistema a due fasi, nel quale strati di pittura opaca vengono successivamente modellati con velature traslucide, simile a quello impiegato dalla prima generazione dei pittori dei Paesi Bassi. L'effetto si presenta particolarmente sontuoso nelle maniche intessute d'oro, che richiamano l'abito indossato da uno dei Magi in una pala di Rogier van der Weyden più o meno contemporanea ai dipinti ferraresi andati perduti. Tura ha addirittura usato l'olio di noce, più pallido e meno soggetto all'ingiallimento, per le tinte chiare e l'olio di lino per le velature scure, una distinzione più tardi raccomandata dal Vasari. Non si riscontrano qui quei difetti nell'essicatura del colore che si osservano nell'opera di Piero o in numerosi altri precoci tentativi di impiego degli oli da parte di pittori italiani (ad esempio i Pollaiolo, pagina 84).

La padronanza di questa tecnica, così diversa dalla tradizionale pratica pittorica italiana, fu certamente acquisita dal Tura di prima mano, da van der Weyden o da un altro artista originario dei Paesi Bassi attivo a Ferrara, oppure tramite un pittore italiano inviato dagli Estensi nei Paesi Bassi. Non abbiamo alcun documento che attesti un viaggio all'estero dello stesso Tura; le precise circostanze che hanno determinato la trasformazione di una Musa eseguita con tempera a uovo in un dipinto a olio restano, per il momento, misteriose.

Paolo Uccello 1397–1475

Battaglia di San Romano

Quinto decennio del Quattrocento? Tempera a uovo su tavola di pioppo, 182 x 320 cm

A metà del Cinquecento, quando l'artista e cronachista fiorentino Vasari scrisse le sue *Vite*, Uccello era ormai diventato proverbiale per il suo eccessivo interesse per la prospettiva: 'Lasciò … la moglie, la quale soleva dire che tutta la notte Paulo stava nello scrittoio per trovare i termini della prospettiva, e mentre ch'ella a dormire lo invitava ed egli le diceva: "O che dolce cosa è questa prospettiva!"' A differenza di altri grandi artisti fiorentini della sua stessa generazione, tuttavia, Uccello non utilizzò la prospettiva al servizio di un

Battaglia di San Romano

particolare fuoco narrativo, o per fini simbolici, né per creare un'impressione illusoria di realtà. Perciò, forse, la decorazione su grandi tavole lignee della parete di una stanza di Palazzo Medici riuscì così brillantemente.

I tre pannelli – dei quali uno si trova alla National Gallery, un altro a Firenze e il terzo a Parigi – raffigurano la vittoria delle truppe fiorentine, capitanate da Niccolò da Tolentino, riconoscibile per lo splendido copricapo dai motivi rossi e oro, su quelle senesi nel 1432. Niccolò era stato amico e potente alleato di Cosimo de' Medici, ma questo dipinto non si configura primariamente come la riproposizione di un evento storico in chiave commemorativa e celebrativa. Le scene di battaglia, di tornei e di caccia – tratte dalla storia antica oppure moderna, dalla mitologia, dalla Bibbia, o dal ciclo arturiano – erano tra i motivi ornamentali preferiti dalle corti principesche, e venivano utilizzate spesso nella pittura murale, negli arazzi, o nella decorazione del mobilio, a nord come a sud delle Alpi.

Quel fantastico mondo cavalleresco viene evocato da molteplici elementi del dipinto: la siepe di rose e gli alberi d'arancio che si profilano dietro i combattenti, l'uso di vero oro e argento, ora purtroppo anneriti, per le bardature dei destrieri e le armature, il ritmico incrociarsi delle lance, gli arabeschi disegnati dal fluttuare degli stendardi. Il trattamento prospettico del primo piano del fregio formato dai tre pannelli – rivelato dal meticoloso allineamento delle lance spezzate e del corpo esanime di un soldato – crea un proscenio poco profondo contro un fondale di campi e arbusti popolato da improbabili minuscole figure. Oggetti di forme irregolari, quegli stessi che l'artista, privandosi del sonno, studiava di notte da angoli diversi, sono mostrati di scorcio: un elmo, frammenti di armatura. Ma il pezzo forte è senz'altro il copricapo di Niccolò da Tolentino, voluminoso, rotondo e ottagonale allo stesso tempo. E tuttavia questi dettagli, attestazioni di abilità e maestria straordinarie, hanno solo valore ornamentale. Come, a quanto pare, ebbe a dire lo scultore Donatello all'artista che gli mostrava alcuni disegni di simili 'bizzarrie', 'queste sono cose che non servono se non a questi che fanno le tarsie'.

La tarsia, mosaico di frammenti lignei, era un'altra forma d'arte decorativa in voga nei palazzi principeschi. A differenza degli artigiani del legno, tuttavia, Paolo Uccello poteva operare su ampia scala, con l'ausilio dei colori, e raffigurare, oltre alle menzionate 'bizzarrie', ogni aspetto del cavallo, un soggetto che non cessava di attrarre l'interesse dei mecenati delle corti. Questo dipinto mostra un mondo di meraviglie e di paradossi, una battaglia senza spargimento di sangue, cavalieri 'senza macchia e senza paura'.

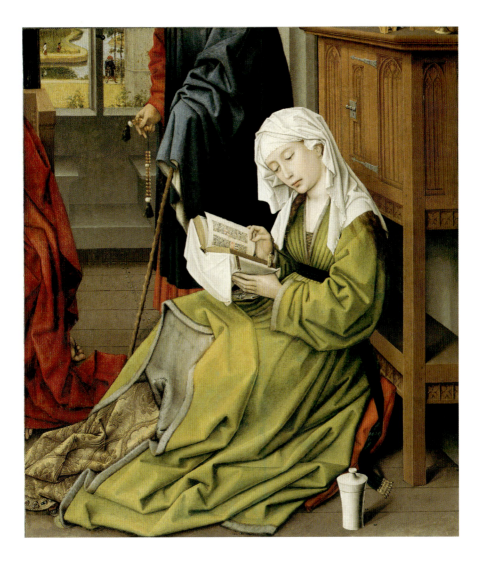

Rogier van der Weyden — 1399 ca–1464

La Maddalena che legge

Circa 1435. Olio, trasferito dalla tavola originale su mogano, 62 x 55 cm

Rogier van der Weyden (nella forma francese 'Rogelet de la Pasture') quasi certamente svolse il proprio apprendistato presso Robert Campin (pagina 31). Nominato pittore ufficiale della città di Bruxelles e impiegato dalla corte borgognona, van der Weyden acquistò fama internazionale. La sua influenza sopravvisse ben al di là della sua morte, avvenuta nel 1464, poiché le sue composizioni restarono in uso a Bruxelles e Anversa fino alla metà del Cinquecento presso le botteghe del figlio, del nipote, e del pronipote.

    Un parallelo dell'ambientazione di scene sacre in contesti domestici, come quello che appare in questa tavola, può essere identificato nell'opera di Campin. Questa bellissima figura seduta su un cuscino e intenta alla lettura di un testo devozionale può essere identificata con Maria Maddalena grazie al vaso poggiato a terra al suo fianco, riferimento all'unguento con cui la peccatrice cosparse i piedi di Gesù (Luca 7:37–8). Quando, nel 1956, il dipinto fu sottoposto a pulitura, si scoperse che lo strato scuro e uniforme dello sfondo, probabilmente applicato nell'Ottocento, nascondeva il corpo di San Giuseppe con in mano un rosario, parte di una finestra con vista su un paesaggio, il piede e il drappo color cremisi di un'altra figura, identificata con San Giovanni Evangelista per analogia con un disegno del tardo Quattrocento di una composizione analoga, raffigurante la Madonna col Bambino attorniata da santi. La pala d'altare da cui è stato tagliato questo dipinto è stata parzialmente ricostruita con l'aiuto di quel disegno e di altri due frammenti sopravvissuti, l'uno con la testa di San Giuseppe, l'altro con la testa di una santa, entrambi ora a Lisbona. Si ritiene che l'intera opera fosse all'incirca alta un metro e larga non meno di un metro e mezzo.

La maestria di van der Weyden nel dettaglio naturalistico, squisitamente dipinto, si evidenzia qui nelle teste dei chiodi infissi nel pavimento e nei grani in cristallo del rosario di Giuseppe non meno che nel broccato dorato della sottogonna della Maddalena. In dipinti eseguiti più tardi, tuttavia, e in contrasto con il suo più anziano contemporaneo, l'immancabilmente impassibile Jan van Eyck (pagina 44), l'artista unì al dettaglio realistico un'espressione di intenso *pathos* o di profonda devozione.

Dittico Wilton 1395–1399

1395/99. Tempera su tavola di quercia, ciascuno sportello 53 x 37 cm

Questo piccolo altare pieghevole completo della sua cornice, non molto più grande dei manoscritti miniati che esso ricorda, fu probabilmente commissionato dal re d'Inghilterra Riccardo II per le sue orazioni private. Lo sportello di sinistra mostra il suo ritratto inginocchiato insieme a tre santi, per lui di particolare significato, che lo presentano alla congrega celeste dipinta nello sportello di destra: re Edmondo, re Edoardo il Confessore e Giovanni Battista. Edmondo reca in mano la freccia che lo uccise nell' 869. Edoardo il Confessore, presso il cui sacrario a Westminster Abbey Riccardo pregava nei momenti di sconforto, tiene tra le dita un anello che, secondo la leggenda, egli aveva donato a un povero pellegrino poi rivelatosi San Giovanni Evangelista. Riccardo era nato nel giorno della ricorrenza del battesimo di Cristo, il sei gennaio; il Battista, suo santo patrono, posa la mano sulla spalla del re.

Non conosciamo l'identità, e neppure la nazionalità, dell'artista. Stilisticamente, la pittura si rifà all'arte senese e il medium usato, la tempera a uovo, è associato con l'Italia. Il supporto utilizzato, d'altra parte, di legno di quercia, e la preparazione bianca di gesso sono entrambi elementi caratteristici della pittura nordica. Non esiste in Inghilterra, in Francia o in altre parti d'Europa un'opera che possa veramente essere paragonata a questa.

Uno degli aspetti iconografici più enigmatici di questa piccola pala, quello attinente al significato dello stendardo, è stato recentemente chiarito. Ci si chiedeva se esso fosse da intendersi come il tradizionale simbolo della Resurrezione, emblema del trionfo del Salvatore sulla morte, oppure come il vessillo di San Giorgio, santo patrono dell'Inghilterra. Le operazioni di pulitura cui nel 1992 il dittico è stato sottoposto hanno fatto emergere, sulla piccola sfera che sormonta l'asta dello stendardo, l'immagine di una verde isola con un castello bianco sullo sfondo di un mare d'argento in foglia, ora purtroppo ossidato. In una pala d'altare un tempo a Roma, ora andata perduta, Riccardo e la sua prima consorte, Anna di Boemia, venivano raffigurati nell'atto di offrire il globo dell'Inghilterra alla Vergine, con l'iscrizione: 'Ecco la tua dote, o Vergine santa; possa tu dunque, Maria, regnare su di essa.' Il Cristo infante nel dittico ha dunque ricevuto lo stendardo con il 'globo o

simbolo dell'Inghilterra' al posto della Vergine e lo ha consegnato a un angelo, liberandosi la mano per benedire il re. Lo stendardo si rivela perciò simbolico allo stesso tempo sia del regno d'Inghilterra, governato da Riccardo nel ruolo di viceré della Vergine, sia della speranza nella Resurrezione.

Il prestigio regale di Riccardo viene asserito anche in altri modi. Gli angeli alla corte celeste indossano la livrea del re, il cervo bianco, suo stemma personale, che lo stesso sovrano porta appuntato sul petto, in forma di gioiello d'oro smaltato, e ricamato sul manto, e che viene raffigurato anche sull'esterno del dittico. La ginestra è un altro riferimento araldico. I baccelli di questa pianta, 'planta genista', benché emblema della famiglia dei Plantageneti cui Riccardo apparteneva, erano stati originariamente usati come livrea dal re di Francia, la cui figlia Riccardo sposò nel 1396 dopo la morte di Anna. Collari di ginestra cingono il collo del re e degli angeli e incorniciano il motivo del cervo sul manto regale.

Soltanto un'osservazione da molto vicino può svelare tutti questi dettagli o mettere pienamente in risalto la grazia e la raffinatezza della tecnica usata dall'ignoto pittore. Quasi ovunque l'oro è stato finemente inciso e punzonato, persino nella modellatura del drappo di Cristo. Le coroncine di rose che adornano il capo degli angeli, i fiori del giardino celeste, il bianco velo plissettato della Vergine, sono soltanto alcune delle squisite delizie con cui il re poteva consolarsi nel ritiro della preghiera, al riparo dallo scontento popolare e dalle cospirazioni baronesche che avrebbero infine portato il suo regno alla rovina nel 1399, e alla sua stessa morte nel 1400.

ALA OVEST

La pittura dal 1510 al 1600

Attraversando il passaggio che dall'Ala Sainsbury conduce all'Ala Ovest della National Gallery, ci lasciamo alle spalle le opere giovanili di Raffaello, dipinte in Umbria e in Toscana prima della sua partenza per Roma, il cartone e la *Vergine delle rocce* di Leonardo da Vinci. Leonardo è allo stesso tempo l'ultimo maestro del primo Rinascimento italiano e il primo grande artista del pieno Rinascimento. Le sua influenza fu immensa, non soltanto in ambito italiano ma anche a nord delle Alpi. La sua esplorazione dei fenomeni naturali, la sua inventiva simbolica e narrativa e i suoi esperimenti tecnici e formali ampliarono i limiti descrittivi della pittura italiana. Allo stesso tempo, la sua ricerca della bellezza ideale temperò il realismo talvolta aspro ed elaborato di contemporanei più anziani quali i fratelli Pollaiolo. Combinato con le vestigia dell'antichità greco-romana, che venivano scavate e studiate con sempre maggior vigore, particolarmente a Roma, il suo esempio definì nuovi modelli di eleganza e di monumentalità. Il Raffaello posteriore al 1508, Michelangelo, Bronzino, Correggio – tutti artisti del Rinascimento cinquecentesco rappresentati nell'Ala Ovest – dimostrano il loro debito verso Leonardo nella nuova ampiezza e proporzione delle figure, nella complessità di pose e di composizione, nella soavità di espressione e di fisionomia dei volti e in una nuova delicatezza del modellato, nel quale transizioni graduali 'velano' i passaggi dalle ombre più scure alle zone lumeggiate.

Leonardo raggiunse gli effetti più sottili nella pittura a olio, ma la sua arte rimase fedele alle tradizioni toscane dell'affresco e della tempera fondate sul tratto lineare e sul tono. Il colore viene aggiunto quando la composizione, con la sua distribuzione di luci e ombre, è ormai fissata: è un ornamento, e non parte integrante del processo creativo. Le incompiute *Deposizione nel sepolcro* e *Madonna di Manchester* di Michelangelo, esposte nell'Ala Ovest, sono una chiara illustrazione di questo metodo di lavoro. Diverso sviluppo ebbe invece la pittura veneziana. Seguendo le orme di Giovanni Bellini e del suo probabile allievo Giorgione, gli artisti veneziani del Cinquecento – tra i quali il più eminente, Tiziano, è qui particolarmente ben rappresentato – elessero il colore a componente primaria ed essenziale dell'esperienza visuale, sebbene i loro dipinti si caratterizzassero per una più ristretta gamma di tinte, e una minore vivacità cromatica, rispetto a quelli dei colleghi dell'Italia centrale. Nella loro pittura le forme sono definite da transizioni tra i colori, attraversati da riflessi e impastati per creare ombre, più che dai contorni lineari. Le gradazioni tonali sono tradotte direttamente in colore, anziché essere prima definite in bianco e nero.

Le composizioni degli artisti veneziani cinquecenteschi si sviluppavano attraverso l'intero processo pittorico, essendo basate su un incessante aggiustamento di rapporti cromatici. Venezia, grande potenza marinara, disponeva di una moderna industria navale e i suoi artisti si rivolsero con sempre maggiore frequenza dalla tavola alla tela, tessuto usato per confezionare le vele. Maturandosi negli anni e artisticamente, la tecnica a olio di Tiziano si fece più ardita ed espressiva: la consistenza del colore, la traccia del gesto pittorico eseguito con il pennello e con le dita ravvivano la superficie del dipinto e ne acuiscono l'impatto emotivo. L'Ala Ovest ci mostra la sua evoluzione, dalle prime opere alla tarda, forse incompiuta, *Morte di Atteone*, le cui striature, i tocchi sparsi, le chiazze, osservati da una certa distanza si fondono miracolosamente in un'immagine omogenea. L'influenza del Tiziano, al pari di quella di Leonardo, si sarebbe estesa in tutt'Europa e nei secoli a venire.

La gamma dei soggetti dipinti da Tiziano è indicativa di ulteriori sviluppi nell'arte del Cinquecento. Pitture di carattere religioso, destinate alle chiese o al culto privato, continuavano a essere commissionate. Grandi opere devozionali provenienti da ogni parte d'Europa attestano la vitalità di questa tradizione. Con l'affermarsi dello stato nazionale laico e con il sorgere delle monarchie centralizzate, tuttavia, la ritrattistica venne acquistando importanza sempre maggiore come strumento al servizio delle arti politiche e diplomatiche. I ritratti tendevano a crescere in scala, avvicinandosi alla grandezza naturale, e dal mezzo busto a passare ai formati a mezza figura, a tre quarti, e a figura intera. L'Ala Ovest offre la possibilità di ammirare celebri ritratti, di carattere ufficiale o domestico, di Tiziano, Raffaello e altri grandi artisti italiani, nonché esempi della ritrattistica dei tedeschi Cranach e Holbein e dei lombardi, specialisti del ritratto, Moretto e Moroni. Ma la *Morte di Atteone* del Tiziano, al pari dei suoi *Bacco e Arianna* e *Venere e Adone*, come pure l'*'Educazione di Amore'* del Correggio, testimoniano il nuovo rilievo assunto dal soggetto mitologico in questo periodo. Non più relegata alla decorazione degli arredi, la pittura mitologica fece rivivere i racconti dell'antichità sulle pareti degli appartamenti principeschi. L'arte delle corti europee fu pervasa da una nuova sensualità. Anche quando l'immagine si faceva carico di un messaggio morale, come nella spettacolare *Allegoria con Venere e Cupido* del Bronzino e nel piccolo *Lamento di Cupido a Venere* di Cranach, la nudità antica era un'occasione di sfoggio erotico, oltre che saggio dimostrativo della finezza e dei talenti poetici dell'artista.

Il costume di collezionare quadri per l'appagamento di un piacere estetico e sensuale, e a testimonianza delle aspirazioni culturali del committente, determinò una richiesta di generi iconografici ancora diversi. Per la generazione precedente, le opere devozionali e i ritratti erano state le uniche pitture di cavalletto a trovare posto nell'ambiente domestico e il concetto di 'collezione' si identificava con l'accumulo di oggetti realizzati con materiali preziosi o estremamente rari. Ora le abilità specialistiche dei pittori venivano apprezzate per sé stesse. Stimolati dalla lettura di Plinio, erudito 'storico dell'arte' romano del primo secolo, raffinati collezionisti, consci dell'abilità dei pittori nordici nel creare naturalistici sfondi di paesaggio per le pitture di carattere religioso, incoraggiarono gli artisti a sviluppare il paesaggio come tema indipendente. L'Ala Ovest contiene opere attribuite al pittore dei Paesi Bassi, specialista del paesaggio, Patinir, e un paesaggio del raro artista tedesco Altdorfer.

Uno sviluppo legato al contesto appena descritto si può riconoscere nelle splendide piccole pitture su rame di Elsheimer, figlio del Cinquecento ma pioniere dell'arte seicentesca. Esemplificando il flusso della corrente artistica internazionale che si muove da Nord verso Sud, e da Sud verso Nord, così ben illustrata nelle sale della Galleria, Elsheimer svolse il proprio apprendistato in Germania, subendo l'influenza di uno specialista del paesaggio, quindi trascorse due anni a Venezia, dove assorbì il colorismo del Tiziano, e nel 1610 concluse la sua breve vita a Roma. Egli sviluppò un tema nuovo, combinando la pittura di figura con il paesaggio, il religioso con l'antico: la nostalgia del nordico per il meridione, la moderna aspirazione a un'età dell'oro. Nell'Ala Nord, regno della *Pittura dal 1600 al 1700*, troveremo gli eredi della sua fertile visione artistica.

Albrecht Altdorfer   1480 ca–1538

Congedo di Cristo dalla madre

Circa 1520? Olio su tavola di tiglio, 141 x 111 cm

Pittore e incisore, Altdorfer appartiene a un piccolo gruppo di artisti tedeschi (tra i quali figurano, tra gli altri, Cranach, pagina 111, e Huber, pagina 334) per i quali il paesaggio assunse grande importanza, sia nella definizione di un particolare tono emotivo di una scena narrativa, come in questo caso, sia quale tema indipendente, come nel piccolo *Paesaggio con ponte* anch'esso alla National Gallery. I dipinti di Altdorfer sono rari, e in Gran Bretagna ve ne sono pochissimi.

Il congedo di Cristo dalla madre è probabilmente un soggetto frequente nelle opere grafiche più che nella pittura; le sue origini vanno ricercate non tanto nei Vangeli, quanto piuttosto nella letteratura devozionale del tardo medioevo e nelle rappresentazioni teatrali di soggetto sacro, i popolari 'miracoli' dell'epoca. Cristo dà l'ultimo saluto alla madre nel villaggio di Betania prima di fare ritorno a Gerusalemme, dove morirà sulla croce. La Vergine, Maria Maddalena (la giovane donna vestita di celeste) e i discepoli lo scongiurano di non partire. Ma Cristo istruisce Pietro (il vecchio vestito di nero e bianco) e Giovanni (il giovane in rosso) affinché siano effettuati i preparativi necessari per il pasto pasquale a Gerusalemme, che diventerà poi l'Ultima Cena. Sulla colonna sovrastante la testa della Maddalena Altdorfer ha inserito, come scolpita nella pietra, una piccola scena della Flagellazione, profetica delle imminenti sofferenze di Cristo. La Vergine prostrata dal dolore viene sorretta da una delle Marie. I loro piedi sproporzionati, che spuntano indecorosamente dalle vesti, accentuano il *pathos* della scena.

Altdorfer sfrutta il potenziale espressivo della distorsione anche in altri modi: l'altezza dei personaggi sacri è sproposita rispetto alla dimensione delle teste, e diminuisce bruscamente quando le figure recedono in lontananza. Nell'angolo destro, una famiglia di donatori, marito e moglie con i loro cinque figli, viene raffigurata secondo proporzioni pari a quelle di bambole. Tutte le mani si muovono in gesti 'parlanti': di benedizione, di comando, di supplica, di rassicurazione, di conforto, di preghiera. Ma a conferire al dipinto la sua straordinaria forza emotiva sono soprattutto gli aspri e intensi contrasti cromatici e l'indomita natura del paesaggio. Attraverso l'arcata, nubi infuocate riecheggiano i violenti rossi delle vesti, e neri rami evocano il tema della mortalità. La particolare cromia verdognola degli azzurri è dovuta soprattutto alla presennza nell'impasto dell'azzurrite, un minerale di rame estratto principalmente in territorio tedesco. Gli strati di colore più spessi ed elaborati sono stati riservati al lussureggiante fogliame degli alberi, minuziosamente osservato e reso nelle sue peculiarità con notevole realismo, che vediamo protendersi con nuovo impulso vitale dallo spazio retrostante la figura di Cristo e i discepoli oltre i bordi della pittura.

Jacopo Bassano — attivo nel 1535–morto nel 1592
Salita al Calvario

Circa 1540. Olio su tela, 145 x 133 cm

Jacopo è il più noto tra membri della famiglia da Ponte, pittori della piccola cittadina veneta di Bassano. Tra il 1545 e il 1560 divenne uno degli artisti di maggior rilievo, dopo Tiziano (pagina 158), nell'area veneziana; nei suoi anni più tardi la bottega che egli dirigeva, dove erano impiegati i quattro figli, si specializzò nelle scene bucoliche e nei notturni. Le stampe ebbero notevole peso nella formazione del suo stile, e la *Salita al Calvario* potrebbe aver subito l'influenza di un'incisione del 1519 del dipinto di Raffaello sullo stesso tema, a sua volta ispirato a una xilografia di Dürer. L'affollata composizione (un effetto ingigantito dal probabile taglio subito dal dipinto sul lato sinistro) contrappone la muscolatura bruta dei carnefici – caratteristica della pittura dell'Italia centrale – al *pathos* düreriano di Cristo, di San Giovanni e delle Pie Donne.

L'impatto della composizione deriva in gran parte dalla sua dinamica organizzazione formale, che si sviluppa lungo le diagonali principali. Noi 'penetriamo' nella scena dall'angolo inferiore destro, dove Santa Veronica, con il suo abito alla veneziana, si protende in avanti per asciugare il sudore e il sangue dal volto di Cristo; procediamo quindi nella direzione indicata dal trave verticale della croce, seguiamo la linea del corpo di Cristo caduto a terra sotto il suo peso e dei violenti colpi del tormentatore fino all'angolo opposto della tela, dove uno dei carnefici, tirando la fune che cinge la vita di Cristo, cerca di spronarlo a proseguire il cammino verso il Gòlgota, che si intravede in lontananza. Il suo mantello sollevato dal vento riprende il rosso della veste di Veronica. Alternativamente, possiamo avviare la nostra esplorazione della pittura dall'angolo superiore destro, dagli ufficiali a cavallo intenti a indicare e a commentare gli eventi che si svolgono sotto i loro occhi, seguire l'asta lignea della lancia fino al drappeggio del mantello verde di Giovanni afferrato da un soldato, che sembra avviluppare i copricapi e le spalle delle Marie per confluire nel velo teso da Veronica al condannato. Il manto scuro isola la figura della Vergine che, con gesto pacato tra la calca in fermento, si asciuga le lacrime dagli occhi.

Salita al Calvario

Comunque vogliamo leggere il dipinto, siamo inesorabilmente attratti verso Cristo, incoronato di spine. Sebbene i suoi occhi siano rivolti verso Veronica, la sua è l'unica figura ritratta pressoché a volto intero, come l''Ecce Homo' dell'iconografia devozionale.

Bronzino 1503–1572

Allegoria con Venere e Cupido

Circa 1540–50. Olio su tavola, 146 x 116 cm
Questa *Allegoria* ha affascinato e turbato i visitatori della National Gallery sin dalla sua acquisizione nel 1860. Il dipinto più apertamente erotico dell'intera collezione, esso acccende e raggela i sentimenti dello spettatore in eguale misura. L'equivalente moderno più vicino al suo registro emotivo si trova probabilmente tra le pagine patinate delle nostre riviste di moda, dove l''impassibilità' si identifica con lo 'stile', e la natura è sottomessa all'artificio.

Agnolo di Cosimo, detto il Bronzino, lavorò presso la corte fiorentina del primo signore assoluto di Firenze, il duca Cosimo de' Medici. Amato allievo e assistente del Pontormo, che lo ritrasse nel pannello con *Giuseppe e Giacobbe in Egitto* (pagina 145), il Bronzino divenne famoso soprattutto come ritrattista ufficiale del duca e della duchessa, dei loro numerosi figli e membri della corte. Egli dipinse, inoltre, alcune pale d'altare e opere narrative di tema religioso, nelle quali sovente mantenne l'aristocratico distacco e la bellezza formale che caratterizzano le sue opere mature.

Come il mondo dell'alta moda, la corte di un despota apprezza l'artificio più della natura. Lo stile assume un'importanza estrema, perché maschera le brutali realtà del potere e della sottomissione. La spontaneità viene repressa e il comportamento quotidiano governato dal protocollo. L'investigazione intellettuale è svalutata, ma una parvenza di cultura diventa il marchio distintivo dell'élite; cortigiani annoiati devono imparare a trascorrere il tempo in solenne frivolezza. E dunque quest'opera, probabilmente creata alla corte toscana per essere presentata al re di Francia, è stata concepita come un enigma, e incorpora simboli e motivi tratti dal mondo della mitologia e delle immagini emblematiche.

Sarebbe stato un presente perfetto per il re di Francia, noto per i suoi robusti appetiti, assetato di cultura e di sfarzi italianizzanti, con un debole per l'araldica e gli emblemi dall'oscuro significato. L'interpretazione del simbolismo avrebbe costituito un ottimo pretesto per ammirare a lungo i corpi seducenti di Venere e Cupido e gli osceni dettagli del loro abbraccio. La dea dell'amore e della bellezza, identificata dal pomo dorato consegnatole da Paride e dalle caratteristiche colombe, si è impossessata della freccia di Cupido. Le maschere ai suoi piedi, forse simboliche delle figure sensuali di una ninfa e di un satiro, sembrano rivolgere il loro sguardo sugli amanti. Il Piacere, fanciullo sorridente che porta alla caviglia la sonagliera di un danzatore moresco, getta verso di loro petali di rosa, incurante della spina che gli trafigge il piede destro. Dietro di lui la Frode, giovanetta dal volto grazioso ma mostruosa nel corpo, porge con una mano un dolce favo, mentre con l'altra nasconde il pungiglione della sua coda. Sul lato opposto degli amanti appare una figura scura, già interpretata come la Gelosia ma di recente plausibilmente identificata come la personificazione della Sifilide, una malattia probabilmente introdotta in Europa dal Nuovo Mondo che nel 1500 aveva assunto le proporzioni di una vera e propria epidemia.

Il significato simbolico della scena centrale si rivela essere dunque l'amore impudico, presieduto dal Piacere e incoraggiato dalla Frode, e le sue penose conseguenze. L'Oblio, la figura in alto a sinistra rappresentata come fisicamente incapace di ricordare, cerca di stendere un velo su ogni cosa, ma viene trattenuto dal Tempo, forse un'allusione agli effetti ritardati della sifilide. Freddi come il marmo o come smalti, i nudi sono presentati contro il più prezioso azzurro oltremare, e l'intera composizione, appiattita contro il piano della pittura, richiama i contemporanei disegni realizzati dal Bronzino per la nuova arazzeria del duca. Ma un'analogia si impone su tutte, con un altro oggetto di lusso per il quale le corti italiane divennero celebri. Come uno dei leggendari anelli avvelenati dei Borgia, gioielli affascinanti alla vista, ma dal mortale contenuto, questa immagine nasconde, e rivela, la sua amara morale.

Pieter Bruegel il Vecchio   attivo nel 1550/1–morto nel 1569
Adorazione dei Magi

1564. Olio su tavola di quercia, 111 x 83 cm

Pieter Bruegel fu un pioniere della pittura di paesaggio, e questo dipinto è insolito nella sua focalizzazione sull'Adorazione, tanto stretta da escludere il paesaggio e il corteo dei Magi. È possibile che il pannello sia stato tagliato sui lati e nella parte superiore, in ogni caso senza che la composizione subisse grandi mutamenti. Invece dei magnifici destrieri della tradizione, ci vengono mostrati semplici fanti e tre cittadini, uno dei quali sussura surrettiziamente all'orecchio di San Giuseppe, che si affollano intorno alla Sacra Famiglia. Bruegel subì fortemente l'influenza di Hieronymus Bosch (pagina 25), alla quale sono probabilmente da ascriversi sia il taglio della pittura, sia le crudeli caricature.

Pur specializzandosi in scene di vita contadina, in seguito alle quali divenne noto come 'Bruegel il contadino', l'artista non era affatto un rustico fiammingo bensì un uomo altamente istruito che ebbe occasione di visitare l'Italia, raccogliendovi un repertorio di vedute cittadine e paesaggistiche. Aveva cominciato la sua carriera disegnando per un editore incisioni satiriche e stampe basate su Bosch. Quando, intorno al 1560, esordì come pittore, egli trovò i propri mecenati tra i più eminenti intellettuali e i ricchi banchieri di Anversa. Molte delle sue opere pittoriche riflettono le farse, i drammi allegorici e le processioni presentate dalle società letterarie cui appartenevano questi personaggi e che costituivano il fulcro della vita culturale nelle città dei Paesi Bassi. È difficile credere che un tema quale l'Adorazione dei Magi potesse essere concepito in chiave satirica, e tuttavia l'elemento caricaturale potrebbe contenere serie implicazioni morali. Mentre i Magi offrono o attendono di poter presentare al Cristo infante l'oro, l'incenso e la mirra, la folla ha occhi solo per i ricchi doni. Il cittadino con gli occhiali sulla destra sembra fissare lo splendido incensiere del re moresco Baldassarre con bocca aperta da intensa cupigidia. (L'incensiere è davvero un magnifico esempio dell'arte orafa contemporanea, un vascello dorato costruito intorno a una preziosa conchiglia di nautilus sormontata da un globo in

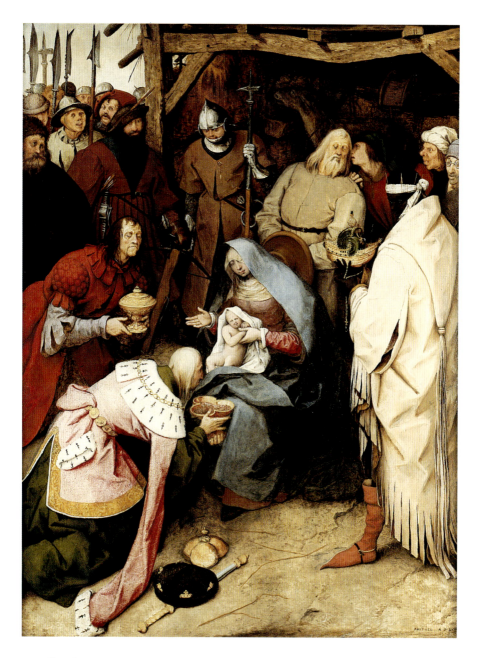

cristallo.) Il soldato alle spalle della Vergine fissa con occhi spalancati la coppa contenente la mirra; il Bambino sorride, ma si ritrae dall'oro profferto dal più anziano dei Magi.

Sappiamo dalla Bibbia, e attraverso la tradizione pittorica, che durante la Passione Cristo fu tormentato dai soldati, beffeggiato dal popolo e condotto al patibolo. È forse a questo che Bruegel allude nella scena dell'Adorazione? Questi uomini che si raccolgono intorno alla Vergine e al Bambino, e che non vedono il re celeste, ma soltanto le ricchezze terrene, sono forse gli stessi che più tardi lo scherniranno e lo uccideranno? L'asino della profezia di Isaia (1:3) mangia alla greppia sullo sfondo, poiché esso 'conosce … la greppia del padrone, ma Israele non conosce, il mio popolo non comprende'. E le parole di Isaia vengono riecheggiate da Geremia ed Ezechiele (12:2): 'Figlio dell'uomo, tu abiti in mezzo a una genìa di ribelli, che hanno occhi per vedere e non vedono …'

Correggio 1494 ca–1534
Venere con Mercurio e Cupido ('L'educazione di Amore')

Circa 1525. Olio su tela, 155 x 92 cm

Nato a Correggio, una piccola cittadina a metà strada tra Mantova e Parma dalla quale prende nome, Antonio Allegri è per noi forse il meno familiare dei grandi pittori del Rinascimento italiano. Le sue opere più importanti – affreschi innovativi dipinti su volte e cupole e numerose pale d'altare – restano a Parma, la città natale del suo seguace Parmigianino (pagina 141). Soltanto un numero limitato di altre immagini religiose, due pitture allegoriche, e i sei dipinti erotici su temi mitologici – tra i quali si annovera anche l'*'Educazione di Amore'* – che l'artista eseguì per Federico II Gonzaga, signore di Mantova, sono entrati a far parte di importanti collezioni in musei europei. Se un artista della raffinatezza e dell'influenza del Correggio fosse stato impiegato in un centro artistico più ambizioso e autorevole, quale Firenze o Roma, di certo si sarebbe avuta maggiore documentazione della sua attività; e se Parma fosse ancora sui principali intinerari turistici, come lo era nel meno convulso secolo del 'grand-turismo' (si veda alle pagine 262, 293), forse oggi egli sarebbe più conosciuto. Pochi tra i milioni di visitatori che affollano Roma sanno che le grandi cupole barocche e le decorazioni sulle volte delle sue chiese, invase di luce celeste e di immense schiere di angeli e santi, emulano gli affreschi del Correggio di un secolo prima, grazie alla mediazione del pittore parmigiano Lanfranco. Anche la giocosa sensualità dell'arte rococò settecentesca (si veda, ad esempio, Fragonard, pagina 280) deve molto alle pitture di cavalletto del Correggio confluite nelle collezioni reali francesi.

La formazione artistica del Correggio fu, tuttavia, insolitamente legata alle sue origini geografiche. Lavorando nell'ampio triangolo formato da Venezia, Milano e Roma, egli si ispirò alle diverse tradizioni pittoriche di queste città quanto alle opere mantovane del Mantegna (pagina 62) e alle stampe provenienti da oltralpe. I contorni sfumati, i velati passaggi da ombre rosate a lumeggiature bianche e dorate e dall'incarnato alle piume, e l'atmosfera ineffabile dell' *Educazione di Amore* richiamano il Giorgione (pagina 115), ma influenze leonardesche sono evidenti nelle capigliature meravigliosamente setose, nei sorrisi sognanti, nella complessa posa di Venere (pagina 54). Un'analisi ai raggi X rivela alterazioni di notevole portata: Mercurio e Venere sono forse addirittura stati scambiati di posto. Questo metodo di lavoro direttamente sulla tela è di derivazione veneziana (pagina 100). Correggio, tuttavia, unisce tutti questi diversi elementi in modo assolutamente originale, anche grazie al suo metodo compositivo, acutamente descritto dall'artista tedesco settecentesco Mengs: 'In quanto poi al contrasto e varietà delle direzioni dei membri [membra], si vede ... che quanto più ha potuto, ha dato sempre un poco di scorcio ai membri, facendoli vedere di rado paralleli alla superficie...'

L'animazione così impartita alle singole figure e all'immagine complessiva è palese nell' *Educazione di Amore*, che non fa riferimento ad alcun mito conosciuto ma si basa, forse, su antiche dottrine astrologiche. Il probabile compagno di questo dipinto, ora al Louvre, mostra un bramoso satiro che scopre Venere dormiente in sensuale abbandono. Essa rappresenta la 'Venere terrestre' della passione carnale. Nella tela alla National Gallery (più piccola perché accorciata su tutti e quattro i lati) una Venere alata e Mercurio attendono insieme all'istruzione di Cupido, come amorevoli genitori educano la propria prole o i benevoli pianeti personificati da queste due divinità influenzano i nati sotto i loro segni zodiacali. Questa 'Venere celeste', tuttavia, non appare meno desiderabile della sua mondana sorella parigina, e Correggio ne ha mutato la posizione del capo cosicché, invece di guardare in basso con materna sollecitudine, ora essa invita, ed elude, i nostri sguardi di ammirazione.

Correggio 1494 ca–1534
Madonna della cesta

Circa 1524. Olio su tavola, 33 x 25 cm

Se le mitologie del Correggio sembrano anticipare le decorazioni dei *boudoir* settecenteschi, questa incantevole tavoletta – una delle meglio conservate dell'intera Galleria – prefigura sviluppi dell'iconografia e della religiosità seicentesche. Non possiamo, anzi, escludere una sua influenza diretta attraverso copie in disegno e incisione, fatto di notevole prestigio per un'opera di così ridotte dimensioni e spiccato tono intimistico.

La letteratura devozionale tardo-medioevale descrive in minuzioso dettaglio la modesta vita domestica della Sacra Famiglia, primariamente con l'intento di mettere in risalto l'umiltà di Cristo e della Vergine e le loro umanissime sofferenze. Correggio investe il tema di un tono emotivo assai diverso: lo trasforma in un idillio di innocenza, di amore materno e filiale. La scena è soffusa di tenerezza. Seduta all'aperto sotto un albero, la Vergine, con a fianco il cestino da lavoro, prova al Cristo infante una giacchetta che gli ha appena confezionato. Il figlioletto si dimena in grembo alla madre, e cerca di afferrare le foglie screziate di sole. Maria non è abbigliata nel regale azzurro oltremarino, ma in rosa

Madonna della cesta

antico, e il dipinto è dominato dalla tenue armonia dei grigio-rosa e dei grigio-azzurri. Sullo sfondo, sbiadito, come in una caligine di polvere assolata, Giuseppe lavora con la pialla da falegname. La loro casa cadente è costruita sui resti di grandiose rovine – antico simbolo della nuova fede che sorge dalle macerie dell'antichità pagana. Ma vi sono altre allusioni simboliche: il gesto del Bambino richiama l'atto della benedizione, e la giacchetta potrebbe rappresentare quella tunica tessuta d'un sol pezzo che, secondo la leggenda, sarebbe cresciuta insieme a lui e che i soldati si sarebbero contesi tirando a sorte ai piedi della croce (Giovanni 19:23–24). Siamo liberi di cogliere questi riferimenti, ma essi non ci vengono imposti, al pari delle difficoltà formali del dipinto: la complessa posa avvitata della Vergine, l'estremo scorcio della gamba e dell'inguine del Bambino appaiono del tutto naturali. La celebre 'morbidezza' del Correggio – graduali transizioni dall'ombra alla luce che egli ha appreso dalle opere milanesi di Leonardo, ma interpreta attraverso un prisma dorato di cromie veneziane – depone un velo di seduzione sulle figure. E sebbene la scala del dipinto inviti a un'ispezione più ravvicinata, e per quanto la Vergine e il Bambino ci siano vicini, non riusciamo a distinguerli nitidamente nell'atmosfera annebbiata e abbagliante nella quale li ha immersi il pennello dell'artista.

Lucas Cranach il Vecchio 1472–1553

Lamento di Cupido a Venere

Inizio del quinto decennio del Cinquecento. Olio su tavola, 81 x 55 cm

Pittore e autore di stampe, Cranach è il principale artista della Riforma. Nel 1505 fu nominato pittore di corte di Federico il Saggio, Elettore di Sassonia e protettore di Lutero, che l'artista ebbe occasione di conoscere bene, ritrasse diverse volte e che fece da padrino a uno dei suoi figli. Cranach rimase al servizio degli elettori di Sassonia per tutta la vita, e pur avendo eseguito alcuni ritratti di amici umanisti in stile naturalistico, nelle sue opere per la corte egli sviluppò una maniera pittorica decorativa, calligrafica. Oltre a gratificare i suoi mecenati, questa formula gli permetteva di produrre, e riprodurre, dipinti di alta qualità con la partecipazione della sua ampia bottega, che annoverava tra i componenti i due figli, Lucas il Giovane e Hans. La necessità di ricorrere a metodi di lavoro efficienti può essere misurata dal fatto che nel 1533, anno in cui Giovanni Federico assunse la carica di elettore, furono commissionate all'artista sessanta coppie di piccoli ritratti dei defunti elettori Federico il Saggio e Giovanni il Costante (pagina 113).

Oltre ai ritratti e alle opere di carattere religioso richieste dai clienti luterani e cattolici, Cranach sviluppò nuove specialità per la corte: dipinti di scene di caccia e di nudi, come questo. Che rappresentassero eroine dell'Antico Testamento, dee pagane, storie mitologiche o astrazioni allegoriche, le opere di questo genere dovevano il proprio fascino alla loro raffinata sensualità e dilettevole fantasia inventiva. Argutamente, Cranach adorna la sua esile Venere aristocratica con cappello e gioielli all'ultima moda, come se una bella cortigiana si fosse svestita e avesse così posato per lui. E poiché la caccia costituiva l'interesse primario dei suoi nobili clienti – dopo la religione, la politica, le donne e una spolveratura di istruzione classica – l'artista ha inserito in secondo piano, nei tenebrosi boschi germanici, un cammeo con una coppia di cervi. Un'iscrizione nel cielo sulla destra della tavola glossa l'immagine. È un'approssimativa versione latina di un passo del poeta pastorale greco Teocrito:

> Mentre Cupido rubava il miele dall'incavo di un albero, un'ape punse il ladro sul dito. Così la ricerca di un breve e passeggero piacere ci procura tristezza e dolore.

Il poeta racconta quindi come Venere schernisca suo figlio Cupido, sostenendo che le ferite d'amore che egli ha inflitto ad altri siano assai più dolorose delle sue. La morale non è dissimile da quella dell'*Allegoria* del Bronzino (pagina 105), anch'essa dipinta per una corte principesca. La tavola di Cranach, tuttavia, appare dotata di minore intensità erotica e morale; una dissomiglianza resa ancora più evidente dalla differenza di scala tra le due opere quando esse siano osservate in originale. Ciononostante, la somiglianza di Venere, che afferra il ramo di un melo rivolgendo lo sguardo verso lo spettatore, con la tentatrice Eva non è certo una casuale coincidenza.

Lucas Cranach il Vecchio 1472–1553
Ritratti di Giovanni il Costante e Giovanni Federico il Magnanimo

1509. Olio su tavola, pannello sinistro 41 x 31 cm; destro 42 x 31 cm

I ritratti appaiati di coniugi erano una tradizione consolidata (si veda pagina 31) quando Cranach, nel 1509, dipinse queste due figure di padre e figlio. Giovanni Federico, di sei anni appena e destinato all'elettorato di Sassonia, viene raffigurato in coppia con Giovanni il Costante probabilmente perché la madre, Sofia di Meklemburg, era morta dandolo alla luce nel 1503. La commissione dette a Cranach l'opportunità di dipingere uno dei primi e dei più teneri ritratti di bambino dell'arte europea. Il fanciullo, osservato in pieno volto, getta un timido sguardo obliquo da sotto le stravaganti piume di struzzo del suo cappello e i gioielli finemente resi dall'artista. Anche le qualità materiali della pittura – le ardite arricciature tridimensionali del piumaggio, il solido orlo del copricapo sulla capigliatura e sul viso e i tagli decorativi aperti nell'abito per rivelare la fodera rossa – sembrano sottolineare la sua fragilità, come se il costume avesse maggior vigore e sostanza del modello. La testa più elevata rispetto a quella del padre suggerisce la sua piccolezza: un bambinetto appollaiato su un alto sgabello sotto l'accurato esame di sguardi adulti. La spontaneità dell'espressione è tale da indurci a ritenere che il modello abbia posato specificamente per questo dipinto, forse nel suo primo impegno ufficiale. Il contrasto tra questa immagine e quelle più tarde di lui adulto, dove Cranach ritrae gli occhi a mandorla distanti e imperscrutabili e il fisico corpulento sontuosamente abbigliato dell'elettore, non potrebbe essere maggiore.

La figura di Giovanni il Costante è meno vivace, e ricorda un suo ritratto inserito in una pala contemporanea di Cranach. Entrambe le immagini potrebbero essere basate su un disegno dal vivo che Cranach teneva nella sua bottega pronto all'uso per ogni occasione; ci sono pervenuti molti suoi disegni analoghi di altri nobili tedeschi. Nonostante le

discrepanze tra la figura di Giovanni e quella del figlio, Cranach ha accuratamente correlato i due ritratti. Lo sfondo verde della figura paterna trova corrispondenza nell'abito indossato dal figlio, lo sfondo nero alle spalle del quale si riflette analogamente nell'abito del padre. I dipinti sembrebbero corredati delle loro cornici originali, provviste di cardini affinché i pannelli si potessero chiudere come un libro. Non sappiamo se essi fossero stati ideati come dittico, ma è probabile che siano stati composti così come li vediamo dallo stesso Cranach. Sul retro del ritratto del piccolo Giovanni Federico appaiono le insegne araldiche dei suoi genitori, la Sassonia e il Meklemburg.

Adam Elsheimer 1578–1610

San Paolo a Malta

Circa 1600. Olio su rame, 17 x 21 cm

La grande richiesta di pittura di paesaggio tra i colti mecenati italiani del Rinascimento era stata stimolata dalla lettura del testo latino sull'arte antica di Plinio il Vecchio. I collezionisti applicarono ai propri contemporanei le sue descrizioni di specialisti greci e romani in svariati generi di pittura. Gli artisti tedeschi e dei Paesi Bassi, con la loro magica abilità nel raffigurare deliziose vedute sullo sfondo di pitture religiose (si veda, ad esempio, pagina 76), furono subito identificati dai clienti italiani come potenziali fornitori di quadri 'pastorali' o 'rustici' che potessero rivaleggiare, come i loro antichi predecessori, gli effetti della poesia e della musica. Gli artisti del Nord, affascinati dalla teoria italiana sull'arte, assecondarono questa visione (si veda pagina 143), finché Rubens (pagina 235) non rivendicò energicamente il diritto di un artista fiammingo a lavorare su vasta scala come 'pittore di storia' italianizzante; il che non gli impedì di ammirare, e di collezionare, le rare

San Paolo a Malta

pitture di Adam Elsheimer, un nordico come lui che trascorse a Roma gli ultimi dieci anni della sua breve esistenza.

I preziosi quadretti su rame di Elsheimer contribuirono a far sì che, da complemento decorativo, il paesaggio si trasformasse in un genere artistico primario (si vedano anche Giorgione, pagina 115, e Annibale Carracci, pagina 181). Avendo condotto il suo tirocinio in Germania e a Venezia, ed essendo esperto nella resa del paesaggio così come della figura, Elsheimer diede forma visuale a due emozioni egualmente esotiche: la riverenza per i boschi e le acque del Nord, e la nostalgia per l'antichità mediterranea. Questo quadro, una delle tre opere dell'artista conservate alla National Gallery, appartiene alla prima categoria, sebbene assuma come tema due episodi narrati negli Atti degli Apostoli (27:41–4; 28:1–6): il naufragio di San Paolo sull'isola di Malta e il miracolo della vipera. Appena più grande della mano di un uomo, esso ricrea gli effetti di una molteplice illuminazione per rivelare un dramma di possanza naturale, fragilità umana e intervento divino. Vividi lampi rischiarano le onde che si infrangono contro la riva, con la schiuma che arriva a lambire la cima di alberi nodosi avvinghiati alle rocce. Un falò, come segnalazione per i marinai, arde nel punto più alto della scogliera; i superstiti aggruppati in primo piano mettono i panni ad asciugare, aiutati dagli abitanti del luogo. Mentre scintille si alzano in aria, la calda luce del fuoco brilla su figure italianizzanti di nudi e su una vegliarda nordica rugosa. Una progressione calante di rossi da destra verso sinistra ci conduce alla figura di San Paolo:

> Mentre Paolo raccoglieva un fascio di sarmenti e lo gettava sul fuoco, una vipera, risvegliata dal calore, lo morse a una mano. Al vedere la serpe pendergli dalla mano, gli indigeni dicevano tra loro: 'certamente costui è un assassino se, anche scampato dal mare, la Giustizia non lo lascia vivere.' Ma egli scosse la serpe nel fuoco e non ne patì alcun male.
> ... dopo avere molto atteso senza vedere succedergli nulla di straordinario, [quella gente] cambiò parere e diceva che era un dio.

Giorgione   attivo nel 1506–morto nel 1510

Tramonto

1506–10. Olio su tela, 73 x 91 cm

Di Giorgione si sa ben poco: scarsissimi sono i documenti contemporanei che ci parlano di lui, e soltanto sei o sette dipinti sopravvissuti sono oggi considerati 'quasi certamente' autografi. Ciononostante egli viene universalmente considerato come uno degli artisti occidentali di maggiore influenza. Probabilmente allievo di Giovanni Bellini (pagina 22), egli diede origine a una pittura poetica di atmosfera, basata sul colore, sulla luce e su una nuova concezione del paesaggio, che ancor oggi diciamo 'giorgionesca'. Benché gli si attribuiscano una pala d'altare nella nativa Castelfranco, una figura di nudo molto rovinata di un affresco staccato da un edificio veneziano che egli aveva decorato insieme al Tiziano (pagina 158), e due ritratti cinquecenteschi firmati con il suo nome, l'artista sembra essersi specializzato in piccole ed enigmatiche pitture 'a soggetto', come questa, destinate ai collezionisti privati. Che questa tela, ritrovata nel 1933 in pessimo stato in una villa cinquecentesca presso Ponte Casale, a sud di Venezia, sia stata dipinta da Giorgione stesso, non ha molta importanza per noi che oggi la ammiriamo: essa è senza dubbio 'giorgionesca'.

    Il titolo della tela, con il suo letterale riferimento alla calata del sole oltre le montagne, cattura la particolare disposizione del dipinto. In un paesaggio profondo che incontra bruscamente l'orizzonte in una fascia di azzurro, due viandanti si fermano nei pressi di un laghetto, dalle cui torbide acque emerge un piccolo mostro beccuto. Un eremita abita l'oscura caverna visibile sul lato destro. Il San Giorgio a cavallo in secondo piano è la ricostruzione di un restauratore, aggiunta nel 1934 per coprire una zona in cui la pittura si era sfaldata e per completare quello che, da una fotografia dell'epoca, parrebbe l'indizio di una coda di drago. Anche il mostro più grande visibile nell'acqua è un rifacimento. Le aggiunte moderne sconsigliano qualunque tentativo di risalire al significato che l'artista intendeva attribuire al dipinto. *Se* San Giorgio fosse stato originariamente presente, l'eremita *potrebbe* essere identificato con Antonio abate – un santo afflitto da piaghe, protettore contro le epidemie – cui, si diceva, demoni sotto forma di mostri facevano visita al calar della notte per 'straziare il suo corpo con i denti, con le corna, e con gli artigli'. I due uomini in primo piano *potrebbero* essere San Rocco, pellegrino medievale francese che si ammalò di pestilenza mentre accudiva i malati, e il suo compagno Gottardo, che cura le ulcerazioni sulle gambe del santo. Il corpo di San Rocco, uno dei più importanti protettori invocati contro la pestilenza, è una delle grandi reliquie di Venezia.

Se confrontiamo il *Tramonto* con, ad esempio, il paesaggio dipinto da Patinir qualche anno più tardi (pagina 143), comprendiamo subito quale fu l'impatto dell'opera del Giorgione sull'arte contemporanea. Malgrado la sua artificialità, questo dipinto ci invita a entrare nel suo paesaggio con l'immaginazione; l'assetto formale di piani cuneiformi, alternativamente chiari e scuri, mette in evidenza la continuità dello spazio che dal primo piano, attraverso il ben delineato piano intermedio, porta all'orizzonte azzurro. L'esile albero al centro, come la rupe e il fogliame sui due lati, allontana ancor più verso il fondo le cose lontane, separandole dalle cose vicine. Le morbide transizioni dall'ombra alla luce, i contorni e i riflessi sfuocati come da un velo di nebbiolina sottile, le figure isolate e misteriose, i mostri appena distinguibili, forse immaginari, la città alpina in lontananza, si fondono creando un senso di profonda, e tuttavia indefinibile, emozione, mentre 'il bagliore discende dall'aria ...' Questo spettrale verso di Thomas Nashe, autore inglese della fine del Cinquecento, appare appropriato, e non soltanto visivamente: esso è tratto, infatti, da una poesia intitolata *In tempi di pestilenza*.

Jan Gossaert, anche detto Mabuse   attivo nel 1503–morto nel 1532

Vecchi coniugi

Circa 1510–28. Olio su pergamena (?) montata su tavola, 46 x 67 cm

Avendo probabilmente svolto il proprio apprendistato a Bruges prima di diventare maestro ad Anversa nel 1503, Gossaert entrò al servizio di Filippo di Borgogna, poi vescovo di Utrecht, figlio illegittimo di Filippo il Buono. A quanto pare nel 1508 l'artista accompagnò Filippo, in missione presso il Vaticano, a Roma dove, forse primo tra gli artisti fiamminghi, compilò annotazioni dal vero sui monumenti dell'antichità. Il viaggio ebbe un impatto formidabile non soltanto sulla sua stessa opera, ma anche, più diffusamente, sull'arte dei Paesi Bassi. Sotto la spinta di Gossaert e di altri artisti 'romanisti', la nativa tradizione pittorica radicata nell'opera di van Eyck (pagina 44) e van der Weyden (pagina 95) fu rifiutata a favore dell'idioma rinascimentale italianizzante basato, in ultima analisi, sulla scultura antica greco-romana, sugli studi anatomici e sulla prospettiva matematica.

Il superbo dipinto pre-romanistico di Gossaert, l'*Adorazione dei Magi*, viene considerato nella pagina seguente. La pittura qui illustrata mostra il suo stile maturo, in questo caso composto in eguale misura di elementi italianizzanti e di naturalismo fiammingo. È l'unico doppio ritratto che si conosca dell'artista. A differenza di molti modelli di Gossaert, questi due anziani sembrano appartenere alla prospera borghesia anziché alla nobiltà. Rappresentati a mezzo busto contro un fondo verde scuro, essi sono illuminati vividamente dall'alto e da sinistra. La luce li unisce nel contesto dello spazio pittorico, rivelando l'ossatura dei visi e, allo stesso tempo, accentuando la diversità della loro carnagione e i cedimenti della pelle avvizzita.

Il medaglione sul cappello dell'uomo mostra due figure di nudi con una cornucopia, forse un commento ironico sulla condizione presente dei coniugi. E tuttavia, in un'epoca in cui la mancanza dei denti e le rughe erano oggetto di ridicolo, Gossaert conferisce alla coppia una straordinaria dignità stoica. L'uomo, più dinamico, stringe nella mano il collo di pelliccia e il pomo metallico di un bastone, e rivolge lo sguardo austero davanti a sé; la moglie, posta dietro di lui con le mani nascoste, gli occhi abbassati, non ha comunque un'aria meno risoluta. Il copricapo bianco si riflette sulle guance e sul mento della donna e getta un'ombra trasparente sulla sua fronte, attenuando i contrasti tonali sul volto del marito e dando anche a lei lo stesso aspetto di monumentale autorità.

Jan Gossaert, anche detto Mabuse   attivo nel 1504–morto nel 1532

Adorazione dei Magi

1500–15. Olio su tavola, 177 x 161 cm

Questa *Adorazione* è una delle più sontuose che siano mai state dipinte. Si ritiene che fosse la pala dell'altare della cappella di Nostra Signora in S. Adriano, a Grammont, dono di Joannes de Broeder, divenuto abate nel 1506; è probabile che il dipinto sia stato iniziato subito dopo e portato a termine prima della partenza di Gossaert per l'Italia. Ogni centimetro dell'enorme pannello è stato elaborato in stupefacente dettaglio, senza tuttavia compromettere la chiarezza dell'insieme, né la precisa focalizzazione del dipinto sul suo tema centrale.

Nell'edificio diroccato dell'Antico Patto, i re della terra con il loro seguito, pastori estasiati e i nove ordini celesti di angeli si radunano per adorare il neonato, seduto in grembo alla madre come su un trono. Gaspare ha portato in dono monete d'oro in un calice d'oro; il suo nome è inciso sul coperchio posato sopra l'orlo del lungo manto della Vergine accanto al suo copricapo e allo scettro d'oro. Baldassarre, che avanza sulla sinistra, è identificato dall'iscrizione che adorna la sua corona e sotto la quale l'artista ha apposto la propria firma. Il bordo del drappo con il quale Baldassarre, come un sacerdote all'altare, sorregge la sua preziosa offerta, è ricamato con le parole iniziali dell'inno alla Vergine, il *Salve Regina*: 'Salve Regina, madre di misericordia, vita, dolcezza…' Il secondo autografo dell'artista è incorporato nel gioiello al collo del cortigiano dalla pelle scura che appare

Adorazione dei Magi

dietro Baldassarre. Il terzo re, Melchiorre, attende sulla destra. Sul pendio della collina che si intravede alle spalle del suo seguito, l'angelo annuncia la nascita di Cristo ai pastori. Un po' in disparte, Giuseppe, in rosso e appoggiato a un bastone, fissa il Cielo. Pur attenendosi, nel complesso, ai modelli tradizionali dei Paesi Bassi, Gossaert dimostra la sua conoscenza dell'arte moderna, e non soltanto autoctona: il cane in primo piano sulla destra è copiato direttamente dalla celebre incisione della miracolosa conversione di Sant'Eustachio di Dürer, datata al 1500/1.

Due insoliti elementi iconografici sono la colomba dello Spirito Santo che discende dalla stella, divenuta il simbolo di Dio Padre – cosicché le tre persone della Trinità vengono incluse nell'Adorazione – e la Vergine che tiene in mano il calice donato da Gaspare. Gesù sembra offrire una delle monete d'oro. Dei tre doni che i Saggi d'Oriente hanno presentato al Bambino (Matteo 2:11) la mirra, più tardi usata per imbalsamare il corpo di Cristo, tradizionalmente simboleggiava il suo sacrificio; nell'Antico Testamento l'incenso puro viene indicato come l'aroma riservato al tabernacolo del Signore; l'oro era il tributo che i re pagavano al Re, sull'esempio di Salomone. Forse, tuttavia, il gesto del Bambino suggerisce un ulteriore significato. Il tributo regale sarà riscattato con il sangue – il vino eucaristico – attraverso l'infinita carità del Salvatore.

Benché il suo messaggio complessivo nell'ambito della storia cristiana sia chiaro, il dipinto di Gossaert invita a una lettura diligente. È forse l'ultimo grande esempio di quell'arte accuratissima dei Paesi Bassi che non si ritraeva di fronte all'impresa di disporre ai piedi della Vergine e di suo Figlio una minuziosa descrizione dei più pregiati manufatti: creazioni degli orafi, dei tessitori, dei pellicciai, dei ricamatori, dei sarti, dei cappellai e dei calzolai esibite sulla tavola pittorica grazie all'ingegnosa maestria dell'artista. A testimonianza della propria arte o in segno di devozione, il pittore ha forse incluso il proprio ritratto nella figurina che spia la scena da un cancelletto dietro il bue, alle spalle della Vergine.

El Greco 1541–1614

La cacciata dei mercanti dal tempio

Circa 1600. Olio su tela, 106 x 130 cm

Quando Domenikos Theotokopoulos lasciò Creta per Venezia intorno al 1558, oltre alla sua terra nativa egli abbandonò anche il proprio nome, e fu da allora in poi identificato come uno straniero. 'El Greco' fonde l'italiano 'il Greco' e l'equivalente spagnolo 'el Griego', l'appellativo con cui l'artista veniva chiamato a Toledo, dove si era stabilito nel 1577. Formatosi come pittore di icone nello stile bizantino, divenne allievo del Tiziano (pagina 158) a Venezia e fu influenzato anche dal Tintoretto e dal Bassano (pagine 155, 103). Dopo avere intrapreso un viaggio a Parma per studiare l'opera del Correggio e del Parmigianino (pagine 108, 141), egli trascorse alcuni anni a Roma, dove, malgrado la sua ammirazione per Michelangelo (pagina 133), si offerse di ridipingere il *Giudizio universale*, per eliminare gli 'indecorosi' nudi.

In Spagna la pittura del Greco non incontrò i favori del re Filippo II, e l'artista lavorò soprattutto per chiese e conventi. Dipinse numerose versioni di gran parte delle sue composizioni, compresa questa, spesso ulterioriormente moltiplicate dai suoi assistenti di bottega. Il soggetto di questo quadro, detto anche 'Purificazione del tempio', deriva dal Vangelo di San Matteo (21:12–14). Gesù entra nel tempio di Gerusalemme e scaccia i cambiavalute e i mercanti di colombe sacrificali, dicendo: 'La mia casa sarà chiamata casa di preghiera, ma voi ne avete fatto un covo di briganti.' Nel rilievo in pietra che appare tra le colonne a destra di Cristo, El Greco ha raffigurato l'episodio biblico della Cacciata di Adamo ed Eva dal Paradiso terrestre, e nel rilievo alla sua sinistra il Sacrificio di Isacco nel momento in cui l'angelo ferma la mano di Abramo che sta per uccidere il figlio diletto. La Cacciata dei progenitori dell'umanità sembra echeggiare la violenza del gesto di Cristo che brandisce la frusta con la mano destra, provocando scompiglio tra i mercanti su quel lato della pittura. La mano sinistra pacificamente distesa potrebbe essere interpretata come un segno di perdono verso le figure adiacenti, la cui posa suggerisce un atteggiamento di meditazione, remissività e contrizione. Poiché il Sacrificio di Isacco veniva considerato un prototipo della Crocifissione, queste figure potrebbero simboleggiare i peccatori penitenti salvati dalla Passione di Cristo.

El Greco ha adattato alcuni dettagli da incisioni basate sui maestri del Rinascimento italiano, e nell'insieme la scena si ispira a disegni di Michelangelo. Ciononostante, essa ha un possente carattere individuale. La figura allungata di Cristo è collocata al centro e isolata dalle altre dal rosso cremisi della sua veste, unica zona del dipinto in cui venga utilizzata questa tinta, oltre che dal profondo contrasto tra ombre e luci. Il movimento rotatorio delle figure intorno a lui, stimolato dal dinamismo del braccio e della striscia azzurra formata dal suo mantello, lo fa apparire come il perno di una ruota vista dall'alto come un'ellisse. Audaci azzurri e gialli frastagliati si combinano e ricombinano in svariati motivi e mescolanze contro un grigio pervasivo che, come ha rilevato la pittrice Bridget Riley, accomuna il colorito delle carni e la pietra dell'architettura.

Il solenne trattamento riservato dal Greco a questo tema, privo dei consueti elementi ornamentali di colombe e monete sparse, potrebbe essere indicativo del fatto che l'artista e i suoi committenti lo consideravano simbolico del contemporaneo movimento controriformistico, deciso a purificare la Chiesa e a epurarla dal Protestantesimo e dall'eresia.

Maarten van Heemskerck — 1498–1574

La Vergine e San Giovanni Evangelista, donatore e Santa Maria Maddalena

Circa 1540. Olio su tavola di quercia, ciascun pannello 123 x 46 cm

Nato nel villaggio olandese di Heemskerck dal quale prende nome, il pittore lavorò a Haarlem finché non partì per Roma, dove soggiornò dal 1532 al 1536. L'esperienza dello studio dell'arte antica e del Rinascimento italiano mutò profondamente il suo stile. Si dice che, commentando gli anni precedenti, egli abbia affermato: 'a quell'epoca non sapevo quel che facevo.'

La pulitura di questi due sportelli di una pala d'altare (il cui pannello centrale è andato perduto), all'epoca della loro acquisizione da parte della National Gallery nel 1986, ha confermato che essi sono stati dipinti successivamente al ritorno dell'artista dall'Italia. La cosa era d'altronde suggerita dalla foggia antica degli abiti, dei gioielli, delle acconciature e del vaso con l'unguento della Maddalena, dai profili classici dei due santi e dalla maniera tutta michelangiolesca in cui i corpi dei personaggi sacri si rivelano sotto le vesti attillate. Il donatore, d'altra parte, viene raffigurato in maniera assai più realistica, più vicina alla tradizione pittorica dei Paesi Bassi, sebbene anche in questo caso l'artista sia stato influenzato dalle tecniche italiane. Anziché dipingere laboriosamente sulla tavola ogni singolo

pelo della stola di pelliccia del religioso, Heemskerck ha lavorato sulla pittura ancora morbida con un pennello asciutto di setole o con qualche attrezzo simile a un pettine per dare alla superficie un convincente aspetto 'peloso'.

In altri punti, occasionalmente, l'artista ha utilizzato nella modellatura dei volumi tecniche tradizionali della pittura a olio dei Paesi Bassi, là dove ombre profonde sono prodotte dall'accumulazione di strati di pittura traslucida, ma egli si è basato fondamentalmente sul metodo italiano lavorando dall'oscurità verso la luce, aggiungendo del bianco al colore di base e usando puro bianco di piombo per le lumeggiature. A tale procedimento si devono, ad esempio, la trasparenza delle ombre sull'abito della Vergine, le notevoli variazioni tonali tra ombre e lumeggiature, e l'aspra transizione tra i toni. Insieme alla caratteristica gamma cromatica dell'artista dei rossi e dei rosa accesi appoggiati contro brillanti azzurri turchesi, questi elementi contribuiscono a determinare l'aspetto tutt'altro che naturalistico della pittura.

Le cornici, antiche ma non originali, mostrano i segni dei cardini che originariamente le collegavano a un pannello centrale. L'espressione afflitta della Vergine, sorretta da San Giovanni, potrebbe suggerire che questo rappresentasse la Crocifissione, ma le nubi dietro le figure erette dei santi hanno portato alla conclusione che la tavola perduta mostrasse Cristo come 'Ecce Homo', un'immagine devozionale che Heemskerck dipinse ripetutamente. Le facce posteriori dei due sportelli, visibili quando la pala veniva chiusa, sono assai danneggiate e raffigurano due santi vescovi non identificati, dipinti a monocromo, a imitazione di statue di pietra, sopra blasoni 'scolpiti'.

Hans Holbein il Giovane 1497/8–1543

Signora con scoiattolo e storno

Circa 1526–8. Olio su tavola di quercia, 56 x 39 cm

Holbein, il più giovane tra i grandi pittori, disegnatori e autori di stampe tedeschi del Cinquecento, è il membro più noto di una dinastia di artisti originari della città di Augsburg che annovera tra i suoi componenti il padre Hans Holbein il Vecchio, lo zio Sigmund e il Fratello Ambrosius. Ricevute solide basi dal padre negli stili e nelle tecniche nordici, Holbein ebbe un brillante debutto personale a Basilea nel 1515–16. L'influenza delle opere milanesi di Leonardo (si veda pagina 54) si evidenzia nella sua pittura a partire dal secondo decennio del secolo. Nel 1524 si recò in Francia, dove apprese la sua celebre tecnica del disegno 'a tre colori' nel ritratto, eseguito con inchiostro nero e gessetti di colore rosso e bianco. Raccomandato da Erasmo a Tommaso Moro, trascorse in Inghilterra gli anni tra il 1526 e il 1528. L'intenso sfondo azzurro con i sinuosi tralci di vite di questa figura femminile, non identificata, con il suo scoiattolo domestico, appare in altri ritratti dipinti dall'artista nello stesso periodo. Lasciando a Basilea la moglie e due figli, egli sarebbe tornato in Inghilterra nel 1532 per essere nominato pittore di corte nel 1536.

Se ci si può rammaricare constatando come l'iconoclastia protestante abbia fatto del versatile Holbein quasi esclusivamente un 'pittore di volti', ammirando i tre notevoli ritratti esposti nella Galleria non riesce difficile comprendere perché tanti personaggi eminenti facessero a gara per posare per lui. Coniugando il sobrio candore della tradizione nordica con la sottigliezza del gusto italianizzante, egli rende con discrezione tanto l'essenza interiore, quanto l'aspetto esteriore dei modelli; o almeno così ci fa credere. Ecco perché l'Enrico VIII di Holbein continua a rappresentare, generazione dopo generazione, l'immagine del sovrano.

Questo ritratto di donna con scoiattolo, alle cui spalle appare uno storno dal petto maculato – forse un indizio del nome del modello, o un blasone animato – è un esempio meravigliosamente ben conservato dell'arte di Holbein all'apice del suo potere evocativo. Questo dipinto potrebbe essere una tavola di una coppia raffigurante marito e moglie. La signora appare impassibile nella sua calda cuffia di pelliccia, e il suo sguardo elude quello dello spettatore. Grazie alla sua abilità, Holbein distingue meticolosamente la consistenza della pelliccia da quella dello scialle e della batista trasparente abbottonata sul collo e raccolta in un'increspatura intorno al polso. Lo scoiattolo è stato aggiunto solo in un secondo tempo sopra gli abiti del modello. Le mani, rielaborate per sorreggerlo, rappresentano una nota discordante: esse hanno, infatti, un aspetto maschile e forse sono state modellate su quelle di un assistente di bottega. Tuttavia, il piccolo animale dagli occhi brillanti risulta fondamentale nella lettura del ritratto. La sua coda folta, suggestivamente posata tra le morbide rotondità dei seni della signora, sembra alludere alla presenza di una natura sensuale sotto il reticente monocromo abito inglese.

Hans Holbein il Giovane 1497/8–1543

Jean de Dinteville e Georges de Selve ('Gli ambasciatori')

1533. Olio su tavola di quercia, 207 x 210 cm

Questo enorme pannello è uno dei primi ritratti a combinare due figure intere in scala naturale, e resta una delle opere più affascinanti della National Gallery. Omaggio ai due eruditi diplomatici e al virtuosismo dell'artista, il dipinto si rivela a un esame più ravvicinato anche un *memento* della brevità dell'esistenza e della vanità delle imprese umane. Se la vita è breve, sembra dire Holbein, l'arte sopravvive a lungo; ma l'eternità dura per sempre.

Sulla nostra sinistra appare Jean de Dinteville, nobile francese inviato a Londra come ambasciatore. Il globo sullo scaffale in basso mostra Polisy, dove si trovava il suo *château*; l'elaborato fodero del pugnale nella sua mano destra mostra che l'età del modello è di ventinove anni. Alla sua sinistra posa l'amico e connazionale Georges de Selve, la cui visita a Londra nel 1533 viene qui commemorata. Brillante classicista, qualche anno prima era stato nominato vescovo di Lavaur. Il libro sul quale egli poggia il gomito riporta la sua età: venticinque anni. Attraverso gli abiti, la posa e il portamento, i due amici esemplificano, rispettivamente, la vita attiva e quella contemplativa, che, unite, si completano.

Sul mobile tra le due figure, Holbein presenta il vasto orizzonte dei loro interessi, un compendio della cultura dell'epoca. Sullo scaffale più alto, sopra il tappeto 'turco' minutamente reso, sono poggiati un globo celeste e tutta una serie di strumenti astronomici e per la navigazione. La meridiana cilindrica reca la data dell'11 aprile; la meridiana poliedrica sulla destra indica due diverse ore del giorno. Sullo scaffale inferiore, davanti al globo terrestre, appare un libro tedesco di *Aritmetica per mercanti*, tenuto aperto da una riga a T. Un

Jean de Dinteville e Georges de Selve ('Gli ambasciatori')

liuto e una serie di flauti attestano tanto la maestria di Holbein nell'arte dello scorcio quanto gli interessi musicali dei modelli. Ma una corda del liuto è spezzata, tradizionale emblema di fragilità. Appena visibile nell'angolo superiore sinistro, al margine del drappeggio verde sontuosamente operato, si profila un crocifisso. Il libro di inni religiosi davanti al liuto è aperto sull'inno di Martin Lutero, 'Vieni, Spirito Santo, ispira le nostre anime'. La fede cristiana offre la speranza della vita eterna quando la polvere tornerà a essere polvere.

In primo piano, contro il pavimento a mosaico derivato dal lastricato medievale dell'Abbazia di Westminster, si distende tra le due figure una curiosa sagoma. Si tratta di un teschio, abilmente deformato in modo che le sue vere sembianze possano essere percepite soltanto dal corretto punto di vista, dai lati della tavola. Forse il dipinto era destinato alla decorazione di una parete sovrastante una scalinata, ciò che l'avrebbe reso osservabile durante l'ascesa o la discesa. Possibile riferimento a un emblema personale di Jean de Dinteville, sul cui berretto è appuntato un medaglione con l'immagine di un teschio, esso è anche un '*memento mori*', quintessenziale evocazione della mortalità. Nel contesto pittorico minuziosamente verosimile di Holbein, inoltre, questa distorsione avverte lo spettatore che la realtà percepita dai sensi rivela il suo pieno significato solo se osservata 'nella giusta prospettiva'. Un cenno di riconoscimento frontale all'apparenza terrena delle cose non è sufficiente.

Hans Holbein il Giovane — 1497/8–1543

Cristina di Danimarca, duchessa di Milano

1538. Olio su tavola di quercia, 179 x 83 cm

Questo dipinto, che raffigura la sedicenne Cristina di Danimarca, vedova del duca di Milano, è l'unico ritratto femminile a figura intera esistente dell'artista. Ne conosciamo con precisione l'origine e la data d'esecuzione, fatto piuttosto straordinario per un'opera di questo periodo. Figlia più giovane del re Cristiano II di Danimarca – precoce simpatizzante del luteranesimo che perse il trono nel 1523 – Cristina era stata educata nei Paesi Bassi presso le corti della sua prozia Margherita d'Austria, governatrice dei Paesi Bassi fino alla morte nel 1530, e di sua zia Maria d'Ungheria, succeduta a Margherita e sorella dell'imperatore Carlo V. Dopo la morte del marito nel 1535, Cristina ritornò a Bruxelles. Enrico VIII d'Inghilterra tentò, senza successo, di prenderla come sua quarta moglie in seguito alla morte di Jane Seymour. Il 12 marzo 1538 la duchessa accettò di posare per Holbein per tre ore, e l'inviato del re giudicò il risultato, uno o più disegni, 'assolutamente perfetto'. L'artista deve aver elaborato il ritratto a olio successivamente al suo rientro a Londra, e si dice che il re si fosse 'innamorato' di Cristina, che, naturalmente, non aveva mai incontrato se non attraverso l'arte di Holbein. È stato suggerito che la posa a volto intero, caratteristica anche degli altri ritratti delle possibili candidate al matrimonio con Enrico, sia stata scelta su precisa istruzione del sovrano, forse preoccupato che qualunque altra prospettiva potesse celargli eventuali imperfezioni.

La figura spicca nel suo isolamento contro lo sfondo uniforme, ma di tonalità brillante, spezzato solo dalle ombre, proiettate, oltre che dalla sagoma di Cristina, anche dalla cornice invisibile di una finestra esterna al dipinto. Poiché il nero abito da lutto è completamente disadorno, Holbein ne sottolinea la modellatura tridimensionale, ravvivandolo con i motivi creati dal riflesso della luce sulle pieghe dell'ampia sopraveste di seta. Non nota per la sua bellezza, Cristina era, comunque, assai apprezzata per l'eleganza delle sue mani, e in questa zona del dipinto Holbein suggerisce le diverse consistenze del lino, del velluto, della pelliccia, della pelle conciata, dell'oro e della pietra preziosa per poter mettere in risalto la delicata bellezza delle carni. Il sorriso appena accennato di Cristina appare al contempo schivo e confidenziale. Generazioni di ammiratori hanno condiviso l'infatuazione di Enrico per questo affascinante ritratto.

Lorenzo Lotto 1480 ca–1556/7

Il medico Giovanni Agostino della Torre e suo figlio Niccolò

1515. Olio su tela 84 x 68 cm

In vita pittore eccentrico e sottovalutato, Lotto resta un cliente difficile per lo storico dell'arte. Veneziano di nascita e influenzato da Giovanni Bellini (pagina 22), ma incapace o riluttante a competere col mondano Tiziano a Venezia (pagina 158), egli lavorò in diverse città dell'entroterra veneto e nelle Marche, trascorrendo gli anni dal 1513 al 1525 a Bergamo e i suoi più tardi anni come oblato della Santa Casa di Loreto. Nel 1508–9 si trovava a Roma, dove i documenti attestano il suo compenso per l'opera prestata negli appartamenti vaticani cui attendeva allora Raffaello (pagine 86, 146). Che cosa egli vi abbia dipinto resta un mistero, ma la reciproca influenza tra i due artisti è stata sempre riconosciuta.

Le simpatie del Lotto per la Riforma protestante sono forse state eccessivamente enfatizzate dalla critica più recente, ma dalle opere, dalle lettere e dal libro dei conti annotato con osservazioni personali che ci sono pervenuti, emerge chiaramente la sua profonda, seppure inquieta, fede cristiana, la sua sensibilità sia verso le forme di devozione popolari sia verso le più esoteriche correnti di misticismo che agitavano l'Italia settentrionale. Pittore intellettuale e carattere tormentato, egli sviluppò uno stile personale che lo differenziò dai suoi contemporanei veneziani, senza peraltro collocarlo nella sfera dell'arte lombarda. I suoi ritratti, tra i più vividi del Rinascimento, sono straordinariamente intensi nella loro resa dell'animo dei modelli e influenzarono i pittori bergamaschi più tardi. Troppo poche delle sue audaci, magnifiche e altamente liriche pale d'altare, che non si trovano sugli itinerari più frequentati, sono note al grande pubblico, sebbene una di esse abbia influenzato il primo dipinto d'altare monumentale che Rubens (pagina 235) eseguì a Mantova. Opere di carattere devozionale e numerosi ritratti sono dispersi in musei e gallerie di tutto il mondo.

Come molti dei ritratti di Lotto, questa immagine del medico sessantunenne Della Torre e di suo figlio identifica i modelli attraverso iscrizioni e oggetti inclusi nel dipinto. Il rotolo che il padre tiene in mano si riferisce a lui come all''Esculapio dei dottori': Esculapio era il dio greco-romano della medicina e della guarigione. Il tomo nell'altra mano è un'edizione di 'Galienus', Galeno, medico e anatomista greco del secondo secolo, la cui autorità perdurò per tutto il Rinascimento. Seduto direttamente di fronte – piuttosto che dietro – al suo tavolo, il medico si presenta schiettamente al nostro sguardo, con entrambe le braccia piegate in posizione simmetrica, la rigida verticalità della figura deviata soltanto dalla leggera inclinazione del capo. Ben rasato e cinereo in volto, egli indossa una semplice tunica grigia stretta in vita da una cinta di pelle. La rilegatura arancio-bruna del volume e il grosso anello d'oro al dito che, come la cinta, cattura l'occhio per la sua illusionistica tridimensionalità, sono le uniche note di colore presenti sulla sua figura. In essa si fondono reticenza e autorevolezza professionale; ben pochi ritratti sono così privi di adulazione, come se l'artista condividesse col medico lo stesso occhio clinico.

Il ritratto del figlio è stato probabilmente aggiunto più tardi, poiché guasta la struttura spaziale e cromatica del dipinto. Una lettera sul tavolo lo identifica come 'nobile bergamasco' e 'singolarissimo amico'. Di un colorito e di una personalità più vivaci, palesemente più massiccio e villoso del genitore, egli attrae una diversa intensità luminosa: i suoi occhi brillano di riflessi assenti nello sguardo paterno. Nel vederlo protendersi verso la superficie della tela, ci chiediamo se questa disarmonia sia del tutto involontaria, o non sia invece un commento sul rapporto tra padri e figli e sull'irreversibile passare del tempo.

Lorenzo Lotto   1480 ca–1556/7

Dama con disegno di Lucrezia

Circa 1530–3. Olio su tela, probabilmente trasferito da tavola, 96 x 110 cm

Nel 1530 Lotto lavorava nuovamente a Venezia e questo ritratto, più vistoso di quello del medico bergamasco illustrato nella scheda precedente, fu dipinto nella città lagunare. La dama indica un disegno di Lucrezia – presumibilmente anche il suo nome – la virtuosa matrona romana violentata da Sesto Tarquinio, figlio del re e congiunto del marito di lei. Incapace di sopportare il disonore, Lucrezia si pugnalò. La sua storia divenne uno dei soggetti preferiti dai poeti – tra i quali Shakespeare – e dagli artisti del Rinascimento. L'episodio combinava sesso e violenza con moralità e politica, dal momento che dal suicidio di Lucrezia ebbe origine la fondazione della repubblica romana. Nel caso non dovessimo cogliere il riferimento storico nella figura additata dalla dama (bella imitazione di un disegno a inchiostro acquerellato eseguita a olio), un'iscrizione latina su un foglio riporta una citazione dalla storia di Roma di Tito Livio (I,58): 'Invocando l'esempio di Lucrezia non sopravviverà donna impudica.'

   Non dobbiamo attribuire eccessiva importanza all'iscrizione latina; non è tanto una dama che protesta quanto un'ostentazione dell'artista. La violaciocca gialla sul tavolo allude a episodi mitologici di violenza carnale, ma la moderna Lucrezia porta un anello nuziale, e il ritratto potrebbe essere stato richiesto proprio in occasione del matrimonio. L'insolito formato orizzontale è, a quanto pare, un'invenzione del Lotto e del Savoldo (pagina 149) e concede alla ritrattistica la stessa versatilità degli altri generi pittorici. Talvolta Lotto inserisce un paesaggio dietro o a fianco della figura. Qui, l'ombra sulla parete indica che la finestra si trova nel nostro spazio, di fronte e a destra della tela. Lucrezia riempie lo spazio destinatole dal pittore con il suo energico gesto. La testa è in una posizione elevata al centro della pittura, ma, grazie al suo movimento, il corpo assume un aspetto asimmetrico, ulteriormente accentuato dalle imponenti maniche a sbuffo. L'abito sgargiante verde e arancione – forse antiquato e provinciale nel 1530 – il turbante di falsi ricci sul capo, il magnifico pendente d'oro con rubino e perla, le cui molteplici catene sono infilate nella scollatura del vestito; nessuno di questi elementi può competere nell'attrarre la nostra attenzione con le carni sode vividamente illuminate del suo *décolletage*, che una sciarpa sottile e trasparente sembra riluttante a coprire. Gli eventuali Tarquini faranno bene a stare in guardia quando *questa* Lucrezia proclama fedeltà al marito.

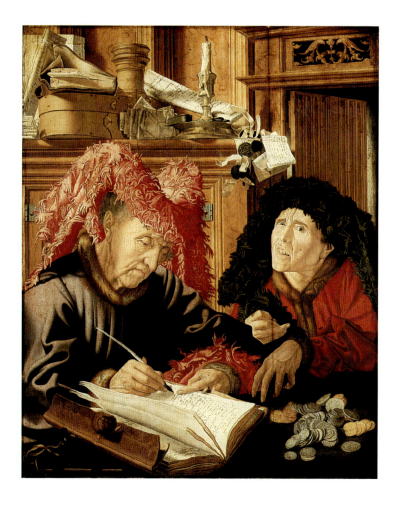

Marinus van Reymerswaele   attivo nel 1509?–morto dopo il 1567

Gli esattori

Probabilmente circa 1540. Olio su tavola di quercia, 92 x 74 cm

Reymerswaele era una piccola cittadina della Zelanda, nei Paesi Bassi. Marinus è noto per alcune composizioni a mezza figura, che egli stesso riprese con variazioni e che furono assai imitate da altri. Due o tre di esse, come gli *Esattori*, di cui questa è la variante più pregevole, avevano probabilmente un intento satirico e potrebbero derivare, attraverso Quentin Metsys (si veda oltre), dalle figure grottesche di Leonardo da Vinci (pagina 54). Tutti i suoi dipinti devono probabilmente una misura della loro intensità e della decisa linea ribelle alle incisioni di Dürer.

In base alle voci leggibili sul libro mastro compilato dall'uomo sulla sinistra, si deduce che egli sia un tesoriere locale, impegnato nella stesura di un resoconto delle entrate municipali provenienti dalle imposte sul vino, sulla birra, sul pesce, ecc. Vi si fa cenno a un 'visbrugge', un mercato del pesce sopra un ponte, e Reymerswaele fu uno dei primi centri ad averne uno. Dal documento sovrastante il capo dell'uomo sulla destra si riesce a decifrare 'Cornelis Danielsz. Schepenen in Rey...le'; e poiché una persona con questo nome è registrata a Reymerswaele nel 1524, questa entrata conferma l'intenzione calcolata di un riferimento alla località reale.

Anche alcune delle monete d'oro sul tavolo sono state identificate, tra le altre scudi d'oro francesi del re Francesco I e due grossi 'Joachimsthaler di Schlick' d'argento, coniati per la prima volta nel 1519 (e dunque indicativi del fatto che la data del dipinto può essere solo successiva a questa). È tuttavia improbabile che Marinus abbia rappresentato una scena reale. Il dipinto abbonda di curiose incongruenze: il recipiente con la sabbia usata per asciugare l'inchiostro, ad esempio, è posato sullo scaffale, anziché sul tavolo. Le figure, abbigliate in fantasiosi costumi arcaici e crudelmente caricaturali, non avrebbero potuto rappresentare veri funzionari del fisco. Il dipinto vuol essere probabilmente un attacco contro la cupidigia e forse l'estorsione, poiché anche allora quella professione era stimata su per giù come oggi.

Attribuito a Quentin Metsys 1465–1530

Vecchia grottesca

Circa 1525, Olio su tavola, 64 x 46 cm

Su chi nell'arte ricerchi la bellezza, questo quadro può avere un effetto traumatico. Perché mai si dovrebbe dipingere un simile obbrobrio, e come si potrebbe desiderare di vederlo appeso in casa propria? Si tratta del ritratto di una persona reale? Forse non lo sapremo mai con certezza, ma ciò che sappiamo è sorprendente quanto il dipinto stesso: esso riflette l'opera del grande maestro italiano Leonardo da Vinci (pagina 54). E tuttavia, viene attribuito a Quentin Metsys.

Pittore preminente ad Anversa nel 1510, Metsys fu in un primo momento attratto verso i primitivi modelli artistici dei Paesi Bassi, in particolare da Jan van Eyck, Robert Campin e Rogier van der Weyden (pagine 44, 31, 95). Forse in seguito a un viaggio in Alta Italia, egli venne a contatto con le opere di Leonardo, la cui maniera riportò con sé oltralpe. Ma pur avendo disegnato numerosi volti grotteschi, Leonardo non basò su di essi interi dipinti. La scelta di Metsys trova probabilmente una spiegazione nell'amicizia che egli aveva stretto ad Anversa con Erasmo, il più insigne umanista del Rinascimento nell'Europa settentrionale.

Questa *Vecchia grottesca* sembra una creatura del mondo satirico descritto da Erasmo nel suo *Elogio della pazzia*. È, in ogni caso, uno dei dipinti di Metsys, o basati su di lui, che affidano un messaggio morale a una forma di crudele comicità, un tipo di pittura praticato con grande zelo dai seguaci di Metsys della generazione successiva, primo tra tutti Marinus

van Reymerswaele (pagina 129). La vecchia avvizzita, la cui capigliatura spunta dalla tipica cuffia basso-tedesca, è inopportunamente agghindata con un abito di gusto italiano dall'ampia scollatura. Come i vecchi folli satireggiati da Erasmo, essa sembra ancora voler 'fare la spiritosa'. Il dipinto è correlato a un disegno basato su Leonardo, attualmente parte della Royal Collection di Windsor, sebbene alcuni particolari dell'abito non coincidano. Se l'originale leonardesco registrasse l'aspetto di un modello reale, o fosse frutto dell'immaginazione dell'artista, resta ignoto.

In un'epoca in cui gli artisti cercavano l'alleanza di scrittori e predicatori, l'immagine umoristica, al pari della scrittura umoristica, sarebbe stata percepita come un efficace strumento di persuasione a una maggiore saggezza. Ma gli effetti dell'immagine sono più ambigui di quelli della parola, e il riso è più soggetto ai condizionamenti culturali di quanto non siano il dolore o il timore. La *Vecchia grottesca* oggi ci appare più repellente che non buffa o persuasiva. Un artista moderno è riuscito, comunque, a trovarle un'ambientazione particolarmente felice, che ne fa rivivere, almeno in parte, lo spirito originario. Alla sua figura, più tardi incisa, si è infatti ispirato John Tenniel per le sue illustrazioni della brutta Duchessa di *Alice nel paese delle meraviglie*, pubblicato per la prima volta nel 1865.

Maestro di Delft   attivo all'inizio del Cinquecento

Scene dalla Passione

Circa 1500–10. Olio su tavola di quercia, pannello centrale 98 x 105 cm; sportelli 102 x 50 cm

Si ritiene che l'ignoto pittore di questa pala a sportelli abbia lavorato nella città olandese di Delft; nella torre visibile sullo sfondo a sinistra nel pannello centrale si riconosce quella della 'Chiesa nuova' di Delft, come essa appariva dopo il suo completamento nel 1496 e prima delle alterazioni apportate nel 1536. L'intero svolgimento della Passione di Cristo viene qui rappresentato. Episodi da tutti e quattri i Vangeli e dalla letteratura devozionale vengono mostrati quasi come davanti agli occhi di spettatori contemporanei di uno dei drammi liturgici itineranti del tempo. Proprio come sarebbe accaduto in una di queste rappresentazioni, molti dei costumi sono moderni, mentre altri, ad esempio quelli dei due bambini in primo piano nella tavola centrale, si ispirano fantasiosamente all'epoca greco-romana. La donna piangente più vicina a noi nell'angolo inferiore del pannello di sinistra porta un'acconciatura borgognona medievale. Un ritratto contemporaneo di un monaco tonsurato in abito bianco è stato incluso nel pannello centrale, alla destra della Vergine affranta. È il donatore della pala, che potrebbe anche aver suggerito la commissione; inginocchiato in preghiera, egli non presta attenzione agli eventi raffigurati, ma è assorto in meditazione.

    L'artista ha abilmente rappresentato lo svolgersi della storia, durante la quale i personaggi ricompaiono in episodi diversi, in un paesaggio spazioso, apparentemente unificato, combinando la narrazione con l'immagine statica del Cristo crocifisso, che ci rammenta la funzione sacramentale dell'altare dietro cui il trittico era originariamente collocato. Cristo è al centro del pannello centrale, e la sua figura, stagliata contro il cielo, è l'unica tra quelle dei tre uomini crocifissi a essere rappresentata di fronte.

    Il soggetto principale dello sportello di sinistra è la Presentazione di Cristo al popolo. Pilato è probabilmente la figura con lo scettro di canna all'estrema sinistra. Sullo sfondo, i due ladroni vengono condotti fuori dalla porta della città verso il Calvario. La processione, questa volta con Cristo che porta la croce, riappare sullo sfondo del pannello centrale. Sopra di essa, Giuda pende da un albero avvizzito (con il tempo la pittura è diventata traslucida, lasciando trasparire la roccia retrostante); alla sua destra ricompare la Vergine, sorretta da San Giovanni e da tre Pie Donne. Più indietro, sullo sfondo a destra, vediamo

Cristo inginocchiato nella Preghiera nell'Orto, e sotto di lui i soldati in marcia per arrestarlo. In primo piano, ai piedi della croce, Longino regge la lancia con cui trapasserà il fianco di Cristo, mentre Maria Maddalena piange. Pilato, ora a cavallo, osserva la Crocifissione.

Lo sportello destro è centrato sulla Deposizione. Cristo viene calato dalla croce per essere sepolto. Ancora una volta egli appare raffigurato in pieno volto, e ancora una volta siamo invitati a unirci al dolore della Vergine in primo piano. Questo ripetuto appello diretto sottolinea un fenomeno crescente nel corso del Quattrocento, tanto a nord quanto a sud delle Alpi: il proposito dell'artista di ottenere un responso emotivo dal credente.

Michelangelo 1475–1564
Deposizione nel sepolcro

Circa 1500–1. Olio su tavola di pioppo, 162 x 150 cm

Scultore, architetto, pittore e poeta, Michelangelo Buonarroti è da sempre considerato il genio supremo dell'arte cinquecentesca italiana. Sebbene le sue opere più importanti siano quelle eseguite a Roma per i papi, egli rappresenta l'apice della tradizione fiorentina centrata sul disegno e focalizzata sulla figura umana. Quello di 'disegno', inteso come il principio fondamentale dell'arte toscana – e della pratica accademica da Michelangelo in poi – è un concetto con notevoli implicazioni. Esso coinvolge l'intero processo della creazione artistica, considerata come un unico atto, che dall'iniziale impulso immaginativo, attraverso interminabili studi richiedenti discernimento e destrezza, conduce alla composizione finale. Perfezionato da Michelangelo, il disegno rappresenta una specie di sublime metodo risolutivo, e l'opera d'arte diventa la soluzione ideale, che armonizza le necessità spesso contrastanti della funzione, del luogo, del materiale e del soggetto, della verosimiglianza, dell'espressività e della bellezza formale, dell'unità e della varietà, della libertà e della regola, dell'invenzione e del rispetto per la tradizione. A proposito della volta della Cappella Sistina, Vasari scrive: 'E nel vero non curi più chi è pittore di vedere novità et invenzioni di attitudini, abbigliamenti addosso a figure, modi nuovi d'aria e terribilità di cose variamente dipinte, perché tutta quella perfezzione che si può dare a cosa che in tal magisterio si faccia a questa [Michelangelo] ha dato.'

I dipinti di Michelangelo su tavola sono assai rari. Il *Tondo Doni* (ora agli Uffizi), un dipinto circolare meticolosamente rifinito raffigurante la Sacra Famiglia, è l'unica opera del genere documentata. Molti studiosi, tuttavia, sono oggi convinti che l'intensa *Deposizione nel sepolcro* della National Gallery sia la pala d'altare che sappiamo essere stata iniziata da Michelangelo nel settembre del 1500 per una cappella funeraria nella chiesa romana di Sant'Agostino e poi abbandonata alla partenza del pittore per Firenze nella primavera del 1501. A quest'epoca il giovane artista non aveva alcuna esperienza di pittura su questa scala, e affrontò l'impresa con commovente originalità. Il tema del sollevamento del corpo di Cristo, che precede il trasporto al sepolcro, si combina con il motivo della presentazione del Cristo morto allo spettatore come spunto di meditazione. La composizione era stata risolta in ogni sua parte anteriormente all'esecuzione pittorica, lo sfondo paesaggistico inserito intorno alle figure collocate come blocchi statuari. Il profilo

Deposizione nel sepolcro

della sagoma bianca del sepolcro e delle figurine circostanti è stato, comunque, rinforzato scalfendo o respingendo la pittura bruna ancora fresca delle rocce, tecnica di uno scultore avvezzo al levare anziché all'apporre materia. La tinta verdognola del corpo di Cristo era tradizionale nella rappresentazione dei cadaveri, sebbene qui non sia stato utilizzato alcun pigmento verde. Questa zona del dipinto è pressoché completa; e tuttavia anche a uno stadio così avanzato del lavoro, Michelangelo omette le ferite sulle mani, sui piedi e sul costato di Cristo.

Cristo è soretto, alla sua destra, da San Giovanni Evangelista nella canonica veste rossa (si veda, ad esempio, pagina 76); l'altra figura che lo sostiene non può essere identificata. La sua veste doveva essere di un verde intenso, ma a causa degli effetti del tempo e della presenza di resinati di rame nella vernice finale essa ha assunto una colorazione bruna. Un disegno del modello nudo (ora al Louvre) della figura inginocchiata ai piedi di San Giovanni, probabilmente una delle tre Marie, la rappresenta in meditazione sulla corona di spine e sui chiodi della Crocifissione. La figura mancante sulla destra avrebbe dovuto rappresentare la Vergine Maria che piange il Figlio morto. Non si può escludere che questa zona sia rimasta completamente incompiuta perché il manto della Vergine avrebbe richiesto l'uso di azzurro oltremare ricavato dal lapislazzulo, pietra che doveva essere importata. Forse Michelangelo attendeva l'arrivo di questo raro e costoso pigmento quando fu richiamato a Firenze.

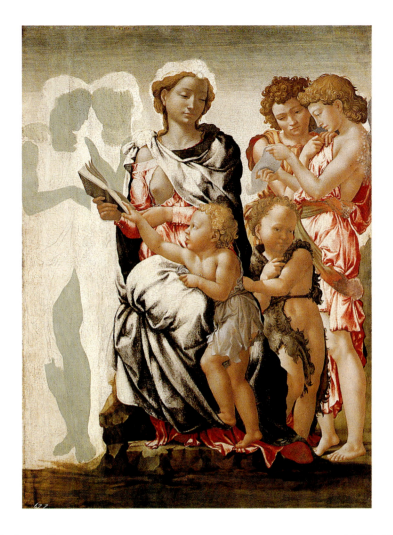

Michelangelo 1475–1564

Madonna col Bambino, San Giovannino e angeli ('Madonna di Manchester')

Metà del nono decennio del Quattrocento. Tempera a uovo, con aggiunta di olio, su tavola di pioppo, 105 x 76 cm

Questa tavola, documentata solo dal 1700, è quasi certamente una pittura devozionale del giovane Michelangelo. Il titolo, la *Madonna di Manchester*, le deriva dall'essere stata inclusa nella spettacolare mostra di *Art Treasures* tenutasi a Manchester nel 1857. A differenza della *Deposizione nel sepolcro*, eseguita poco più tardi, essa è stata dipinta primariamente con tempera a uovo. Michelangelo ha usato un tratteggio di minute pennellate per creare l'effetto di una superficie liscia come alabastro, come nei corpi del Cristo infante e del piccolo Giovanni Battista. La modellatura nera del manto della Vergine non ha mai ricevuto il suo strato azzurro finale, e l'incarnato degli angeli incompiuti alla destra della Vergine è dato soltanto dalla tradizionale sottopittura in terra verde, ciò che ci consente di apprezzare la straordinaria maestria grafica di Michelangelo: la nostra percezione delle figure come dotate di peso e volume dipende, infatti, interamente dai loro contorni. Esse contemplano il libro in mano alla Vergine, mentre gli altri angeli adolescenti esaminano un rotolo forse dato loro da San Giovannino. Il Cristo infante, avendo smesso di succhiare il latte materno, è sceso dal grembo della madre, probabilmente per poter osservare meglio il suo libro. Forse la Vergine sta leggendo la profezia dell'Antico Testamento sul suo ruolo nella storia della Salvezza, 'Ecco, una vergine concepirà e darà alla luce un figlio...' (Isaia 7:14); il rotolo del Battista normalmente predice il futuro sacrificio di Cristo, 'Ecco l'Agnello di Dio, colui che toglie il peccato dal mondo' (Giovanni 1:29).

È insolito, per quest'epoca così avanzata, mostrare Maria con il seno scoperto. Anche la più antica opera nota di Michelangelo, il rilievo marmoreo della *Madonna della scala* (ora a Casa Buonarroti, a Firenze), riprendeva il motivo medievale della Vergine che allatta il Bambino, ma non esiste alcun esatto precedente di questa scena. In un'epoca in cui le signore facoltose ricorrevano alle nutrici, tuttavia, si conferiva grande importanza al fatto che Gesù fosse stato nutrito col latte della Vergine, che era considerato simbolicamente il nutrimento dell'anima cristiana. Identificata nell'Oriente cristiano con Sofia, la Divina Sapienza, la Vergine veniva rappresentata nell'atto di allattare gli apostoli Pietro e Paolo. I suoi seni scoperti erano diventati anche un simbolo dell'intercessione di Maria a favore dell'umanità, per analogia con il drammatico gesto compiuto dalla regina troiana Ecuba nell'*Iliade* omerica, quando essa implora lo sventurato figlio Ettore di non combattere con Achille. Allo stesso modo Maria viene talvolta raffigurata nell'atto di scoprirsi il seno nel Giudizio Universale. Esisteva una pletora di leggende sui poteri curativi del suo latte. In questa pittura, che mostra la Vergine con un seno ancora scoperto mentre osserva pensierosa il Figlio, tutte queste associazioni appaiono pertinenti. Sul suo piedistallo roccioso, Maria appare come Regina degli Angeli e Madre di Dio, come Vergine Sapientissima, come nutrice, mediatrice e guaritrice.

La figurazione esclude ogni elemento estraneo. Nei suoi ritmi austeri – con le teste in profilo degli angeli laterali che cingono i volti interi degli angeli e della Vergine all'interno, gli infanti rappresentati come un'unica figura che ruota intorno al proprio asse, l'alternarsi degli arti inferiori con i drappeggi, delle teste con gli spazi vuoti – essa appare più simile a un rilievo che a una pittura, intensa anticipazione di una lunga serie di opere di Michelangelo, in pietra, incompiute.

Moretto da Brescia   1498 ca–1554
Ritratto di gentiluomo

1526. Olio su tela, 201 x 92 cm

Brescia, antica città all'estremità meridionale delle pendici alpine, aveva fatto parte del Ducato di Milano e successivamente, dal 1426, era stata governata dalla più liberale Repubblica di Venezia. Occupata dai francesi nel 1509, nel 1512 si era ribellata ed era stata nuovamente sottomessa e saccheggiata, ritornando sotto Venezia soltanto nel 1516. Alessandro Bonvicino detto il Moretto, di natali bresciani, avrà certamente – come l'ignoto gentiluomo di questo ritratto – vissuto questi eventi sanguinosi. Insieme al Savoldo (pagina 149), al Romanino (anch'egli rappresentato alla National Gallery ma non incluso in questa guida) e, per un certo periodo, al suo allievo Moroni (pagina 138), il Moretto fu uno dei pittori di primo piano della città, noto soprattutto per le sue pitture religiose. Eseguite per clienti perlopiù legati alla Controriforma, esse si distinguono per il loro limpido ed esplicito contenuto dottrinale e per il potere ipnotico del loro realismo, che sovente si esprime attraverso ambientazioni quotidiane e modelli dei ceti sociali più bassi, oltre che mediante una minuziosa resa del dettaglio superficiale. Alcune delle sue immagini devozionali sono strazianti nella loro descrizione degli effetti fisici ed emozionali dei supplizi di Cristo; una versione lombarda di quell'inflessibile realismo tedesco inteso a evocare il massimo coinvolgimento psicologico dello spettatore.

Quest'opera appartiene a un genere assai diverso, trattandosi di uno dei relativamente rari ritratti aristocratici del Moretto. Sebbene influenzata dalla pittura tedesca nella sua

precoce adozione del modello a figura intera a grandezza naturale reso celebre da Cranach (pagina 111), e fatto proprio da Holbein (pagina 125), essa è più improntata all'arte veneziana. Sembra che il Moretto avesse studiato col Tiziano (pagina 158), ed è assai probabile che egli conoscesse le poetiche opere del Giorgione (pagina 115). Di certo gli era nota anche la fama del Lotto (pagina 126), che lavorò per un breve periodo nella vicina Bergamo. Il dipinto deve qualcosa a ciascuno di questi artisti, in particolare nell'espressione melanconica del modello che guarda distrattamente oltre il loggiato marmoreo di una villa rinascimentale. Potrebbe trattarsi di un membro della famiglia bresciana degli Avogadro, dato che il ritratto proviene dal palazzo di suoi diretti discendenti. Ricerche genealogiche sembrerebbero poterlo identificare in Gerolamo II Avogadro, il padre del 'Cavaliere dal piede ferito' del Moroni (pagina 140).

Benché alleata di Venezia, l'aristocrazia bresciana aderiva agli ideali dei suoi nemici politici, e specificamente al sogno di una cristianità unita sotto il governo del Sacro Imperatore Romano (che era anche monarca elettivo dei principati tedeschi). Nell'aspetto, il modello imita lo stile militare dei mercenari imperiali svizzeri e dei soldati tedeschi: capelli corti, barba, il copricapo sormontato dalla berretta rossa di lana bresciana, il cui uso era stato reso obbligatorio come misura protezionistica della manifattura locale. Come gli altri notabili dell'Europa sottomessa alla dominazione spagnola nel primo Cinquecento, egli porta pantaloni al ginocchio a sbuffo e un giubbino, entrambi con spacchi ornamentali.

Il mantello corto amplia la sagoma del gentiluomo dandole corpo, portandola a debordare dai contorni della pittura; le calzature hanno la punta larga. (Quando Moroni dipinse il 'Cavaliere dal piede ferito', una trentina d'anni più tardi, la moda favoriva una forma più lunga e affusolata.) Egli si appoggia contro una colonna che, per la prima volta in un ritratto secolare, appare nel suo tradizionale ruolo di simbolo di forza d'animo. L'effetto è notevole, curioso, e, mi capita a volte di pensare, vagamente comico: un gentiluomo incerto se vuol esser sgherro o poeta.

Giovan Battista Moroni 1520/4–1578

Ritratto di uomo ('Il sarto')

Circa 1570. Olio su tela, 98 x 75 cm

Artista particolarmente stimato dai collezionisti inglesi e magnificamente rappresentato alla National Gallery, Moroni nacque ad Albino, ai piedi delle Alpi. Le vicine Brescia – città natale del suo maestro Moretto (pagina 136) – e Bergamo, dove Moroni operò dal 1554, erano situate in una regione limitrofa tra Milano e Venezia, l'Italia centrale e la Germania meridionale. Incontriamo Moroni per la prima volta nel 1546 a Trento, impegnato nell'esecuzione di alcune pale d'altare durante la sessione iniziale del Concilio convocato nella città per sanare e riformare la Chiesa. Alla chiusura del Concilio di Trento nel 1563, lo scisma tra cattolici e protestanti era ormai ufficiale. Il Moretto, profondamente sensibile alle ingiunzioni del Concilio, seguì le prescrizioni di ortodossia dottrinale, di chiarezza e di realismo nell'arte religiosa. Per tutta la vita, Moroni modellò la sua pittura di carattere religioso su quella del Moretto. Ma il suo vero talento era altrove, e oggi lo apprezziamo in qualità di specialista del ritratto.

Come già il Moretto nei suoi ritratti di nobili bresciani ideologicamente vicini al Sacro Romano Impero e Tiziano nei ritratti dell'imperatore e di altri modelli, Moroni ricorre nella ritrattistica del primo periodo al formato a figura intera e a grandezza naturale. Nel settimo decennio del secolo il ritratto era diventato di moda non soltanto tra gli aristocratici, ma anche nelle classi delle professioni; ciononostante, questa sobria e benevola raffigurazione di un sarto al lavoro resta unica. Si ritiene che l'artista potrebbe aver eseguito il quadro in cambio di un servigio – forse un abito di quell'elegante stoffa spagnola nera mostrataci dal sarto. Dal canto suo il sarto, pur portando una gorgiera spagnola, è abbigliato più semplicemente in rosso e beige.

Il realismo del dipinto, molto equilibrato nella descrizione degli oggetti, dei dettagli dell'abito, della fisionomia e dell'espressione del modello, non dovrebbe oscurarne la meditata struttura geometrica. Il formato a tre quarti della figura si giustifica con la presenza del tavolo. Questo non crea, come solitamente accade, una barriera tra modello e spettatore ma, al contrario, grazie alla sua angolazione rispetto al piano della pittura e alla naturalezza con cui il sarto può soffermarsi per rivolgersi all'osservatore prima di cominciare a tagliare il tessuto, esso stabilisce tra le due parti un legame confidenziale. Se dividessimo il quadro in due parti uguali con un'immaginaria linea verticale, scopriremmo che essa coincide con quella, definita dall'abito, che taglia esattamente a metà anche il corpo del sarto, sfiorando appena, mentre egli solleva il capo per guardarci negli occhi, l'angolo esterno del suo occhio destro. Con il suo riverbero luminoso, che attrae la nostra attenzione, quest'occhio diventa il punto focale espressivo del dipinto. Moroni utilizza con sottile abilità la geometria figurativa per rafforzare il senso di una condivisa umanità; in questo caso, con un modesto sarto. Come osservò un ammiratore seicentesco del ritratto, l'artista riesce a farlo parlare con maggiore eloquenza di un avvocato.

Giovan Battista Moroni 1520/4–1578

Ritratto di gentiluomo ('Cavaliere dal piede ferito')

Fine del quinto decennio del Cinquecento. Olio su tela, 202 x 106 cm

Il soggetto di questo conturbante ritratto è probabilmente il figlio del gentiluomo bresciano dipinto dal Moretto nel 1526 (pagina 137). Che si trattasse di un soldato si arguisce dai lucenti pezzi di un'armatura di piastre (di manifattura locale) deposti ai suoi piedi e dal suo abbbigliamento, costituito da un giubbotto in pelle, maglia di ferro, sottogiubbotto di raso nero e collo di lino bianco della camicia sottostante. (La lunga spada, più che un'arma militare, è un simbolo di nobiltà.) Le gambe sono avvolte in braghette al ginocchio e calze nere; il sostegno al piede serve a correggere la debolezza dei muscoli della caviglia sinistra, una condizione causata da una malattia o da una ferita ricevuta. Il soprannome 'Cavaliere dal piede ferito' si riferisce a questo. Ben fermo sulle gambe divaricate, egli si appoggia appena a un magnifico elmo da torneo ornato di pennacchio di piume di struzzo e sormontato da un disco rosso, inciso con il sole raggiato dal volto umano, dal quale spunta una rara e costosa penna di falco pescatore. Meno stravaganti piume di struzzo adornano il suo berretto di velluto nero.

Come molti dei modelli di Moroni, la figura del cavaliere si staglia su uno sfondo ravvicinato e chiaro di marmo e di pietra, in parte diroccata, alla quale si attacca dell'edera, emblema di fedeltà, e dalla quale spuntano giovani piante. Lo sfondo copre diverse funzioni: esso giustifica la presenza della luce dall'esterno e allo stesso tempo trattiene la nostra

Ritratto di gentiluomo ('Cavaliere dal piede ferito')

attenzione dallo spaziare verso un paesaggio distante; fa risaltare la sagoma snella del modello con la sua complessa linea di contorno; la sua tonalità neutra combina e riprende gli intensi colori dell'abito e dell'elmo, mentre l'opacità della superficie mette in rilievo le diverse qualità di consistenza sia dell'abbigliamento che dell'armatura, dell'incarnato e della barba; fornisce una griglia geometrica all'interno della quale la figura è saldamente ancorata; procura un piano d'appoggio per l'elmo e offre una posizione per il braccio sinistro del modello, motivando il gesto di elegante negligenza della mano. Infine, l'architettura erosa suggerisce l'idea di paziente tenacia, metafora dello stesso cavaliere.

Il modo impietoso in cui Moroni raffigura il piede menomato è stato da alcuni conesso con i precetti del Concilio di Trento, che aveva esortato a un maggiore realismo nell'arte religiosa. È, tuttavia, più plausibile percepire ideali conciliari dietro la nostalgica iconografia neo-feudale del ritratto. Il culto della cavalleria cui esso allude era diffuso – a Brescia e a Bergamo come altrove – tra i sostenitori internazionalistici dell'imperatore Carlo V, la cui idea di una cristianità unificata per prima ispirò la convocazione di un concilio generale della chiesa. L'altera melanconia del Cavaliere dal piede ferito, come il drappo nero tagliato dal più modesto sarto di Moroni (pagina 138), richiama anche i modi austeri che divennero di moda nelle regioni europee soggette all'influenza spagnola.

Parmigianino 1503–1540

Madonna col Bambino con i santi Giovanni Battista e Girolamo

1526–7. Olio su tavola di pioppo, 343 x 149 cm

Come il Correggio (pagina 108), pittore che ebbe la maggiore influenza sulla sua opera giovanile, il Parmigianino deriva il proprio nome dal luogo di nascita: la città di Parma. Il suo vero nome era Girolamo Francesco Maria Mazzola.

Straordinariamente precoce, il giovane Parmigianino, allevato, dopo la prematura morte del padre, da due zii pittori, decise di partire per Roma. Tra i saggi della sua bravura che egli presentò a papa Clemente VIII nel 1524 figurava uno stupefacente autoritratto, ora al Kunsthistorisches Museum di Vienna, che registra la sua immagine in uno specchio convesso da barbiere. A Roma, afferma Vasari, egli studiò le opere antiche e moderne, mostrando una particolare venerazione per quelle di Michelangelo e Raffaello (pagine 133, 86); 'e si diceva pubblicamente in Roma,' prosegue il Vasari, 'lo spirito di Raffaello [che era morto nel 1520] esser passato nel corpo di Francesco...'

La triplice eredità artistica del Parmigianino si manifesta chiaramente in questa pala d'altare, l'opera più monumentale che egli abbia eseguito a Roma, sebbene essa fosse stata commissionata da Maria Bufalina, probabilmente per la sua parrocchia a Città di Castello, dove più tardi fu trasportata. I progetti del pontefice di impiegare il giovane prodigio naufragarono con il terribile Sacco di Roma da parte delle truppe imperiali. Secondo Vasari, il Parmigianino era 'sì intento alla frenesia del lavorare', che quando i soldati tedeschi irruppero nella sua stanza, 'stupiti di quella opera che faceva, lo lasciarono seguitare'. La 'frenesia' del Parmigianino era, comunque, il frutto di moltissimi disegni preliminari sia dell'intera composizione, sia di singole figure. L'effetto del dipinto sarebbe stato ancora più possente nella sua progettata ubicazione originaria, in relazione alla quale il pittore deve aver ricevuto precise istruzioni. Queste avrebbero specificato non soltanto il formato insolitamente allungato dell'opera, ma anche la provenienza della luce naturale da un'alta finestra a destra dell'altare. Secondo la tradizione italiana, il Parmigianino ne riproduce gli effetti dipingendo la luce, cosicché nell'oscuro interno di una chiesa il braccio destro del Battista sarebbe parso non soltanto curvo verso l'alto a indicare il Cristo infante, ma anche proteso verso l'esterno, fuori del dipinto, in piena luce, e il suo piede sinistro avrebbe dato l'impressione di sporgere dalla tavola pittorica. Ancora più arditamente, il Bambino, più in alto e più indietro di San Giovanni, dal grembo della madre emerge verso la superficie della pittura sporgendo con monelleria il suo piede sinistro nel nostro spazio.

Una seconda miracolosa illuminazione 'veste' la Vergine 'di sole' come la Donna nell'Apocalisse (12:1), sotto i cui piedi appariva anche la luna, e si riflette sulla croce di canne, sulla spalla sinistra e sul piede del Battista, oltre che su San Girolamo, il quale, esausto per le sue veglie, giace a terra nel deserto, audacemente raffigurato di scorcio. Il titolo attribuito al dipinto nell'Ottocento, la 'Visione di San Girolamo', trae origine da questa sua posa. Ma la pala non illustra tale episodio. Di fronte al problema compositivo dell'inclusione di due santi ai lati della Vergine nel pannello alto ma molto stretto, l'artista – dopo molti tentativi infelici – si risolse a lasciarsi ispirare dal Correggio una soluzione dinamica basata su figure posate obliquamente in uno spazio profondo. La *Madonna di Foligno* di Raffaello, allora sull'altar maggiore di Santa Maria in Aracoeli a Roma (ora in Vaticano), avrebbe suggerito la divisione verticale del dipinto in due parti, il gesto di San Giovanni e il cielo aperto. I tipi e la posa della Vergine e del Bambino derivano da Michelangelo, pur temperati da una grazia raffaellesca. Ma la tempestosa teatralità dell'insieme è tutta del Parmigianino.

Attribuito a Joachim Patinir attivo dal 1515 fino al 1524 ca

San Girolamo in un paesaggio roccioso

1515–24? Olio su tavola di quercia, 36 x 34 cm

Patinir giunse ad Anversa, dove nel 1515 risulta iscritto alla gilda dei pittori, da una cittadina situata nella valle della Mosa. I suoi paesaggi furono apprezzati dal grande artista tedesco Dürer, che presenziò alle seconde nozze dell'artista nel corso di un viaggio nei Paesi Bassi.

Durante la sua breve e mal documentata carriera, Patinir divenne il primo specialista del paesaggio dell'era moderna. Dall'alto Medioevo, nessun pittore si era dedicato esclusivamente al paesaggio, e persino nell'antichità nessuno aveva fatto ciò che Patinir si accingeva a fare: dipingere panorami osservati dall'alto, come da un uccello o dall'occhio di Dio. Le proporzioni umane – responsabili dell'impressione che questi quadretti abbraccino immense vedute – vengono stabilite da minuscole figurine di santi eremiti, di una Sacra Famiglia in fuga verso l'Egitto, o di un Cristo cui viene impartito il battesimo.

Le pitture ascrivibili con certezza alla mano di Patinir sono pochissime – anche questa gli è stata soltanto attribuita – ma numerosissimi sono stati i suoi seguaci e imitatori. In un'epoca in cui la marineria, e la scienza correlata della cartografia, aprivano il globo all'esplorazione, Patinir apriva la strada a nuovi modi dell'immaginazione.

San Girolamo, seduto sotto uno spiovente vicino a un arco roccioso naturale, estrae la spina dalla zampa del suo leone. Il nostro sguardo è attratto da una cittadina di collina (più precisamente un complesso conventuale), per poi spaziare verso valli, boschi, montagne, fortezze, fattorie, campi, il mare, l'alto orizzonte, il cielo; zone d'ombra e di luce si alternano in rapida successione, talvolta compenetrandosi. Come in molte delle pitture di Patinir, i solidi volumi delle guglie sono affiancati da aerei corridoi che si affacciano su spazi lontani (la tavola è stata tagliata sul lato destro, restringendo la veduta aperta sull'orizzonte). Il senso della recessione spaziale viene rafforzato da uno schema cromatico che possiamo ancora identificare nei paesaggi panoramici di Rubens (pagina 237): un bruno predominante in primo piano cede al verde nel secondo, che volge all'azzurro sullo sfondo. Ma Patinir è pittore troppo valente per suddividere la tavola in fasce di colore distinte; e dunque, ad esempio, la tunica di Girolamo trasporta l'azzurro del mare verso il basso e il primo piano del dipinto.

Sul plateau dietro Girolamo si svolge intanto la storia del leone così come narrata nel compendio duecentesco di racconti miracolosi, la *Legenda aurea*. Incaricato di sorvegliare l'asino del monastero, il leone si addormentò. L'asino fu rubato da alcuni mercanti di passaggio con una carovana e il leone fu accusato di averlo mangiato. Quando i mercanti ritornarono nuovamente, il leone riconobbe l'asino e lo condusse, insieme ai cammelli e al bagaglio, fino al monastero, dove i ladri si inginocchiarono davanti all'abate per chiedere perdono. Scoprire che l'epica grandiosità del paesaggio rupestre che fa da cornice all'episodio è probabilmente frutto dello studio di pietre portate nella bottega del pittore non fa che acuire il piacere del nostro 'viaggio di scoperta'; è come se il Creatore del mondo si rivelasse non essere altri che un bambino che gioca con il suo giardino in miniatura.

Jacopo Pontormo 1494–1557

Giuseppe con Giacobbe in Egitto

1518? Olio su tavola, 96 x 109 cm

Lo strano e ritroso Jacopo Carrucci di Pontorme, località non lontana da Firenze, non fu un artista ribelle quanto potrebbe apparire da questa pittura. Il suo stile è una logica *summa* della tradizione fiorentina, e assimila gli ultimi sviluppi dell'arte michelangiolesca (pagina 133) come pure l'interesse di Andrea del Sarto (pagina 47) per le stampe dell'Europa settentrionale. (Il passaggio a timpano sullo sfondo è derivato proprio da una di queste esotiche importazioni: un'incisione di Lucas van Leyden datata 1510.) Il dipinto non è 'antinaturalistico' ma piuttosto 'non-naturalistico'; esso appartiene alla tradizione della pittura d'arredo: non è la finestra aperta sul mondo delle monumentali pitture di storia, ma combina in sé una funzione decorativa superficiale e un aspetto narrativo, interpretato, come accade nei fumetti, attraverso una sequenza di scene. In origine la tavola faceva parte di un celebre schema di arredi per una camera da letto – pannelli dipinti da inserire nella parete, un letto matrimoniale, sedie e cassapanche – illustrante la storia di Giuseppe dalla Genesi, il primo libro dell'Antico Testamento.

Quattro artisti fiorentini, Andrea del Sarto, Granacci, Pontormo e Bacchiacca, collaborarono al progetto. La National Gallery possiede due dei pannelli del Bacchiacca e i quattro del Pontormo; altri elementi del complesso si trovano in gallerie a Firenze, Roma e Berlino. La decorazione era stata commissionata da Salvi Borgherini in occasione delle nozze di suo figlio Pierfrancesco (probabilmente il donatore della *Madonna col Bambino* di Sebastiano del Piombo, pagina 152) e Margherita Acciaiuoli nel 1515.

La storia di Giuseppe era di moda all'epoca nella decorazione degli arredi, e appare particolarmente adatta a Pierfrancesco Borgherini, banchiere 'pendolare' tra Firenze a Roma. Il successo commerciale ottenuto da Giuseppe in terra straniera, la sua generosità, la sua clemenza e il suo senso della famiglia, erano appropriate qualità esemplari. Le sue doti di

interprete dei sogni rendevano, inoltre, la storia di Giuseppe indicata per una camera da letto, come anche i temi più seri dell'adulterio, della castità e della fecondità del matrimonio. Persino il tema del mantello multicolore si prestava alla decorazione di una stanza nella quale gli abiti venivano conservati in cassoni dipinti. Infine, Giuseppe era considerato come un precursore di Cristo, il Salvatore del mondo, che dominava sulla camera da un dipinto circolare, raffigurante la Trinità, di Granacci.

Tutti i pannelli del Pontormo risaltano per la straordinaria bellezza del colorito e della composizione, ma questo, più ampio degli altri, l'ultimo a essere eseguito e forse commissionato in seguito a un ripensamento, ha sempre suscitato particolare ammirazione. Giuseppe – abbigliato con una tunica bruno-dorata, un mantello color lavanda e un copricapo rosso – appare quattro volte. In primo piano sulla destra, come governatore dell'Egitto, egli siede sul 'secondo carro' del faraone e ascolta una petizione dal portavoce delle vittime della carestia che si vedono sullo sfondo (si veda il dettaglio a pagina 98). Sulla sinistra, egli presenta il vecchio padre al faraone; l'anziana donna potrebbe essere Lea, la prima moglie di Giacobbe allora ancora in vita, che nella Bibbia non è menzionata in questo episodio. Riappare poi sulla curva della scala con uno dei suoi figli, mentre l'altro, ormai in cima, viene accolto da una donna. Nella camera da letto circolare, Giuseppe presenta i suoi figli affiché ricevano la benedizione di Giacobbe morente, una scena controbilanciata in diagonale dalla presentazione dei genitori al faraone. Vasari ci informa che il ragazzo in abiti moderni seduto in primo piano con una sporta in mano è l'allievo del Pontormo, Bronzino (pagina 104), 'figura viva e bella a maraviglia'. E benché preoccupato dalla scala minuta del dipinto, Vasari afferma che è impossibile vederne un altro eseguito 'con tanta grazia, perfezione e bontà'.

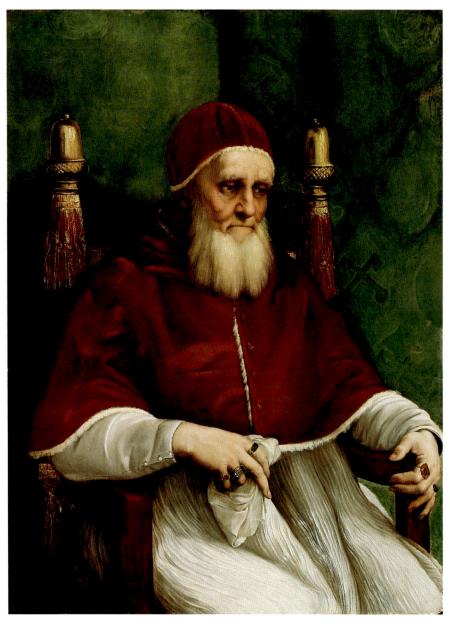

Raffaello 1483–1520

Papa Giulio II

1511–12. Olio su tavola, 108 x 81 cm

Trent'anni dopo la morte di Raffaello, Vasari descrive questo ritratto di Giulio II come 'tanto vivo e verace, che faceva temere il ritratto a vederlo, come se proprio egli fosse il vivo'. E non c'è dubbio che un osservatore venuto al suo cospetto si sarebbe immediatamente reso conto di avere a che fare con un uomo di alto rango, seduto su una sedia ornata con il suo emblema personale, la ghianda (egli era un membro della famiglia della Rovere). Il dipinto si rivelò tanto influente sull'arte successiva, e la sua composizione fu così diffusamente copiata, che oggi la sua novità potrebbe anche sfuggirci. Raffigurazioni frontali di monarchi in trono erano da tempo emblemi di sovranità, in ogni forma: dai sigilli e dalle monete alle immagini pittoriche della Vergine o di Cristo in Maestà. Ma Raffaello non ci pone dinnanzi alla rigida icona di un papa assiso con il suo triregno sul capo; egli ci consente, invece, uno sguardo da vicino, di sbieco, su un pensieroso vecchio prelato con una berretta bordata di pelliccia; un punto di vista concesso non già a qualcuno che si presenti *davanti* al pontefice, ma piuttosto a un intimo al suo fianco. Tuttavia, qualche traccia di uno schema formale resta, poiché la testa del papa, anche se non centrata tra i braccioli della sedia, è al centro del dipinto (nel senso della larghezza), su una linea messa in evidenza più in basso dal fazzoletto che egli tiene in mano. Ciò che più colpisce è la fusione tra il significato cerimoniale e il tono personale della pittura, che si assomma alla capacità di Raffaello di definire la struttura interna delle cose insieme alle loro qualità esteriori. Un artista dei Paesi Bassi sarebbe stato capace di catturare i riflessi della finestra e del copricapo cremisi del pontefice sulla ghianda dorata, o di rilevare la differenza tra il bianco della barba, quello della pelliccia e quello dei tessuti; ma forse nessuno avrebbe saputo definire i piani della fronte che passa dalla luce all'ombra sulla tempia, o presentare in scorcio la mano sinistra del papa che stringe il bracciolo della sedia.

La tecnica di Raffaello è, inoltre, meno grafica di quella degli artisti nordici, e più vicina al forte pittoricismo veneziano, come anche la sua armonia cromatica di rosso e di verde, di bianco e d'oro. Il motivo appena visibile delle chiavi e delle tiare papali sul drappeggio verde era stato originariamente dipinto in oro per simulare un ricamo, e il ripensamento dell'artista, scoperto nel 1969 quando, preliminarmente alla pulitura, furono eseguite alcune analisi scientifiche, è una delle ragioni fondamentali per cui il dipinto viene identificato come l'originale tra le numerose versioni del ritratto.

La pittura può essere datata dalla barba di Giulio, che egli si fece crescere in segno di mortificazione per la perdita della città di Bologna nel 1511 e che nel marzo del 1512 si fece tagliare. Sarebbe morto l'anno seguente all'età di settant'anni. Uomo collerico e piuttosto energico, assai criticato durante il suo turbolento pontificato per avere personalmente guidato le sue truppe in strenue campagne militari, egli viene raffigurato allo stesso tempo come carattere vigoroso – qualità espressa dalla sua mano sinistra – aristocratico – come traspare dalla mano destra – e contemplativo. Il ritratto è senza alcun dubbio degno del suo committente, figura unica nella storia dell'arte, un papa che fu tanto acuto, e fortunato, da ottenere i servigi di tre dei più grandi artisti del pieno Rinascimento: l'architetto Bramante, Michelangelo e Raffaello.

Andrea del Sarto 1486–1530
Ritratto di giovane

Circa 1517. Olio su tela, 72 x 57 cm
Andrea, figlio di un sarto, divenne il pittore preminente a Firenze intorno al 1510, dopo la partenza di Leonardo, Michelangelo e Raffaello (pagine 54, 133, 86 e 146). Formatosi in un primo tempo come orafo e poi come pittore, con Raffaellino del Garbo e Piero di Cosimo (pagina 79), come tutti i fiorentini cercò ispirazione nei suoi più celebri predecessori. In particolare, egli 'rielaborò' l'arte di Leonardo, emulando la fluidità delle pose spiroidali delle figure leonardesche e adottando il suo famoso 'sfumato' – le transizioni pastose e velate – mentre respinse il modellato monocromo cui sostituì una fusione del colore, luminoso anche nelle ombre.

Andrea del Sarto si annovera tra gli artisti toscani più influenti e più imitati; tutti i maggiori pittori fiorentini della generazione successiva passarono per la sua bottega. Benché egli abbia goduto di notevole considerazione nel Settecento e nell'Ottocento (il poeta inglese Robert Browning, fece della sua figura il soggetto di un monologo drammatico, cui diede il sottotitolo di Pittore *'senza errori'*, da una frase di Vasari), ultimamente la sua fama è stata oscurata dall'accresciuto interesse per i pittori manieristi quali il suo allievo

Ritratto di giovane

Pontormo (pagina 144). Il recente restauro dei maestosi affreschi di Andrea a Firenze, tuttavia, e una mostra di tavole e tele pulite tenutasi nel 1986 nel capoluogo toscano in occasione del cinquecentenario della nascita, hanno rivelato ancora una volta l'inventiva e la forza della sua tecnica nel disegno, la nobiltà così umana e lo splendore coloristico della sua pittura. Il finissimo colorito di Andrea, fondato su armonie di pallidi grigi-fumo, bruni, albicocca e rosa, drappeggi cangianti d'oro e rosa o azzurro e malva, contrastati nei dipinti più sontuosi o più decorativi con arabeschi vermigli di cinabro o azzurro-verdi di azzurrite, è facilmente distorto dal deposito di agenti esterni sulla superficie o dall'ingiallimento della verniciatura.

Il soggetto di questo famoso ritratto, un giovane sconosciuto che alza la testa dal suo libro, accoglie, diversamente dalle celesti apparizioni delle pale d'altare dell'artista, soltanto le tinte attenuate della realtà. Anche qui, tuttavia, finezza e audacia si confrontano. La luce del giorno entra come da una finestra alta e stretta sulla nostra sinistra. Questa luce, brillante sulla camicia increspata, riflessi della quale definiscono la curva della mascella e la torsione del collo del modello, getta ombre profonde nell'incavo oculare, arde negli occhi scuri, plasma il cranio sotto il cappello triangolare, conferisce mobilità e colorito ai tratti caratterizzanti del volto, volume alla manica di taffetà dipinta con spigliatezza, e rischiara la pagina dall'incerta definizione per poi dissiparsi nell'austera oscurità di uno studio fiorentino. La torsione rende la posa al contempo stabile e transitoria. Impulsivo, il giovane presto tornerà a immergersi nella lettura. E tuttavia, come generazioni di spettatori prima di noi, rimaniamo rapiti di fronte a questo sconosciuto così eloquente, aspettandoci da un momento all'altro di sentirlo parlare.

Gian Girolamo Savoldo attivo dal 1508 al 1548
Santa Maria Maddalena si reca al Sepolcro

1530–48? Olio su tela, 86 x 79 cm

Savoldo era di origini bresciane, ma i primi documenti che lo riguardano risalgono al 1508 e ci portano a Firenze. Dal 1520 circa egli risiedette stabilmente a Venezia, se si esclude un soggiorno a Milano tra il 1532 e il 1534. Non sappiamo molto della sua formazione, ma è probabile che egli fosse venuto a stretto contatto sia con le opere degli artisti dei Paesi Bassi, sia con quelle di Leonardo (pagina 54) e del Giorgione (pagina 115). I suoi pochi dipinti mostrano generalmente una mezza figura o una figura in formato di tre quarti contro un lontano sfondo. Di questa composizione esistono quattro varianti.

    La magia di quest'opera – una via di mezzo tra l' immagine devozionale e il pezzo da collezione – deriva dal contrasto tra la massa imponente della figura ben delineata e gli effetti luminosi resi con minuziosa accuratezza. Il soggetto fa riferimento all'episodio citato nel Vangelo di San Giovanni (20:1) in cui Maria di Magdala, recatasi al sepolcro dove era stato deposto il corpo di Cristo, scopre che la pietra all'ingresso è stata rimossa. Il vaso di 'preziosi unguenti' che la identifica è appoggiato sul bordo sporgente della tomba dietro di lei. Ma dalla Terra Santa il sepolcro di Cristo è stato trasferito a Venezia, che si intravede oltre la laguna; forse ci troviamo sulla melanconica isola cimiteriale di San Michele. Nel 1620 questa versione del dipinto fu descritta come 'una bella Maddalena coperta da un pan bianco': l'argento lucente della sua cappa è il colore della notte che si riflette sul raso bianco, mentre il sole invisibile si infiamma tra le nubi dietro di lei. Il suo sguardo diretto e misterioso, il fruscio del mantello così vicino a noi, evocano echi al di là del testo di Giovanni. Nella leggenda, se non nei Vangeli, la Maddalena viene identificata con la prostituta che con i suoi lunghi capelli asciugò i piedi di Gesù, e i cui 'molti peccati sono perdonati, poiché ha molto amato' (Luca 7:47), e con la 'donna sorpresa in adulterio' che Gesù salvò dalla lapidazione (Giovanni 8:3–11). Essa pianse ai piedi della croce, e cosparse di balsamo il corpo di Cristo per prepararlo alla sepoltura. È a lei che Cristo apparirà miracolosamente per prima nelle sembianze di un giardiniere (pagina 160), ed è lei che finirà i propri giorni nel deserto vestita soltanto dei suoi lunghi capelli, in perpetuo digiuno e ristorata dagli angeli con cibo celeste. Qui, con la capigliatura coperta, priva dei suoi gioielli, la grande penitente, emblema dell'amore umano e del perdono divino, sembra invitarci a seguirla, sospesa tra l'oscurità della tomba e l'albeggiare della luce.

Sebastiano del Piombo 1485 ca–1547
Resurrezione di Lazzaro

Circa 1517–19. Olio su tavola, trasferito su tela, rimontata su pannello sintetico, 381 x 289 cm

Nel 1510, morto il suo maestro Giorgione (pagina 115) e con Tiziano (pagina 158) impegnato a Padova, il giovane Sebastiano Luciani divenne pittore preminente a Venezia. La sua carriera mutò drasticamente quando nel 1511 il tesoriere del pontefice, Agostino Chigi, lo persuase a unirsi all'impresa della decorazione della sua villa suburbana (ora la Farnesina) a Roma. Ben presto il giovane 'Veneziano' faceva amicizia con il fiorentino Michelangelo (pagina 133), che gli forniva alcuni disegni di composizione. Così Sebastiano venne coinvolto nell'aspra rivalità tra Michelangelo e Raffaello (pagine 86, 146).

Nel 1515 papa Leone X destinò suo cugino il Cardinale Giulio de' Medici alla diocesi di Narbonne, nel sud-ovest della Francia. Il nuovo arcivescovo, una cui visita alla cattedrale sarebbe stata assai improbabile, decise di dotarla di una pala d'altare. Nel 1516 commissionò la *Trasfigurazione* a Raffaello; e nel corso di quello stesso anno, forse sollecitato da Michelangelo, ordinò a Sebastiano un dipinto da accoppiare a quella. Nei cicli pittorici della vita di Cristo corrispondenti alle festività ecclesiastiche, la *Resurrezione di Lazzaro* segue la *Trasfigurazione*. L'episodio costituisce un'illustrazione ancora più esplicita della missione di Cristo: 'Io sono la resurrezione e la vita; chi crede in me, anche se muore, vivrà' (Giovanni 11:25). Il soggetto ben si adattava alla collocazione cui l'opera era stata destinata, perché a Narbonne venivano venerate reliquie di Lazzaro; e poteva avere un certo fascino per un Medici, poiché mostrava Cristo come guaritore, il Medico Divino.

Sopravvivono tre disegni di Michelangelo per il gruppo di Lazzaro e degli uomini che lo aiutano a liberarsi dalle bende che avvolgono il suo corpo. Probabilmente Michelangelo collaborò anche alla figura di Cristo, che ordina: 'Lazzaro, vieni fuori.' Tuttavia, è più che probabile che la composizione nel suo insieme sia proprio opera di Sebastiano, come le magnifiche figure delle sorelle di Lazzaro: Maria, che alla vista di Cristo 'si gettò ai suoi piedi…', e Marta, che indietreggia, come le donne alle sue spalle, perché il cadavere, 'di quattro giorni', 'già manda cattivo odore'.

Benché mirasse a una magnificenza romana, Sebastiano ha permeato l'enorme pannello di atmosfera veneziana, collocando le figure in un ampio paesaggio che si estende fino all'elevato orizzonte. I Farisei tramano la morte di Cristo ai margini della folla dei testimoni. Le acconciature delle donne, le architetture in rovina e il ponte sono romani, ma il tempo mutevole evoca la città lagunare, come anche l'ardita tavolozza di rari pigmenti, simile a quella del *Bacco e Arianna* di Tiziano (pagina 159). (Purtroppo i colori non hanno retto al tempo e al trasferimento del dipinto su tela nel 1771. La scoloritura della veste di

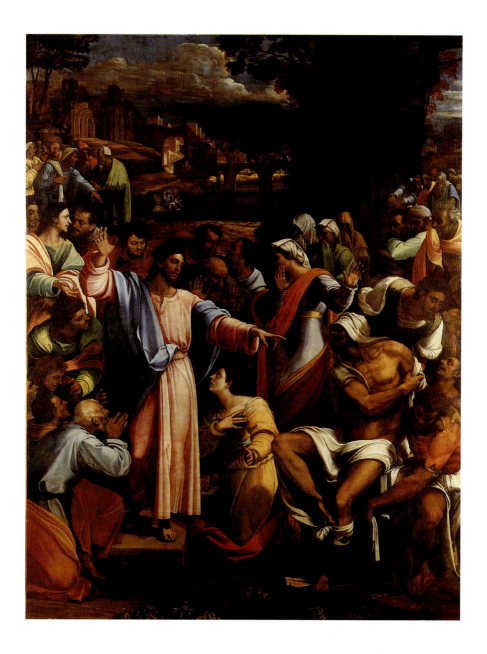

Cristo, originariamente rossa e ora diventata rosa, e la trasformazione di alcuni dei verdi in bruno scuro fanno apparire i pigmenti più stabili, quali i bianchi di piombo e i gialli di piombo-stagno, più brillanti di quanto non fossero originariamente.)

Nel maggio del 1519 la pala di Sebastiano era esposta al pubblico; chiunque la vedesse, scrive un comune amico a Michelangelo, ne rimaneva stupefatto. La vera prova, tuttavia, venne più tardi. Raffaello morì nell'aprile del 1520, forse prima di terminare completamente la *Trasfigurazione*. Le due pale furono esibite insieme una settimana più tardi. Giulio de' Medici decise di tenere per sé l'ultimo capolavoro di Raffaello, mentre la *Resurrezione di Lazzaro* fu spedita a Narbonne. Ma una volta morto Raffaello, e con Michelangelo a Firenze, la storia si ripetè: Sebastiano Veneziano divenne il più celebre tra i pittori di Roma. Nel 1531 fu nominato Custode del Piombo (sigillo papale), e da allora è conosciuto come Sebastiano del Piombo.

Sebastiano del Piombo — 1485 ca–1547

Madonna col Bambino, San Giuseppe, Giovanni Battista e un donatore

Circa 1519–29. Olio su tavola, 98 x 107 cm

Il donatore – l'uomo genuflesso che, cinto dal braccio protettivo della Vergine, indirizza le sue preghiere al Cristo infante – potrebbe essere Pierfrancesco Borgherini, il banchiere fiorentino amico di Michelangelo, la cui camera nuziale era stata decorata dal Pontormo e da altri artisti con storie dalla vita di Giuseppe (pagina 144). Sebastiano affrescò la sua cappella nella chiesa romana di San Pietro in Montorio basandosi su piccoli disegni di figura forniti da Michelangelo.

A differenza della cappella, il dipinto manca di documentazione; è molto probabile che esso sia rimasto in ambiente domestico come immagine devozionale privata. Se Sebastiano ebbe forse qualche difficoltà nel conciliare gli elementi romani e veneziani nella gigantesca *Resurrezione di Lazzaro*, nessuna esitazione del genere appare in questa pittura, meno drammatica ma, a suo modo, ugualmente intensa. Nel formato orizzontale dei dipinti di scuola veneta della Sacra Famiglia o della Madonna con santi, Sebastiano dispone figure d'ispirazione michelangiolesca: il Cristo infante ricorda il putto che regge il libro del profeta Daniele sulla volta della Cappella Sistina, e il braccio della Vergine richiama (invertito) l'espressivo gesto di Daniele. E tuttavia, la scala ridotta del dipinto e il punto di vista ravvicinato di tre quarti traducono la retorica pubblica di Michelangelo in una diversa chiave.

Mi chiedo se Sebastiano ebbe mai occasione di vedere la famosa *Madonna della seggiola* di Raffaello (fig. 4) nella collezione Medici, poiché la sua tavola la richiama curiosamente, come se l'energia compressa nelle linee avvolte del dipinto circolare si fosse liberata in un

Fig. 4 Raffaello, Madonna della seggiola, *1514 ca. Olio su tavola, 71 cm di diametro. Firenze, Palazzo Pitti, Galleria Palatina.*

formato più ampio, e lo spettatore invisibile di Raffaello, immaginato in ginocchio davanti alla pittura, fosse stato invitato dentro quella di Sebastiano. La Madonna di Raffaello porta avvolta intorno al capo la sciarpa di una donna romana, la regale figura di Sebastiano un'acconciatura caratteristica delle contadine ciociare. La Madonna e il Bambino di Raffaello sono in compagnia del piccolo Giovanni Battista; qui è il Battista adulto con la sua croce di canna a indicare Cristo. Ma se il carattere del dipinto di Sebastiano è più sobrio di quello della Cappella Sistina, esso è anche meno intimo di quello della *Madonna della seggiola*. Il sonno di Giuseppe viene tradizionalmente associato non soltanto con il suo sogno profetico, ma anche con il suo dolore per la futura Passione di Cristo. Certamente il cupo fondale dal quale le figure secondarie emergono a malapena sembra evocare un'atmosfera tragica, come pure i loro profili angosciati e la mano abbandonata di Giuseppe. Il gioco di mani che attraversa tutto il dipinto è, in sé, straordinario; le mani abbrunate dal sole di Giovanni e di Giuseppe sui lati della pittura, la tenera mano di Maria sulla spalla di Cristo, la mano paffuta del Bambino allungata verso il seno della madre, la mano destra di lei sulla spalla dell'uomo inginocchiato con le mani giunte in fervente preghiera: una ghirlanda di mani legate da diverse espressioni emotive.

Vasari sostiene che il maggior talento di Sebastiano si esprima nella ritrattistica, e non abbiamo difficoltà a credere che il donatore possa essere stato ritratto dal vero. I suoi sobri abiti neri pareggiano il nero dello sfondo, in contrasto con le armonie veneziane di arancione e rosso, azzurro, fulvo chiaro e verde smeraldo che sono da annoverarsi tra le numerose preziosità di questo notevole dipinto.

Bartholomaeus Spranger   1546–1611

Adorazione dei Magi

Circa 1595. Olio su tela, 200 x 144 cm

Nato ad Anversa, Spranger divenne uno dei rappresentanti di primo piano di uno stile cinquecentesco cosmopolita che ha assunto il nome di Manierismo. Il termine, coniato nel 1792, deriva da 'maniera', nel senso di 'stile', e ne abbraccia tutte le connotazioni moderne:

Adorazione dei Magi

stile individuale o di un'epoca, eleganza, prevalenza della forma sul contenuto. Nell'uso degli storici dell'arte, la categoria del Manierismo fa riferimento in primo luogo a un'arte sofisticata, pienamente consapevole di tutte le tecniche della rappresentazione naturalistica ma più interessata all'artificio che alla fedeltà al vero. Come il Bronzino (pagina 104), Spranger operò in ambiente cortigiano, che tende a privilegiare l'artificialità. Dopo dieci anni, dal 1565 al 1575, trascorsi in Italia, dove ammirò particolarmente le opere del Correggio (pagina 108) e del Parmigianino (pagina 141) a Parma, Spranger fu nominato pittore di Corte dell'imperatore Rodolfo II a Vienna, e nel 1581 si trasferì, insieme alla capitale imperiale, a Praga. Come impresario artistico di Rodolfo, egli disegnò le esposizioni della collezione imperiale – oggetti decorativi, sculture, stampe – che avrebbero influenzato gli artisti di tutto il Nord-Europa e la penisola iberica. Soprattutto, egli fornì un'iconografia erotica che assecondava i gusti di Rodolfo, suadenti titillamenti presentati in guisa mitologica o allegorica.

Un aspetto meno noto dell'opera di Spranger è rappresentato da questa pala d'altare forse commissionatagli da Rodolfo e poi donata a un principe-vescovo di Bamberga per la sua cappella privata. Il soggetto consente a Spranger di sfoggiare il carattere pienamente internazionale del suo talento. Nell'oscura stalla riusciamo appena a distinguere rustici pastori fiamminghi; il cane in primo piano ha trovato un boccone appetitoso; i Magi offrono oggetti di arte orafa ricercati quasi quanto quelli di Pieter Bruegel o Jan Gossaert (pagine 106, 117), e descritti in altrettanto dettaglio. Questi tocchi di realismo nordico, tuttavia, sono marginali rispetto alla magniloquenza quasi opprimente della scena principale, più fastosamente italianizzante di qualunque scena italiana. Mentre il più anziano dei Magi si prostra per baciare il piede dell'infante, gli altri due, in posizione eretta, posano come ballerini in atteggiamento virtualmente speculare. I tre visitatori risplendono nei magnifici rasi cangianti, aspre armonie di lumeggiature gialle su seta rossa, di ombre azzurre sul rosa. Si ritiene che il re dalla capigliatura ramata sulla destra sia un autoritratto idealizzato dell'artista. Il suo portamento regale trova eco nell'elaborato autografo visibile accanto ai piedi del re nero, che descrive Spranger come nato ad Anversa e pittore di Sua Maestà l'Imperatore.

Un secondario tema umoristico viene fornito dai paggetti che reggono lo strascico dei mantelli dei Magi. Due di essi mimano la nobiltà dei loro padroni adulti, ma il bambinetto sull'estrema destra ha ceduto alla sua naturale monelleria: senza che nessuno nel dipinto si accorga di lui, egli si è avvolto nel grande telo verde, dal quale spunta il suo visetto rosso con lo sguardo rivolto allo spettatore. La Sacra Famiglia è dipinta in maniera più pacata, ma soltanto nella meditabonda figura di Giuseppe, atteggiato in una posa complessa quanto quella degli altri personaggi, ma non altrettanto vistosamente contorta, percepiamo una traccia del significato spirituale del tema rappresentato.

Jacopo Tintoretto 1518–1594
San Giorgio e il drago

1560–80? Olio su tela, 158 x 100 cm

Jacopo Robusti assunse il soprannome di Tintoretto dalla professione del padre, tintore. Particolarmente devoto, fu assai richiesto come pittore di pale d'altare e di episodi di storia religiosa per le chiese e le confraternite della sua nativa Venezia, ed eseguì inoltre numerosi ritratti. Come si vede bene nei due dipinti qui illustrati, egli modificava il proprio stile in base alla commissione. Talvolta imitava deliberatamente la maniera di altri pittori, ma si dice che il suo ideale fosse 'il disegno di Michelangelo [alcune delle cui sculture gli erano note tramite i calchi o i modelli] e il colore di Tiziano' (pagine 133, 158). Del tutto originale è invece il suo senso drammatico, spesso sull'orlo del melodramma, che si esprime attraverso un movimento violento e vertiginosi cambi di scala, di figure che si avventano verso di noi o arretrano improvvisamente in lontananza, e da aspri contrasti tonali o cromatici.

San Giorgio e il drago è un piccolo dipinto, quasi miniaturistico nel contesto dell'opera del Tintoretto, dettagliato e notevolmente rifinito. Fu probabilmente commissionato come pala privata; il convenzionale formato verticale arcuato non era mai stato usato, e raramente lo sarebbe stato in seguito, con un simile effetto dinamico e conturbante. Anche l'iconografia è insolita. La storia di San Giorgio di Cappadocia, ufficiale romano e martire cristiano, si diffuse nell'Europa occidentale tramite la *Legenda aurea*, un libro a calendario che narrava le vite dei santi compilato verso la fine del Duecento. È qui che troviamo la storia di un drago che terrorizza la campagna richiedendo sacrifici umani. Quando il fatale destino tocca a Cleodolinda, la figlia del re, San Giorgio, a cavallo del suo destriero, accorre in suo aiuto sconfiggendo il drago 'nel nome di Cristo'. Allontanandosi dalla tradizione, Tintoretto mostra il cadavere livido di una vittima atteggiata nella posa del Cristo crocifisso e include l'immagine di Dio Padre che dal cielo benedice la vittoria del bene sul male. Sul pendio, l'atterrita principessa, in fuga dal drago che emerge dal mare, incespica e sembra stia per cadere fuori dal dipinto. San Giorgio è entrato al galoppo nel

San Giorgio e il drago

riquadro pittorico dalla nostra destra, direzione dalla quale proviene la luce, la cui fonte non ci è dato di vedere, che rischiara i tronchi degli alberi, la groppa del cavallo, l'armatura del cavaliere, la carnagione e gli abiti di Cleodolinda.

Sebbene Tintoretto fosse un pioniere della preparazione scura, egli ha eseguito questo dipinto su un fondo liscio di gesso bianco, applicando quindi una velatura traslucida di oltremare direttamente sul bianco per ottenere l'azzurro brillante dell'abito della principessa, e velature rosso lacca per parti del suo mantello. Ulteriori lumeggiature in bianco di piombo scintillano come lampi sopra questi drappeggi. Febbrili contrasti chiaroscurali serpeggiano dal primo piano fin sullo sfondo, dove un'imponente fortezza veneziana emerge da nubi tumultuose. I toni di verde acido del paesaggio sono per lo più ottenuti con l'uso di malachite naturale, una pietra semipreziosa utilizzata di rado come pigmento nell'arte europea ma quasi sempre ingrediente di base nella tavolozza del Tintoretto.

Jacopo Tintoretto   1518–1594
Lavanda dei piedi

Circa 1556. Olio su tela, 201 x 408 cm

Questo dipinto fu eseguito per la parete destra della cappella del Santo Sacramento nella chiesa di San Trovaso (Santi Gervasio e Protasio) a Venezia, dove dal 1720 fu sostituito da una copia. Era accoppiato a un'*Ultima Cena* sulla parete sinistra. I Vangeli di Matteo, Marco e Luca descrivono l'Istituzione dell'Eucarestia nel corso del pasto pasquale che Gesù consuma insieme ai discepoli poco prima della Crocifissione, mentre il Vangelo di Giovanni non ne parla. Giovanni è, però, l'unico a includere la scena qui rappresentata (capitolo 13). Il drammatico testo intreccia e contrappone due temi strazianti, esposti soprattutto attraverso il dialogo tra Gesù e San Pietro: l'esemplare umiltà e l'amore di completa abnegazione di Cristo, articolato nel nuovo comandamento 'amatevi gli uni gli altri come io ho amato voi', e il tradimento. Gesù accetta il tradimento di Giuda, 'Quello che devi fare fallo al più presto', e predice il tradimento di Pietro, 'Prima che il gallo canti, mi rinnegherai tre volte.'

Come Pietro fronteggia Gesù nel racconto evangelico, prima protestando al lavaggio dei piedi da parte del Signore, poi proclamando la sua decisione di seguirlo fino alla morte, così i due protagonisti si trovano uno di fronte all'altro in primo piano al centro della composizione del Tintoretto. Gesù viene mostrato in ginocchio, 'cinto' dal telo che gli serve per asciugare i piedi degli apostoli, e con accanto il bacile nel quale ha versato l'acqua. Offrendo al nostro sguardo il giovanile profilo circondato da un alone di luce, egli solleva gli occhi verso il vecchio, che, sgomento, si protende in avanti per scrutarli; la nuda gamba destra del discepolo si allunga parallela al braccio sinistro del Salvatore con la manica arrotolata, eco gestuale di un dialogo verbale. La luce divina di Cristo squarcia l'oscurità tra due fonti di luci terrene: il fuoco della cucina sullo sfondo e la torcia sorretta dalla gigantesca figura che si dirige verso l'esterno del quadro alla nostra sinistra: forse Giuda Iscariota, il quale 'preso il boccone, uscì subito; ed era notte.'

Il dipinto è particolarmente scuro anche per una scena crepuscolare; e sebbene tale effetto sia acuito dalla trasparenza acquisita col tempo dalle velature, esso era comunque voluto. Sulla preparazione di gesso bianco steso sulla tela, Tintoretto ha dipinto un seconda base di spesso nero di brace, talvolta disegnandovi sopra con bianco di piombo, talvolta applicandovi direttamente una velatura traslucida. Né la figura di 'Giuda' sulla sinistra, né la sua controparte che si asciuga i piedi sulla destra sono state molto più che abbozzate.

Secondo il Ridolfi, biografo del Tintoretto, il pittore era talmente oberato di commissioni che spesso i suoi dipinti venivano consegnati incompiuti, poiché egli lavorava sempre di fretta. Forse l'artista pensò che queste due figure, negli angoli di una cappella piuttosto buia, sarebbero state comunque solo parzialmente visibili; forse intendeva emulare in forma pittorica il famoso 'non finito' di Michelangelo, dove zone grezze di marmo non scolpito contrastano con la delicata rifinitura delle figure principali. Insieme ai vertiginosi mutamenti di scala, agli improvvisi contrasti di bianco, cremisi, verde di malachite, giallo e giallo aranciato contro il nero, alla scoscesa (ed errata) prospettiva del pavimento piastrellato, alle pose agitate, queste variazioni di rifinitura conferiscono al dipinto uno straordinario senso di urgenza: la storia della Passione, cominciata qui, volge ineluttabilmente verso il culmine della Crocifissione, rappresentata dalla croce sull'altare della cappella alla quale il dipinto era stato destinato.

Tiziano attivo intorno al 1506–1576
Bacco e Arianna

1522–3. Olio su tela, 175 x 190 cm
Gli autoritratti di Tiziano Vecellio che conosciamo mostrano un uomo anziano dal volto affilato con la barba bianca, abbigliato in opulento nero e adornato di una catena d'oro. Nel corso di una carriera lunga circa sessantacinque anni Tiziano, forse il pittore coronato dal maggiore successo dell'intera storia, ebbe tra i suoi committenti personaggi di ogni livello della nobiltà italiana, lo stato di Venezia, un papa, tre imperatori e i re di Francia e di Spagna. Ma, a parte brevi assenze, egli decise di vivere a Venezia, 'le cui lodi egli non cessa mai di cantarmi', riferì l'ambasciatore spagnolo al suo signore. La tecnica degli oli su tela rendeva le sue opere trasportabili, indipendentemente dalla scala; e non dovendo produrle 'sul posto' in terra straniera, egli si prese la preziosa libertà di restarsene, a suo piacere, a casa propria. 'Un paio di fagiani e non so che altro vi aspettano a cena', scrive il letterato Pietro Aretino, che ci fornisce numerose cronache delle festose serate veneziane trascorse dal Tiziano in compagnia di belle donne, al suo amico pittore. Ma fu la maestria di Tiziano negli oli a far esclamare all'Aretino, descrivendo la vista dalla sua finestra, 'Oh con che belle tratteggiature i pennelli naturali spingevano l'aria in là, discostandola dai palazzi con il modo che la discosta il Vecellio nel far de' paesi.' E sebbene non sia stato Tiziano a inventare il colorismo veneziano (pagina 100), la sua pennellata fluida, cui nell'età matura si aggiunsero le dita e il pollice, glie ne procurò il titolo di 'padre', oscurando quasi completamente la fama dei suoi maestri, i Bellini (pagina 22) e Giorgione (pagina 115).

Bacco e Arianna non è un frutto della leggendaria vecchiaia del Tiziano ma fu dipinto dall'artista nel corso dei suoi quarant'anni, tela di una serie destinata allo studiolo (pagina 93) di Alfonso d'Este nel castello di Ferrara. Alfonso intendeva ricreare un'antica galleria di quadri, come quella descritta in un testo greco tardo-antico. Il suo progetto originario era quello di acquistare dipinti dei migliori artisti in Italia da affiancare al *Festino degli dei* realizzato nel 1514 da Giovanni Bellini. Il fiorentino fra Bartolomeo e Raffaello (pagina 86) morirono entrambi avendo completato soltanto alcuni disegni, e le loro commissioni passarono a Tiziano. Le tele si trovano ora al Museo del Prado di Madrid.

La storia di Bacco e Arianna, raramente rappresentata fino ad allora, è narrata dai poeti latini Ovidio e Catullo. Estratti delle loro opere in traduzione furono, a quanto pare, inviati a Tiziano insieme alla tela e alle stecche del telaio. Mai testi o miti pagani sono stati animati con tanto clamore, né con tale varietà di preziosi pigmenti, disponibili soltanto a Venezia. Arianna, aiutato Teseo a sconfiggere il Minotauro, fu da lui abbandonata sulla spiaggia battuta dalle onde dell'isola di Nasso. La sua nave prende il mare sulla sinistra. 'Per tutto il lido ecco sonare i cimbali e i tamburi che da mani furibonde eran percossi': essi annunciano l'arrivo del dio Bacco sul suo carro trainato da ghepardi, con il turbolento corteo di menadi, satiri dai piedi caprini – uno dei quali 'cinto di contorte serpi' – e l'ebbro Sileno aggrappato al suo orecchiuto asinello. 'Voce, colore, di Teseo memoria vennero meno ' nell'atterrita Arianna, mentre il dio balza a terra per condurla via come sua sposa. In cielo scorgiamo la costellazione nella quale sarà trasformata. Stagliati su una distesa di prezioso oltremare, il dio e la fanciulla si arrestano su un unico palpito, echeggiato dal clangore dei cimbali suonati dalla menade che, immagine speculare di Arianna, risplende in una tunica di realgar arancione nella metà terrena del dipinto. Il piccolo cane del Tiziano abbaia concitatamente al fauno che avanza impettito con fiori di gelsomino tra i capelli, tirandosi dietro la testa mutilata di un vitello e un fiore di cappero, simbolo dell'amore.

Tiziano   attivo intorno al 1506–1576

'Noli me tangere'

1510–15? Olio su tela, 109 x 91 cm

Il titolo latino (letteralmente 'Non toccarmi') si riferisce alla prima miracolosa apparizione di Cristo dopo la sua morte, quando egli si rivela a Maria Maddalena. Avendo trovata vuota la tomba, la Maddalena scambia Cristo per un giardiniere, e lo implora di dirle dove egli abbia portato il corpo di Cristo. Ma quando egli la chiama per nome, Maria lo riconosce e, con la mano sinistra poggiata sopra il suo vaso di unguento, stende la destra verso di lui, dicendogli, 'Maestro'. Ma egli risponde, 'Lasciami, perché io non sono ancora salito al Padre' (Giovanni, 20:17). Il tema era assai raro nell'arte veneziana dell'epoca. Il dipinto va comunque interpretato come un'immagine devozionale di una santa penitente piuttosto popolare (si veda pagina 149) elaborata in un episodio narrativo. L'insolita coerenza del gruppo delle figure, amalgamato in un unico eloquente movimento, potrebbe riflettere un influsso fiorentino, ma un artista fiorentino avrebbe sviluppato l'intera composizione attraverso una serie di disegni preaparatori. Tiziano, seguendo l'esempio del Giorgione (pagina 115), risolse invece gran parte della composizione direttamente sulla tela, come ci rivela l'analisi ai raggi X (fig. 5) e come traspare attraverso la superficie della pittura diventata traslucida. Lo sfondo del dipinto prevedeva originariamente un albero al centro, molto più piccolo di quello attuale e inclinato nella direzione opposta, il cui fogliame fu poi rielaborato in modo da formare parte della nube centrale. Il crinale della collina e gli edifici erano sulla sinistra. Nella redazione finale, l'albero definisce un piano intermedio tra il primo piano e lo sfondo distante, e serve a 'spingere', secondo la felice espressione dell'Aretino (pagina 158), 'l'aria in là'. Ma, sulla superficie del dipinto, esso ha anche la funzione di prolungare l'espressivo profilo della figura della Maddalena, anch'esso ridipinto dal Tiziano, e di contrapporsi all'esagerata curvatura della schiena di Cristo, ripresa negli edifici rurali fortificati sulla destra.

Nessun pittore fiorentino a quest'epoca sarebbe stato in grado di integrare perfettamente due figure così grandi in un paesaggio, che diventa, di conseguenza, assai più che uno sfondo. L'ombra azzurra del sudario di Cristo fa discendere il cielo sulla terra, e le erbe su cui egli cammina con i piedi feriti dai chiodi riprendono il verde fogliame delle siepi che bordano i campi e i pascoli. (L'effetto originale è attenuato dalla brunitura di parte delle foglie causata dall'ossidazione dei resinati di rame.) La stessa luce del sole illumina i capelli della Maddalena, riscalda le greggi lontane e rischiara i rustici tetti di paglia; la stessa brezza spira attraverso la batista della sua manica e attraverso le nubi. Il nostro sguardo viene diretto in profondità non dalle linee della prospettiva, ma da strisce, cunei e losanghe di colore, chiare e scure alternativamente, che con il loro motivo attraversano l'intera tela, dall'estremità superiore fino all'inferiore, evocando la recessione spaziale; soltanto l'unico rosso cremisi della tunica veneziana di Maria ne isola la figura in primo piano. La tecnica di aggiustamento e riaggiustamento simultaneo della linea, della forma e del colore usata dal Tiziano si risolve in un'incantevole fusione tra miracolo cristiano e poesia pastorale.

Fig. 5 Radiografia ai raggi X del 'Noli me tangere' di Tiziano, che mostra mutamenti nella composizione.

Tiziano attivo intorno al 1506–1576

Ritratto di uomo

Circa 1512. Olio su tela, 81 x 66 cm

Benché il '*Noli me tangere*' appena illustrato emuli la tecnica, i colori, la formula paesistica e la vena poetica della pittura giorgionesca (pagina 115), la personalità artistica del Tiziano, come divenne palese subito dopo la morte del Giorgione nel 1510, era del tutto differente. Là dove quest'ultimo è elusivo e nostalgico, Tiziano è vigorosamente diretto. Ho già fatto riferimento ai suoi noti autoritratti, che mostrano il celebrato pittore in età avanzata (pagina 158); è stato ipotizzato, plausibilmente, che l'ignoto modello dall'aria assertiva di questo ritratto, in passato erroneamnete identificato come il poeta Ariosto, sia lo stesso Tiziano in età giovanile, che proclama le sue credenziali artistiche e le sue aspirazioni.

La fama internazionale del Tiziano si fondava in gran parte sulla sua attività ritrattistica. Nessun artista aveva mai saputo adulare con tanta grazia: i suoi modelli appaiono nobili per natura, istintivamente raffinati e intelligenti senza artificio evidente. Quest'opera giovanile, tuttavia, rivela apertamente tutta la sua arte. Sovvertendo la convenzione veneziana che affidava a un parapetto la definizione del piano della pittura collocando il modello dietro di esso, il gomito nella manica azzurra del Tiziano sporge dalla balaustra di pietra proiettandosi dalla tela nel nostro spazio. Da oggetto passivo del nostro sguardo, qual era il doge Loredan di Bellini (pagina 22), il modello diventa soggetto attivo. Se in precedenza ci era parso, da spettatori, di avere interrotto la lettura del giovane di Andrea del Sarto (pagina 148), questa energica figura ha certamente distolto la propria attenzione da faccende più impegnative per guardarci dall'alto in basso. Il raso trapuntato appare vero quanto l'avrebbe potuto rendere un artista dei Paesi Bassi, sebbene attraverso altri mezzi; un monogramma, T V, è 'scolpito' nel parapetto. Alzando lo sguardo, tuttavia, cogliamo soffusa nella barba e nell'incarnato della figura una dolcezza tutta veneziana, nonostante che la sagoma, una semplice piramide, resti ben ferma contro il grigio vibrante del fondale.

La posa, malgrado le implicazioni cui ho accennato, è perfettamente compatibile con un autoritratto: quello dell'artista che distoglie lo sguardo dal cavalletto di fronte a lui per osservare la propria immagine riflessa in uno specchio. La distorsione di uno specchio convesso, l'unico genere esistente all'epoca, potrebbe contribuire a giustificare l'alterigia del volto. Non stupisce, dunque, che anche quando il dipinto era identificato come raffigurante l'Ariosto, più di un artista ne adottasse la formula per il proprio autoritratto: in particolare Rembrandt (pagina 230), che aveva visto il quadro, o una copia, ad Amsterdam, ma forse anche Van Dyck (pagina 193), che potrebbe avere acquistato il dipinto visto da Rembrandt.

Tiziano attivo intorno al 1506–1576
La famiglia Vendramin

1543–7. Olio su tela, 206 x 301 cm

Questo grandioso ritratto di gruppo maschile della famiglia Vendramin (vi erano anche sei figlie, che non sono state incluse), l'opera più celebre eseguita dal Tiziano per clienti veneziani tra la metà e la fine del quarto decennio del secolo, è più che una celebrazione dinastica. È anche una 'istoria', un episodio drammatico di carattere religioso che attesta la devozione di casa Vendramin a una sacra reliquia e l'invocazione della sua incessante protezione. Nel 1369 un frammento della Vera Croce era stato presentato ad Andrea Vendramin, Guardiano della Scuola di San Giovanni Evangelista a Venezia, a nome della sua confraternita. Racchiusa in un reliquiario di cristallo di rocca e d'oro a forma di croce – ancora oggi conservato presso la Scuola e mostrato nel dipinto come oggetto di venerazione sopra un altare all'aperto – la reliquia cadde nel canale durante la cerimonia, restando, ciononostante, miracolosamente sospesa sull'acqua finché Andrea Vendramin non ebbe il privilegio di gettarvisi per recuperarla (l'evento viene commemorato in un dipinto di Gentile Bellini, ora alla Galleria dell'Accademia a Venezia).

La famiglia Vendramin

L'omonimo cinquecentesco del portagonista di questo episodio, nel manto cremisi di un senatore veneziano, è ritratto in piedi sugli scalini dell'altare mentre venera la croce e indica i suoi sette figli. Inginocchiato accanto alla tavola liturgica appare suo fratello Gabriele, eminente collezionista di opere d'arte. La figura barbuta sulla sinistra è il figlio maggiore di Andrea, Leonardo, di cinque anni più vecchio del secondo. Una versione antecedente della testa che traspare dall'azzurro del cielo dietro la sua spalla, come anche la gamba destra di suo padre che si intravede sotto la toga di velluto, dimostra che Tiziano ha modificato la composizione sulla tela. La fotografia a infrarossi e la radiografia ai raggi X rilevano anche altre zone trattate con una sottopittura e ulteriori ripensamenti.

Forse sull'esempio di due pittori della generazione successiva, Andrea Schiavone e Tintoretto (pagina 155), Tiziano aveva a questo punto della sua carriera adottato un tocco molto più libero e variato: sul reliquiario e sulle candele che guizzano al soffio del vento, la pittura è stata applicata in maniera disinvolta con singole pennellate dense di colore; lumeggiature bianche serpeggiano sui velluti delle vesti. Ma questi effetti sono sempre legati a un preciso intento descrittivo, e le fodere di pelliccia di lince, le capigliature, le barbe e le setose orecchie canine vengono meticolosamente differenziate.

La composizione soddisfa pienamente i molteplici scopi della commissione. Gli scalini e l'altare forniscono una cornice stabile ma variata, e consentono un certo grado di informalità. In posizione genuflessa, seduta, eretta, inchinata, le figure presentano ciascuna un aspetto diverso, come rispondendo individualmente al medesimo evento. Con calze scarlatte, il figlio più giovane culla il suo cagnolino dagli occhi brillanti, volgendosi verso il fratelli con infantile espressione interrogativa.

La tela restò presso la famiglia Vendramin almeno sino al 1636. In seguito fu acquistata dal grande ammiratore di Tiziano Van Dyck (pagina 193), che applicò alcuni dei numerosi insegnamenti del dipinto al suo ritratto del *Conte di Pembroke con la sua famiglia* a Wilton House. Ma Van Dyck, nel dipingere una grande famiglia dell'Inghilterra seicentesca, non trascurò di includere anche le signore, così vistosamente assenti nel ritratto tizianesco di una dinastia veneziana in devota preghiera.

Paolo Veronese 1528?–1588

La famiglia di Dario davanti ad Alessandro

1565–70. Olio su tela, 236 x 475 cm

Dopo la morte del Tiziano, Tintoretto (pagina 155) e Paolo Caliari gli succedettero come figure artistiche dominanti a Venezia, dove Paolo era conosciuto come 'il Veronese', dalla sua città natale. Sotto certi aspetti, entrambi possono essere considerati più 'veneziani' del Tiziano, poiché le loro opere nelle chiese, nei palazzi, nelle ville, nei conventi e nelle sale di ritrovo delle confraternite della città e dei suoi possedimenti nell'entroterra erano più numerose delle sue. Ma furono soprattutto le ampie decorazioni del Veronese, secolari e religiose, a fresco e su tela, su soffitti e su pareti, a imprimere nell'immaginazione europea la visione di Venezia personificata in una splendida bionda, scintillante di perle e di preziosità, e della vita veneziana come una successione di magnifiche parate che si snodano contro un fondale di marmi bianchi e cieli azzurri. Il Veronese è l'ispirazione sottesa all'arte festosa del Tiepolo (pagina 323). Più inaspettatamente, egli influenzò pittori ottocenteschi, tra i quali Delacroix (pagina 275), alla ricerca del segreto cromatico della luce del giorno.

Come vediamo in questa splendida pittura di storia, il Veronese accosta tra loro tinte riccamente sature – intensi rossi, verdi, arancio, oro, bruno, azzurro cenere e violetto – nelle zone ombreggiate, diluendole in quelle lumeggiate. Capovolgendo le convenzioni, egli usa addirittura un rosso acceso in ombra 'dietro' una figura più scura, nel paggetto accaldato genuflesso vicino al centro della composizione. Il bianco collo di ermellino della donna e, in misura minore, le lumeggiature bianche sulla manica servono a 'respingere indietro' il suo abito vermiglio. Grazie a questi accorgimenti, i dipinti del Veronese sembrano riflettere la luce solare anche in ombra senza alcuna perdita di modellato o di recessione spaziale.

Gli abiti dei protagonisti di questo episodio di storia antica, dipinto per un palazzo della famiglia Pisani, sono un misto di foggia contemporanea e costumi; il collo e la cappa di ermellino delle mogli dei dogi veneziani, una moderna armatura da torneo e un costume militare romano da melodramma: anacronismi, questi, che vengono identificati con la Venezia del Veronese allo stesso modo in cui i collari 'alla Van Dyck' evocano la corte di Carlo I d'Inghilterra (pagina 193). La scena è, in primo luogo, un'illustrazione della magnanimità di Alessandro il Grande. Sconfitto il re persiano Dario presso Isso, Alessandro risparmiò la madre, la moglie e i figli del nemico, e fece loro sapere che Dario era vivo, assicurandoli che le loro regali persone sarebbero state rispettate. Il mattino seguente egli si recò a visitarli in compagnia di Efestione, suo generale e amico carissimo. Quando entrarono nel padiglione reale, la regina madre, Sisysgambis, si prostrò di fronte a Efestione che, apparendole come il più alto dei due, aveva scambiato per Alessandro. Efestione si ritrasse, un attendente rettificò l'errore, ma lo stesso Alessandro, nobilmente, alleviò l'imbarazzo della donna dicendo: 'Non v'è errore alcuno, poiché anch'egli è un Alessandro.' I gesti di Sisysgambis e del cortigiano verso la bellissima moglie di Dario potrebbero riferirsi al tema secondario dell'epocale 'temperanza' di Alessandro, che si astenne dal reclamare la regina persiana come sua concubina.

L'enorme tela doveva essere destinata a una collocazione superiore all'altezza d'uomo, poiché il Veronese ha diposto le figure – alcune delle quali certamente ritratti di membri della famiglia – proprio sul bordo della pittura, in tre gruppi, su una terrazza davanti a un colonnato dipinto con stesura sottile (lo sfondo architettonico è stato alterato nel corso dell'esecuzione pittorica). L'eloquenza del dipinto ci coinvolge nella confusione della regina madre: è Alessandro quello che vediamo abbigliato in rosso imperiale, che indica Efestione e rassicura la regina, oppure il Veronese ha voluto favorire la magnificenza, a spese della statura, raffigurando Alessandro nel generale stremato dalla battaglia con il mantello dorato che conferma la propria identità (si veda il dettaglio a pagina 13)?

Paolo Veronese 1528?–1588

Allegoria d'Amore, II ('Disinganno')

Metà del settimo decennio del Cinquecento. Olio su tela, 187 x 188 cm

Questa pittura fa parte di una serie di quattro tele che rappresentano diversi attributi dell'amore, o forse diversi stadi dell'amore, culminanti nella 'Felice Unione'. Si tratta chiaramente di quattro scomparti della decorazione di un soffitto (si veda anche pagina 323), forse collegati a una camera nuziale. Veronese usò questo genere di 'prospettiva obliqua' nella decorazione di soffitti a Venezia: l'angolo dello scorcio corrisponde a un punto di vista obliquo dal basso verso l'alto, che evita l'estrema distorsione cui le figure sarebbero state sottoposte se collocate direttamente sopra la testa dell'osservatore. Nel 1637 le quattro allegorie, ora tutte alla National Gallery, erano registrate come appartenenti alla collezione praghese dell'imperatore Rodolfo II, il grande mecenate dell'epoca, che probabilmente le commissionò.

L'aspetto dei quattro dipinti denota gli effetti deleteri dell'irreversibile scolorimento dello smaltino – un pigmento azzurro non molto costoso composto di vetro polverizzato colorato con ossido di cobalto – usato per dipingere il cielo, che ora, perduto l'azzurro intenso originario, si presenta di un grigio pallido. Con il tempo, alcuni resinati di rame del fogliame si sono ossidati assumendo una colorazione bruna. Per molti aspetti questa tela è la meglio conservata delle quattro; di certo è quella in cui la mano del Veronese prevale sugli interventi dei suoi aiuti di bottega.

Come si addice a un'allegoria, il significato del dipinto deve essere decifrato. Un uomo quasi nudo giace dimenandosi sopra la cornice di un'architettura fatiscente – forse un altare – di fronte a una statua, in una nicchia, che tiene un flauto di Pan appoggiato contro la coscia pelosa. Il torso di marmo sulla sinistra della statua ha i lineamenti caprini di un satiro. Queste sono le rovine di un tempio dedicato alle divinità pagane della sessualità sfrenata (si vedano anche le pagine 159 e 225). Cupido percuote l'uomo spietatamente con il suo arco, osservato da due donne: una fulgida bellezza con il seno scoperto in abito

rigato d'argento, con manto rosa e giallo, affiancata da un'accompagnatrice bruna. Avvolta nel suo mantello verde, quest'ultima ha in grembo un animaletto bianco: è un ermellino, simbolo di castità, che si pensava preferire la morte all'impudicizia. Il senso complessivo della figurazione, dunque, è chiaro. L'uomo è stato preso da desiderio carnale per una donna sensuale ma casta, e per questo viene punito. Ma la mera traduzione verbale non rende neppure lontanamente giustizia alla scena immaginata con tanto vigore e arguzia dal Veronese: il feroce e paffuto Cupido a gambe divaricate sulla sua sventurata vittima; la 'donna fatale' che, sprezzante, si stringe addosso la tunica.

ALA NORD
La pittura dal 1600 al 1700

Un visitatore che, dalla Sala Wohl (Sala 9), si rechi all'Ala Nord per ammirare i quadri del Seicento potrà rimanere sorpreso trovandosi di fronte, nella piccola ottagonale Sala 15, a una scena costiera e a una drammatica veduta di un porto del pittore inglese ottocentesco Turner. L'anomalia si spiega con una clausola del testamento di Turner, con la quale egli donava alla National Gallery i suoi *Sole che sorge attraverso il vapore* e *Didone fonda Cartagine* a condizione che essi fossero esibiti tra i luminosi *Porto di mare con l'imbarco della Regina di Saba* e *Paesaggio con lo sposalizio di Isacco e Rebecca* di Claude. Il *Didone fonda Cartagine* di Turner è stato annoverato tra le sue più ambiziose imitazioni di Claude, ma disponendo che le due opere fossero esposte congiuntamente Turner ha fatto ben più che riconoscere il proprio debito verso il suo grande predecessore o cercare un paragone diretto con lui. Egli ha accreditato al Seicento la creazione della pittura di paesaggio come forma artistica.

Molto amata dai collezionisti inglesi, la pittura di paesaggio costituisce una parte importante delle opere presenti nell'Ala Nord, rappresentativa dell'ampio repertorio del genere e della sua proliferazione sia a nord che a sud delle Alpi. Le vedute esterne di questo periodo possono essere documenti topografici di località reali oppure invenzioni immaginarie, di interesse locale o di atmosfera esotica, e possono presentare scene di tempesta o di sereno, invernali oppure estive, puramente paesaggistiche o adottate come ambientazioni di episodi narrativi. Tutti i paesaggi, tuttavia, affrontano problemi figurativi comuni: quelli dell'evocazione della distanza e della rappresentazione della luce all'aria aperta. Chiunque sia interessato alla pittura o alla fotografia panoramica farebbe bene a studiare le soluzioni dei paesaggisti seicenteschi: l'uso della figura umana come indice di scala; degli alberi o di architetture elevate in primo piano come strumento utile nel 'respingere' lo sfondo e il cielo; e i modi in cui l'altezza dell'orizzonte e la collocazione del punto di fuga influenzano il rapporto tra lo spettatore e la veduta.

Allo stesso modo in cui le dimensioni e il formato di un paesaggio pittorico si correlavano al suo contenuto, alla sua funzione o presunta destinazione, così una scena pittorica narrativa poteva variare nelle proporzioni, e la questione della scala assunse un'importanza particolare nel Seicento. (È possibile rendersi davvero conto delle proporzioni soltanto guardando le opere originali, ma i lettori che non si trovino nella Galleria possono comunque cercare di visualizzare le dimensioni dei dipinti in base alle misure riportate sotto ciascuna illustrazione.) Nel Medioevo e nel Rinascimento la teoria artistica italiana e italianizzante aveva favorito il grande formato dell'opera pittorica (anche quando le singole componenti, come gli scomparti di una predella, erano di dimensioni ridotte). Le pitture murali, le pale d'altare e i ritratti a grandezza naturale, generi legati agli edifici pubblici e ai palazzi principeschi, erano accessibili, almeno in teoria, all'intera comunità; e dunque contribuivano a formare e a diffondere valori comuni o a trasmettere i valori di una classe dirigente. L'autore di pitture di grande formato poteva dunque aspirare a esercitare una certa influenza sui propri concittadini non meno di un legislatore, di un oratore o di un predicatore. Il pittore di opere di piccolo formato destinate al possesso privato, al contrario, anche quando offriva immagini devozionali, sembrava soddisfare primariamente un desiderio di lusso personale, come poteva fare un orafo o un maestro mobiliere. Era questa distinzione di finalità a segnare il confine tra ciò che oggi potremmo chiamare 'la grande arte' e il 'mero artigianato'. Se è vero che molti pittori del Rinascimento italiano operarono tanto nella sfera pubblica quanto nella privata, la rivendicazione di uno *status* artistico e sociale tendeva a dipendere dalla loro abilità nel disegno o nell'esecuzione di commissioni monumentali. E benché questi concetti si sviluppassero più lentamente nell'Europa settentrionale, essi influenzarono gli artisti e i mecenati che venivano a contatto con l'arte e la teoria artistica italiana.

La crescente stratificazione della società urbana, la nascita del collezionismo privato, l'importazione di piccoli dipinti dal Nord e l'arrivo in Italia di artisti nordici furono tutti elementi che contribuirono a modificare la visione artistica italiana, come pure vi contribuì il diffondersi tra i cattolici, in quest'epoca di Riforma e di Controriforma, di manifestazioni ostentate della religiosità personale. Alla fine del Seicento, artisti quali il fiorentino Carlo Dolci erano particolarmente stimati nei circoli aristocratici per le loro preziose opere di piccole dimensioni destinate al culto privato. E tuttavia, l'italo-fiammingo Rubens, resistendo alla classificazione di 'specialista nordico', insisteva sulla propria abilità nella pittura su vasta scala. Luca Giordano, che si cimentò anche nella pittura a fresco direttamente su soffitti e pareti, realizzò gigantesche pitture di cavalletto di tema mitologico e biblico come decorazioni murali per palazzi privati. Altri artisti italiani e italianizzanti, nel corso del secolo, mantennero la scala legata all'arte pubblica anche in dipinti di moderate dimensioni riservati a collezioni private. Caravaggio, Reni, Guercino, Rembrandt, ter Brugghen e altri dipinsero scene narrative da un punto di vista molto ravvicinato con mezze figure a grandezza naturale. La ridefinizione del concetto di 'pittura di storia', che accolse infine i dipinti di cavalletto eseguiti per un'ambientazione domestica, con figure più piccole del naturale, si deve soprattutto agli sforzi di un francese, Nicolas Poussin, artista pressoché autodidatta e, secondo i criteri italiani, di scarso successo nella pittura murale e nei dipinti d'altare. Moltissime opere della sua maturità furono inviate a committenti in Francia; se lì influenzarono la formazione dell'arte accademica, esse lasciarono il segno anche su alcuni pittori italiani: il Cavallino, ad esempio, una delle cui rare pitture è esposta nella Sala 32.

I ritratti ufficiali di regnanti, di ecclesiastici e di nobili – gli imponenti 'ritratti di stato' internazionali che acquistarono importanza sempre maggiore nel corso del secolo – erano, come d'altra parte sono quasi sempre anche tuttora, a grandezza naturale, se non maggiore. Straordinari esempi del genere provenienti da tutt'Europa, di Van Dyck, Velázquez, Rembrandt e altri artisti, sono esposti nell'Ala Nord. Affascinanti in sé, e per gli ideali e gli schemi formali che le accomunano, queste opere ci conducono, paradossalmente, verso un altro fenomeno seicentesco che qui si palesa: lo sviluppo di nuove scuole pittoriche nazionali. Senza sminuire la costante vitalità dell'arte italiana, né i successi dei grandi pittori fiamminghi o dei pittori francofoni attivi in Francia e in Italia, si può senz'altro dire che le scuole più innovative e originali del Seicento siano quella spagnola e quella olandese.

Alla National Gallery, la pittura anteriore al 1600 in Spagna è rappresentata primariamente dallo splendido *San Michele* di Bermejo nell'Ala Sainsbury, acquisito solo nel 1995, e dalle poche opere del Greco raccolte nell'Ala Ovest; e se tali dipinti non rendono giustizia alla ricchezza artistica della penisola iberica in questo periodo, essi indicano comunque che il culmine della fioritura dell'arte spagnola viene raggiunto solo dopo il 1600, nel 'siglo de oro'. Influenzato dalle stampe provenienti dai Paesi Bassi e dai dipinti italiani, in particolare dalle opere del Tiziano presenti nelle collezioni reali spagnole, e patrocinato da un monarca amante delle arti, Velázquez diventò il pittore forse più originale e toccante dell'epoca. Esempi superbi dell'intero repertorio della sua opera, compreso l'unico nudo femminile sopravvissuto, la 'Venere di Rokeby', sono qui accessibili al visitatore. Quasi altrettanto avvincenti appaiono i dipinti di Murillo e Zurbarán, realizzati soprattutto su richiesta dei numerosi ordini religiosi presenti in Spagna e nei territori spagnoli del Nuòvo Mondo.

Le divisioni religiose accelerarono il declino dell'impero asburgico nei Paesi Bassi; le regioni meridionali rimasero sotto il dominio spagnolo e cattoliche. La formazione di uno stato olandese, una nazione pluralista unita sotto il vessillo del calvinismo, nelle regioni settentrionali ebbe come conseguenza la fine pressoché completa del mecenatismo della Chiesa in quest'area e una radicale ridistribuzione della produzione artistica. Nacquero nuove forme figurative, mentre quelle tradizionali assunsero connotazioni particolari: troviamo dunque vedute paesaggistiche o marine locali che celebrano l'identità nazionale e i nuovi conseguimenti di un paese costituitosi con notevoli sforzi; paesaggi urbani o vedute architettoniche di candide chiese protestanti; scene moraleggianti di 'vita quotidiana'; nature morte in cui, similmente, si combinano sentimenti di compiacimento e di ammonimento; scene di soggetto militaresco ambientate in interni di caserme. In una società nella quale l'alfabetizzazione veniva incoraggiata affinché tutti potessero leggere la Parola di Dio, e che si identificava con il Popolo Eletto di Dio, anche gli episodi più oscuri dell'Antico Testamento trovarono larga diffusione, ciò che non accadeva invece nei paesi cattolici, dove i laici venivano scoraggiati dalla lettura della Bibbia. La ritrattistica aveva sempre grande importanza, qui come altrove, sebbene anch'essa assumesse funzioni differenti, principalmente nell'ambito familiare e corporativo.

Quasi tutti questi generi – ad eccezione dei ritratti della milizia e di altri gruppi istituzionali – sono rappresentati nell'Ala Nord, come pure le opere dei pittori olandesi italianizzanti attivi nella fedelissima città cattolica di Utrecht. Soprattutto, l'ala ospita un cospicuo numero di dipinti di Rembrandt, artista olandese e tuttavia erede di tutti i tratti più universali della tradizione europea: piccole scene profondamente sentite della vita di Cristo, la *Giovane donna che si bagna in un ruscello* dal delicato erotismo, il grandioso *Festino di Baldassar*, ritratti eseguiti su commissione, e autoritratti di una giovinezza spavalda e di una vecchiaia disillusa.

Hendrick Avercamp — 1585–1634

Scena sul ghiaccio nei pressi di una città

Circa 1615. Olio su tavola di quercia, 58 x 90 cm

Avercamp, anche noto a causa della sua menomazione come 'il sordomuto di Kampen', trascorse gran parte della propria esistenza in un quieto angolo di provincia sullo Zuider Zee, dove suo padre esercitava la professione di farmacista. Qui egli realizzò numerosi disegni colorati – raffiguranti gruppi di persone impegnate in svaghi invernali, pescatori e contadini – sui quali basò il suo repertorio pittorico. Le scene invernali nelle quali Avercamp si specializzò sono così vivide da farci immaginare che l'artista le avesse realizzate all'aperto; in realtà, come tutti i dipinti molto rifiniti di questo periodo, esse sono state composte in studio.

La pittura di paesaggio invernale ebbe inizio con l'opera dei miniaturisti borgognoni del Quattrocento, che rappresentavano nei calendari le attività umane legate ai diversi mesi del anno, mostrando l'armonia tra il lavoro dell'uomo e i cicli naturali. Il tema fu ripreso nella pittura di cavalletto e nelle stampe dell'artista fiammingo cinquecentesco Pieter Bruegel (pagina 106) e dei suoi epigoni, e le opere giovanili di Avercamp, come la circolare *Scena invernale con pattinatori nei pressi di un castello*, anch'essa esposta alla National Gallery, sono strettamente correlate a tali modelli. In questa pittura di anni più maturi, l'artista ha abbassato l'orizzonte e semplificato la composizione. Malgrado il suo apparente realismo, è improbabile che essa rappresenti un luogo reale.

Come la maggior parte degli altri dipinti di paesaggio olandesi di scala ridotta, le pitture di Avercamp non furono eseguite su commissione, ma per essere vendute sul mercato dell'arte. Esse dovevano avere un significato particolare per i loro proprietari originari, presumibilmente cittadini di moderata agiatezza amanti delle scampagnate. I paesaggi avrebbero certamente costituito un ricordo delle uscite all'aria aperta, ma questo dipinto fornisce anche l'occasione di documentare e ricordare che la loro terra nativa ora *apparteneva* agli uomini e alle donne olandesi in un senso diverso. Sotto la bandiera arancione, bianca e azzurra della Repubblica delle Province Unite – la confederazione di sette province dei Paesi Bassi settentrionali che si era effettivamente guadagnata l'indipendenza dal dominio spagnolo con la tregua del 1609 – appare uno spaccato della società olandese, unita e festosa. (La bandiera si intravede in lontananza, appena sotto l'orizzonte e a sinistra della guglia della chiesa.) Il vecchio isolato sulla destra evoca una personificazione dell'inverno nelle figurazioni allegoriche delle stagioni, mentre il teschio di un cavallo o di una mucca in primo piano potrebbe suggerire il motivo della transitorietà dei piaceri terreni; ma si tratta soltanto di dettagli marginali. Godendosi in pace i frutti della libertà e dell'operosità in terra e in mare – le barche da pesca sono immobilizzate dal ghiaccio – giovani e anziani, uomini, donne e bambini, contadini, nobili e pescatori, ognuno meticolosamente distinto per abbigliamento e portamento, pattinano o scivolano con le slitte sul ghiaccio. Numerosi gruppi di uomini in lontananza giocano a *kolf*, precursore olandese del moderno golf. Intenzionalmente o meno, Avercamp sembra avere basato la sua tavolozza sui colori della bandiera olandese – con la sola aggiunta del nero – poiché l'intero dipinto schiera sulla superficie combinazioni, modulate in svariate intensità, di rosso aranciato, bianco e azzurro, che progressivamente si sfumano verso la delicata cromia del distante cielo invernale.

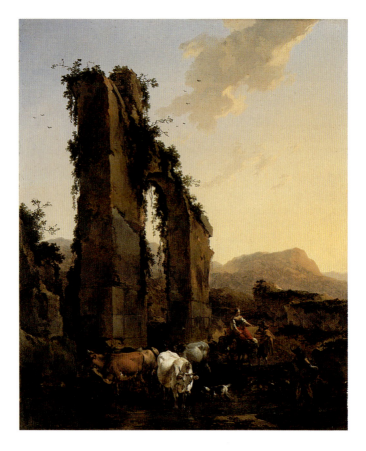

Nicolaes Berchem 1620–1683

Contadini con quattro buoi e una capra al guado
presso i resti di un acquedotto

1655–60? Olio su tavola di quercia, 47 x 39 cm
Figlio di un pittore di nature morte, Berchem appartiene alla seconda generazione dei paesaggisti olandesi cosiddetti italianizzanti. Pur avendo probabilmente avuto occasione di

visitare l'Italia, egli fu influenzato soprattutto dall'opera di artisti più anziani che dipingevano alla sua stessa maniera, specialmente di Jan Both (anch'egli rappresentato alla National Gallery). Indirettamente, il pittore deve molto a Claude Lorrain (pagina 184).

I poetici e immaginativi dipinti degli artisti olandesi italianizzanti furono all'epoca assai apprezzati, godettero del favore dei collezionisti del Settecento e del primo Ottocento per poi cadere in disgrazia fino agli anni '50 del nostro secolo, sebbene tuttora siano trascurati da molti visitatori delle gallerie d'arte. Sia che rappresentino un paesaggio olandese sotto cieli italiani sia, come in questo caso, un paesaggio italianizzante contemplato da occhi olandesi, il loro tema di fondo è sempre il vagheggiamento del Meridione da parte del nordico.

Questa piccola pittura di Berchem è un bell'esempio del genere. Il formato verticale, insolito per il paesaggio, è stato evidentemente scelto per enfatizzare l'altezza delle antiche rovine romane dove la Natura, incarnata nei rampicanti e nei virgulti, ha posto le proprie radici. L'orizzonte, e in corrispondenza il nostro punto di vista, è relativamente basso, cosicché lo spettatore guarda obliquamente attraverso l'unica arcata dell'acquedotto, mentre il cielo dalla straordinaria luminosità occupa gran parte dello spazio pittorico. La scena è raffigurata in controluce, come i paesaggi di Claude, e non vi è nello spazio dell'osservatore alcuna fonte luminosa secondaria che rischiari il primo piano disturbando l'unità della scena. Per assicurarsi che gli oggetti più vicini a noi godano di un certo risalto, tuttavia, Berchem ha inserito una mucca bianca.

Sebbene il bestiame da latte, fonte primaria di ricchezza e motivo d'orgoglio per gli olandesi, fosse un soggetto di particolare interesse per lo spettatore locale, l'abbigliamento dei contadini che riconducono gli animali verso casa è più simile alla foggia italiana contemporanea che non a quella nativa.

L'atmosfera del dipinto è stata definita pastorale, ma questi non sono i pastori e le pastorelle idealizzati dalla poesia pastorale; l'aura poetica della scena nasce dalla moderna presenza di queste figure, sotto il cielo meridionale, accanto alle antiche rovine.

Gerard ter Borch 1617–1681
Suonatrice di tiorba e due uomini

Circa 1667–8. Olio su tela, 68 x 58 cm

Molti artisti rappresentati alla National Gallery hanno dipinto magnifici rasi e sete (si veda, ad esempio, pagina 149), ma nessuno ha saputo rendere il raso con maggiore perfezione dell'olandese, e grande viaggiatore, Gerard ter Borch. Formatosi con il padre Gerard ter Borch il Vecchio, che in gioventù aveva vissuto in Italia, il precoce giovane pittore lavorò ad Amsterdam e a Haarlem prima di avventurarsi in Germania, in Italia, in Inghilterra, in Francia e in Spagna. Nel 1646 si recò a Münster, dove fu testimone della ratificazione del trattato del 1648 con il quale gli olandesi concludevano trionfalmente le guerre di indipendenza dalla Spagna; un evento che egli registrò in un minuscolo dipinto su rame ora nella Galleria, come pure in miniature individuali dei delegati. Nel 1654 l'artista si sposò e si stabilì, definitivamente, a Deventer.

Che siano ritratti a figura intera in miniatura, oppure scene – apparentemente – di vita quotidiana, le pitture di ter Borch si distinguono per la loro finezza tecnica e psicologica. Appare perciò strano che egli si sia in un primo tempo specializzato nella raffigurazione di guarnigioni militari, sebbene anche alla turbolenta atmosfera soldatesca egli apportasse un elemento di calma e di riflessione, come si vede nell'*Ufficiale che detta una lettera mentre un trombettiere attende*, anch'esso parte della Collezione. I suoi dipinti più noti, tuttavia, rappresentano eleganti interni con poche figure, una delle quali è solitamente una giovane donna abbigliata di un incantevole raso chiaro. Qui, in un corpino color avorio antico bordato di pelliccia e gonna bianca che mettono in risalto la sua capigliatura bionda, il

Suonatrice di tiorba e due uomini

piede poggiato contro un caldanino, essa suona la tiorba, una versione antica del liuto, accompagnando l'uomo che tiene in mano un libro di canzoni. Un altro uomo, avvolto in un mantello, sta a guardare, mentre uno spaniel pare intento ad ascoltare. Dietro il gruppo delle figure si intravede un letto con cortine. Sul pavimento, sotto il tappeto turco rosso che ricopre il tavolo, giace un'unica carta da gioco, il malaugurante asso di picche.

Sia la donna che il cantante appaiono in altri dipinti del pittore, come pure la scatola e il candeliere d'argento: è una scena di naturalismo 'selettivo', composta secondo l'immaginazione dell'artista con ingredienti tratti dal repertorio di disegni e di oggetti conservati in studio. Nella pittura olandese di questo genere l'esecuzione musicale è spesso evocativa dell'amore, mentre le carte da gioco possono essere emblemi di imprevidenza, i cani o gli scaldapiedi di desideri indecorosi. E tuttavia, sarebbe avventato interpretare questo sottile dipinto, di tonalità smorzata, come una scena di 'demi-monde'. Non potremo mai sapere quali rapporti intercorrano tra le tre figure; i loro pensieri e i loro sentimenti, suggeriti con tanta delicatezza, sono immensamente ambigui. E non c'è dubbio che questo fosse proprio l'intento dell'artista: richiamare eventi non chiaramente decifrati, seducenti nella loro evocazione di mutevolezza e di transitorietà.

Hendrick ter Brugghen   1588?–1629

Concerto

Circa 1626. Olio su tela, 99 x 117 cm

Un folto gruppo di pittori provenienti dalla vecchia città cattolica di Utrecht visitò Roma nei primi anni del Seicento. Essi vi trovarono, certo, gli splendori dell'antichità e del pieno Rinascimento, ma restarono ancor più colpiti dalla recente opera del Caravaggio (pagina 180) e dei suoi epigoni. Tra questi artisti-pellegrini olandesi c'erano ter Brugghen e van Honthorst (pagina 206), entrambi allievi del pittore di Utrecht Abraham Bloemaert, specializzato nelle scene narrative eroiche. Ter Brugghen fu il primo a dirigersi verso il Sud e il primo a ritornare in patria nel 1614. Nella sua breve carriera – la prima opera datata di cui siamo a conoscenza è del 1616 – egli dipinse soprattutto soggetti religiosi e mezze figure in scala naturale di musicisti e bevitori, individualmente o in gruppo. Molte di queste immagini, come il *Concerto*, esplorano gli effetti del lume di candela. Derivato sia da Caravaggio, sia dalla tradizione pittorica dei Paesi Bassi, questo tema divenne caratteristico dei pittori cosiddetti caravaggisti di Utrecht, attraverso i quali influenzò molti altri artisti olandesi, in particolare il giovane Rembrandt (pagina 227); e tuttavia pochi lo hanno trattato con la scioltezza e la delicatezza di ter Brugghen.

    I convegni musicali erano un importante tratto distintivo della vita domestica olandese, oltre che, meno rispettabilmente, di quella che si svolgeva nelle taverne e nei bordelli. Questa scena, comunque, non sembra essere una rappresentazione realistica di un concerto. Un fanciullo, con gli occhi fissi sul libro di canzoni illuminato dalla lampada a olio appesa alla parete, canta, battendo il tempo con la mano. Ma la suonatrice di liuto e il flautista hanno distolto l'attenzione dal loro compagno per rivolgersi verso lo spettatore. Mentre li osserviamo, ascoltando, siamo attratti nel caldo chiarore diffuso dalla fioca fiamma della candela. Le figure sono abbigliate in maniera esotica: la donna indossa il costume zingaresco delle indovine del Caravaggio, il suo compagno veste come uno dei giovani bellimbusti del Caravaggio, quegli sgherri al servizio dei potenti che giocavano d'azzardo, bevevano, frequentavano donne di malaffare e ingaggiavano schermaglie nelle strade e nelle piazze di Roma. Il suo berretto merlato, tuttavia, è ripreso dalle stampe di soldati e di damerini del secolo precedente, evocando la vecchia corte borgognona e un'età aurea dei Paesi Bassi. Entrambi gli strumenti presenti nel dipinto erano associati, nella poesia, nel teatro, e nelle arti visive, con un romantico mondo idealizzato di pastori e pastorelle; e un elemento di ambiguità tra il divertimento conviviale e l'idillio bucolico pervade la scena, nella luce vellutata e nelle marcate rotondità delle stoffe e delle carni, mentre i due strumentisti, senza interrompere il loro concerto, volgono in perfetto accordo e simmetria i loro volti di profilo.

Il dipinto celebra il potere della musica e la notte. Ter Brugghen ha usato il suo studio degli effetti della luce artificiale – così finemente distribuita tra il primo piano e lo sfondo, così realisticamente rappresentata nell'ombra del flauto sulla guancia dell'uomo – per evocare un incantato mondo notturno reminiscente delle quasi contemporanee commedie liriche shakespeariane, che egli, tuttavia, non poteva conoscere. Nella *Dodicesima notte*, mentre Sir Toby Belch e Sir Andrew Aguecheek bevono a tarda ora, il buffone Feste intona una canzone d'amore il cui verso finale potrebbe rappresentare un'appropriata didascalia per il dipinto: 'la giovinezza è un'ombra fuggitiva'.

Jan van de Cappelle 1626–1679

Imbarcazione olandese che tira una salva di saluto mentre una lancia si allontana, e molti piccoli vascelli all'ancora

1650. Olio su tavola di quercia, 86 x 114 cm

Nel 1567 un italiano in viaggio nei Paesi Bassi osservò che il mare poteva essere considerato non soltanto alla stregua di uno stato confinante, ma addirittura una provincia tra le altre. Nel 1594 il pittore di Haarlem Hendrick Vroom fu esentato dal servizio militare 'per via della sua straordinaria abilità nel dipingere soggetti marinareschi', e il suo biografo van Mander riporta che 'essendo la navigazione così diffusa in Olanda, la gente cominciò ad appassionarsi sempre più a questi dipinti di imbarcazioni.'

Là dove Vroom aprì la strada, altri seguirono, imparando a rappresentare in un'unica composizione vascelli veleggianti nello stesso vento; a osservare il vento e le condizioni meteorologiche; e, per la prima volta, a rappresentare accuratamente le nubi riflesse nell'acqua e sparse nell'intera 'volta celeste', che sembra estendersi dall'orizzonte dipinto fin sopra la testa dell'osservatore, non già come un semplice fondale bensì partecipe della medesima dimensione spaziale dell'acqua e delle imbarcazioni, in primo piano e nel piano intermedio.

Il più grande pittore olandese di marine fu Jan van de Cappelle, ricco erede dell'impresa di tintore del padre ad Amsterdam e appassionato collezionista di dipinti, disegni e acqueforti (possedeva circa cinquecento disegni di Rembrandt). Nell'arco della sua vita dipinse appena un paio di centinaia di quadri, due terzi dei quali erano vedute di estuari e di fiumi, sempre con acque calme, mosse, al più, da una leggera brezza. La National Gallery ne possiede nove. Si pensava che egli fosse un autodidatta, ma sappiamo che copiò paesaggi marini di pittori della generazione precedente.

Come tutti i pittori di marine olandesi, van de Capelle è meticoloso nella descrizione delle imbarcazioni. Qui un vascello che porta i colori olandesi e uno stemma a poppa spara a salve a mo' di saluto, mentre il trombettiere a bordo fa risuonare il suo squillo. È stato ipotizzato che l'uomo dai capelli grigi in piedi vicino alla poppa della lancia a remi (a destra in primo piano) sia Frederik Hendrik, principe d'Orange (morto nel 1647), e il giovane di fronte a lui sia suo figlio, il principe Willem II. Ma le figure non sono riconoscibili, ed è poco probabile che van de Capelle abbia voluto inserire il principe Frederik Hendrik, morto tre anni prima, in un quadro di questo genere, che non sembra illustrare un preciso evento storico. In primo piano sulla sinistra vediamo un battello di traghetto affollato di passeggeri che reca uno stendardo giallo e bianco; un cavallo bianco si sporge verso l'acqua come per bere.

Soggetto di questa veduta potrebbe essere semplicemente il sentimento di orgoglio patriottico suscitato dalla varietà di imbarcazioni della marina olandese che navigano sicure nelle acque costiere. Ma se confrontiamo questa pittura con la veduta fluviale dai vivaci colori di Salomon van Ruysdael (pagina 243), ci rendiamo conto che il suo vero tema è la variazione tonale nell'ambito di un'unità cromatica: i colori della bandiera olandese – l'arancione, il bianco e l'azzurro attenuati in bruno fulvo, bianco-grigio e azzurro plumbeo come da un velo di umidità nell'aria – si dispiegano sull'intera scena: sopra le imbarcazioni, le vele e le figure, sopra le nubi, il cielo e l'acqua, sopra i riflessi vitrei o tramati di scuro. I vascelli e le nuvole solcano la tela, veleggiando attraverso la caligine luminosa in solenne armonia.

Caravaggio   1571–1610

Cena in Emmaus

1601. Olio su tela, 141 x 196 cm

Forse nessun artista è ben documentato negli archivi criminali quanto Michelangelo Merisi, il pittore lombardo di Caravaggio che si aggirava per le strade di Roma con una spada al fianco, che scagliò contro un servitore un piatto di carciofi, combatté in duello e uccise un uomo. Costretto a lasciare Roma, si unì ai Cavalieri di Malta, insultò un superiore, evase di prigione, fu sfigurato dai sicari dei suoi nemici, e morì di una febbre maligna presso Porto Ercole mentre la nave che doveva ricondurlo verso Roma, e verso il perdono papale, prendeva il mare con a bordo tutti i suoi averi. Alcuni hanno voluto scorgere nei dipinti dai toni cupi del Caravaggio un riflesso della sua esistenza; alcuni hanno ritenuto che, rappresentando i santi come rozzi proletari contemporanei, egli finisse coll'annichilire l'arte. La verità è certamente più complessa.

Quando Caravaggio giunse a Roma in cerca di impiego, il suo stile non era così aspro e oscuro come sarebbe diventato in seguito. Egli era specialista delle nature morte, come quella che vacilla sul bordo del tavolo a Emmaus, sul punto di cadere in grembo allo spettatore, oltre che in scene di bari al gioco delle carte e in ritratti di aitanti fanciulli che posano come Eros o Bacco, allegorie della Musica o del Senso del tatto (quali il *Ragazzo morso da un ramarro* anch'esso nella Galleria). La sua tavolozza era limpida, la sua pittura religiosa poetica. Col tempo egli trovò mecenati tra i raffinati prìncipi della Chiesa e l'aristocrazia, ed ebbe occasione di cimentarsi in pale d'altare e pitture narrative di tema religioso. Forse subì una conversione, benché i documenti non ne parlino. Forse si ricordò dell'arte a Milano, città nella quale aveva svolto il proprio apprendistato, dove la 'tenebrosa' maniera di Leonardo era stata recentemente riscoperta e un nuovo clima di riforma e religiosità imponeva atteggiamenti quotidiani e abiti modesti nelle immagini religiose. A partire dal 1600 circa, con l'eccezione di alcuni ritratti, egli non avrebbe più dipinto un soggetto secolare, e a breve distanza dalla sua fuga da Roma anche le nature morte cessarono di apparire nella sua opera.

Questo dipinto si colloca al punto di svolta che separa le opere giovanili da quelle della maturità (quali *Salomè riceve la testa di San Giovanni Battista*, esposto non lontano). Il soggetto è la prima miracolosa apparizione di Cristo ai discepoli dopo la Resurrezione, dal Vangelo di San Luca (24:13–31). Uno sconosciuto pellegrino si è unito a Clèopa e al suo compagno di viaggio diretti a Emmaus. Quando egli pronuncia la preghiera di benedizione e spezza il pane – come aveva fatto durante l'Ultima Cena – essi lo riconoscono come Cristo. Caravaggio segue l'esempio del Tiziano (pagina 158) e di altri pittori veneziani mostrando il gesto di benedizione di Cristo. Il suo Cristo è senza barba, come quello del perduto *Cristo tra i dottori* di Leonardo (si veda la versione del Luini esposta nella Galleria) o quello di Michelangelo nel *Giudizio universale*. Il discepolo sulla destra porta la conchiglia di pettine, simbolo dei pellegrini. La manica di Clèopa è strappata. Come nel *Cenacolo* di Leonardo, cui la composizione si ispira, la luce passa attraverso la caraffa posandosi sulla tovaglia, che si riflette a sua volta nel piatto di ceramica. Il gomito di Clèopa e il braccio dell'altro discepolo bucano la superficie della tela; e noi ci sentiamo invitati a partecipare alla scena. Tanto possente è l'illusione realistica del dipinto da oscurarne l'artificio. Poiché, nella realtà, la luce violenta avrebbe proiettato l'ombra dell'oste sul volto di Cristo, che qui resta invece radioso.

Annibale Carracci 1560–1609
'Domine, quo vadis?'

1601–2. Olio su tavola, 77 x 56 cm

'Così quando la pittura volgevasi al suo fine, ... piacque a Dio che nella città di Bologna, di scienze maestra e di studi, sorgesse un elevatissimo ingegno, e che con esso risorgesse l'arte .... Fu questi Annibale Carracci ...', scriveva un biografo nel 1672. Annibale, il membro più giovane di un'impresa familiare di artisti della quale facevano parte suo cugino Ludovico e suo fratello Agostino, fu uno dei maggiori pittori italiani. Ma la sua 'riforma' dell'arte, caduta in una manierata ripetizione di formule michelangiolesche (pagina 133), fu resa possibile da un nuovo clima culturale e dalla particolare collocazione di Bologna sulla mappa artistica italiana. Dopo il Concilio di Trento i capi della Chiesa raccomandarono un ritorno ad antichi ideali di decoro, chiarezza e coinvolgimento emotivo nell'arte religiosa. La città di Bologna guardava simultaneamente alla Lombardia, con il suo doppio retaggio di realismo e influenza leonardesca (pagine 136, 54), a Venezia, dove il Veronese era ancora attivo (pagina 165), al settentrione transalpino della Germania e delle Fiandre, e all'Italia centrale. Le chiese della vicina Parma contenevano affreschi e pale d'altare del Correggio (pagina 108). I Carracci, tanto appassionati del disegno, si dice, da consumare i pasti con la matita in mano, trassero ispirazione da tutte queste fonti e fondarono un'accademia nella quale venivano discusse questioni teoriche e i pregi dei diversi artisti e delle scuole.

Annibale, chiamato a Roma da un potente mecenate, vi rimase a capo di un attivo studio e come principale paladino della fazione che si opponeva al Caravaggio. L'antagonismo tra i due artisti è stato esagerato dalle generazioni successive, e tuttavia è innegabile che, a differenza del Caravaggio, Annibale temperasse il realismo con la lezione raffaellesca (pagine 86, 146). A questi ingredienti, come si può vedere qui in maniera assai intensa, egli aggiunse la sensibilità veneziana per il potenziale espressivo del paesaggio e della luce (si veda anche Elsheimer, pagina 113).

Questo piccolo dipinto fu commissionato a Roma da papa Clemente VIII, o da suo nipote il cardinale Pietro Aldobrandini, in onore del santo omonimo di quest'ultimo. Secondo la leggenda, Pietro fuggì da Roma durante le persecuzioni dei cristiani da parte di Nerone. Lungo la Via Appia, egli incontrò Cristo che portava la croce, e alla domanda 'Domine, quo vadis? – Signore, dove vai?' – il Salvatore rispose che, avendo Pietro abbandonato il

'Domine, quo vadis?'

suo gregge, egli stava tornando per farsi nuovamente crocifiggere. Pietro invertì allora il suo cammino e andò incontro al martirio.

L'osservatore procede sulla Via Appia insieme a Pietro o, ancora più precisamente, egli *è* Pietro stesso che incontra Cristo. La base della croce sporge dalla tavola pittorica, la mano di Cristo indica in direzione dello spazio esterno al dipinto e le ombre che egli proietta attestano la corporeità della figura che avanza verso di noi. Mentre il piede sinistro di Pietro ha conservato la sua posizione originaria, il resto del corpo ha subìto dei mutamenti nel corso dell'esecuzione pittorica: la figura è stata spinta verso il bordo destro della tavola in un gesto che esprime un misto di terrore e di sottomissione, ciò che non soltanto ne acuisce la profondità emotiva rispetto alla posa precedente, ma apre anche un varco alla nostra implicita presenza. L'atletico corpo di Cristo è definito da contorni netti, e tuttavia la sua modellatura interna è sottilmente realistica, ondulata dal movimento dei muscoli e dall'angolo di incidenza della luce sulle superfici. È evidente che questa figura è basata su un modello reale, poiché le mani e la parte inferiore delle gambe sono più abbronzate rispetto al torso e alle cosce, sebbene il volto che si volge verso Pietro, sotto la corona di spine, sia una maschera idealizzata di *pathos*. Nonostante la duplice illuminazione sulla scena, dallo sfondo e in primo piano, uno stesso sole sembra riscaldare il cielo, gli alberi, i campi e i templi romani, come pure i panneggi cremisi, bianchi, azzurri e dorati, le chiavi metalliche, le carni, giovanili o attempate, le capigliature, castana o incanutita, dei due viandanti, al bivio tra tempo ed eternità.

Philippe de Champaigne   1602–1674
Il cardinale Richelieu

Circa 1637. Olio su tela, 260 x 178 cm

Nato a Bruxelles, Philippe de Champaigne si stabilì a Parigi nel 1621 per diventare uno dei maggiori artisti della città, dipingendo ritratti e composizioni di carattere religioso per la regina madre, Maria de' Medici, per la corte di Luigi XIII, per l'amministrazione cittadina, per prestigiose congregazioni e per clienti privati. Artisticamente educato nelle Fiandre e influenzato dai suoi compatrioti Rubens e Van Dyck (pagine 235, 193), col tempo egli rifiutò la vivida magniloquenza del loro stile a favore di un linguaggio più severo e naturalistico. Il mutamento si rende particolarmente manifesto dopo il 1645, quando egli cominciò a simpatizzare per le rigorose dottrine del teologo cattolico olandese Cornelis Jansen, praticate presso il convento parigino di Port-Royal dove Champaigne mandò a scuola entrambe le figlie.

È tuttavia evidente che il modello di questo grandioso ritratto non sia uno dei patrocinatori giansenisti dell'artista: mentre questi vestono sobriamente di nero, il cardinale è abbigliato in un magnifico cremisi; e dove essi appaiono contro un uniforme fondale grigio, egli posa in una splendida sala davanti a un sontuoso drappeggio barocco, oltre il quale si intravede uno scorcio dei giardini del suo castello. Si tratta di Armand-Jean di Plessis, duca di Richelieu (1585-1642), cardinale, primo ministro del re e virtuale sovrano della Francia dal 1624 fino alla sua morte. Richelieu consolidò i poteri centrali della corona e sedò la ribellione degli ugonotti; creò la marina mercantile francese ed efficenti flotte da combattimento nell'Atlantico e nel Mediterraneo. A terra, sfidò la potenza dell'impero asburgico. Per i lettori di Alexandre Dumas, egli sarà sempre l'arrogante antagonista, e talvolta protettore, dei (quattro) *Tre moschettieri*; ma Dumas aveva i ritratti del cardinale fatti da Champaigne cui ispirarsi per creare il suo indimenticabile personaggio.

Non potendo farsi ritrarre come monarca, Richelieu posa nell'atteggiamento tradizionalmente connotativo dei re francesi. (Neil MacGregor mi ha fatto osservare quanto sia raro per un cardinale essere raffigurato in piedi: 'come le donne, essi stavano sempre seduti'; un'eccezionale figura femminile in posizione eretta appare, tuttavia, a pagina 128.). Richelieu porta l'ordine cavalleresco del Santo Spirito, il cui nastro azzurro marezzato contrasta con il candido lino inamidato del colletto e il raso cremisi del mantello. Invece di un bastone o di una canna, egli tiene nella mano destra, allungata in un gesto piuttosto rigido, una berretta prelatizia scarlatta. Questo oggetto straordinario sembra fluttuare verso la superficie del dipinto sfidando la logica spaziale; e mentre esso cattura ipnoticamente il nostro sguardo, prendiamo coscienza del suo tacito messaggio. Champaigne ne mostra meticolosamente la fodera interna colpita dalla luce, attirando così l'attenzione sul nostro punto di vista obliquo rivolto verso l'alto, un fenomeno ottico sottolineato dalla posizione abbassata della linea dell'orizzonte in lontananza. Contempliamo Richelieu dal basso, e il suo volto si configura come il vertice distante di una piramide allungata, dalle cui pareti cade come lava il lucente panneggio. Benché rimpicciolito in scala per via della distanza che ci separa dal modello, il volto non ha subito alcuna deformazione di scorcio (si veda anche pagina 196), come le maestose immagini del Cristo Pantocratore nelle absidi delle chiese bizantine. Ma mentre queste icone spirituali ci guardano intensamente negli occhi, il ministro del re rivolge fissamente il suo piglio altero fuori della tela, permettendoci di guardarlo ... come un gatto potrebbe guardare un re.

Claude Lorrain 1604/5?-1682

Porto di mare con l'imbarco della regina di Saba

1648. Olio su tela, 148 x 194 cm

Quando Claude Gellée giunse fanciullo a Roma dalla nativa Lorena, forse per lavorare come garzone pasticcere, la pittura di paesaggio era ormai una specialità riconosciuta (si vedano Patenier, pagina 142; Annibale Carracci, pagina 181, Domenichino, pagina 190, Elsheimer, pagina 113). Ma Claude avrebbe superato tutti i suoi predecessori nella pratica di questo genere pittorico. Le sue poetiche reinvenzioni di un'età aurea, apprezzate da una colta clientela aristocratica, furono composte in studio sulla base di disegni eseguiti all'aperto, a Roma e nella campagna circostante o nel golfo di Napoli. Il pittore tedesco Sandrart, che lo accompagnava nelle sue escursioni dedicate alla raccolta di schizzi dal vero, descrive i suoi metodi di lavoro:

> [Claude] ... dipingeva soltanto, su scala ridotta, la veduta dalla media alla più remota distanza, rendendola più rarefatta verso l'orizzonte e il cielo ... [egli costituisce un esempio per tutti] di come si possa organizzare un paesaggio con chiarezza, osservare l'orizzonte e far declinare ogni cosa verso di esso, conservare la giusta proporzione tra il colorito e la profondità, rappresentare ogni volta in modo riconoscibile il momento o l'ora del giorno, armonizzare perfettamente l'insieme accentuando fortemente la parte frontale e sfumando quella più arretrata in proporzione ...

L'influenza di Claude fu senza dubbio pervasiva, soprattutto nell'Inghilterra del Settecento, dove incise non soltanto sulla pittura e sul collezionismo, ma addirittura sulla visione stessa del paesaggio naturale e sulla progettazione di quello artificiale.

    Al pari di molte delle pitture di Claude, il *Porto di mare con l'imbarco della regina di Saba* fu concepito come un elemento di una coppia di dipinti; l'altro, il *Paesaggio con lo sposalizio di Isacco e Rebecca* ('Il mulino'), si trova anch'esso alla National Gallery. Essi furono commissionati da Camillo Pamphilj, nipote di papa Innocenzo X. Prima che queste tele di eccezionali dimensioni fossero completate, Pamphilj rinunciò alla sua dignità di cardinale per convolare a nozze, e fu espulso da Roma in disgrazia; i dipinti furono portati a compimento per il duca di Bouillon, generale francese delle armate papali. Entrambi fanno riferimento (attraverso iscrizioni, unici indizi disponibili in relazione ai loro soggetti) a storie dell'Antico Testamento – a quell'epoca ritenute particolarmente adatte alla decorazione pittorica di palazzi cardinalizi – che avevano come tema l'amore, o la stima, tra uomini e donne e descrivevano viaggi fatidici. La maggior parte degli ecclesiastici contemporanei avrebbe interpretato i racconti come simbolici dell'unione tra Cristo e la Chiesa; ma Pamphilj intendeva, forse, fare un velato riferimento al proprio amore per Olimpia Aldobrandini.

    Claude, seguendo il suo metodo abituale, armonizza e contrasta simultaneamente i due dipinti: lo *Sposalizio di Isacco e Rebecca* presenta un paesaggio in un pomeriggio di fine estate; l'*Imbarco* una veduta costiera, dipinta nella luce delle prime ore del mattino come tutti gli *Imbarchi* di Claude. Il viaggio che la Regina di Saba intraprese per terra 'con cammelli carichi ... d'oro in grande quantità' per fare visita a re Salomone (1 Re:10:1–2) si trasforma in un viaggio immaginario dell'osservatore, che lascia il porto per veleggiare in mare aperto verso la luce. (La regina, una figurina vestita di rosso, scende le scale per raggiungere la barca a remi che la condurrà al suo vascello ormeggiato sull'orizzonte.)

    La raffigurazione del sole in un'opera pittorica fu la maggiore innovazione introdotta dal giovane Claude. Collocato precisamente a metà altezza della tela, in questa che è la più maestosa delle sue composizioni ambientate in un porto di mare, il sole è la base della sua unità pittorica, poiché tutti i colori e i toni del dipinto sono stati adeguati in relazione ad esso; le impronte delle dita e del palmo della mano di Claude si possono rilevare in molti punti del cielo, dove l'artista ha sfumato le transizioni da uno stadio al successivo. Il ragazzo steso sulla banchina si scherma gli occhi dal bagliore del sole, i cui raggi dorano gli spigoli arrotondati della colonna scanalata e del capitello corinzio accanto a lui.

Claude Lorrain 1604/5?–1682

Veduta di Delo con Enea

1672. Olio su tela, 100 x 134 cm

Negli ultimi dieci anni della sua vita Claude dipinse sei episodi della storia di Enea, eroe dell'*Eneide* virgiliana, l'epica latina che descrive le leggendarie origini di Roma. A quanto pare il tema fu suggerito dallo stesso Claude. Il pittore decise di realizzare scene che non erano mai state illustrate; esse non formano una serie, né furono dipinte nell'ordine in cui appaiono nell'*Eneide*. Come riecheggiando i versi in cui Virgilio si presenta come 'quell'io che su gracile canna un tempo modulavo il canto [della poesia pastorale]', il Lorrain si risolse, all'età di sessantotto anni, a cantare le peregrinazioni del superstite 'che primo da Troia, per volere del fato, giunse errando ai lidi d'Italia'. I sei quadri dedicati alla storia di Enea, dei quali *Enea a Delo* è il primo, rappresentano la più personale realizzazione di Claude, e raggiungono una nobiltà di stile che è l'equivalente visuale della magnificenza del poema virgiliano.

Nel corso del quarto e del quinto decennio del Seicento, Claude aveva spesso illustrato le *Metamorfosi* di Ovidio, e furono forse proprio le *Metamorfosi* a originare il suo interesse per le avventure di Enea. Nel Libro XIII, Ovidio racconta la fuga dell'eroe da Troia in fiamme; il dipinto di Claude si basa più strettamente su questo passo che non sulla descrizione fatta da Virgilio nel Libro III dell'*Eneide*. Ovidio narra come, portando con sé le sacre immagini degli dei, il padre Anchise (l'uomo barbuto in azzurro) e il figlio Ascanio (il fanciullo sulla destra), Enea (con la corta tunica rossa):

> col favore dei venti e delle correnti, approda, insieme ai suoi compagni, nel porto dell'isola di Apollo. Qui Anio [in bianco sulla sinistra], bravo re con gli uomini, bravo sacerdote con Febo, lo riceve nel santuario e nella sua reggia e gli mostra la città e i famosi luoghi di culto e i due tronchi [d'ulivo e di palma] ai quali un giorno, al momento del parto [di Diana e Apollo], si era aggrappata Latona.

Il rilievo in pietra sopra il colonnato in primo piano rappresenta Diana e Apollo che uccidono il gigante Tizio, reo di aver tentato di violentare la loro madre.

Più piccola, più rarefatta nella sua tonalità azzurro-argentina rispetto all'*Imbarco* illustrato nella pagina precedente, questa è una delle pitture più evocative che siano mai state eseguite. Le figure, allungate forse nella convinzione che gli antichi fossero più alti di noi, sembrano minuscole al confronto degli alberi sacri e delle maestose architetture. Il tempio circolare di Apollo ricrea l'aspetto originale del Pantheon, rammentandoci la profezia dell'oracolo di Delo sul futuro splendore di Roma. Il dipinto è essenzialmente una meditazione sul tempo. Un duplice sentimento, di nostalgia per il passato troiano e di ardente attesa del compiersi del destino di Enea come fondatore di Roma, si esprime nella costruzione prospettica. Le linee proiettive dell'architettura si incontrano al livello dell'orizzonte sulla sinistra della tela, mentre le linee della strada convergono sulla destra. Come ha recentemente osservato la pittrice Paula Rego, '... esiste un certo genere di atmosfera attinente all'idea del tempo che può essere espresso solo mediante l'uso della prospettiva.'

Aelbert Cuyp 1620–1691
Paesaggio fluviale con cavaliere e contadini

Fine del quinto decennio del Seicento. Olio su tela, 123 x 241 cm

Figlio e allievo di un ritrattista attivo nella città olandese di Dordrecht, Cuyp si specializzò nel paesaggio alla maniera iniziata da Jan van Goyen, subendo quindi l'influenza, all'inizio del quarto decennio del Seicento, dei paesaggisti olandesi italianizzanti (pagina 174). Da questo momento in poi i suoi paesaggi, reali oppure immaginari, acquistarono una certa maestosità e furono immersi nella luce melata della Campagna italiana. Nel 1658 Cuyp sposò una facoltosa vedova, appartenente a una delle più note famiglie di Dordrecht di marcata tradizione calvinista. Dopo il matrimonio, egli divenne diacono della Chiesa Riformata e assunse molteplici incarichi pubblici, dedicandosi sempre meno alla pittura. A differenza della maggior parte dei paesaggi olandesi seicenteschi, non eseguiti su commissione ma messi in vendita sul mercato dell'arte, le sue opere più tarde sono frutto di precise richieste da parte di membri della classe patrizia di Dordrecht, destinate a specifiche locazioni nelle loro spaziose residenze cittadine.

Una posizione elevata, sovrastante la pannellatura in legno della parete, in una di tali case doveva essere stata prevista per quest'ampia tela, secondo alcuni il più bello dei paesaggi di Cuyp. Veduta immaginaria, con montagne di proporzioni che non è dato trovare nei Paesi Bassi, ai cui piedi sono visibili resti di un passato feudale, essa intende lusingare la vanità dei patrizi proprietari. Un aristocratico cavaliere contempla i suoi felici armenti, fonte della prosperità olandese, e i contadini contenti che li sorvegliano. Sull'estrema sinistra, un cacciatore si accinge a infrangere per un istante la dorata pace pomeridiana. Nelle Province Unite dell'epoca, la caccia era soprattutto un privilegio riservato alla nobiltà, e le nature morte di selvaggina erano un soggetto diffuso presso le famiglie che aspiravano a uno status aristocratico; ma, non curandoci delle rivendicazioni sociali, noi veniamo attratti dall'idillico paesaggio di Cuyp.

Il dipinto, divenuto di proprietà della National Gallery nel 1989, ha un ulteriore elemento di pregio nell'ambito di una collezione nazionale britannica: sembra, infatti, che sia stata la prima opera dell'artista a entrare nel paese. Acquistato per il terzo conte di Bute intorno al 1760, esso è all'origine della straordinaria fortuna di Cuyp in Gran Bretagna, dove si trova tuttora la gran parte delle sue migliori pitture, e dove esse hanno esercitato un notevole influsso formativo sull'evoluzione della pittura di paesaggio. Una stampa

Paesaggio fluviale con cavaliere e contadini

basata sul dipinto, e realizzata dall'incisore inglese William Elliot nel 1764, mostra un cielo più alto e fa riferimento a dimensioni superiori di circa venticinque centimetri in altezza rispetto a quelle attuali, ma non esiste alcuna prova del fatto che la pittura sia mai stata tagliata.

Carlo Dolci   1616–1686

Adorazione dei Magi

1649. Olio su tela, 117 x 92 cm

La personalità e l'opera di Carlo Dolci, uno degli artisti più apprezzati del suo tempo, non potrebbero essere più contrastanti con i valori del nostro. Da bambino, nella nativa Firenze, tali erano la sua purezza e la sua devozione, scrive un contemporaneo, da ispirare nei coetanei l'amore di Dio. La mattina del giorno delle nozze, i suoi amici dovettero perlustrare le chiese fiorentine per trovarlo completamente assorto in preghiera nella Ss. Annunziata. Frequentò la Confraternita di S. Benedetto, il cui motto era 'lavorare è pregare' e, pur essendo un dotato ritrattista, scelse di dedicarsi completamente alla produzione di immagini sacre, 'che potessero partorir frutti di cristiana pietà in chi le mirava'.

Dolci non fu un artista inventivo: spesso si basò su composizioni altrui, come in questo caso, e produsse molteplici variazioni di ogni immagine, dipingendo ciascuna con tanta cura che, a voler rendere loro giustizia, dovremmo considerarle come 'originali multipli'. Minuziosissimo nel lavoro, poteva arrivare a soffermarsi un'intera settimana sull'esecuzione di un piede. Rifiutò offerte di notevole rilevanza economica e, pur essendo assai richiesto tra i più eminenti sovrani e i collezionisti privati, ebbe qualche difficoltà a sbarcare il lunario. Si dice che egli fosse caduto in uno stato di depressione estrema quando l'impetuoso Luca Giordano (pagina 200) gli disse che avrebbe dovuto accelerare i suoi tempi di lavoro se non voleva morire di fame. La maggior parte dei suoi dipinti erano di piccole dimensioni e rappresentavano mezze figure in scala naturale, come la sua *Madonna col Bambino e fiori* esposta anch'essa alla National Gallery, oppure 'storiette' con piccole figure intere, come in questo quadro.

Perché, dunque, la Galleria era tanto ansiosa nel 1990 di acquistare questa tela, una delle sue opere più belle, e perché essa merita un'attenta considerazione da parte del visitatore? I contemporanei decantavano il disegno del Dolci, la sua diligenza, la sua tecnica impeccabile, la grazia delle sue figure, i suoi colori brillanti, quanto la sua religiosità. Tutte queste caratteristiche sono qui illustrate. Il dipinto è in ottimo stato di conservazione; non solo non è stata necessaria alcuna operazione di foderatura con nuova tela, cosa insolita per un'opera di questo periodo, ma sono stati mantenuti anche il telaio e la cornice originali. L'artista ha firmato e datato l'opera sul retro aggiungendo, come sua abitudine, un'iscrizione di carattere religioso sulle bacchette del telaio. Le offerte d'oro dei Magi sono state realizzate con il colore a olio, ma per il 'vero' oro spirituale delle aureole di Maria e Giuseppe e dell'alone luminoso irradiato dal Bambino è stata usata polvere d'oro in foglia, applicata con un pennello fine. Per l'azzurro del manto della Vergine è stato utilizzato l'oltremare più pregiato e costoso; i gioielli sul mantello del più venerando dei Magi sono resi con oro in foglia ricoperto da pittura traslucida.

Tutti questi particolari potrebbero interessare soltanto gli specialisti, se non fosse per la poetica intensità del dipinto. Il suo fascino non deriva dalla sontuosità degli abiti dei Magi, dalla raffinatezza delle velature, né dagli effetti luminosi e cromatici creati nell'oscuro interno della stalla. Se ci soffermiamo un poco ad osservare, veniamo attirati in un altro mondo, un mondo in miniatura e allo stesso tempo monumentale, raffinato e nondimeno candido; un mondo libero dall'invidia, incontaminato dal dubbio, dove abbonda la grazia e i potenti rendono omaggio a un Bambino.

Domenichino   1581–1641

Apollo e i ciclopi

1616–18. Affresco, trasferito su tela, 316 x 190 cm

Domenico Zampieri, detto Domenichino a causa della sua bassa statura, era un allievo bolognese dei Carracci (pagina 181). Dopo la morte di Annibale nel 1609, egli divenne uno dei maggiori pittori a Roma e uno dei principali fautori di uno stile idealizzato, basato sullo studio di Raffaello (pagine 86, 146) e dell'antichità greco-romana, che si contrapponeva alla maniera del Caravaggio (pagina 180). Poussin (pagina 223) lavorò nel suo studio non appena giunto a Roma, e subì notevolmente la sua influenza.

Il Domenichino fu altrettanto abile con gli oli – su tela, tavola e rame – quanto nell'impegnativa tecnica dell'affresco, specialità nella quale i pigmenti diluiti in acqua di calce vengono applicati direttamente su porzioni di parete appena intonacate, fissandosi tramite una reazione chimica man mano che queste asciugano. Comprensibilmente, non sono molti gli affreschi che si trovano nelle sale dei musei e delle gallerie, e i celebri dipinti eseguiti dal Domenichino nelle chiese di Roma e di Napoli restano al loro posto. Nel Settecento, tuttavia, fu perfezionato un metodo che consentiva il distacco degli affreschi dalle pareti per preservarli dalla distruzione (il procedimento consiste nell'incollare della garza sull'affresco, strappandola quindi insieme allo strato di intonaco dipinto che aderisce ad essa e, fissato il retro di questo strato con un adesivo più efficace a un nuovo supporto, nel rimuovere poi la garza dalla superficie.) Gli affreschi del Domenichino esposti alla National Gallery hanno subìto questo trattamento intorno al 1840. Un tempo decoravano la Stanza di Apollo, un padiglione costruito nel 1615 nel giardino della Villa Aldobrandini di Frascati, il rifugio agreste del cardinale Pietro Aldobrandini. Altre due scene restano sulle pareti nella loro sede originaria. Non era raro a quest'epoca dipingere, a imitazione dell'arte romana antica, vedute della campagna circostante, o una versione idealizzata dello stesso paesaggio, in edifici di questo genere.

Le storie mitologiche illustrate negli affreschi paesaggistici che decoravano la Stanza di Apollo rappresentavano il dio del sole come dispensatore di morte; il suo aspetto benefico di patrono delle arti veniva rivelato in una fontana sulla parete di fondo che mostrava Apollo e le Muse sul Monte Parnaso, scena dietro la quale si celava un organo ad acqua che dava voce agli strumenti musicali scolpiti. Il ricercato schema iconografico e le oscure fonti di alcune delle scene dipinte dal Domenichino suggeriscono che l'artista si sia avvalso della collaborazione di un dotto consigliere. Questo episodio deriva dalla *Biblioteca* di Apollodoro, una raccolta di miti greci del secondo secolo a. C. Apollo, liberamente copiato dall'*Apollo del Belvedere*, antica statua conservata nei Musei Vaticani, trafigge i Ciclopi, giganti dotati di un occhio solo, colpevoli di aver procurato a Zeus i fulmini che uccisero Esculapio, figlio di Apollo.

Un ulteriore livello di complessità è fornito dall'incorniciatura, che sembra dissolvere l'illusione di affreschi come virtuali finestre dipinte per suggerire che ci si trovi di fronte a preziosi tendaggi di tappezzeria. Un analogo stratagemma mimetico era stato adottato da Raffaello nella Sala di Costantino, negli appartamenti papali in Vaticano. L'angolo dell'*'arazzo'* qui riprodotto è sollevato per rivelare la griglia metallica di una finestra, un tempo speculare di una finestra vera sulla parete opposta. Incatenato alle sbarre è il nano del cardinale, ai piedi del quale figurano un gatto intento a dilaniare una quaglia arrostita e alcuni avanzi di cibo. Le sgraziate forme del nano contrastano con la bellezza di Apollo come la sua minuscola statura contrasta con quella dei giganti. Probabile causa della punizione è la sua insolenza. Si dice che la crudele ironia del dipinto avesse amareggiato il pover'uomo a tal punto che, quando l'opera fu inaugurata, egli si ritirò nella sua stanza per un giorno intero, senza toccare cibo. Il patetico e realistico ritratto del Domenichino resta, comunque, tra i più commoventi dell'intera Collezione.

Gerrit Dou 1613–1675

Bottega di pollivendolo

Circa 1670. Olio su tavola di quercia, 58 x 46 cm

Figlio e allievo di un incisore su vetro di Leida, dopo avere studiato anche con un incisore su rame e un pittore su vetro, nel 1628 Dou diventò il primo allievo di Rembrandt (pagina 227). Aveva allora quindici anni, e Rembrandt appena ventidue, e tale fu l'influenza del maestro su di lui da creare incertezza sull'attribuzione di alcuni dipinti di questo periodo all'uno o all'altro. Dopo il trasferimento di Rembrandt ad Amsterdam nel 1631/32, il suo stile subì un mutamento, passando dall'estrema rifinitura caratteristica delle prime opere

Bottega di pollivendolo

pittoriche a una maniera più ampia e libera. Dou, tuttavia, continuò a operare nella stessa vena miniaturistica, ritornando spesso ai colori brillanti caratteristici della pittura su vetro. La sua tecnica, simile a quella dello smalto, che gli consentiva di riprodurre fedelmente la consistenza di qualunque superficie, la sua padronanza del chiaroscuro, e i curiosi e affascinanti dettagli dei suoi dipinti, gli procurarono fama internazionale. Declinò l'invito di Carlo II a recarsi in Inghilterra, preferendo restare nella sua città natale, dove fondò la scuola locale dei *fijnschilders* ('pittori raffinati') che sopravvisse fin oltre l'inizio dell'Ottocento.

Dou rese popolari le pitture 'a nicchia' come questa, con interni osservati attraverso una finestra o altra apertura. Come altri maestri olandesi della 'vita quotidiana', egli era un realista selettivo: componeva i suoi dipinti in studio e sceglieva motivi che gli permettessero di esibire le sue particolari abilità. L''antico' bassorilievo di putti che giocano con una capra, ad esempio, deriva da una scultura eseguita a Roma anteriormente al 1643 dal

Fiammingo, François Duquesnoy; si sa che il motivo era stato copiato in pietra e in avorio, ed è spesso presente nei quadri di Dou a partire dal 1651. Qui esso viene utilizzato per enfatizzare la piattezza della tavola di quercia sulla quale l'artista ha plasmato, con il pennello, sia il prominente rilievo scultoreo, sia l'oscura profondità della retrostante bottega; e, allo stesso tempo, mette in contrasto la fredda imitazione della realtà dello scultore con la versione espressiva e verosimile del pittore.

A livello superficiale, non è difficile descrivere ciò che accade in questo quadro: una giovane donna addita, con avidità, una lepre morta che le viene mostrata dall'anziana pollivendola; in primo piano, un pennuto si sporge dalla gabbia per bere, incurante degli uccelli di cacciagione che giacciono morti sul davanzale, mentre nell'interno della bottega un uccellatore conversa con una donna. Altre gabbie pendono alla finestra e dal soffitto. Come sempre nei dipinti di Dou, la consistenza delle svariate superfici – del piumaggio, del metallo lucido, della pietra, della tela, della pelle liscia oppure grinzosa – è descritta e caratterizzata con grande abilità. E tuttavia, l'enfasi nella posa e nell'espressione della giovinetta potrebbe suggerire un ulteriore significato.

Molte delle pitture di Dou sono state interpretate come rappresentative di un contrasto tra innocenza ed esperienza, e questo tema potrebbe apparire in chiave comica anche nel nostro dipinto. I testi dell'epoca indicano che nella lingua tedesca e olandese il termine *vogel* (uccello) aveva un doppio senso di natura sessuale – quale eufemismo di 'fallo' – come i suoi derivati *vogelen* (uccellare) – che indicava l'atto sessuale – e *vogelaar* (uccellatore) – che poteva denotare un amante o un ruffiano. Le gabbie vuote potrebbero dunque simboleggiare la perdita della castità, e in alcune figurazioni sono connotative del bordello. È sempre sconsigliabile interpretare i dipinti sulla base di un elenco di simboli, un po' come tradurre un testo affidandosi al dizionario; ma in questo caso, non mi pare troppo azzardato ravvisare un parallelismo tra l'eccitazione dalla giovane donna e la sete del pennuto in gabbia. Circondata da emblemi della sessualità, essa si protende verso una lepre, animale che in contesto secolare era associato (come il prolifico coniglio) alla lussuria. Ma come il pennuto del pollivendolo lascerà la gabbia solo per la padella, così la fanciulla dovrebbe guardarsi dal bere troppo precipitosamente alla coppa dell'esperienza e perdere così la sua innocenza infantile.

Antonie van Dyck 1599–1641

Sant'Ambrogio impedisce all'imperatore Teodosio di entrare nella Cattedrale di Milano

Circa 1619–20. Olio su tela, 149 x 113 cm

Un po' di quella fragile melanconia che Van Dyck attribuì alla corte stuarda si attaglia all'artista stesso. Talento precoce e ipersensibile, egli attraversò l'esistenza come una stella cadente, incandescente e ben presto spenta. I dipinti che ha lasciato dietro di sé, tuttavia, continuano a stregarci. Il suo ideale di languida eleganza è rimasto alla base del nostro. Si può dire che non esista ritratto dell'alta società degli ultimi trecento anni che non renda omaggio, in qualche modo, al fascino raffinato conferito dal pittore a compatrioti fiamminghi, nobili genovesi, prelati romani e aristocratici inglesi. Grazie a Van Dyck conosciamo il taglio di una barba a pizzo o di un collare alla Van Dyck e il colore del bruno Van Dyck; e per suo tramite compiangiamo il tragico destino dei fedeli realisti 'Cavaliers' e del loro re-martire Carlo I.

Non altrettanto ci colpiscono l'intensità dell'immaginario religioso e il lirismo degli episodi mitologici vandyckiani; in primo luogo perché la carriera dell'artista in Inghilterra non gli consentì di dedicarsi molto a questi generi pittorici, ma forse anche perché i sentimenti più profondi dell'artista sono filtrati attraverso un repertorio di gesti e di espressioni

Sant'Ambrogio impedisce all'imperatore Teodosio di entrare nella Cattedrale di Milano

che in seguito, in un'epoca meno incline al palesamento delle emozioni, hanno cominciato ad apparire eccessivi se non insinceri.

Dopo un breve apprendistato presso un pittore italianizzante ad Anversa, Van Dyck, maestro di bottega in età assai precoce, si avvicinò progressivamente all'orbita di Rubens (pagina 235), che era rientrato ad Anversa dall'Italia nel 1608. Intorno al 1618 entrò nello studio di Rubens come assistente, assimilando rapidamente lo stile e i metodi di lavoro dell'artista più anziano, ma con un'audace scioltezza esecutiva e una luminosità della superficie pittorica del tutto personali.

Le differenze d'approccio tra i due pittori si rivelano in questo quadro, libera copia di un ampio dipinto, attualmente a Vienna, realizzato nello studio di Rubens, forse dallo stesso Van Dyck. Il profilo finemente delineato sulla destra è stato identificato come un ritratto di Nicolaas Rockocx, l'amico per il quale Rubens dipinse *Sansone e Dalila* (pagina 240). Si dice che Sant'Ambrogio, l'energico arcivescovo di Milano del quarto secolo, avesse rifiutato l'ingresso nella cattedrale a Teodosio, responsabile del feroce massacro degli abitanti di Tessalonica. Nel quadro di Vienna le figure hanno peso e sostanza; un imperatore vigoroso, quasi sconcertato, viene fisicamente bloccato dalla massiccia presenza del santo. Nella variante della National Gallery la fisicità dell'incontro è attenuata, sostituita da un'impronta psicologica più vibrante che risulta anche più decorativa. Teodosio protende impetuosamente il suo volto – ora senza barba, meno fiammingo e molto simile al profilo imperiale di una medaglia o di una moneta romana – verso quello, più elevato, del santo. Il solido vigore di Ambrogio è stato trasferito al suo pastorale – nell'originale meno robusto, più ornamentale e simbolico – come se il sacerdote che lo sostiene in vece del santo fosse pronto ad abbatterlo sull'imperatore. Nel dipinto di Vienna il piviale appare pesante come piombo, gli elaborati motivi ornamentali rimangono indisturbati dal gesticolare del santo. Qui il drappo tramato d'oro brilla e sembra fluttuare sulla superficie della tela, agitato dall'indignazione dell'arcivescovo e dal flusso di energia spirituale di origine divina che pulsa attraverso la sua insostanziale struttura.

Antonie Van Dyck 1599–1641
Ritratto equestre di Carlo I

Circa 1637–8. Olio su tela, 367 x 292 cm

Il re Carlo I (1600–49) successe a suo padre Giacomo I nel 1625. L'unificazione dei regni d'Inghilterra e di Scozia, controversa questione politica, giuridica ed ecclesiastica che segnò l'intero arco della sua esistenza, viene celebrata nell'iscrizione latina che appare sulla tavoletta legata all'albero di questo ritratto: CAROLUS REX MAGNÆ BRITANIÆ, Carlo re di Gran Bretagna. La fama internazionale di Van Dyck, la sua conoscenza della pittura contemporanea e la sua devozione al Tiziano (pagina 158), la cui opera egli aveva studiato avidamente durante il soggiorno in Italia tra il 1621 e il 1627, lo rendevano particolarmente interessante agli occhi di un re molto amante delle arti.

Il pittore aveva già trascorso un breve periodo, tra il 1620 e il 1621, al servizio di Giacomo I. Tornato ad Anversa dopo i suoi viaggi italiani, ed essendo assai richiesto come pittore di opere di carattere religioso e mitologico oltre che come ritrattista, egli riprese i contatti con la corte inglese. Carlo ricevette in dono pitture dell'artista e ne commissionò egli stesso. Nell'aprile del 1632 il re riuscì finalmente ad attrarre Van Dyck a Londra, dove nel mese di luglio l'artista, che nel frattempo era diventato pittore ufficiale della Corona, fu nominato cavaliere a St James. Da quel momento, egli detenne un virtuale monopolio sui ritratti del re e della regina in scala naturale, avendo reso obsoleta l'opera dei suoi predecessori a corte. In una serie di tele di enormi dimensioni, strategicamente collocate al fondo di grandi gallerie nelle diverse residenze reali, Van Dyck mise in mostra il potere e lo splendore della monarchia britannica e della giovane dinastia stuarda, modernizzando temi tradizionali del panegirico regale. Questo ritratto del re a cavallo assume come modello di base l'immagine archetipa che compariva sul retto di tutti i sigilli della Corona d'Inghilterra: il sovrano raffigurato come guerriero. Carlo indossa un'armatura fabbricata nell'arsenale di Greenwich e regge il bastone di comando, mentre l'elmo è affidato a uno scudiero. A conferma dello *status* imperiale proclamato nell'iscrizione, la posa del modello e lo scenario silvestre che lo circonda richeggiano il ritratto equestre dell'imperatore Carlo V a Mühlberg (ora a Madrid) del Tiziano, eseguito in occasione della vittoria del monarca cattolico su un'alleanza di principi luterani in nome dell'unità cristiana. (Lo stesso dipinto del Tiziano richiamava il famoso bronzo romano dell'imperatore Marco Aurelio a cavallo.) Sopra l'armatura, Carlo indossa un medaglione d'oro con l'immagine

Ritratto equestre di Carlo I

di San Giorgio e il drago, il cosiddetto 'Giorgio Minore'. Esso conteneva un ritratto della moglie, e il re lo portava sempre; accompagnò il sovrano anche il giorno della sua morte. Qui, tuttavia, questo oggetto identifica il suo possessore con l'Ordine della Giarrettiera del quale San Giorgio era il patrono. Quale Sovrano dell'Ordine egli cavalca, come Carlo V, alla testa dei suoi prodi cavalieri in difesa della fede. In senso più profondo, il ritratto è un'affermazione visuale della pretesa regalità per Diritto Divino del monarca. Benché più in alto rispetto alla testa dell'osservatore – la linea dell'orizzonte fa in modo che il nostro punto di vista sia approssimativamente al livello delle staffe del re – il suo volto non risulta deformato da alcuno scorcio (si veda anche pagina 184). La prospettiva di tre quarti scelta da Van Dyck affina i lineamenti del modello, che monta il suo destriero con aria distaccata, nobilmente contemplativa.

Antonie Van Dyck   1599–1641
Lord John e Lord Bernard Stuart

Circa 1638. Olio su tela, 238 x 146 cm

All'inizio del 1639 i due fratelli Stuart, cugini del re Carlo I e figli minori del terzo duca di Lennox, intrapresero un viaggio della durata di tre anni nell'Europa continentale. Probabilmente posarono per Van Dyck poco prima della partenza. Sin dal suo arrivo a corte, l'artista aveva sviluppato un nuovo modello ritrattistico: il doppio ritratto come testimonianza d'amicizia, spesso, ma non sempre, tra congiunti. (Un altro magnifico esempio del tipo conservato alla National Gallery è la raffigurazione a tre quarti di figura delle figlie del conte Rivers, la viscontessa Andover e Lady Thimbelby.) I due fratelli vengono mostrati come in procinto di partire, in attesa, forse, che i servitori portino la carrozza all'ingresso. Entrambi sarebbero morti durante la Guerra Civile, e con il senno del poi l'immagine acquista un più profondo senso di commiato.

Il fratello più giovane, Lord Bernard, poi conte di Lichfield (1622–45), è raffigurato in atteggiamento più dinamico, con un piede sul gradino, la mano inguantata sul fianco, mentre da sopra la spalla rivolge lo sguardo verso lo spettatore. (Un disegno relativo a questa posa complessa, che esclude il volto, è conservato al British Museum.) Il più anziano, Lord John (1621–44), appoggiato con aria di elegante astrazione contro una colonna, figura come d'animo più contemplativo. L'artista è riuscito a creare una composizione variata e allo stesso tempo coerente, in movimento eppure stabile. Le figure divergono sopra l'agglomerato di arti inferiori calzati di stivali, ornati di merletti e di frange, poggiati sopra il gradino. I volti, caratterizzati dal lungo naso e dal mento prominente degli Stuart, sono ritratti, come immagini speculari, di tre quarti; l'allineamento diagonale delle teste viene ripreso nella linea che implicitamente unisce la mano destra di Lord John e la sinistra di Lord Bernard. Ma la composizione rispetta anche la gerarchia familiare: la posizione più elevata è riservata al fratello maggiore.

Per quanto convincenti sulla tela, queste caratterizzazioni dei modelli potrebbero rivelarsi ingannevoli. Quel Lord John che qui assume un'aria così contemplativa fu descritto, dopo la sua morte, come personalità 'di una natura più collerica e aspra rispetto agli altri rami di quell'illustre famiglia principesca', che 'non amante della mollezza della corte, aveva scelto di dedicarsi alla professione militare'; mentre a proposito del Lord Bernard dall'aspetto altero che appare in questo ritratto fu osservato come egli fosse 'di una natura estremamente mite, gentile e affabile'.

Le doti compositive di Van Dyck sono superate solamente dalla sua impareggiabile abilità nella descrizione pittorica del raso, del merletto e della soffice pelle di capretto. Ma, in qualche modo, questi effetti resi con tanta meticolosità non sono locali: l'intera superficie della tela è animata da un tocco vibrante. I costumi, così simili nella loro ricercata eleganza, vengono splendidamente contrastati – i colori caldi oro e bruno recedono sulla figura di Lord John mentre i più freddi azzurro e argento avanzano su quella di Lord Bernard – cosicché i due fratelli, complementari tanto nell'aspetto esteriore quanto nel temperamento, sembrano formare un'unica luminosa, indivisibile entità.

Carel Fabritius 1622–1654

Giovane con berretto di pelliccia e corazza (autoritratto?)

1654. Olio su tela, 70 x 62 cm

Questo risoluto ritratto molto probabilmente raffigura Carel Fabritius appena qualche mese prima che egli rimanesse mortalmente ferito nel suo studio di Delft a causa dell'esplosione di un deposito di polveri avvenuta il 12 ottobre 1654. (Le tragiche conseguenze del disastro sono registrate in un dipinto di Egbert van der Poel anch'esso esposto nella Galleria). Figlio di un maestro di scuola e pittore dilettante che potrebbe avergli insegnato i primi rudimenti artistici, Fabritius studiò con Rembrandt (pagina 227) tra il 1641 e il 1643 circa. Le sue opere certamente autentiche sopravvissute sono soltanto otto. La National Gallery ha la fortuna di possederne due: questo ritratto e una curiosa piccola *Veduta di Delft* che forse faceva parte di una scatola prospettica o magica. Sappiamo, inoltre, che l'artista eseguì pitture murali di prospettiva illusionistica, nessuna delle quali è però nota.

Fabritius si dimostrò il più dotato e originale tra gli allievi di Rembrandt. All'epoca della sua morte, all'età di trentadue anni, egli aveva già sviluppato uno stile e una tecnica diversi da quelli del maestro. Mentre Rembrandt di solito – sebbene non sempre – ritraeva i suoi modelli alla luce contro un fondo scuro (pagina 230), la sagoma di Fabritius si staglia crudamente contro un cielo nuvoloso, più freddo e meno minaccioso di quello che Rubens dipinse dietro Susanna Lunden (pagina 238), mentre dense lumeggiature bianche sul

metallo proiettano la corazza in avanti. Anche la preparazione della tela distingueva i due artisti. Rembrandt preferiva una doppia base composta di un grigio freddo sopra uno strato di rosso aranciato; le analisi hanno rivelato che il fondo di questo dipinto è costituito da un pallido color crema.

Rembrandt si era ritratto con indosso una corazza o una gorgiera militare – la parte dell'armatura posta a protezione della gola – alla fine del secondo e nel terzo decennio del secolo, creando un precedente in seguito molto imitato dai suoi allievi. Il significato di questo tipo di autoritratto è stato lungamente dibattuto; alcuni studiosi sono convinti che esso avesse una valenza patriottica, come dichiarazione di disponibilità alla difesa dell'indipendenza olandese, conquistata a caro prezzo, mentre altri contestano la pertinenza di tali riferimenti d'attualità. Come il costume pastorale, l'abito rinascimentale italiano e quello borgognone (pagina 178), l'armatura militare era ritenuta meno soggetta alle stravaganze della moda rispetto all'abbigliamento con cui ci si presentava in società, e dunque in qualche modo 'senza tempo'. Anche il berretto di pelliccia di Fabritius appare anacronistico, più simile nella foggia ai copricapi cinquecenteschi che non a quelli contemporanei. Ma forse l'invenzione di un tipo ritrattistico eroico, senza tempo, di Rembrandt aveva per Fabritius un significato più personale.

Il suo cognome, talvolta usato dal padre e adottato dall'artista nel 1641, deriva dal latino *faber*, termine che indica un lavoratore manuale, e veniva applicato ai fabbri, agli operai edili e ai falegnami. Fabritius aveva lavorato come falegname prima di entrare nello studio di Rembrandt, e un suo probabile autoritratto eseguito intorno al 1648–9, che lo mostra in rozzi abiti da lavoro (attualmente a Rotterdam), è stato interpretato come allusione sia alla sua precedente occupazione, sia al suo nome. Il nome dell'artista evoca, tuttavia, anche un'associazione assai più nobile di questa. C(aius) Fabritius o Frabricius era infatti un soldato, console della repubblica romana, celebre per la sua frugalità, il suo coraggio e la sua integrità morale. La sua storia era nota attraverso la cronaca di Plutarco, e un compagno d'apprendistato dell'artista presso lo studio di Rembrandt avrebbe più tardi dipinto un episodio della sua vita nel Municipio di Amsterdam. Le ultime documentate notizie di C(arel) Fabritius a Delft riferiscono di debiti crescenti, ma anche di crescenti riconoscimenti professionali. Se il quadro di Rotterdam raffigura Fabritius/*faber* l'artigiano-pittore, non potrebbe il ritratto della National Gallery evocare colui del quale Virgilio scrisse 'Fabrizio, benché povero, un principe'?

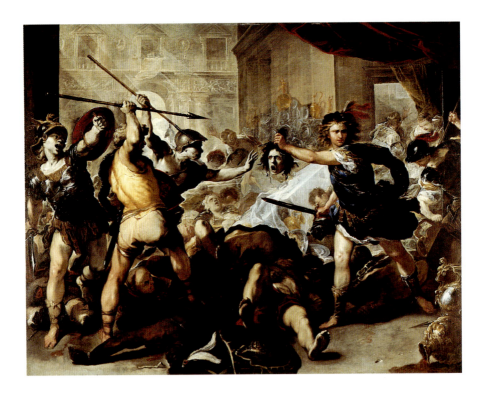

Luca Giordano 1634–1705

Perseo pietrifica Fineo e i suoi compagni

Circa 1680. Olio su tela, 275 x 366 cm

Ben pochi sono stati gli artisti prolifici ed energici quanto Luca Giordano, soprannominato 'Luca Fapresto'. Svolto il proprio alunnato presso Napoli, intorno al 1652 egli lasciò la città per recarsi a studiare a Roma, Firenze e Venezia. Questo dipinto è un magnifico esempio dello stile esuberante che egli sviluppò tramite le molteplici fonti del suo tirocinio. Particolarmente influenzato dal vigore e dal colorismo dei grandi veneziani Tiziano e Veronese (pagine 158, 165), esso deve la sua disciplinata organizzazione di una superficie eccezionalmente ampia all'esempio del pittore e architetto romano-fiorentino Pietro da Cortona. Il profilarsi delle figure contro una fonte luminosa e uno sfondo inconsistente era un tratto caratteristico della pittura del compatriota di Giordano Mattia Preti. Per quanto eclettico, il dipinto ha un carattere distintamente giordanesco.

Azione tempestosa e composizione ferma, contrapposizione tra luce e oscurità, bene e male, accostamento di bellezza e orrore: sono gli opposti che governano molte opere dell'artista. Le sue pitture di cavalletto e le decorazioni di pareti e di soffitti che egli eseguì in tutta Italia gli procurarono fama internazionale. Dal 1692 fino al 1702 egli operò presso la corte spagnola con inesauribile energia, un vigore che non venne meno neppure dopo il suo ritorno in patria, dove morì mentre era ancora in piena attività.

Largo oltre tre metri e mezzo, *Perseo pietrifica Fineo e i suoi compagni*, il cui soggetto è tratto dalle *Metamorfosi* di Ovidio (V, 1–235), è la più grande pittura di tema mitologico presente alla National Gallery. Era una di tre giganteshe tele che ornavano la sala di un palazzo genovese. Il secondo dipinto, la *Morte di Gezabele*, illustra un episodio dell'Antico Testamento (2 Re:9:30–7) e il terzo rappresenta il *Ratto delle sabine*, dalla storia dell'antica Roma. (La propensione per la violenza e la lussuria nella scelta dei temi dell'arte destinata alla decorazione di interni nel Seicento resta uno dei misteri della storia dell'arte.)

Andromeda era da tempo promessa a Fineo quando venne offerta in sacrificio a un mostro marino. Salvata da Perseo, lo sposò; le nozze furono seguite da un sontuoso banchetto, violentemente interrotto dall'irruzione di Fineo che veniva a reclamare la sposa. Sovrastato numericamente, Perseo fu costretto a ricorrere alla sua arma segreta, la testa anguicrinita della gorgone Medusa, che pietrificava tutti coloro che la guardavano. Giordano arditamente illustra il momento della trasformazione di Fineo e dei suoi uomini: essi stanno assumendo un colorito grigio, a partire dalla testa e dalle mani, davanti ai nostri occhi.

Anche se non conoscessimo la storia, non avremmo dubbi nell'identificarne l'eroe. Dividendo la composizione a metà tramite la diagonale che unisce l'angolo superiore sinistro all'inferiore destro, l'artista isola la figura di Perseo sulla destra. Abbigliato nell'azzuro più puro del dipinto, egli è l'unico personaggio raffigurato frontalmente rispetto all'osservatore (con la sola eccezione di Medusa, la cui orrenda maschera con la bocca spalancata contrasta notevolmente con la bella testa dal piglio risoluto di Perseo). La sua posa ha una giustificazione narrativa: Perseo deve distogliere lo sguardo da Medusa per poter restare in vita. Fineo, con un elaborato e fantasioso elmo sul capo, è all'estrema sinistra della tela; lasciando che i suoi compagni gli facciano da scudo nella battaglia, egli dimostra la sua malvagità. La composizione è saldamente dominata dell'artista, lo svolgersi degli eventi chiarito non soltanto dal tono, dalla linea e dalle pose, ma anche attraverso il colore: le audaci chiazze di puro giallo e azzurro dei due antagonisti, atteggiati come immagini speculari, e il rosso dell'ampio tendaggio sulla destra, che risaltano contro le tinte mischiate e rotte della calca di corpi senza vita, tavoli rovesciati e convitati in fuga.

Guercino 1591–1666

Cristo morto con due angeli

Circa 1617–18. Olio su rame, 37 x 44 cm

'Guercino', che significa strabico, è il soprannome non molto promettente con il quale l'artista Giovanni Francesco Barbieri si guadagnò fama internazionale. Nativo di Cento, una piccola località a metà strada tra Ferrara e Bologna, fu praticamente autodidatta e, come molti artisti del Seicento, scelse da sé i modelli cui intendeva ispirarsi. Guardò a Bologna, all'opera dei Carracci (pagina 181), e alle pitture del Caravaggio (pagina 180) in collezioni private, forgiando da queste fonti un lirico linguaggio originale.

Avendogli un nobile locale messo a disposizione alcune stanze della sua residenza, Guercino vi stabilì un'Accademia del Nudo, dove l'artista e i suoi allievi potevano disegnare sul modello. La figura di Cristo di questo splendido piccolo dipinto su rame è manifestamente basata su uno di questi studi dal vero, eseguita 'in un modo facile ma grandioso nello stesso tempo, ottenendo con decisi segni di biacca e di carbone marcati contrasti di luce e d'ombra che suscitavano meraviglia'. Il Guercino traduce con grande finezza il codice tonale del nero e del bianco in colore. In questa pittura, i colori puri – rosso e azzurro nella manica dell'angelo e nel cielo, bianco e nero – vengono mischiati e fusi con una tinta di terra per produrre una straordinaria gamma di violetti cinerini e ocra brumosi, contro i quali il corpo di Cristo disteso sul luminoso sudario risplende come una perla dalle sfumature dorate. Il tema rappresentato è una libera variazione sul tradizionale motivo dell'arte veneziana che raffigurava il sollevamento operato da due angeli del corpo di Cristo morto, esibito, accanto al sepolcro, come oggetto di devota meditazione; un episodio che non compare in alcun testo biblico. Le ferite di Cristo vengono suggerite con discrezione. Il *pathos* della scena deriva dall'accostamento di bellezza e dolore, scrupolosa osservazione dal vero in studio e invenzione poetica, che si confondono tra loro come si dissolvono i contorni pastosi che segnano il confine tra la materia della carne, della pietra, delle piume e delle nubi.

Cristo morto con due angeli

Forse il Guercino portò con sé il dipinto quando fu convocato a Roma da un mecenate bolognese, eletto papa, nel 1621. Dopo un esordio impetuoso, l'artista fu evidentemente intimidito dai modelli della pittura del pieno Rinascimento e dall'opera dei suoi rivali, i bolognesi Reni e Domenichino (pagine 232, 190) tra gli altri, e adottò uno stile classicheggiante meno basato sulle ombre, sullo scorcio marcato e sullo studio dal vero. Con la morte del pontefice, nel 1623, egli fece ritorno a Cento, dove perseguì una carriera ricca di successi realizzando pitture di cavalletto per clienti di tutt'Europa. Resistette alle offerte dei re di Francia e d'Inghilterra che lo invitavano a dipingere presso le loro corti. Dopo la morte del Reni si trasferì a Bologna, dove divenne il pittore preminente. Nelle opere migliori degli anni maturi, dipinti quali la *Sibilla cumana con un putto* del 1651 (esposta anch'essa nella Galleria), emulò la fredda eleganza del Reni senza compromettere le proprie capacità di colorista e di disegnatore.

Frans Hals   c. 1580?–1666

Giovane con un teschio (*Vanitas*)

1626–8. Olio su tela, 92 x 88 cm

Pittore preminente della città olandese di Haarlem dove trascorse gran parte della sua esistenza, Hals si specializzò nella ritrattistica, ricevendo numerose commissioni di ritratti individuali, nuziali, familiari e di gruppo da parte di prosperi cittadini. Egli produsse inoltre dipinti di carattere religioso e alcune scene di vita quotidiana, opere sempre venate di qualche significato allegorico o moraleggiante. La pittura che illustriamo qui appartiene certamente a quest'ultima categoria.

Hals era famoso presso i contemporanei, e lo è nuovamente oggi, per l'audace spontaneità e libertà della sua pennellata. Esami scientifici confermano che il *Giovane con un teschio* è stato dipinto speditamente e con nerbo. Non vi è alcuna traccia dell'abituale sottopittura. Il drappeggio è stato eseguito in un unico strato sopra il fondo rossastro, che traspare in alcuni punti per fornire toni intermedi tra le ombre e le lumeggiature. In alcune zone del dipinto, ad esempio il cranio modellato con grossolano tratteggio e la piuma rossa, il colore è stato applicato su colore fresco; il contorno del naso è stato ricavato graffiando la pittura ancora fresca, forse con il manico del pennello. Il vigore dell'esecuzione è pareggiato da quello della composizione, particolarmente nella mano scorciata che fende la tela penetrando nello spazio dell'osservatore. Van Gogh (pagina 286), ammiratore ottocentesco di Hals, scrisse appassionatamente di:

> mani animate, pur non essendo finite nel senso che oggi si richiede. E così pure le teste – gli occhi, il naso, la bocca, eseguiti con un solo tocco del pennello senza la benché minima revisione ... Dipingere di getto, per quanto possibile di getto ... Ritengo che un importante insegnamento dei maestri olandesi sia questo: considerare disegno e colore come una cosa sola.

L'identificazione del giovane del ritratto con Amleto sulla tomba di Yorick è quasi irresistibile, ma non abbiamo alcuna prova che il dramma di Shakespeare sia mai stato rappresentato in Olanda e neppure tradotto in olandese in quegli anni. Piuttosto, si può dire che il dipinto e la scena shakespeariana siano radicate nella stessa tradizione: un giovane con un teschio in mano è un emblema di mortalità, memento della transitorietà della vita umana, della 'vanità delle vanità' (pagina 248). Il carattere simbolico del dipinto di Hals è sottolineato dal costume, ricostruzione di fantasia di una foggia italiana portata in Olanda da seguaci di Caravaggio (pagina 180) quali Hendrick ter Brugghen, il cui *Concerto* (pagina 177) evoca associazioni, sia pure di genere diverso, con il mondo di Shakespeare.

'Dicono che fosse un alcolizzato, un tipo rozzo, ma non ci credete ...,' affermò il pittore James Whistler ormai morente nell'estate del 1902 quando si recò a Haarlem per un ultimo incontro con Hals. 'Provate soltanto a immaginare un alcolizzato compiere simili meraviglie!'

Jan van der Heyden 1637–1712

Veduta della Westerkerk ad Amsterdam

Circa 1660. Olio su tavola di quercia, 91 x 114 cm

Prolifico specialista olandese nel nuovo tema del paesaggio cittadino, van der Heyden era più noto nella sua epoca come inventore: progettò l'illuminazione delle strade municipali di Amsterdam e brevettò la prima autopompa corredata di tubi flessibili. Con pazienza apparentemente infinita, e un talento particolare per il disegno tecnico, egli dipinse vedute architettoniche, reali o immaginarie, con grande e minuziosa ricchezza di particolari. Qui, ad esempio, è possibile leggere alcuni dei laceri manifesti affissi sugli assi di legno che proteggono i giovani alberi in primo piano, uno dei quali publicizza una vendita di quadri. Allo stesso tempo, tuttavia, l'artista sapeva subordinare il dettaglio all'insieme, e l'atmosfera particolarmente magica di questo dipinto discende dal suo cielo luminoso, la cui luce viene riflessa dai mattoni rosati e dai ciottoli gialli come dalla pigra acqua del canale; balenando attraverso le foglie, essa permea l'intera scena.

La pittura è eccezionale nell'ambito della produzione di van der Heyden per le sue notevoli dimensioni, all'incirca tre volte maggiori rispetto a quelle usuali di sue analoghe composizioni. Essa fu commissionata dal collegio amministrativo della Westerkerk per decorare la sala delle riunioni della chiesa, e furono molto probabilmente i clienti stessi a precisarne le dimensioni.

A differenza di altre chiese più antiche dei Paesi Bassi, questa era stata edificata specificamente per il culto protestante; progettata da Thomas de Keyser, padre del pittore omonimo (pagina 211), fu completata solo nel 1638. Scegliendo un punto di vista oltre il canale, van der Heyden conferisce all'edificio una dimensione sociale tra le vie cittadine e allo stesso tempo lo isola, schermando le architetture circostanti e delimitando lateralmente il riquadro del dipinto con fogliame (l'albero più alto che appare all'estrema sinistra della tavola, sulla nostra sponda del canale, è frutto di un ripensamento). Piccoli vivaci episodi rafforzano l'aspetto umano del dipinto, ma la scala delle figure denota maggiore incertezza rispetto alla composizione architettonica; come i cigni privi di riflesso, esse potrebbero essere state aggiunte da un'altra mano. La collaborazione tra un pittore di vedute e uno specialista delle figure era piuttosto frequente all'epoca. Il quadro assume per noi un ulteriore motivo di interesse, poiché nella Westerkerk fu sepolto Rembrandt (pagina 227) nel 1669.

Meindert Hobbema 1638–1709
Il viale di Middelharnis

1689. Olio su tela, 104 x 141 cm

Si pensava che Hobbema avesse smesso di dipingere dopo il matrimonio, avvenuto nel 1668, quando egli si impiegò presso la gabella del vino di Amsterdam, ma la data del 1689 su questo dipinto si è rivelata autentica. Fu forse proprio a causa dell'occasionalità della sua attività pittorica che egli riuscì a liberarsi dalle trite convenzioni delle sue opere precedenti animandosi di un nuovo impulso creativo, e realizzando i suoi più memorabili paesaggi olandesi nel momento in cui l'arte olandese era ormai in declino. Altri pittori avevano utilizzato il motivo di una strada diritta perpendicolare alla superficie pittorica, ma il dipinto di Hobbema sfrutta questo paradigma in un modo che trascende qualunque modello antecedente.

La veduta comunica un'impressione di ovvietà e di raffinatezza allo stesso tempo, là dove le artificiali linee prospettiche del viale e dei canali, rafforzate dai contorni più morbidi e irregolari delle declinanti chiome degli alberi, si incontrano in un punto di fuga appena spostato a sinistra dal centro. Ora sappiamo che Hobbema non ottenne subito questo effetto: i raggi X rivelano, infatti, che egli aveva inizialmente collocato degli alberi in primo piano, uno su ciascun lato del viale, per poi eliminarli. (Il cielo è notevolmente danneggiato, forse in seguito a un tentativo di restauro risalente all'inizio del secolo scorso che, rimuovendo la pittura sovrastante diventata traslucida, mirava proprio a rivelare integralmente quegli alberi.) L'artista deve aver pensato che una coppia di alberi ancora più alti degli altri in primo piano oscurasse lo sfondo sui lati del dipinto, affrettando, allo stesso tempo, eccessivamente la 'corsa' verso il punto di fuga centrale. (È possibile verificare quest'ipotesi sovrapponendo alla riproduzione del dipinto due matite o strisciline di carta in posizione verticale.) Nella composizione definitiva che vediamo oggi, le chiazze scure del terreno e della vegetazione a destra e a sinistra della strada riprendono e rafforzano la

Il viale di Middelharnis

linea dell'orizzonte, controbilanciando la spinta verso l'interno della prospettiva. Oltre a guardare verso il punto di fuga, siamo così incoraggiati a esplorare orizzontalmente il paesaggio, che sembra proseguire oltre i confini laterali della tela.

Il villaggio di Middelharnis si trova sulla costa settentrionale di un'isola del meridione olandese presso la foce della Mosa. Qui esso viene osservato da sud-est. Le figure sono state aggiunte dal pittore come indici di scala e segni dell'attività umana e non necessariamente a testimonianza di un'osservazione diretta sul posto. Un uomo accudisce le piante in un vivaio sulla destra, mentre altre due figure si sono fermate a conversare lungo il viottolo. Il cacciatore che cammina con il suo cane lungo la strada verso di noi ha, comunque, un ruolo più attivo nella composizione. Il fatto che la sua testa sia esattamente sullo stesso livello del punto di fuga, e quasi coincida con esso, crea distintamente in noi l'impressione che presto ci incontreremo a metà strada. Hobbema sfrutta le leggi ottiche, che pongono oggettivamente un punto di fuga direttamente di fronte all'occhio dell'osservatore, per attirarci amichevolmente dentro il paesaggio, sul viale alberato che conduce a Middelharnis.

Gerrit van Honthorst 1592–1656

Cristo davanti al sommo sacerdote

Circa 1617. Olio su tela, 272 x 183 cm

Honthorst, come ter Brugghen (pagina 177), si formò a Utrecht con il pittore di storia Abraham Bloemaert e in seguito si recò a Roma. A differenza di ter Brugghen, tuttavia, a Roma acquisì fama internazionale, lavorando per committenti di alto rango e prìncipi della Chiesa. Gli italiani lo chiamarono Gherardo delle Notti (intendendo 'dei Notturni'), e questo dipinto, eseguito per il marchese Vincenzo Giustiniani nel cui palazzo Honthorst risiedeva, rivela l'origine di quell'appellativo. Al suo ritorno oltr'alpe, Honthorst era così

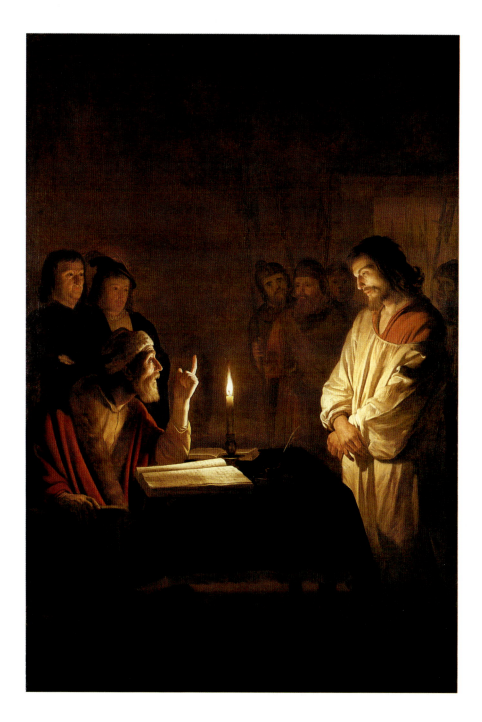

celebre da ricevere un invito in Inghilterra da parte di Carlo I, per il quale dipinse soggetti mitologici e numerosi ritratti. Continuò, comunque, a ricevere commissioni da reali olandesi, eseguendo ritratti e decorazioni allegoriche per il principe Federico Enrico d'Orange, e nel 1635 inviò a Cristiano di Danimarca la prima di una lunga serie di pitture narrative storiche e mitologiche. Tra i suoi numerosi allievi a Le Hague figurano l'esiliata regina di Boemia, Elisabetta Stuart, e le figlie; la National Gallery possiede un ritratto di questa romantica e infelice dama eseguito dall'artista.

Là dove ter Brugghen si serve del lume di candela per creare una scena di magica atmosfera come di sogno, Honthorst l'utilizza per conferire veridicità e tensione drammatica a un episodio biblico (Matteo 26:57-64). Dopo la sua cattura durante la notte di preghiera del Getsèmani, Gesù viene condotto per essere interrogato e processato davanti al sommo sacerdote Caifa, dove due falsi testimoni – gli uomini dallo sguardo sfuggente dietro Caifa – depongono contro di lui. 'Ma Gesù taceva'. Nell'ampia composizione – per scala e formato simile a una pala d'altare, sebbene non fosse stata concepita come tale – la visibilità delle figure a grandezza naturale dipende interamente dalla fiamma dell'unica candela. Il suo bagliore unifica l'insieme della figurazione, dando l'impressione di illuminare l'intera stanza con intensità che decresce progressivamente fino a svanire nell'oscurità, e giustificando le sfumature rossastre di tutti i colori. Essa fa sì che i due protagonisti risaltino con maggiore solidità, come in rilievo, e in maggiore dettaglio rispetto agli altri personaggi; focalizza l'attenzione specificamente sulla loro posa, sui loro gesti e sulla loro espressione; fa emergere i pochi oggetti significativi presenti nella composizione, in particolare i libri della Legge e la corda con cui Cristo è legato, e crea l'atmosfera solenne e minacciosa di un interrogatorio notturno.

Grazie alla sua maestria nella resa degli effetti dell'illuminazione proveniente da un'unica fonte, Honthorst riesce anche a infondere nel dipinto significati di natura simbolica. La veste bianca di Cristo, strappatagli dalla spalla durante la cattura, riflette la luce assai più intensamente del mantello bordato di pelliccia del sacerdote, cossicché sembra che a irradiarla sia Cristo stesso. Benché remissivo, Cristo è indubbiamente il motivo centrale del dipinto, la Luce del mondo e il Figlio di Dio.

Pieter de Hooch 1629-1684
Cortile di una casa di Delft

1658. Olio su tela, 74 x 60 cm

Le opere più amate di Pieter de Hooch, come questa, furono dipinte a Delft, dove l'artista operò tra il 1652 e il 1660 sviluppando, forse sotto l'influenza di Carel Fabritius (pagina 198), un interesse particolare per la resa pittorica della luce naturale. Nei suoi primi dipinti a noi noti l'artista nativo di Rotterdam si era specializzato in scene di soggetto militare e ambientate in taverne popolate di soldati e serve; dopo essersi trasferito ad Amsterdam, cominciò a raffigurare l'elegante vita cittadina, evidenziando con accese cromie il contrasto tra sontuose pavimentazioni marmoree, tappeti orientali color ruggine e preziosi indumenti di seta. A Delft, tuttavia, un tono più pacato evoca modeste virtù domestiche, la casalinga sfera borghese femminile, con i bambini e le donne che attendono alle faccende. Questi personaggi trascorrono la propria esistenza in ambienti tanto lindi quanto meticolosamente descritti dall'artista, che di solito ne dilata la prospettiva tramite scorci su stanze adiacenti o aperture sull'esterno, una finestra con vista paesistica o, come in questo caso, una porta che dà sulla strada.

Un fondo color fulvo chiaro, simile a quello usato da Fabritius, conferisce un caldo tono luminoso all'insieme, modulato dai mattoni rosati dei muri e dal selciato. Col tempo, l'equilibrio cromatico del dipinto si è alterato a causa dello sbiadimento dei pigmenti gialli e azzurri: in origine, il fogliame era certamente di un verde molto più intenso, il cielo di un azzurro più vivo e luminoso e di un azzurro più carico e meno trasparente la gonna della domestica. Fortunatamente, queste scoloriture non hanno sensibilmente mutato la nostra percezione di una serena luce diurna che investe dall'alto il piccolo cortile, proietta ombre sotto l'arcata e, nuovamente radiosa sulla casa di rimpetto, ritaglia la sagoma della massaia che guarda verso la finestra dei vicini.

Il cortile e la casa sono vecchi, il rudimentale pergolato cadente. La scopa, senza dubbio usata di recente, è caduta nell'aiuola di bordura. Ma la domestica rivolge la propria attenzione verso la bambina, istruendola amorevolmente con la parola e con l'esempio. La lapide sovrastante l'arcata appariva originariamente sopra l'ingresso del chiostro di Hieronimusdale di Delft. De Hooch la inserì anche in una versione più audace del dipinto (ora in una collezione privata), nella quale la domestica lascia la bambina incustodita per servire del vino a due uomini che trascorrono oziosamente il tempo bevendo e fumando. Pur avendo leggermente modificato l'iscrizione in entrambe le opere, è probabile che il pittore intendesse richiamare alla mente dell'osservatore l'epigrafe originaria: 'Se intendi seguire la via della pazienza e dell'umiltà, di qui si accede alla valle di San Girolamo; giacché deve prima scendere chi vuol salire.' Nel contesto di questa scena, l'iscrizione suggerisce che una quieta e umile esistenza dedicata al servizio domestico conduce al paradiso non meno sicuramente di un più ostentata practica religiosa. La lapide è sopravvissuta, e fino a poco tempo fa era inserita nel muro di cinta di un giardino di Delft.

Willem Kalf   1619–1693

Natura morta con corno a guisa di coppa della gilda degli arcieri di S. Sebastiano, aragosta e bicchieri

Circa 1653. Olio su tela, 86 x 102 cm

L'artista nativo di Rotterdam Willem Kalf fu celebrato da un poeta di Amsterdam come uno dei pittori preminenti della città, lode eccezionale per uno specialista della natura morta. Forse l'omaggio si sarebbe fatto attendere se l'artista avesse perseverato nei suoi interessi iniziali, i rustici interni di ambiente contadino e le nature morte di utensili da cucina che egli dipinse durante il suo soggiorno a Parigi dal 1640 circa al 1646. Successivamente al suo trasferimento ad Amsterdam, tuttavia, in seguito alle nozze con una giovane donna colta di buona famiglia, Kalf si dedicò al genere della natura morta per il quale oggi è soprattutto conosciuto. Chiamate in olandese *pronkstilleven* ('nature morte di ostentazione, di parata), queste composizioni, influenzate da precedenti fiamminghi, presentano oggetti di ricercata manifattura – argenti, porcellane cinesi, tappeti orientali, vetri preziosi – e cibi esotici. Essi non sembrano caratterizzarsi per specifici significati simbolici (pagina 248), ma agli occhi dei contemporanei dovevano certamente parlare del benessere della repubblica olandese, della grandezza della sua marina e dell'efficienza del suo sistema di distribuzione; poiché tutto ciò è implicito nel tappeto da tavolo di provenienza orientale e nel turgido limone italiano che dispiega la sua buccia in primo piano.

   Il corno di bufalo con montatura in argento apparteneva alla gilda degli arcieri di San Sebastiano, che faceva parte della guardia cittadina. Datato al 1565, questo magnifico esempio di arte argentaria, che ora si trova all'Historisch Museum di Amsterdam, costituisce un'ulteriore testimonianza dell'antica tradizione di autonomia municipale dei Paesi Bassi, e della volontà dei cittadini olandesi di difenderla. Esso compare anche nei quadri di altri artisti, e Kalf l'avrebbe dipinto ripetutamente.

In ultima analisi, tuttavia, nessuna di queste associazioni è responsabile della solenne bellezza monumentale del dipinto. Come in tutte le sue opere mature, e in contrasto con l'esuberante profusione caratteristica delle nature morte fiamminghe, l'artista dispone sobriamente sulla tela solo pochi oggetti. Contro un fondo scuro, una pittura dall'impasto ricco, applicata a grandi pennellate, modella forme ampie e cattura la qualità tattile vera e propria delle diverse superfici. Marcati accenti dei colori più ricchi e luminosi affluiscono alla superficie del dipinto con l'enorme aragosta scarlatta, il nitido limone giallo e bianco, venato di rosa per il riflesso del crostaceo. Ed è il gioco dei riverberi e delle ombre sfumate di queste tinte vigorose che, come un motivo musicale, aggrega intorno a sé la composizione.

Thomas de Keyser   1596/7–1667

Ritratto di Constantijn Huygens e del suo assistente

1627. Olio su tavola quercia, 92 x 69 cm

De Keyser fu uno dei ritrattisti più in auge ad Amsterdam finché la sua fama non fu oscurata dall'arrivo in quella città di Rembrandt (pagina 227) tra il 1631 e il 1632. Oltre ad aver realizzato importanti commissioni a grandezza naturale per corporazioni e gruppi militari, egli rese popolari i piccoli ritratti a figura intera come questo. È sempre sorprendente, osservando l'originale dopo aver visto la riproduzione, rilevarne la scala quasi miniaturistica. De Keyser abilmente conferisce al dipinto la grandiosità tipica delle ampie opere della ritrattistica ufficiale riservata ai capi di stato e ai personaggi eminenti, sebbene le dimensioni e la tecnica del ritratto richiamino piuttosto le scene di vita domestica.

Il modello, Constantijn Huygens (1596–1687), era un nobile che coltivava interessi di natura intellettuale e artistica. Signore di Zuylichem, prestò servizio presso l'ambasciata a Venezia e a Londra, dove nel 1622 fu nominato cavaliere da Giacomo I. Durante il periodo in cui fu segretario dello Stadhouder, Frederik Hendrik d'Orange, egli espresse grande apprezzamento per il promettente giovane artista Rembrandt, assicurandogli una commissione dal principe. Continuò fino alla morte a svolgere la sua opera di consigliere degli Orange e a interessarsi alle arti e alle scienze. Tali interessi sono qui chiaramente illustrati dai progetti architettonici – forse quelli relativi alla sua residenza di Le Hague cui attese insieme all'architetto Pieter Post – che egli ha appena finito di misurare con il compasso a punte fisse, dal chitarrone (un liuto con il manico allungato), dai libri e dai mappamondi, uno terrestre e uno celeste. Né viene trascurato l'aristocratico lignaggio di Huygens, poiché le sue insegne sono intessute nel bordo dell'arazzo sullo sfondo. Gli sproni fanno riferimento al cavalierato conferitogli dal re d'Inghilterra.

Il giovane assistente o paggio che sopraggiunge con una lettera ricopre una serie di funzioni nel contesto del dipinto. Levandosi il cappello, mentre Huygens tiene il proprio sul capo, e assumendo un atteggiamento deferente, che contrasta con la posa seduta di Huygens, egli manifesta l'inferiorità del suo rango. La raffigurazione di profilo del paggio, inoltre, conferisce alla figura seduta un'espressione animata, come se quest'ultima si fosse appena volta verso di lui, giustificando il ritratto di Huygens in pieno volto ed evitando, al contempo, un confronto eccessivamente formale con l'osservatore. Infine, la direzione dello sguardo del giovane, le linee prospettiche della struttura del caminetto e delle tavole del pavimento, nonché le pieghe dell'arazzo, tendono a condurre l'occhio dello spettatore verso il volto di Huygens, in piena luce e sorretto, come su di un piedistallo, dalla nivea gorgiera non inamidata.

Laurent de La Hire 1606–1656

Figura allegorica della Grammatica

1650. Olio su tela, 103 x 113 cm

Pur non essendo mai stato in Italia, a quanto sembra, il pittore parigino La Hire conosceva molto bene – sia per avere studiato a Fontainebleau, sia attraverso l'opera di artisti contemporanei quali Vouet, Poussin e Claude (pagine 223, 184) – la produzione artistica del Rinascimento italiano. Egli fu uno dei maggiori esponenti di una sobria e raffinata maniera classica in auge nella capitale francese. La nitidezza e il peso scultorei della figura di questo dipinto allegorico, la misurata regolarità della composizione, che accentua le linee orizzontali e verticali, l'illuminazione omogenea e la nettezza del colore locale contrastatano con il gesto teatrale, i drammatici effetti di chiaroscuro, di tessiture e di riflessi che caratterizzano le opere barocche di contemporanei quali Rembrandt (pagina 227).

Questa improbabile giardiniera rappresenta la Grammatica, e si collega a una serie di personificazioni delle Sette Arti Liberali destinate a ornare una stanza della residenza parigina di Gédéon Tallemant, uno dei consiglieri del re Luigi XIII. Il gruppo delle Arti Liberali era costituito dal trio letterario di Grammatica, Retorica e Dialettica e dal quartetto matematico di Aritmetica, Musica, Geometria e Astronomia. Queste figure erano d'abitudine utilizzate per adornare gli studi e le biblioteche private (pagina 92). Esse venivano sempre presentate in sembianze femminili, in armonia con il genere femminile dei loro nomi latini che viene mantenuto in tutte le lingue romanze. Le altre sei pitture di queste signore dall'animo nobile eseguite da La Hire sono disperse in varie collezioni. Non sappiamo con esattezza quale fosse la loro disposizione nella stanza, ma i dipinti, di diverse dimensioni, erano probabilmente montati in una pannellatura intagliata e disposti sulle pareti a un'altezza superiore alla testa dell'osservatore.

La scritta latina del nastro sul braccio della figura si potrebbe tradurre come 'Parola distinta ed erudita, correttamente pronunciata'. La funzione della Grammatica nell'ambito delle Arti Liberali non si identificava con l'analisi delle frasi o con l'insegnamento delle coniugazioni, ma consisteva nel garantire una chiara ed efficace comunicazione delle idee. Nell'*Iconologia* di Cesare Ripa, dizionario illustrato di allegorie pubblicato per la

prima volta nel 1593 e assai spesso consultato dai pittori, l'autore spiega che per suo tramite 'si fanno crescere le piante ancor tenerelle de gl'ingegni nuovi al Mondo, perché diano a' suoi tempi frutti di dottrina e di sapere, come l'acqua fa crescere le piante stesse'. La Hire mostra la Grammatica che innaffia, con una semplice brocca, piantine di primula e di anemone coltivate in vasi di terracotta studiati dal vero con la stessa cura con la quale Chardin (pagina 265) descriverà, un secolo più tardi, le suppellettili di una cucina. L'acqua in eccesso esce attraverso il foro di drenaggio sopra il frammento di un antico muro o pilastro romano ornato con un fregio di ovoli. Dietro la figura, imponenti colonne scanalate romane e un'urna, anche'essa romana, ci schermano la vista sul giardino, ma l'atmosfera è calma e serena, come se la signora che mette in bella mostra le seducenti armonie dell'abito di seta cangiante e del mantello azzurro tenue attendesse alla cura delle sue pianticelle sul balcone di un angolo di quieta periferia parigina.

Pieter Lastman 1583–1633

Giunone scopre Giove con Io

1618. Olio su tavola di quercia, 54 x 78 cm

Lastman fu ad Amsterdam il pittore più importante e incisivo della sua generazione; la sua influenza persiste nell'opera di Rembrandt (pagina 227), artista molto più grande di lui che fu suo allievo per appena sei mesi. Dopo un prolungato soggiorno in Italia, Lastman

Giunone scopre Giove con Io

rientrò in patria per dedicarsi alla 'pittura di storia', dipingendo scene eroiche narrative con un'inclinazione morale prevalentemente basata sulla Bibbia e occasionalmente, come in questo caso, sulla storia e sulla letteratura classica. Non affidandosi alle commissioni, l'artista poteva scegliere liberamente i soggetti dei suoi quadri, tra i quali mostrò di prediligere quelli che coinvolgevano conversazioni e confronti improvvisi. Qui, caratteristicamente, egli coglie un momento assai particolare di un famoso episodio mitologico narrato nelle *Metamorfosi* di Ovidio. Come nella maggior parte delle sue opere, indipendentemente dalla scala, Lastman investe la scena con un misto di magnificenza italianizzante e malizioso realismo umoristico di impronta tipicamente nordica.

Ovidio racconta come Giove, il re degli dei, si sia nuovamente innamorato, questa volta della bella ninfa Io. La sua consorte, Giunone, vede dal cielo la scura coltre di nubi che egli ha sparso per avvolgervi la sua preda e scende sulla terra per indagare. Nel tentativo di trarla in inganno, Giove trasforma Io in giovenca, ma Giunone si fa consegnare l'animale e incarica Argo, mostro dai cento occhi, di sorvegliarla. Su ordine di Giove, Mercurio fa addormentare Argo e lo uccide. Giunone ne userà gli occhi per decorare la coda dei suoi pavoni.

Lastman illustra il confronto tra Giove, il mistificatore, e la sospettosa Giunone (*Metamorfosi* I, 612–16). I pavoni che tirano il carro celeste di Giunone, e il cui piumaggio si presenta di un colore smorto poiché Argo non è ancora intervenuto nella storia, frenano con foga il proprio volo. Con l'ausilio dell'alato Amore e della Frode, raffigurata con la maschera rossa e il caratteristico attributo della pelle di volpe (due personaggi che non sono menzionati da Ovidio), Giove cerca di nascondere l'enorme giovenca alla vista di Giunone. L'accostamento di una nudità eroica all'espressione colpevole e afflitta nella figura del re degli dei crea un effetto ridicolo. Il marito bistrattato e la moglie dominatrice sono motivi tradizionali nel repertorio iconografico delle stampe umoristiche nordiche, e Lastman sembra aver colto l'opportunità per innestare questo tipico genere locale su un racconto di passione adulterina ambientato tra gli dei della mitologia latina.

Fratelli Le Nain **Diciassettesimo secolo**

Quattro figure a tavola

Terzo decennio del Seicento? Olio su tela, 46 x 55 cm

I primi anni dei tre fratelli Le Nain, Antoine, Louis e Mathieu, sono scarsamente documentati, e le loro identità artistiche individuali sommerse sotto il cognome con cui essi autografavano le loro opere. Il piccolo e incompiuto quadretto dal titolo *Tre uomini e un fanciullo* loro ascritto e parte della Collezione, datato al quarto decennio del secolo, potrebbe essere un ritratto dell'impresa familiare dei Le Nain. Nati a Laon tra il 1600 e il 1610, nel 1629 essi erano attivi a Parigi; Antoine e Louis morirono a un giorno o due di distanza l'uno dall'altro nel maggio del 1648, mentre Mathieu sopravvisse fino al 1677. Tutti e tre divennero membri dell'Accademia Reale di Francia nel 1648, quando essa fu istituita. In circostanze che non sono ancora state chiarite, Mathieu sembra avere goduto della protezione personale di Luigi XIV per 'i suoi servigi nelle armate del re', aspirando dal 1658 alla nobiltà.

Sebbene i Le Nain dovessero inizialmente la loro reputazione a composizioni mitologiche e allegoriche e a pale d'altare di ampio formato (molte delle quali sarebbero andate perdute durante la Rivoluzione francese), e pur continuando anche in seguito a ricevere commissioni di questa natura, attualmente essi sono noti soprattutto per i piccoli dipinti di grande effetto raffiguranti scene di vita quotidiana delle classi più povere, in particolare dei contadini. Gli studi più recenti associano la loro nuova forma del genere rustico, che non riserva ai campagnoli un trattamento romantico e neppure ironico, con l'emergenza di una classe media di proprietari terrieri, i cui ideali di dignità del lavoro agricolo e di collaborazione tra chi possiede e chi lavora la terra sembrano riflettersi nella loro arte. Questa scena con *Quattro figure a tavola* rappresenta uno dei numerosi 'pasti di contadini' dipinti dai Le Nain. L'intensa luce che cala nella tela dall'angolo superiore sinistro mette in risalto l'oscurità e l'immobilità dell'umile ma decoroso interno, rischiarato soltanto dalla linda biancheria, mentre delinea le forme, la qualità delle superfici e le espressioni. Qualcuno pensa che la figurazione potrebbe rappresentare le Tre Età della vita umana: il volto grinzoso, segnato dalla rassegnazione, della donna anziana contrasta con lo sguardo interrogativo della giovane donna, e con l'espressione di desiderio, o forse di inquietudine, della bambina che spalanca gli occhi e l'aria di soddisfatta indifferenza del fanciullo intento a tagliare il pane. Ma un'interpretazione allegorica non appare necessaria né probabile; il dipinto ci parla direttamente di un destino umano condiviso, accettato con dignità.

Sul volto del ragazzo, quello che sembrava a prima vista un pentimento dell'artista, grazie all'analisi ai raggi X si è rivelato essere un ornamento cremisi del costume di una figura sottostante, il ritratto a mezzo busto di un uomo barbuto (fig. 6). Non si tratta di uno schizzo, ma di un'esecuzione pittorica compiuta, o quasi. L'uomo porta una gorgiera e un farsetto grigio con nastri color crema. Se il modello abbia rifiutato il ritratto, o se il ritratto costituisse un lavoro preparatorio per un dipinto di maggiori dimensioni o per un'incisione, non lo sappiamo, ma sembra che a breve distanza dalla sua apparizione sulla tela, e nello stesso studio in cui aveva preso forma, questo prospero cittadino abbia dovuto cedere il posto a quattro campagnoli stretti intorno al loro desco frugale.

Fig. 6 Radiografia ai raggi X di Quattro figure a tavola *dei fratelli Le Nain, che rivela la presenza del ritratto di un uomo barbuto sotto l'attuale superficie.*

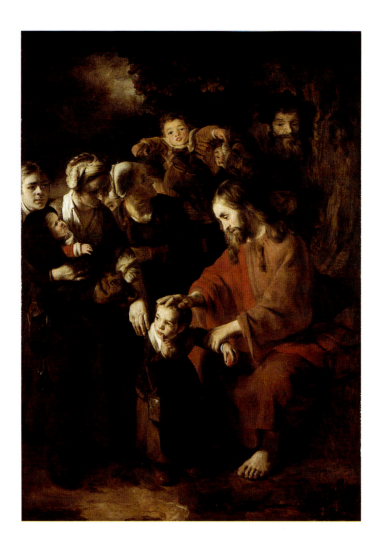

Nicolaes Maes 1634–1693

Cristo benedice i fanciulli

1652–3. Olio su tela, 206 x 154 cm

Nato a Dordrecht, Maes si recò intorno al 1650 ad Amsterdam per studiare con Rembrandt (pagina 227). Nel 1653 egli era nuovamente nella sua città natale, dove sarebbe rimasto fino al 1673 per poi fare nuovamente ritorno ad Amsterdam. Nel 1654 aveva ormai abbandonato la maniera pittorica di Rembrandt a favore di piccoli interni domestici raffiguranti la vita di donne e bambini (vi sono tre opere di questo genere alla National Gallery). Essi si differenziano da soggetti analoghi dipinti da Pieter de Hooch (pagina 208) per l'uso massiccio di nero brillante e di rossi caldi, oltre che per i forti contrasti tra le zone di luce e le zone d'ombra; alcune di queste pitture, tuttavia, denotano lo stesso interesse mostrato da de Hooch per gli scorci aperti su stanze o spazi adiacenti, benché non si abbia, di fatto, alcuna notizia di un rapporto diretto tra i due. Dal 1660 Maes si dedicò esclusivamente alla ritrattistica, col tempo adottando l'elegante stile francese favorito in Olanda nell'ultima parte del secolo.

L'attribuzione di quest'ampia tela è stata oggetto di grande dibattito, ma ora essa viene generalmente riconosciuta come opera giovanile di Maes, eseguita nel periodo trascorso dal pittore nello studio di Rembrandt, o subito dopo. Uno dei due schizzi preparatori di composizione sopravvissuti è liberamente basato sulla famosa *Stampa dei cento fiorini* di Rembrandt. Entrambe le opere illustrano un brano del Vangelo di San Matteo: 'Allora gli furono portati dei bambini perché imponesse loro le mani e pregasse; ma i discepoli li sgridavano. Gesù però disse loro: Lasciate che i bambini vengano a me, perché di questi è il regno dei cieli' (19:13–14).

Nel quadro di Maes i bruni scuri e i neri sono vivacizzati da tocchi di crema e rosso, particolarmente notevoli sulle guance della bambinetta sopra la quale Gesù impone le mani e che, con un dito in bocca, si guarda intorno timidamente, senza capire. Al suo fianco pende la lavagnetta scolastica portatile: questa riunita intorno a Cristo è, infatti, una piccola folla seicentesca di madri e figli olandesi, sebbene Gesù, come anche San Pietro che appare, con aria mortificata, in piedi dietro l'albero e l'uomo che solleva il bambino al centro (un discepolo che allontana un infante o un genitore che non rispetta la coda?), indossi un abito 'senza tempo'. È probabile che il giovane maldestramente infiltratosi nel gruppo sulla sinistra sia un autoritratto, che documenterebbe l'età dell'artista all'epoca dell'esecuzione come di poco inferiore ai vent'anni. Maes si è attenuto a tutti i precetti della pittura narrativa monumentale, dal formato delle figure intere in scala naturale alla scelta di un episodio importante e nobile della storia sacra, dalla cura con cui sono delineate le pose e le emozioni dei personaggi alla disposizione delle ombre e delle luci che mette in risalto le figure di Gesù e dei fanciulli; e ciononostante la composizione continua a essere permeata di un certo sentimentalismo e di un'atmosfera che richiama la pittura di genere. Forse la maggior parte dei clienti che disponevano di spazi adeguati a un'opera di queste dimensioni richiedeva personaggi più aulici delle figure modeste illustrate in questo dipinto, forse lo stesso Maes si era reso conto che la 'pittura di storia' non faceva per lui; sta di fatto che l'artista non si sarebbe più cimentato con un quadro di formato così ambizioso.

Pierre Mignard 1612–1695

La marchesa di Seignelay con due dei suoi figli

1691. Olio su tela, 194 x 155 cm

Pierre Mignard, noto nella nativa Francia come 'le Romain', visse a Roma dal 1636 (visitando anche Venezia e altre città dell'Italia settentrionale tra il 1654 e il 1655) finché, nel 1657, non fu richiamato in patria dal re Luigi XIV. Il suo stile subì in particolare l'influenza di Annibale Carracci, del Domenichino e di Poussin (pagine 181, 190, 223). Al suo rientro in Francia, comunque, egli vantò la propria lealtà verso Tiziano e il colorismo veneziano (pagina 158), soprattutto in opposizione al rivale Lebrun, cui nel 1690 Mignard succedette come primo pittore del re e direttore dell'Accademia Reale. Malgrado tutti gli anni trascorsi all'estero, la sua opera ci appare inconfondibilmente francese, per lo meno nel senso evocato dalla corte del Re Sole: grandiosa e calcolata. 'Insolenza ostentata con simulata eleganza': il giudizio xenofobo formulato dall'inglesissimo Hogarth mezzo secolo più tardi potrebbe attagliarsi a questo superbo ritratto. Ma Mignard non faceva che assecondare i desideri del modello, la vedova di Jean-Baptiste Colbert de Seignelay, ministro della marina di Francia.

Catherine-Thérèse de Matignon, marchesa di Lonray, *veuve* de Seignelay, incaricò Mignard di ritrarla come la ninfa marina Tetide, cui (secondo le *Metamorfosi* di Ovidio, XI, 221-3) venivano rivolte le parole: 'O dea dell'onda, concepisci, e sarai madre di un giovane che nel pieno vigore delle forze supererà le gesta del padre e sarà detto più grande del padre'. In passato, la trasformazione di Mme de Seignelay in una dea marina era stata attribuita all'ufficio del marito, ma Neil MacGregor ha mostrato che la chiave interpretativa del ritratto va cercata nel passo di Ovidio. Come Tetide, Mlle de Matignon, di antico

nobile lignaggio normanno, era stata sposata contro la sua volontà con un uomo socialmente a lei inferiore: Colbert, il padre di suo marito e il grande ministro del re, era figlio di un drappiere. Lo sposo della dea, Peleo, dovette usarle violenza per 'ingravidarla del grande Achille', il più celebre eroe della guerra di Troia. 'La cerulea Tetide carezzò molte ambizioni per suo figlio,' e discendendo nell'infocato cratere dell'Etna, che qui si intravede, fumante, in lontananza, ebbe per lui armi fatte da Vulcano, il fabbro degli dei. E questa è l'armatura, 'dono degli dei, opera d'arte così preziosa', portata in guisa di Achille da Marie-Jean-Baptiste de Seignelay, il figlio maggiore per il quale la marchesa aveva appena comprato un grado di ufficiale nell'esercito.

L'effetto brillante del dipinto deriva in larga misura dall'ampia superficie di prezioso azzurro oltremare del mantello della dea, che contrasta meravigliosamente con il corallo e le perle nella sua acconciatura e con i lilla e i verdi del costume di Achille. L'oltremare era il più pregiato dei pigmenti; più costoso dell'oro stesso, veniva usato raramente a quest'epoca, mai, comunque, in tale quantità. Così, Mme de Seignelay metteva a tacere le voci diffuse da *mauvaises langues* che la davano in rovina. E c'è di più: si mormorava, infatti, anche che la nobile vedova fosse, o aspirasse a diventare, l'amante del re. Il Cupido che offre una preziosa conchiglia di nautilo traboccante di splendidi gioielli presenta il legame come *fait accompli*. Ecco come una cultura classica, coniugata ai talenti di un artista ricettivo, formatosi a Roma, possa essere asservita a una causa insolente, 'ostentata con simulata eleganza'.

Bartolomé Esteban Murillo 1617–1682

Le due Trinità

Circa 1675–82. Olio su tela, 293 x 207 cm

Murillo fu uno degli artisti preminenti del Seicento spagnolo, superato nella propria epoca soltanto da Velázquez (pagina 249). Entrambi gli artisti erano nativi di Siviglia, ma il loro temperamento, la loro carriera e il loro successo critico non avrebbero potuto essere più diversi. Velázquez trascorse la maggior parte della sua vita presso la corte di Madrid. Murillo rimase a Siviglia, dove dipinse principalmente soggetti sacri per istituzioni religiose; morì in conseguenza della caduta da un'impalcatura nella chiesa dei Cappuccini di Cadice. Le sue pitture secolari includono alcuni magistrali ritratti, ma per il resto consistono quasi esclusivamente di scene d'infanzia, un genere senza precedenti in Spagna.

La fama di Murillo oscurò quella di Velázquez nel Settecento, secolo che lo reputò secondo soltanto a Raffaello (pagine 86, 146) e nel quale l'artista esercitò grande influenza; su Gainsborough e Reynolds (pagine 283, 315), tra gli altri. Soltanto intorno al 1900 la sua maniera, così in accordo con la sensibilità religiosa del suo tempo, ha cominciato ad apparire stucchevole. Murillo è il grande interprete di una gamma di sentimenti verso i quali, in particolare nei paesi di tradizione protestante, siamo diventati diffidenti: evitando le scene di martirio, egli si specializzò nella rappresentazione di amorevoli Sacre Famiglie, graziosi santi in età infantile, garbate Madonne e Immacolate Concezioni. Più tardi l'artista si dimostrò deliziosamente rassicurante anche nella raffigurazione dei piccoli vagabondi di strada. Ma gli stimoli emotivi alla base della sua opera non erano quelli che potrebbe immaginare un osservatore del nostro secolo. Ultimo di quattordici fratelli, perse i genitori all'età di nove anni e sopravvisse alla moglie e a sei dei suoi nove figli. Dal 1636 la Spagna fu costantemente in guerra in qualche regione dell'Europa, e nel 1649 metà della popolazione di Siviglia morì di peste; nel 1652 vi fu una insurrezione popolare. Mentre il mondo intorno a lui sprofondava nella disperazione più atroce, non era il sentimentalismo ma l'eroismo a spingere Murillo ad ammantare di nuvole di incenso e di rose il suo mondo dipinto. Il visitatore che si senta respinto dagli sguardi levati al cielo e dai cherubini dalle gote rosee dovrebbe concentrare la propria attenzione in primo luogo sul fermo disegno delle mani, qui magistralmente scorciate e caratterizzate individualmente in eloquente comunione. L'impeccabile tecnica grafica dell'artista, occultata a prima vista dal 'vaporoso' lavoro di pennello del suo stile maturo, influenzato da Rubens e Van Dyck (pagine 235, 193), è il segno visibile del suo profondo stoicismo.

Murillo aveva già trattato il tema delle *Due Trinità* nella prima fase della sua carriera, quando aveva dipinto la Sacra Famiglia di ritorno dal Tempio (Luca 2:51). Le composizioni di entrambi i quadri derivano da incisioni cinquecentesche realizzate per libri devozionali dei Gesuiti dai fratelli fiamminghi Wierix. Queste immagini, ideate per attrarre l'interesse di un ampio pubblico laico, mettevano in rilievo le umili attività della Sacra Famiglia e glorificavano San Giuseppe, falegname, protettore della Vergine e padre terreno di Cristo. E come Dio Padre, la colomba dello Spirito Santo e Cristo formano la Trinità Celeste, così Maria, Giuseppe e Gesù costituiscono, di riflesso, la Trinità Terrena. In questo dipinto, probabilmente commissionato come pala d'altare, Giuseppe, l'unico personaggio che si rivolge a noi direttamente, tiene in mano la verga fiorita, segno della volontà di Dio che egli prendesse in sposa Maria. Il piccolo Cristo è sollevato da una pietra da costruzione, allo stesso tempo espediente compositivo, che permette di collocare la figura all'apice di un triangolo al centro della pittura, ed elemento simbolico: 'Dice il Signore Dio, ecco io pongo una pietra in Sion, una pietra scelta, angolare, preziosa, saldamente fondata: chi crede non vacillerà' (Isaia 28:16). Mentre le nubi si diradano per rivelare la luce divina, le loro ombre attenuano il rosso acceso e l'azzurro oltremare, gli albicocca, i rosa, l'oro e il bianco delle lumeggiature stemperandoli in una magnifica armonia d'insieme, una caligine di grigio, celeste e color zafferano.

Bartolomé Esteban Murillo 1617–1682

Autoritratto

1670–3? Olio su tela, 122 x 107 cm
L'iscrizione latina che appare sotto la finta cornice di questo autoritratto recita: 'Bart[olo]mé Murillo mentre dipinge il proprio ritratto per esaudire i desideri e le preghiere dei figli.' Nel 1670, anno in cui fu probabilmente dipinto questo ritratto, solo quattro dei nove figli di

Autoritratto

Murillo erano ancora in vita. L'unica figlia era entrata in un convento domenicano, e il figlio più giovane stava per intraprendere la carriera ecclesiastica; sarebbe diventato canonico della Cattedrale di Siviglia.

Dopo la morte dell'artista, il dipinto fu inciso ad Anversa su richiesta dell'amico di Murillo Nicolas de Omazur, un poeta fiammingo e mercante di seta che si era stabilito a Siviglia. Il ritratto stesso prende a prestito un motivo spesso utilizzato dagli incisori dei Paesi Bassi nei frontespizi dei libri. Una cornice ovale dorata, appoggiata su uno scaffale o un tavolo a muro contro una parete, cinge il ritratto a mezza figura di Murillo. Ma in una prodezza illusionistica possibile soltanto nell'arte, è lo stesso pittore, e non la sua immagine, ad allungare paradossalmente la mano oltre la cornice. Sobriamente abbigliato in nero, con un morbido collo di pizzo intorno alla gola, egli guarda verso l'osservatore con aria dignitosa venata di melanconia. Nulla nel ritratto tradisce connotazioni diverse da quella del gentiluomo. Attorno alla cornice, tuttavia, sono disposti gli strumenti della sua professione: una tavolozza con i colori, alcuni pennelli, un disegno a gessetto rosso, il gessetto stesso, un compasso a punte fisse e una riga da disegno. Il bianco sulla tavolozza è realmente un riccio di bianco di piombo, e non una sua rappresentazione. Il compasso e la riga ci informano che il modello è un artista erudito, che crea le sue opere secondo le regole e le proporzioni stabilite dalle leggi matematiche, e non semplicemente a imitazione delle apparenze. Un disegno, fondamento accademico di tutte le arti visive, ricorda che nel 1660 Murillo fu tra i fondatori dell'Accademia di belle arti di Siviglia, diventandone anche il primo presidente.

Come in tutti i suoi ritratti, e in opposizione al resto della sua produzione pittorica, Murillo privilegia il rispetto della verità alla gradevolezza dell'immagine. Le forme sono modellate da una forte luce che getta ombre profonde, e la sua famosa 'morbida' pennellata si evidenzia solamente nella capigliatura e nel pizzo del collo. Il cupo schema cromatico di nero, bianco e ocra viene alleggerito solo dal rosso, come indicato dalla tavolozza, dove la presenza di questo colore in forma non diluita contribuisce a definire la costruzione spaziale del dipinto, e ravviva la solennità del suo gioco con l'arte della realtà e la realtà dell'arte.

Nicolas Poussin 1594–1665

L'adorazione del vitello d'oro

Anteriore al 1634. Olio su tela, applicata su tavola, 154 x 214 cm

La trasformazione, avvenuta a Roma, del Nicolas Poussin figlio di un agricoltore normanno nel Poussin 'pittore-filosofo', 'spirito … come naturalizzato nell'antichità', costituisce uno dei grandi trionfi della pertinacia sulle circostanze. Pochi artisti del suo valore hanno avuto una formazione tanto inadeguata, o scoperto la propria profonda vocazione così tardi. Il suo interesse per l'arte fu destato da un pittore itinerante poco conosciuto che lavorava in una chiesa del paese di Les Andelys. A breve distanza di tempo, tra il 1611 e il 1612, Poussin partì per Parigi. Dopo anni di avversità, e due tentativi falliti di raggiungere Roma, nel 1622 egli si fece notare positivamente con sei dipinti realizzati per i Gesuiti. Finalmente, nel 1624, si stabilì a Roma, con la ferma intenzione di imitare Raffaello (pagine 86, 146) e la scultura antica.

Il primo periodo italiano di Poussin fu appena più agevole degli anni trascorsi a Parigi. Oltre a Raffaello, alle incisioni, alla statuaria e a una famosa pittura murale antica, *Le Nozze Aldobrandini*, allora parte di una collezione principesca, egli studiò l'opera del Domenichino (pagina 190) e di Guido Reni (pagina 232); e scoprì Tiziano (pagina 158), il cui *Bacco e Arianna*, insieme ad altre scene mitologiche, era stato appena portato a Roma da Ferrara. Ma fu soltanto all'età di trentacinque anni che Poussin trovò la sua vera voce, e i mecenati disposti ad ascoltarla. Dal 1630 circa – con l'eccezione di un infelice interludio parigino tra il 1640 e il 1642, durante il quale lavorò al servizio del re – egli dipinse principalmente tele di dimensioni modeste per collezionisti privati. Proprio sulla base di questi limiti, Poussin creò un nuovo genere artistico: una 'pittura di storia' domestica con figure intere ma su scala ridotta, per l'edificazione e il piacere di una minoranza (si veda, tuttavia, il dipinto antecedente dello stesso genere di Annibale Carracci, pagina 181). Ben pochi sono i pittori che hanno raggiunto la stessa intensità, dimostrato la stessa serietà di impegno e, col tempo, si sono rivelati tanto influenti.

L'*Adorazione del vitello d'oro* faceva originariamente coppia con la *Traversata del Mar Rosso*, ora a Melbourne. Entrambe le opere illustrano episodi tratti dal libro dell'Esodo dell'Antico Testamento; questo dipinto si riferisce al capitolo 32. Nel deserto del Sinai i figli di Israele, scoraggiati per la prolungata assenza di Mosè, chiesero ad Aronne di creare una divinità che potesse guidarli. Raccolti quindi tutti gli orecchini d'oro, Aronne li fece fondere nella forma di un vitello, che essi cominciarono ad adorare. Sullo sfondo, a sinistra, Mosè e Giosuè discendono dal Monte Sinai con le tavole dei Dieci Comandamenti. Udendo i canti e vedendo 'il vitello e le danze ... si accese l'ira di Mosè: egli scagliò dalle mani le tavole e le spezzò ai piedi della montagna.' L'alta figura barbuta in bianco è Aronne che 'proclama' la festa imminente in onore del falso idolo.

Si dice che Poussin abbia plasmato figurine d'argilla da usare come modelli, storia che parrebbe confermata dai danzatori in primo piano. Essi sono l'immagine speculare di un gruppo di ninfe e di satiri che compare nel *Baccanale* dipinto precedentemente dall'artista e anch'esso esposto nella Galleria. In un paesaggio maestoso, eseguito con i colori accesi che Poussin aveva appreso dal Tiziano, davanti a un gigantesco idolo d'oro più simile a un toro che a un vitello (e certamente frutto di molti orecchini), gaudenti Israeliti rendono omaggio alla potenza della visione poussiniana dell'antichità. Come in un rilievo scultoreo o su un vaso greco dipinto, le figure appaiono in sospesa animazione, gli enfatici gesti o movimenti di ciascuna isolati da quelli dei vicini, cosicché l'effetto dell'insieme risulta allo stesso tempo violento e statico.

Nicolas Poussin 1594–1665

Trionfo di Pan

1636. Olio su tela, 134 x 145 cm

Il *Trionfo di Pan* fu uno dei numerosi dipinti commissionati a Poussin, nel 1636 l'artista francese di maggiore prestigio a Roma, dal cardinale Richelieu (si veda pagina 183). Essi erano destinati alla decorazione di una stanza del suo château di Poitou che avrebbe dovuto ospitare anche quadri mitologici di Mantegna, Perugino e Costa (si vedano pagine 62, 77, 34). È molto probabile che Poussin avesse ricevuto precise istruzioni non soltanto sulla dimensione delle tele, ma anche su quella delle figure, poiché, sebbene egli non avesse mai veduto quelle opere rinascimentali, i suoi personaggi sono nelle proporzioni assai simili ai loro. Dovette essere anche informato che le pitture sarebbero state collocate sopra un dado elevato, diviso da cariatidi dorate, gigli d'oro contro un fondo azzurro, e battaglie marine, il tutto sovrastato da un soffitto dorato. Il Cabinet de la Chambre du Roy nel château di Richelieu celebrava il 'dono' del cardinale a Luigi XIII del dominio sui mari. La destinazione della commessa, una stanza in cui 'arte e opulenza si disputavano il primato', secondo l'espressione usata da un panegirico dell'epoca, ricca, oltre che di dipinti e pannellature, di vasi di porfido e antichi busti, dovette presentarsi a Poussin come una sfida formidabile. Non soltanto egli si sarebbe trovato a competere con alcuni degli artisti più importanti del Rinascimento italiano, ma le sue opere avrebbero dovuto misurarsi con le sfolgoranti decorazioni, ciò che spiega perché i colori di questo dipinto siano tra i più brillanti che egli avesse mai sfoggiato su una superficie pittorica. Purtroppo, essendo la sala stata smantellata molto tempo fa e i quadri andati dispersi, possiamo giudicare l'effetto dell'insieme solo con l'occhio della mente.

Poussin ha considerato con grande riguardo il punto di vista dello spettatore. Nella Galleria, i visitatori più agili possono osservare il dipinto seduti per terra per meglio apprezzarne la costruzione spaziale e coglierne, così, il pieno significato. I personaggi festanti occupano un piano rialzato che si estende in profondità fin dove rocce e alberi intrecciati con tralci di vite separano la scena dal fondale di cielo e montagne lontane. Appoggiati a

questo palcoscenico di terra scorgiamo un tamburello e due maschere, un'antica maschera di satiro e una di Colombina della moderna commedia dell'arte. Dietro di essi una maschera di Pulcinella si aggiunge a una natura morta tratta dall'iconografia degli antichi baccanali, composta di tirsi – aste avvolte di edera e sormontate da pigne – del bastone ricurvo e dei flauti di Pan, vino in una ciotola o cratere di metallo, e un vaso da vino greco decorato con la figura del dio Dioniso, il Bacco della mitologia greca.

    La composizione deve molto a un'incisione di Giulio Romano, allievo di Raffaello, ma Poussin mostra anche la sua diretta conoscenza delle tradizioni dell'antichità. La mescolanza di maschere moderne e antiche e la struttura simile a un palcoscenico alludono alle origini del teatro nei riti bacchici. La scena principale rappresenta il 'trionfo' o adorazione del busto senza braccia di una divinità cornuta collocata su un piccolo pilastro, il cui volto è cosparso del succo rosso estratto dai fusti di edera bolliti. Questo è il 'termine' di Pan, dio arcadico dei pastori e dei mandriani, e di Priapo, divinità fallica della fertilità, protettore dei giardini, il cui culto fu importato in Grecia dal Vicino Oriente. Confusi tra loro, entrambi erano associati a Dioniso/Bacco: Dioniso, dio della vite, che, dopo essere morto, discese nell'Ade e ne riemerse, era esso stesso identificato con il ciclo di declino e rinascita delle stagioni. Tutti i partecipanti al rito sono membri del suo entourage (gli stessi che vediamo nel *Bacco e Arianna* del Tiziano, pagina 159): le ninfe e i loro dissoluti compagni di gioco, i satiri; le menadi, che dilaniano le membra dei cervi o sparpagliano i fiori dalla piatta cesta della spulatura sacra a Dioniso. Un mondo di fantasmagorie pagane si anima in tutto il suo fascino crudele e seducente davanti a noi, senza neppure un'ombra di anacronistico moralismo.

Nicolas Poussin 1594–1665

Il ritrovamento di Mosè

1651. Olio su tela, 116 x 178 cm

Questo dipinto, l'ultima e la più grandiosa delle tre variazioni sul tema realizzate da Poussin, fu acquisita dalla National Gallery in comune con il National Museum del Galles nel 1988, e viene esposta alternativamente a Londra e a Cardiff. Sebbene, dunque, non sia sempre possibile ammirarla, ho pensato di inserire la tela nella nostra guida, in parte perché si tratta di un'opera non ancora largamente conosciuta, ma soprattutto perché la considero una pittura di straordinaria bellezza, che non avrei mai potuto escludere.

Poussin illustrò episodi della vita di Mosè almeno diciannove volte (si veda anche pagina 223). È stato rilevato come l'artista cercasse, quando gli era possibile, di evitare le scene che illustravano le visioni o il martirio dei santi, soggetti che andavano per la maggiore nell'arte sacra del Seicento. Egli si concentrò invece sui temi basilari del Cristianesimo, collegandoli sia al loro contesto storico nell'antico Vicino Oriente, sia ai dogmi fondamentali di altre religioni, secondo una moda intellettuale del tempo. I soggetti tratti dall'Antico Testamento che egli dipinse attengono, per la maggior parte, al tema della Salvezza o alle sue prefigurazioni.

Sin dagli albori dell'era cristiana, l'Antico Testamento veniva letto dai fedeli per le sue analogie con il Nuovo. Le acque del Nilo, ad esempio, cui viene affidato da sua madre il piccolo Mosè in un 'cestello di papiro' in seguito al crudele ordine del faraone di annegare ogni infante maschio israelita (Esodo 1:22), venivano paragonate alle acque del battesimo. Ma l'interesse di Poussin per Mosè potrebbe essere stato originato anche dalla sua identificazione con divinità pagane; come scrive un autore contemporaneo influenzato da queste correnti di pensiero a proposito del quadro: 'Egli è Mosè, il Moshe degli Ebrei, il Pan degli Arcadi, il Priapo dell'Ellesponto, l'Anubis degli Egizi'.

Tutti questi echi riverberano nel dipinto. L'infante che ha mosso a compassione la figlia del faraone richiama il Cristo infante che benedice i Magi o i pastori in una scena dell'Adorazione. A sinistra, sullo sfondo, un sacerdote egizio venera il dio dalle forme canine Anubis (appena distinguibile, ora che la pittura in superficie si è assottigliata, diventando trasparente). Sappiamo di essere in Egitto perché sopra la roccia che sovrasta la scena principale una divinità fluviale, che simboleggia il Nilo, abbraccia una sfinge, sulla spiaggia crescono le palme e un obelisco si eleva dietro un maestoso tempio. (È curioso come gli edifici dalle molte finestre dei quali Poussin, che non vi era mai stato, ha dotato il paese del faraone ci ricordino oggi un moderno complesso alberghiero.) La bellezza del dipinto e il suo principale motivo di interesse non risiedono, tuttavia, in un possibile simbolismo, bensì nel magnifico raggruppamento delle figure, tutte femminili, contrastante con un analogo gruppo maschile che appare nel *Cristo che risana un cieco* (ora al Louvre) eseguito dall'artista per lo stesso committente l'anno prima. Ciascuna di esse svolge il proprio ruolo nell'episodio drammatico, la principessa generosa e autorevole, le ancelle curiose e piene di gioia. La figura più umile vestita di bianco dietro la testa di Mosè potrebbe essere sua sorella, che si era posta a osservare da lontano per vedere che cosa gli sarebbe accaduto, raccomandando poi la madre alla figlia del faraone come nutrice per allattarlo. Non è facile resistere alla tentazione di scorgere nei loro drappi brillanti un omaggio al cliente di Poussin, il mercante di seta lionese Reynon. Corpi e colori, ciascuno individualmente caratterizzato e distinto dagli altri, si combinano in ampi ritmi attraverso la superficie pittorica, riecheggiati dalle rocce in secondo piano. L'immagine è solenne e gioiosa allo stesso tempo, come si addice a una scena in cui un bambino, e attraverso di lui un intero popolo, viene salvato.

Rembrandt 1606–1669
Giovane donna che si bagna in un ruscello

1654. Olio su tavola di quercia, 62 x 47 cm

Rembrandt van Rijn è unanimemente riconosciuto come il più grande dei pittori olandesi del Seicento, e la National Gallery ha la fortuna di possedere un considerevole numero di sue opere (le tre incluse in questa selezione sono presentate nell'ordine in cui sono entrate a far parte della Collezione). Artista straordinariamente versatile, egli eccelse in tutti i generi pur aspirando a essere riconosciuto come 'pittore di storia'. Sebbene nelle Province Unite ufficialmente calviniste, dove gli interni delle chiese erano stati imbiancati, gli fosse negata la possibilità di dipingere pale d'altare, egli poteva comunque fornire ai collezionisti privati scene bibliche. In Olanda si producevano più quadri mitologici e biblici di quanto si potrebbe supporre, e Rembrandt ricevette diverse commissioni di questo tipo. La sua produzione, tuttavia, era fondamentalmente imperniata sulla ritrattistica, e le sue ambizioni artistiche potrebbero forse spiegare perché l'artista cominciasse a investire questo genere, in particolare i ritratti di gruppo di membri delle corporazioni, di un vivido carattere narrativo. La sua superba immaginazione figurativa e la sua insuperata tecnica gli permisero di introdurre nella sua pittura elementi drammatici e di mistero tramite forti contrasti di luce e ombra e di tessitura del colore, che a delicate trasparenze alterna densità tridimensionali. Le sue superfici, diversamente da quelle di molti contemporanei (ma si veda anche Hals, pagina 202), sono animate quanto i personaggi che egli ritrae. Non soltanto l'artista sa evocare con precisione particolari sentimenti intimamente legati all'azione rappresentata, ma riesce anche a convincerci che ogni figura dipinta sia capace di provare reali emozioni.

La piccola tela con la *Giovane donna che si bagna in un ruscello* è da sempre una delle opere più amate di Rembrandt. Si tratta di un'immagine così delicatamente intima, così informale nella posa e spontanea nella tecnica da darci a prima vista l'impressione che si tratti di un'esperienza reale: l'amante di Rembrandt Hendrickje Stoffels colta nell'atto

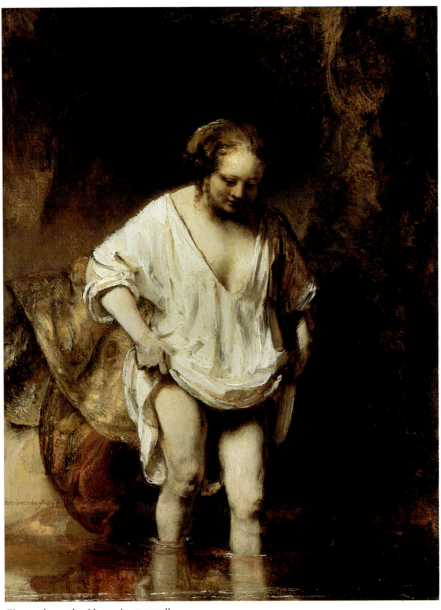

Giovane donna che si bagna in un ruscello

di attraversare un ruscello. Ma il mantello oro e cremisi posato sulla riva suggerisce un'interpretazione del soggetto in chiave biblica o mitologica, come raffigurazione di Susanna, Betsabea o Diana. L'anno di questa tela, il 1654, è anche l'anno in cui Hendrickje, che riconosciamo da altre pitture, subì pubblica umiliazione a causa della sua relazione con l'artista e gli diede il loro unico figlio. Riprodurre in guisa tradizionale l'immagine individuale e sensuale di un'amata modella era una convenzione in voga nel Seicento, e l'ambiguità della pittura poteva arricchire di nuovi echi la relazione nella vita reale. L'eroina apocrifa Susanna destò inconsapevolmente la bramosia dei vegliardi che la accusarono falsamente; la bellezza di Betsabea (2 Samuele 11) indusse il re Davide in peccato mortale; la vista di Diana che si bagnava nei boschi costò ad Atteone la vita.

I procedimenti seguiti da Rembrandt in questo dipinto non sono meno 'rivoluzionari' di quelli adottati dall'impressionista ottocentesco Monet (pagina 303), e illustrano l'economia e la varietà di mezzi con cui il maestro olandese riesce a ottenere complessi effetti ottici. Il caldo color cuoio della preparazione viene conservato inalterato in alcune zone, ad esempio nei pressi del bordo inferiore della veste della donna, per evocare le ombre. L'esecuzione della veste stessa è così diretta da consentirci di seguire ogni movimento del pennello, che aggiunge colore fresco a colore fresco; e talvolta l'artista l'intinge in diverse gradazioni di bianco, non mischiate preventivamente sulla tavolozza, cosicché i diversi colori risultano distintamente visibili. La mistura di nero e bianco o il trasparire del colore della base, che produce una sfumatura malva, si risolvono in una serie di fredde mezze tinte. In altri casi, lo stesso color malva è ottenuto con l'aggiunta di rosso nell'impasto. Le ombre più intense sono definite da tocchi di nero puro che si mescolano alle pennellate ancora fresche di bianco e di grigio. Analogo virtuosismo viene esibito nel mantello dismesso, dove l'illusione del broccato è affidata a una varietà di tocchi irregolari, rifiniti con lumeggiature di arancione puro e di diverse tonalità di ocra gialla dense quanto pasta dentifricia.

Rembrandt 1606–1669
Autoritratto all'età di trentaquattro anni

1640. Olio su tela, 102 x 80 cm
Rembrandt era figlio di un prospero mugnaio e ricevette un'istruzione classica più che discreta alla scuola latina di Leida. In questo autoritratto egli rivendica per sé non soltanto il rango di uomo benestante e pittore di fama, ma anche lo status di artista liberale i cui poteri di eloquenza rivaleggiano quelli del poeta.

La composizione si ispira a due grandi ritratti italiani, l'immagine del cortigiano, diplomatico e letterato *Baldassarre Castiglione* eseguita da Raffaello, ora al Louvre, e il *Ritratto di uomo* del Tiziano, anch'esso esposto alla National Gallery (pagina 162). Del primo, Rembrandt eseguì uno schizzo quando nel 1639 esso apparve sul mercato dell'arte di Amsterdam. Il dipinto fu acquistato da un conoscente di Rembrandt, Alfonso Lopez, mercante e collezionista portoghese, che tra il 1637 e il novembre del 1641 entrò in possesso anche del quadro del Tiziano o di una sua copia. Mentre il copricapo scuro che incorniça il volto del modello deriva dal dipinto di Raffaello, la posa, il modo diretto in cui la figura si rivolge allo spettatore e l'enfasi sulla preziosa stoffa della manica sono certamente elementi di derivazione tizianesca. All'epoca si riteneva che il dipinto del Tiziano raffigurasse l'illustre poeta italiano Ludovico Ariosto. Abbigliandosi in un lussuoso costume 'rinascimentale' (sappiamo che egli teneva simili accessori nel suo studio) e atteggiandosi come l'Ariosto, Rembrandt non si limitava a variare una celebre composizione: egli stabiliva un paragone tra la propria arte, la pittura, e l'arte della poesia. Lo storico dibattito riguardante il reciproco status delle due forme artistiche adombrava opportune considerazioni d'ordine pratico. Come artigiani, i pittori venivano considerati moralmente, intellettualmente e immaginativamente inferiori ai poeti, ed erano soggetti a vincoli legali e a tasse da cui gli 'artisti liberali' quali i poeti erano invece dispensati.

A differenza della *Giovane donna che si bagna in un ruscello*, opera eseguita più tardi, l'autoritratto è stato dipinto con grande meticolosità, coprendo completamente la preparazione con colori ben amalgamati. Forse Rembrandt intendeva emulare la tecnica di Raffaello e di Tiziano. Nell'antecedente, ma assai più tumultuoso, *Festino di Baldassar* (pagina 231), l'artista si affida al contrasto tra una stesura densa di colore e una stesura diluita, mentre l'unico artificio relativo alla tessitura della superficie pittorica che egli qui si concede consiste nel suggerire i peli sul retro del collo graffiando il colore ancora fresco con il

Autoritratto all'età di trentaquattro anni

manico del pennello. L'analisi ai raggi X rivela che egli ha cambiato idea due volte nel corso dell'esecuzione. In origine il ritratto mostrava la mano sinistra, con le dita vistosamente appoggiate sul parapetto, accanto alla destra, particolare in seguito eliminato. Il pittore ha inoltre mutato la forma del colletto colorato e ha abbassato il davanti della camicia, alterando le proporzioni delle zone illuminate e in ombra sotto e intorno al volto.

In seguito, anche la forma del dipinto è stata modificata: il profilo inizialmente rettangolare ha assunto, sul lato superiore, l'attuale contorno arcuato, e una fascia sottile è stata aggiunta sul lato inferiore. Ma il mutamento più drastico subito dall'opera – ora visibile a occhio nudo solo come un leggero infossamento e raggrinzimento della superficie pittorica – consiste nel trasferimento della maggior parte degli strati di pittura dalla tela originaria su una nuova tela. L'intervento è avvenuto nel secolo scorso, non molto tempo prima che il dipinto entrasse a far parte della Collezione.

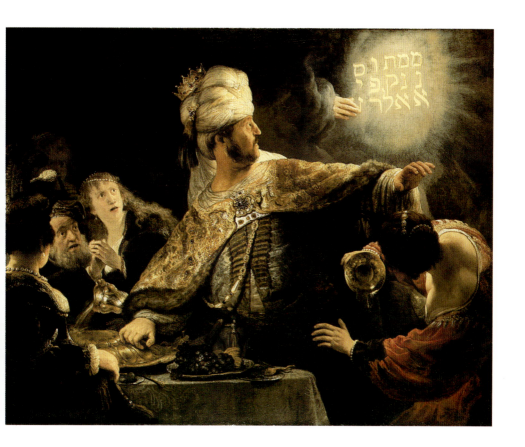

Rembrandt   1606–1669

Il festino di Baldassar

Circa 1636–8. Olio su tela, 168 x 209 cm

Questa drammatica scena illustra il quinto capitolo del biblico Libro di Daniele. Baldassar, re di Babilonia, diede un grande banchetto durante il quale gli ospiti furono invitati a bere dalle coppe d'oro e d'argento che suo padre Nabucodonosor aveva predato dal tempio di Gerusalemme; ed essi 'lodavano gli dei d'oro, d'argento, di bronzo, di ferro, di legno e di pietra ... i quali non vedono, non odono e non comprendono', mentre Dio non veniva glorificato. In quel momento 'apparvero le dita di una mano d'uomo, le quali scrivevano sulla parete della sala reale.' Soltanto il veggente ebreo Daniele fu in grado di interpretare l'iscrizione soprannaturale MENE MENE TEKEL UPHARSIN che preannunciava la sconfitta, di fatto la morte, di Baldassar quella stessa notte, e la spartizione del suo regno tra i Medi e i Persiani.

    L'esegesi giudaica della Bibbia aveva speculato a lungo sulla ragione per la quale i saggi babilonesi convocati dal re non fossero riusciti a leggere la scritta comparsa sul muro. Menasseh ben Israel, uno studioso ebreo, amico e vicino di casa di Rembrandt (che ne aveva inciso il ritratto all'acquaforte intorno al 1636 e aveva fornito le illustrazioni per uno dei suoi libri), pubblicò le sue conclusioni sull'argomento. Egli riteneva che le lettere ebraiche fossero state scritte verticalmente dall'alto verso il basso, oltre che da destra a sinistra (contrariamente all'uso convenzionale, secondo il quale l'ebraico si legge orizzontalmente da destra verso sinistra). L'iscrizione di Rembrandt segue la formula di Menasseh.

L'atmosfera di grande turbamento che sconvolge il banchetto di Baldassar risulta acuita dall'asportazione, avvenuta in passato, di sottili segmenti cuneiformi da tutti e quattro i lati della tela. Nell'essere rimontata sul telaio, essa è stata leggermente ruotata in senso antiorario; di conseguenza, gli effetti turbolenti creati da Rembrandt sono esasperati dalla posizione in salita del piano del tavolo e dalla direzione obliqua, anziché verticale, del fiotto di vino versato dalla donna sulla destra. Ma anche prima che si determinassero questi scarti di allineamento, l'artista aveva dato sfogo a tutta la sua potenza espressiva. La collana di Baldassar, quella 'catena d'oro' che egli promette di donare a chiunque riesca a decifrare la scritta, ondeggia con violenza, proiettando un'ombra scura. Ci sembra quasi di udire il suo suono stridente, i rantoli e le grida degli ospiti, il clangore del pugno regale sul metallo e dei calici d'oro che urtano contro altro oro, lo sciaborbio del vino, mentre sullo sfondo il musico ignaro continua a suonare il flauto. Il miracoloso fascio di luce brilla abbagliante mentre il colore turbina vorticosamente da tenebrose trasparenze e pallidi tratti graffiati dalla superficie pittorica alle pesanti incrostazioni del mantello broccato di Baldassar.

La potente scala delle figure di questa tela, di ampie, ma pur sempre domestiche, proporzioni, è resa possibile dal formato a mezza figura associato a un'inquadratura cinematografica in 'primo piano'; una soluzione che quasi ci assorbe nella scena.

Non sappiamo chi abbia commissionato questo banchetto barbarico, ma esso era probabilmente destinato ad adornare la sala da pranzo di qualche ricco patrizio, dove, deliziati e allarmati al tempo stesso, gli ospiti riuniti avrebbero pasteggiato ricordando che gli 'dei d'oro ... non vedono, non odono e non comprendono', e consci del dovere di glorificare il Dio, 'nelle cui mani è la tua vita e a cui appartengono tutte le tue vie'.

Guido Reni 1575–1642

Lot abbandona Sodoma insieme alle figlie

Circa 1615–16. Olio su tela, 111 x 149 cm

Il bolognese Reni, come il fiorentino Dolci (pagina 188), è uno dei grandi artisti del Seicento che il pubblico del nostro secolo apprezza con difficoltà. Egli ci appare estraneo e contraddittorio. Attivo principalmente a Bologna e a Roma, fu ammirato per il suo talento naturale *e* per il suo studio incessante, per la sua bellezza fisica *e* per il suo perenne celibato; fu uomo devoto *e* inguaribile giocatore. I suoi dipinti spesso presentano soggetti violenti sotto forma di una bellezza glaciale. Reni emulò Raffaello (pagine 86, 146) e l'antico, ma imitò i drappeggi delle incisioni di Dürer. Lo stesso Reni affermò che i soli dipinti degni di vera ammirazione erano quelli che più si guardavano, più piacevano, giorno dopo giorno. Ed è proprio il caso di quest'opera. *Lot abbandona Sodoma insieme alle figlie*, pittura eseguita per un collezionista privato a breve distanza dal ritorno dell'artista a Bologna, dopo un soggiorno romano, esige, per poter manifestare pienamente il suo effetto, raffinatezza da parte dell'osservatore, e disponibilità di tempo da trascorrere in sua compagnia.

Il primo ostacolo per lo spettatore moderno è costituito dal soggetto. *Nulla accade* in questo dipinto curiosamente intenso, né abbiamo alcun indizio sui pensieri o i sentimenti dei personaggi, e non sappiamo come reagire. Abbiamo bisogno di sapere che cosa sia accaduto in precedenza, e che cosa accadrà in seguito. Il trattamento di un tema come questo ha senso soltanto in un'opera di carattere privato che miri a suscitare curiosità e ad affascinare, senza intenti propagandistici. Il soggetto è tratto dal capitolo 19 della Genesi.

Gli angeli avvertono Lot, uomo probo, che la città di Sodoma sta per essere distrutta dal Signore, e lo esortano a rifugiarsi sulle montagne insieme a sua moglie e alle due figlie. Ma la moglie di Lot guarda indietro, e viene trasformata in una statua di sale. Al riparo in una caverna sui monti, le figlie di Lot sono convinte che sulla terra non sia rimasto nessuno all'infuori di loro tre. Così, per 'preservare il seme di nostro padre', decidono di farlo bere e di sedurlo. Le unioni incestuose daranno come frutto Moab e Ammon, progenitori dei Moabiti e degli Ammoniti, nemici di Israele.

Molto spesso gli artisti raffiguravano il sensuale episodio della seduzione, facilmente riconoscibile perché, oltre al vecchio ubriaco e alle due giovani tentatrici, esso presentava una città in fiamme sullo sfondo. Reni non si attenne a questo modello. Procedendo sulla base di due fonti – un rilievo cinquecentesco sull'alto portale della basilica di San Petronio, principale chiesa di Bologna e dunque nota al committente dell'opera, e un affresco del ciclo dell'Antico Testamento in Vaticano, eseguito su disegno di Raffaello – egli dipinse un 'primo piano' di Lot e delle figlie in fuga da Sodoma. Sta a noi riconoscere che nel frattempo, dietro le tre figure, la moglie di Lot viene trasformata in sale e che esse si avviano verso l'incesto, propiziato dal fatale vino che la figlia maggiore porta con sé. Grazie alla messa a fuoco ravvicinata, Reni ha potuto conservare la scala naturale della pittura narrativa eroica pur evitandone l'usuale esplicitazione. Ogni dettaglio è perfettamente chiaro eppure fascinosamente enigmatico: dalle espressioni – quella del vecchio, quasi lasciva, mentre le figlie, simili ad antiche maschere di Medea o di Baccanti, appaiono belle ma infide – ai 'gesti parlanti' che non sappiamo interpretare, dai colori, ricchi ma dall'incerta definizione, ai drappeggi. Abbondante e sfarzoso, il mantello della figura femminile sulla destra non rileva, secondo i canoni tradizionali, il corpo sottostante, ma lo scava.

Salvator Rosa   1615–1673

Autoritratto

Circa 1645. Olio su tela, 116 x 94 cm

'Taci, se le tue parole non sono migliori del silenzio', proclama la tavola sulla quale posa la mano Salvator Rosa in questo intransigente autoritratto. Poeta, attore, musicista, autore satirico, epistolografo, incisore e pittore, Rosa qui si presenta come filosofo stoico, con il copricapo e la cappa dello studioso, sprezzante dell' 'urlo e del furore che non significano nulla' della vita mondana. Il mantello scuro potrebbe essere stato ispirato dal 'mantel bruno' del Silenzio dell'*Orlando furioso* dell'Ariosto. Un altro ritratto, ugualmente stravagante (ora nel Connecticut), che faceva coppia con questo ritrae la sua diletta amante Lucrezia come la Poesia. Insieme, le due opere avrebbero potuto rappresentare il Silenzio e l'Eloquenza.

Rosa aveva svolto a Napoli il suo tirocinio, specializzandosi in decorative piccole scene di battaglia, paesaggi e vedute costiere. Aspirando al più nobile ruolo di pittore di figura, egli lasciò Napoli per Roma, dove si fece parecchi nemici tanto tra gli artisti quanto tra potenziali committenti. Tra il 1640 e il 1649 lavorò a Firenze, nominalmente al servizio della corte medicea che egli dichiarava di disprezzare, ma di fatto procurandosi mecenati e ammiratori tra le famiglie patrizie e i letterati della città. Questo ritratto e il suo compagno furono eseguiti per la residenza cittadina di una di queste famiglie, quella dei Niccolini.

Malgrado la teatralità e il tono autocelebrativo, l'autoritratto esprime anche l'eloquente rifiuto del Rosa della ricerca di bellezza ideale caratteristica dell'epoca. La National Gallery possiede due esempi dei suoi numerosi paesaggi, alcuni dei quali raffiguravano selvagge vedute silvestri e scenari montani molto richiesti dai collezionisti settecenteschi amanti del 'pittoresco'. Nel 1739, Horace Walpole avrebbe così descritto un viaggio sulle Alpi: 'Precipizi, montagne, torrenti, lupi, rimbombi: insomma, Salvator Rosa.' Influenza ancora maggiore sul gusto neo-gotico del Settecento ebbero le scene di stregoneria ispirate al Rosa dalle stampe nordiche; la Galleria ne ospita un esempio di particolare pregio, seppure caratteristicamente ripugnante. La sua indifferenza verso la bellezza, i soggetti 'orridi' o macabri, le rivendicazioni di dignità e di libertà per l'artista, la leggenda della sua giovinezza trascorsa tra i banditi napoletani e vissuta combattendo di giorno, contro il dominio spagnolo, a fianco dei rivoltosi capitanati da Masaniello, e dipingendo di notte: tutto ciò fece del Rosa un eroe per i romantici e un antieroe per Ruskin, il quale riteneva che la sua arte fosse appestata dall' 'alito del drago' del male.

Peter Paul Rubens 1577–1640
'Guerra e Pace' (Minerva protegge Pax da Marte)

1629–30. Olio su tela, 204 x 298 cm

Rubens e Rembrandt furono gli straordinari protagonisti della pittura nordica seicentesca. Rembrandt, che dilapidò il suo intero patrimonio e visse senza preoccuparsi di rispettare i precetti morali del suo tempo, è oggi venerato per la sua umanità oltre che per la sua eccellenza artistica. Il suo contemporaneo più anziano Rubens era un acuto idealista, uomo colto e riservato, probo e leale. Si adoperò per la causa della pace e della tolleranza tra le grandi potenze europee, e disdegnò le arroganti ostentazioni dei nobili e dei cortigiani. La sua influenza superò quella di Rembrandt, e il suo linguaggio pittorico fu considerato universale. Purtroppo per noi, la sua figura d'artista non è congeniale al nostro tempo. La sua propensione per le donne formose ci appare ridicola, e giudichiamo la sua pittura magniloquente, se non artificiosa. Ci riesce difficile apprezzare il misto di erudizione ed esuberanza, di arguzia e severità caratteristico della sua arte perfino in dipinti eloquenti quanto lo è questa allegoria di 'Guerra e Pace'. Il quadro fu presentato a Carlo I nel 1630 durante il soggiorno di Rubens a Londra, nel corso della missione diplomatica affidatagli dall'arciduchessa Isabella, reggente dei Paesi Bassi spagnoli, allo scopo di assicurare la pace tra Spagna e Inghilterra.

Come tutte le allegorie, quest'opera richiede di essere decodificata; ma non cominceremo la nostra esplorazione in modo così disarticolato e pedantesco. Rubens si aspettava certamente che il nostro occhio fosse subito attratto dallo sguardo luminoso della bambinetta che scruta timidamente, ma risolutamente, fuori dalla tela. Questa figura, abbigliata secondo la foggia contemporanea, come quella della sorella maggiore e del fanciullo che regge la torcia, sono indubbiamente ritratti dei figli del pittore e agente reale Balthasar Gerbier, presso il quale Rubens era ospite a Londra. Ma su di essi incombe un oscuro guerriero in armatura nera e mantello di colore sanguigno; il cielo appare minaccioso, una figura spettrale grida. Anche senza vedere o comprendere altri elementi della figurazione, potremmo cogliere il messaggio del dipinto grazie a questi particolari. Chi potrebbe resistere all'implorazione così diretta della fanciulla? Chi non desidererebbe preservare quella fragile felicità dal ferro e dal fuoco?

Allontanandoci dal dipinto, ci accorgiamo che Rubens ha diviso l'ampia tela in due parti con una linea diagonale che congiunge l'angolo superiore sinistro all'inferiore destro. Il triangolo di sinistra è invaso dalla luce: questo è il regno della Pace, dove i bambini si

'Guerra e Pace' (Minerva protegge Pax da Marte)

mescolano felicemente con robuste personificazioni di nozioni astratte, derivate dalla matrice un tempo comune del mito e della poesia greco-romana. È stato recentemente ipotizzato che Rubens intendesse illustrare l'invocazione del poeta greco Esiodo della Pace come 'Protettrice dei fanciulli'. Pax è la madre radiosa dal cui seno zampilla il latte che nutre l'infante Plutone, dio della ricchezza. Attorno a lei i seguaci di Bacco, dio del vino e della fertilità, celebrano i suoi doni della Pace: una baccante porta un bacile pieno di ricche mercanzie dell'arte orafa, un'altra danza al suono del tamburello. Un putto alato tiene una corona di ulivo e il caduceo con le serpi intrecciate di Mercurio, entrambi emblemi di pace, sopra il capo di Pax. Ai suoi piedi, un abbronzato satiro offre una cornucopia ricolma dei munifici frutti della terra, mentre un Cupido alato invita le fanciulle ad accettare e ad assaggiare i dolci frutti. Il leopardo di Bacco gioca come un gattino con i viticci. Un adolescente incita dolcemente le fanciulle ad avanzare, mentre il portatore di torcia Imeneo, dio romano del matrimonio, e apparente copia del giovinetto, posa una ghirlanda di fiori sul capo della fanciulla più grande. Ma soltanto l'azione vigorosa di Minerva, armata dea della sapienza con l'elmo in testa, tiene a bada l'oscura minaccia di Marte, dio della guerra, e della Furia che lo accompagna.

Peter Paul Rubens 1577–1640

Paesaggio autunnale con veduta di Het Steen di prima mattina

Circa 1636. Olio su tavola di quercia, 131 x 229 cm
Dopo la morte dell'amatissima moglie Isabella Brant nel 1626, Rubens viaggiò all'estero per conto dell'arciduchessa Isabella. Ritornò ad Anversa nel 1630, stanco e prostrato. Nello stesso anno, tuttavia, 'non ancora incline a vivere la vita di astinenza del celibato',

decise di risposarsi. Hélène Fourment era una bella sedicenne, che Rubens aveva conosciuto bambina. Ora l'artista aveva due obiettivi: la felicità domestica e l'attività di pittore indipendente. Recidendo le 'catene dorate dell'ambizione', egli riuscì a farsi esonerare da incarichi ufficiali. Nel 1635 acquistò la proprietà signorile di Steen, nei pressi di Malines, con l'approvazione ufficiale del Consiglio del Brabante, poiché l'artista era già stato insignito di titoli nobiliari da parte del re d'Inghilterra e del re di Spagna. Il maniero cinquecentesco, con parco, terreni da pascolo e agricoli, costituiva una salutare residenza di campagna per i mesi estivi e, come avrebbe scritto il nipote di Rubens, la tenuta diede all'artista la possibilità di 'dipingere vividamente e dal vero le montagne, le pianure, le valli e i prati circostanti, con i loro orizzonti all'alba e al tramonto'.

Questo dipinto fu quasi certamente eseguito in coppia con il *Paesaggio con arcobaleno* (ora nella Collezione Wallace di Londra), che mostra una veduta di tardo pomeriggio. Entrambi restarono in possesso di Rubens fino alla sua morte. Nell'opera esposta alla National Gallery il sole si è appena alzato, diradando le nubi, dorando il fogliame degli alberi e degli arbusti, rilucendo sulle finestre del castello e sull'otturatore del fucile del cacciatore di pernici in agguato in primo piano. Ombre definiscono le ondulazioni del terreno e si condensano intorno agli alberi. Un contadino e sua moglie su un carro vanno al mercato. Dietro di essi, i signori del castello si avviano per una passeggiata, mentre una nutrice allatta l'infante. Le dimensioni notevolissime del dipinto ci costringono a osservare la scena in due modi assai diversi. Per poter scorgere questi e altri particolari, dobbiamo studiare da vicino la superficie pittorica, spostandoci fisicamente e non soltanto muovendo lo sguardo. Nel compiere questa operazione, assumiamo lo stesso punto di vista del cacciatore accucciato, sebbene le pernici a noi sembrino più vicine di quanto, probabilmente, non appaiano a lui. Il dipinto si dissolve e si ricompone in miriadi di quadretti paesaggistici, con piccole scene di vita rurale e agiata, alcuni più minuti, altri più ampi, ciascuno con un proprio punto di vista. Ma per osservare l'intera pittura dobbiamo allontanarcene.

Da una certa distanza, l'alto orizzonte implica l'esistenza di un promontorio dal quale contempliamo un vasto panorama, e il sorgere del sole sulla destra indica l'est, come in una mappa. Ora possiamo anche notare il ricorso di Rubens a un'antica convenzione fiamminga: la divisione della tavola pittorica in tre bande orizzontali per suggerire la prospettiva aerea; la più bassa, in corrispondenza del primo piano, di colore bruno con accenti di rosso, la seconda verde, e la terza azzurra. Se il signore di Steen dominava soltanto sulle sue proprietà, il pittore è signore di tutto ciò che il suo pennello porta davanti ai nostri occhi. Constable (pagina 267), che conosceva e amava *Het Steen*, fu assai influenzato tanto dalla sua visione armonica della natura e dell'uomo, quanto dai suoi espedienti pittorici. (Si veda il particolare nelle pagine di frontespizio.)

Peter Paul Rubens 1577–1640

Ritratto di Susanna Lunden(?) ('Il cappello di paglia')

Circa 1622–5. Olio su tavola di quercia, 79 x 54 cm

Il modello di questo celebre ritratto è quasi certamente Susanna, la sorella maggiore di Hélène Fourment, che nel 1630 sarebbe diventata la seconda moglie di Rubens. All'epoca in cui il dipinto fu eseguito, tuttavia, Rubens era già legato ai Fourment tramite la sua prima moglie, Isabella Brant, la cui sorella aveva sposato Daniel Fourment, fratello di Susanna e di Hélène. Il rapporto familiare tra l'artista e la modella risulta evidente dal carattere informale del dipinto, che potrebbe essere un ritratto eseguito in occasione del fidanzamento o del matrimonio di Susanna, come sembrerebbe suggerire il prominente anello che la giovane donna porta all'indice della mano destra (un anello analogo sullo stesso dito era già stato mostrato da Rubens sulla mano di Isabella nel loro doppio ritratto nuziale, attualmente a Monaco).

Susanna rimase vedova a breve distanza dal suo primo matrimonio avvenuto nel 1617, e nel 1622, all'età di ventitre anni, sposò Arnold Lunden; questi eventi potrebbero essere riflessi nel diradarsi delle nubi scure che rivela l'azzurro del cielo. Il ritratto fu realizzato in studio, ma l'ambientazione in esterno consentì a Rubens di dipingere la luce naturale, cosicché neppure l'ombra del cappello di feltro piumato può sminuire l'intensità luminosa della carnagione e degli occhi di Susanna. Questo effetto suscitò grande ammirazione, e fu imitato dalla pittrice francese Vigée Le Brun in un autoritratto del 1782 (pagina 328). Come molte opere di Rubens, il quadro fu ampliato quando l'esecuzione era ormai a uno stadio avanzato, e le strisce di legno aggiunte sul lato destro e lungo il lato inferiore, preparate con minore cura rispetto al resto, sono oggi chiaramente distinguibili dal pannello principale.

Rubens aveva la straordinaria capacità di dare un'aria vivace e intelligente ai modelli femminili dotati di bellezza e di fascino. Solitamente ne ingrandiva gli occhi, e accentuava il colore scuro dell'iride. Qui i riflessi negli occhi di Susanna rendono il suo sguardo brillante ed espressivo; e tuttavia, benché le labbra siano dischiuse in un caldo e fiducioso sorriso, esso sfugge il contatto diretto con il nostro. Il suo viso, colto in un attimo di esitazione tra riservatezza e spontaneità, assume così un aspetto magnificamente vitale.

La raffinata tecnica di Rubens nel dipingere le carnagioni conferisce alla pelle chiara di Susanna la sua trasparenza perlacea. Il pittore ha inizialmente ricoperto la riflettente preparazione di gesso bianco della tavola con un tratteggio irregolare di terra d'ombra naturale, applicata con pennello grosso, creando un mezzo tono brillante tra il chiaro e lo scuro. Il volto e la parte superiore del busto, con i seni artificiosamente sollevati e ravvicinati da un corsetto, sono stati modellati allo stesso modo. Il colore dell'incarnato è stato applicato sopra il tratteggio bruno argenteo; dove esso è più sottile la sottopittura bruna emerge come un'ombra luminosa. La maggiore trasparenza acquisita dal colore con il passare del tempo ha reso visibile il tratteggio eseguito con il pennello sulla fronte di Susanna all'ombra della falda del cappello, così come quello, più grossolano, sullo sfondo, nonché il profilo più elevato del cappello che Rubens aveva in origine abbozzato. Sulla tinta dell'incarnato del naso, delle guance, del mento, del collo e dei seni furono poi aggiunte lumeggiature bianche e ombre rosse e scure.

Altrettanto rapido ed efficace è il trattamento della capigliatura di Susanna, ciocche ribelli eseguite con la punta del pennello o graffiando la superficie con il manico. La maniera sciolta si estende anche all'abito, in particolare alle vistose piume di struzzo e alle splendide maniche rosse staccabili – legate al corpino da lacci a nastrino con punte dorate – il cui colore vigoroso riprende e addensa il caldo colorito roseo delle labbra, delle narici e delle palpebre.

Peter Paul Rubens 1577–1640

Sansone e Dalila

Circa 1609. Olio su tavola, 185 x 205 cm

Nel 1608 Rubens tornò in gran fretta ad Anversa, dopo un'assenza di otto anni trascorsi in Italia, nel vano tentativo di giungere in tempo al capezzale della madre morente. Il suo arrivo nella città praticamente coincise con la tregua tra le Fiandre spagnole e le Province Unite olandesi, e l'artista fu immediatamente nominato pittore ufficiale dei reggenti dei Paesi Bassi meridionali, l'arciduca Alberto e l'arciduchessa Isabella, con il permesso di mantenere il proprio domicilio ad Anversa. Non sarebbe più tornato in Italia, sebbene restasse indelebilmente segnato dallo studio dell'arte antica greco-romana e dell'arte italiana rinascimentale. Ad Anversa egli si dedicò alla ricostruzione del suo paese, devastato dalla guerra, cercando di imporsi come figura di primo piano nella sua vita artistica e intellettuale.

Uno dei più cari amici e clienti dell'artista in questo periodo fu il facoltoso e influente Nicolaas Rockocx; per lui Rubens dipinse il *Sansone e Dalila*, destinato a comparire ben in vista sopra il caminetto del suo 'grande salone' ad Anversa. Quando alcuni anni fa il quadro fu appeso all'altezza originaria, di poco superiore ai due metri, in occasione di una mostra allestita presso la National Gallery, fu subito evidente con quanta precisione Rubens avesse calcolato l'angolo visuale. La superficie del letto di Dalila recedeva, infatti, per ritrovare la sua appropriata posizione orizzontale, mentre lo spazio della stanza confluiva plausibilmente verso la parete di fondo e verso la porta da cui entrano i soldati filistei per catturare lo sventurato eroe israelita. Alle molteplici fonti di luce che compaiono nella stanza, per le

Sansone e Dalila

quali Rubens si era ispirato all'amico Elsheimer (pagina 113) – il braciere ardente, la candela retta dall'anziana mezzana e la torcia dei Filistei – dobbiamo aggiungere con l'immaginazione, un fuoco che fiammeggia nel caminetto sottostante, mettendo in risalto il drappo di raso color zafferano sul quale è distesa Dalila e l'ornato tappeto orientale e accendendo intensi riflessi nelle ombre dei toni della pelle e del drappeggio dei tessuti bianchi, dove il grossolano tratteggio bruno sottostante si palesa completamente o appena velato.

La storia della passione fatale di Sansone per Dalila è narrata nell'Antico Testamento (Giudici 16:4–6, 16–21). Corrotta dai nemici filistei di Sansone, Dalila riuscì a farsi rivelare la fonte della sua forza soprannaturale, che gli derivava dai capelli mai tagliati. Mentre egli giace addormentato in grembo all'amante durante una notte d'amore, essa chiama un barbiere e gli fa 'radere le sette trecce del capo'. La caduta di un uomo a causa del suo desiderio per una donna era un soggetto frequente nell'arte cinquecentesca dei Paesi Bassi, e Rubens segue la tradizione nordica introducendo la figura di una mezzana, che non compare nella Bibbia. Il suo profilo affiancato a quello della giovane prostituta rivela il suo passato e suggerisce, allo stesso tempo, il futuro di Dalila. Il dipinto è ricco anche di reminiscenze italiane, specialmente nell'ampia scala delle figure a grandezza naturale in primo piano, che la tavola contiene solo grazie alla loro posizione distesa. Una statua di Venere e Cupido presiede alla scena erotica. La figura muscolosa di Sansone è improntata alla scultura antica e a modelli michelangioleschi (pagina 133); la posa di Dalila replica, specularmente, quella della *Leda* e della *Notte* di Michelangelo. Per i seni di Dalila, Rubens si rifà ai marmi romani, ma seguendo la propria regola traduce il marmo in morbide carni; tra le più sensuali che siano mai state dipinte.

In ultima analisi, tuttavia, questo sontuoso dipinto è assolutamente originale, ciò che appare con particolare evidenza nel gesto professionale incongruamente accorto del barbiere e nell'ambigua espressione di Dalila, nella quale si combinano sensualità, trionfo e pietà.

Jacob van Ruisdael 1628/9?–1682

Paesaggio panoramico con le rovine di un castello e la chiesa di un villaggio

Circa 1665–70. Olio su tela, 109 x 146 cm

Molti ritengono le vedute panoramiche delle uniformi pianure locali l'aspetto più caratteristico del paesaggismo olandese. Esse si differenziano dal 'paesaggio panoramico' della precedente pittura fiamminga – di cui la *Veduta di Het Steen* di Rubens è uno degli ultimi esempi (pagina 237) – perché si presentano come un documento istantaneo di un paesaggio unitario piuttosto che come una composizione di memorie visive distinte. Dal punto di vista formale, esse si caratterizzano per la posizione abbassata della linea dell'orizzonte, che implica un abbassamento del punto di vista. Sebbene l'invenzione di questo modello pittorico non si debba a Ruisdael, forse il più grande e il più versatile specialista del paesaggio olandese, egli ne diventò uno dei più eminenti interpreti (chi si trovasse nell'Ala Nord potrebbe confrontare questo quadro con il grandioso 'paesaggio panoramico' di Philips Koninck).

Si ritiene che Ruisdael, nativo di Haarlem, abbia studiato con il padre Isaack e lo zio, Salomon van Ruysdael (pagina 242), la cui influenza è evidente nella fase iniziale della sua produzione. Nel 1657 egli si era stabilito ad Amsterdam. Questo dipinto potrebbe rappresentare una veduta del Gooiland, regione situata a est della città; esistono, tuttavia, almeno quattro altri paesaggi di Ruisdael, di dimensioni più ridotte, che mostrano la stessa veduta, o una sua parte, con notevoli variazioni (si veda, ad esempio, il suo *Paesaggio panoramico con rovine* esposto nella Galleria), ed è chiaro che il pittore non intendeva proporre un'accurata descrizione topografica. Malgrado le sue pretese di spontaneità, quest'opera, al pari di tutte le pitture di paesaggio dell'epoca, è il prodotto di una sintesi realizzata nello studio dell'artista.

Il suo elemento dominante è il cielo, cui sono stati riservati due terzi della superficie pittorica e che si riflette anche nell'acqua in primo piano. È il reale cielo gonfio di umidità e ingombro di nubi turbinose d'Olanda, dove il sole sporadicamente appare spargendo fasci di luce qua e là per la campagna; effetti più tardi emulati da Constable (pagina 267). Quasi più notevole della resa accurata della forma, della densità e della luminosità delle nubi è l'illusione che esse si muovano attraverso lo spazio e sopra la nostra testa. Si tende a pensare che i paesaggi di nubi non siano governati dalla prospettiva, ma le nubi di questo dipinto danno l'impressione di ridursi progressivamente verso l'orizzonte e ampliarsi verso il profilo superiore della pittura. Anche il lungo orizzonte sembra estendersi oltre la cornice del dipinto, interrotto soltanto dalle guglie delle chiese e dalle minuscole pale bianche di un mulino a vento. La nostra impressione di far parte del paesaggio viene, tuttavia, compromessa dal nostro punto di vista in rapporto al primo piano. Consentendoci di scrutare dall'alto l'interno del bastione posto sotto la linea dell'orizzonte, il pittore indirettamente ci colloca in un improbabile punto di osservazione elevato, più elevato anche della sponda sulla quale i contadini pascolano il loro gregge (sia le figure, sia gli animali sono stati dipinti da Adriaen van de Velde, secondo una divisione del lavoro piuttosto diffusa nei paesaggi olandesi). Questo implicito distacco rafforza, tuttavia, l'atmosfera elegiaca creata dalla vista delle rovine invase dalla vegetazione, melanconico memento di un distante e più eroico passato.

Salomon van Ruysdael 1600/3?–1670
Veduta di Deventer da nord-est

1657. Olio su tavola di quercia, 52 x 76 cm

Salomon van Ruysdael, zio di Jacob Ruisdael (pagina 241), fu, insieme a Jan van Goyen, il più grande pittore delle vie d'acqua interne olandesi. Visse a Haarlem realizzando piccoli quadri, più spesso destinati alla vendita che non eseguiti su commissione. Si tratta, in gran parte, di variazioni sul paesaggio locale; negli ultimi anni eseguì, tuttavia, anche nature morte con cacciagione. L'acqua divenne ben presto l'elemento predominante della sua opera: l'artista cominciò con descrizioni atmosferiche di case rurali che spiccano contro nubi sature di pioggia e progredì con vedute di laghi, paludi, canali e fossati con alberi che si riflettono nelle acque calme o dal flusso assai lento. Dopo il 1640 la sua produzione si fece più audace, e gli intimi scorci di paesaggi appartati cedettero il posto a vedute più aperte, paesaggi fluviali quasi marini dai quali scomparvero gli alberi, sostituiti, come in questo caso, da imbarcazioni che stringono il vento e da profili di città distanti.

Come molte delle pitture del periodo artistico più maturo di van Ruysdael, questa veduta di Deventer, non esatta topograficamente e probabilmente derivata da un'incisione, sembra quasi illustrare un brano dell'importante trattato di Karel van Mander pubblicato a Haarlem nel 1604. Prescrivendo temi suggestivi nella pittura di paesaggio, van Mander raccomanda 'i fiumi con le loro ampie sinuosità, che serpeggiano attraverso i campi paludosi' e, inoltre, di 'fare in modo che l'acqua ricerchi sempre il livello più basso e, per intensificare l'effetto artistico, costruire città di mare che si stendano verso terreni più elevati'. Ma invece di immaginare sulla cima di rupi scoscese i castelli descritti poi da van Mander, van Ruysdael situa il campanile della Grote Kerk quasi al centro della linea dell'orizzonte per definire una verticale dominante contro il cielo screziato, più chiaro dove, secondo le parole di van Mander, esso incontra 'il greve elemento della terra'.

Posta sul fiume Ijssel nella provincia orientale dell'Overijssel, Deventer è lontana dal mare, e i vascelli che battono bandiera olandese, bordeggiando nel vento, risalgono il fiume verso l'entroterra. Ma van Ruysdael conferisce a questa ordinaria veduta di navigazione mercantile il carattere epico di un viaggio in mare aperto. Con le vele profilate contro il cielo, le imbarcazioni si muovono in diagonale, fiancheggiate da una striscia di terreno paludoso e in piena luce, mentre le ombre delle nuvole cadono sul primo piano. Questa diagonale, che conduce il nostro sguardo verso un punto di fuga sull'orizzonte, è

rafforzata dalla linea della riva che recede sul lato destro del dipinto. Nel modesto spazio pittorico di questa tavola, l'effetto che si produce è straordinariamente audace e dinamico. Benché tre quarti della superficie pittorica siano occupati dal cielo, l'attenzione dello spettatore viene attratta dalle imprese umane: torri campanarie edificate in pietra, mulini che sfruttano la forza del vento, eroici velieri, pescatori che attendono alle reti; e, non certamente da meno, la creazione artistica ricavata da questi ingredienti quotidiani, senza motivi pittoreschi che inquadrino la composizione o si interpongano tra noi e le acque piatte e il suolo sabbioso.

Pieter Saenredam   1597–1665

L'interno della Buurkerk di Utrecht

1644. Olio su tavola di quercia, 60 x 50 cm

Formatosi a Haarlem presso lo studio di un pittore di storia e ritrattista, Saenredam si dedicò alla specialità più rigorosamente intellettuale della pittura di architetture, un genere tenuto in grande stima dai contemporanei perché illustrava le leggi universali della matematica e dell'ottica. La natura metafisica di queste scienze fu messa particolarmente in risalto dagli interni delle chiese inondati di luce, il soggetto preferito di Saenredam.

Lavorando a stretto contatto con l'architetto Jacob van Campen, egli fu il primo artista di spicco a servirsi dei metodi utilizzati nelle perizie architettoniche. I suoi dipinti di chiese sparse nell'area dei Paesi Bassi settentrionali si basano su meticolosi disegni prospettici, o cartoni, delle stesse dimensioni della pittura, derivati da schizzi e rilievi eseguiti *in loco*. L'assoluta fedeltà al dato reale era, tuttavia, in seguito spesso sacrificata a favore di un maggiore effetto: i dipinti venivano realizzati in studio, talvolta ad anni di distanza. Il

L'interno della Buurkerk di Utrecht

disegno originale, del quale questo quadro riproduce solo la metà destra, reca la data del 16 agosto 1636; e un dipinto (attualmente al Kimbell Art Museum di Fort Worth, in Texas) che corrisponde alla metà sinistra è datato al 1645.

Come tutti gli interni di chiese di Saenredam, questa veduta della Buurkerk, in origine l'unica chiesa parrocchiale di Utrecht, mostra un edificio medievale privato di ogni traccia decorativa di matrice cattolica e completamente imbiancato, così come prescritto dalla regola del culto protestante. A fianco dell'artista presso la porta settentrionale, noi guardiamo dentro la navata. Gran parte della struttura sopravvissuta è di epoca trecentesca o quattrocentesca, ma Saenredam ha scelto deliberatamente di concentrasi sui resti gotici dell'edificio duecentesco, esagerando l'altezza delle colonne. Su una di queste, al centro, è affisso un albo delle corporazioni; nella nicchia del pilastro sulla destra scorgiamo le Tavole dei dieci Comandamenti, sovrastate dal busto di Mosè, e poco più in alto sul medesimo pilastro ricordi araldici. Il bambinetto in piedi traccia sul muro con un gesso rosso la rozza illustrazione di un popolare racconto cavalleresco medievale, diffuso in gran parte dell'Europa, che era stato di recente pubblicato in lingua olandese. Essa mostra i figli di

Amyon di Dordogne in groppa al magico cavallo Bayard. L'iscrizione sottostante riporta il nome della chiesa, la data e la firma dell'artista.

Non sempre le figure che compaiono nei dipinti di Saenredam sono opera dall'artista. Esse sono assenti nei disegni e vengono inserite come indici di scala delle architetture, o per arricchire l'ambiente di accenti cromatici e motivi di interesse umano; ma la loro presenza potrebbe anche rivestire un significato più profondo. Probabilmente non sapremo mai quale precisa funzione l'artista avesse inteso attribuire al gruppo in primo piano. Il secondo fanciullo, seduto, addestra un cane a stare ritto sulle zampe posteriori, immagine in Olanda tradizionalmente simbolica dell'obbedienza e della capacità di apprendimento. Forse il dipinto potrebbe essere interpretato come metafora figurativa del famoso passo in cui San Paolo contrappone la cecità terrena alla piena chiarezza della visione celeste (1 Corinzi 13:10–12): 'Quand'ero bambino ... ragionavo da bambino. Ma, divenuto uomo, ciò che era da bambino l'ho messo da parte. Ora la nostra visione è confusa, come in uno specchio; ma un giorno vedremo faccia a faccia. Ora la mia conoscenza è imperfetta, ma un giorno conoscerò perfettamente, come anch'io sono conosciuto.' La frivolezza profana, esemplificata dal disegno infantile, può essere 'messa da parte' con l'obbedienza agli insegnamenti della religione, cosicché la solenne architettura della Casa di Dio possa palesarsi chiaramente, come nella raffigurazione pittorica di Saenredam, dipinta con la pura bianca luce del vero intelletto.

Sassoferrato 1609–1685
Madonna in preghiera

1640–59. Olio su tela, 73 x 58 cm

Come Carlo Dolci (pagina 188), Giovanni Battista Salvi, detto il Sassoferrato dal suo luogo di nascita nelle Marche, ebbe stretti legami con i Benedettini. Il loro motto, *laborare est orare*, 'lavorare è pregare', sembra addirsi a lui quanto al suo pio contemporaneo fiorentino. Come il Dolci, egli si basava su invenzioni compositive altrui: artisti del Quattrocento e Cinquecento quali il Perugino (pagina 77), Dürer, Tintoretto (pagina 155), lo Spagna; contemporanei, Reni in particolare (pagina 232); e le eleganti Madonne dipinte a Roma dal francese Mignard (pagina 218). La sua opera è spesso stata confusa con quella di un seguace di Raffaello (pagine 86, 146), tanto stretta era la sua adesione ai modelli dello stile 'puro' di un'epoca antecedente. Dopo aver copiato alcuni dipinti per il monastero benedettino di Perugia all'età di ventun anni, egli entrò in contatto con un convento riformato di Francescani a Roma, la città in cui visse per circa quarant'anni e dove sarebbe morto. Una devota principessa commissionò l'unica sua celebre pala d'altare, per la chiesa domenicana di Santa Sabina a Roma, in sostituzione di un prezioso Raffaello che i Domenicani avevano avventatamente venduto a un collezionista.

Fatta eccezione per alcuni ritratti di ecclesiastici e un autoritratto commissionatogli da un cardinale nel 1683 per la galleria di artisti del duca Cosimo III de'Medici, il Sassoferrato si guadagnò da vivere con quadri devozionali come questo. La maggior parte di essi fu eseguita in forma di 'originali multipli', su commissione o per la vendita ai pellegrini. Questa popolare composizione, basata su un'incisione che si ritiene modellata sul Reni, è nota in oltre quindici varianti.

Oggi il Sassoferrato piace poco, in parte a causa della sua abnegazione, qualità che non apprezziamo in un artista, in parte perché la sua pittura influenzò direttamente l'arte religiosa ottocentesca in tutti i suoi eccessi di sentimentalismo. E tuttavia la sua opera è troppo robusta, e dipinta con troppa maestria, per essere sentimentale. La rifinitura quasi smaltata, la brillantezza gemmea del bianco, del rosso, del prezioso azzurro oltremare contro il nero, non escludono una vigorosa modellatura della forma né un'osservazione acuta, come quella dei pallidi riflessi del velo della Vergine tra le ombre sul volto e sulle guance.

Madonna in preghiera

L'artista operava nello spirito della Controriforma, che aveva riaffermato il culto mariano e le virtù delle immagini della Vergine, lo spirito con cui nello stesso periodo venivano compilati e pubblicati in tutt'Europa storie e repertori di queste icone dai poteri miracolosi. La *Madonna* del Sassoferrato, il cui manto sporge dalla tela nel nostro spazio, prega sopra di noi, per noi; come esempio da imitare, sottomessa alla volontà del Padre, rivolta al Figlio. La sua figura è stata desunta dagli episodi evangelici dell'Annunciazione, dell'Adorazione, della Natività affinché noi possiamo pregare per suo tramite, dissipare il nostro smanioso egoismo nella sua infinita pietà e umiltà, come l'artista ha stemperato la propria grafia nell'icona. I suoi occhi sono abbassati, ma se leveremo lo sguardo verso di lei – da un inginocchiatoio, dal giaciglio di un malato o dal letto di morte – il suo sguardo amorevole cadrà su di noi. Maria è sola, senza il Bambino: *nostra* madre, la *nostra* nutrice, la *nostra* mediatrice; sottometterci a lei, questo è il messaggio di Sassoferrato, significa riscattare la nostra forza, la nostra libertà e la nostra dignità.

Jan Steen   1625/6–1679
Effetti dell'intemperanza

Circa 1663–5. Olio su tavola, 76 x 106 cm

Ancora oggi una 'casa alla Jan Steen' è nella lingua olandese sinonimo di una famiglia turbolenta e sgangherata. Jan Steen ne dipinse diverse, includendo spesso nel gruppo il proprio ritratto nei panni di un allegro e dissoluto fumatore di pipa e bevitore di birra. La sua copiosa produzione artistica, che si sviluppò nel corso di una carriera segnata da continui spostamenti da una città all'altra, nonché la qualità nel complesso eccellente della sua opera, dovrebbero metterci in guardia dall'attribuire un significato letterale a questa licenziosa immagine dell'artista. Uno dei numerosi artisti olandesi del Seicento a rimanere fedeli al cattolicesimo, Steen è un moralista che si serve dei proverbi e del teatro popolare, e dei costumi conviviali, per stigmatizzare con ironia la 'commedia umana': persone come noi che non si comportamo come dovrebbero.

Non tutti i suoi dipinti appartengono a questo genere. La National Gallery possiede anche *Giocatori di birilli davanti a una locanda*, scena quasi-paesaggistica che non sembra condannare i sollazzi estivi all'aria aperta cui si fa riferimento nel titolo, e *Due uomini e una giovane donna musicanti su un terrazzo*, pittura eseguita più tardi, che anticipa le composizioni liriche e melanconiche del pittore settecentesco Watteau. Steen dipinse anche soggetti biblici e mitologici, e ritratti. Mentre molti dei suoi quadri sono di piccole dimensioni, *Effetti dell'intemperanza* presenta un formato più ampio e illustra il tocco più disteso che l'artista potrebbe avere acquisito da Hals (pagina 202) nel corso dei nove anni trascorsi a Haarlem.

La donna sulla sinistra è la più biasimevole delle creature, una massaia e madre olandese che *non* educa i propri figli alla virtù. Essa è sprofondata nel sonno dell'ubriachezza, e la pipa di terracotta le scivola dalla mano (pagina 249). Mentre il piccolo braciere accanto a lei minaccia di appiccare il fuoco alla sua veste, il bambino le fruga nella tasca. La cesta che pende sopra il suo capo prefigura il futuro di coloro che crescono senza la salda guida dei genitori: essa contiene la gruccia e la raganella del mendicante e la verga delle pene giudiziarie. Un altro bambino illustra un proverbio olandese gettando rose (noi diremmo 'perle') ai porci, mentre il trio sulla destra spreca un buon pasticcio di carne dandolo da mangiare a un gatto. Il pappagallo, mimo del comportamento umano, beve il vino che gli viene offerto dalla domestica, lussuosamente abbigliata quanto la padrona e quasi altrettanto ubriaca, mentre nel recesso ombroso che si intravede in secondo piano un uomo, forse il padre di famiglia, si intrattiene piacevolmente con una prosperosa fanciulla. Il vino, si sa, gioca brutti scherzi.

Proprio come gli uccelli si avvicinavano, per beccarla, all'uva dipinta in maniera molto realistica dal pittore dell'antichità Zeusi, noi, attratti dall'incantevole natura morta di Steen in primo piano, dal luccichio del peltro e dai riflessi delle sete, potremmo essere tentati dalle sue mercanzie. Studiando più a fondo il suo quadro, tuttavia, forse saremo spinti a emendare il nostro stile di vita e potremo sottrarci, così, agli effetti dell'intemperanza.

Jan Jansz. Treck 1605/6–1652

Natura morta (*Vanitas*)

1648. Olio su tavola di quercia, 90 x 78 cm
Jan Treck operò ad Amsterdam come pittore di nature morte. Questa è una delle due opere dell'artista esposte alla National Gallery; l'altra, una *Natura morta con caraffa di peltro* del 1649, presenta una tonalità smorzata basata su una gamma di grigi, neri e bianchi, che contrasta con i rossi vigorosi e gli oro profusi in questa tavola. Una tale esuberanza cromatica attorno al teschio con la bocca spalancata esibito dal pittore con una certa ostentazione può apparire curiosa, ma il dipinto appartiene a una ben precisa categoria di nature morte

piuttosto diffusa nei Paesi Bassi settentrionali del Seicento, quella della *vanitas*. Nell'ammirare le abilità descrittive dell'artista, l'osservatore viene invitato a riflettere sull'ineluttabilità della morte e sulla futilità delle ambizioni mondane, in particolare l'accumulo di ricchezze e la sete di potere. Questo tipo di pittura trae nome dall'Ecclesiaste (1:2): 'Vanità delle vanità, dice il Predicatore ... tutto è vanità.' Il teschio è, ovviamente, l'elemento rivelatore della tipologia del dipinto, e la chiave ci consente di 'leggere correttamente' tutti gli oggetti rappresentati. Lo stesso vale, d'altronde, anche per l'unica altra natura morta del tipo *vanitas* presente nella Collezione, l'*Allegoria delle vanità della vita umana* di Harmen Steenwyck esposta nella stessa Ala Nord.

Inghirlandando il teschio di paglia, Treck parodizza la pratica di cingere d'alloro sempreverde la fronte dei vincitori; un messaggio rafforzato dalla presenza dell'elmo: come se entrambi fossero appartenuti allo stesso eroe da tempo non più tra i vivi, che neppure la migliore delle armature potè salvare dalla falce della spietata Mietitrice. La clessidra richiama l'implacabile passare del tempo; la pipa di terracotta olandese e le candeline alludono allo spreco immorale, oltre che alla brevità dell'esistenza umana: 'Si dissolvono in fumo i miei giorni', nelle parole del Salmo 102; il che ci ricorda anche l'importanza della Bibbia nelle case olandesi. La conchiglia e la cannuccia di paglia, oggetti apparentemente incongrui, venivano usati dai bambini per fare le bolle di sapone; un passatempo futile, ma più specificamente un riferimento al concetto di *homo bulla*, all'uomo come bolla fragile ed effimera.

Né la collezione di oggetti preziosi quali le brocche renane di gres, le sete preziose e le scatole di lacca, né la pratica della musica o delle arti visive, né la pomposità della legge esemplificata dal documento con il sigillo di piombo, né l'erudizione vengono risparmiate: 'tutto è vanità'. L'inclusione del frontespizio dell'edizione a stampa di un dramma teatrale dal titolo *Il Male ripaga il suo padrone*, commedia del letterato e diplomatico Theodore Rodenburgh, si spiega probabilmente con l'appropriatezza del suo messaggio moraleggiante.

Diego Velázquez 1599–1660
Filippo IV di Spagna in bruno e argento

Circa 1631–2. Olio su tela, 195 x 110 cm

Velázquez entrò al servizio di Filippo IV di Spagna all'età di ventiquattro anni, quando il sovrano, che era salito al trono due anni prima, ne aveva diciotto. Dopo un periodo di apprendistato nella nativa Siviglia con il pittore e scrittore Pacheco, che ebbe in tale stima l'allievo da dargli in sposa la figlia, Velázquez fu nominato pittore di corte a Madrid, una posizione che egli avrebbe mantenuto fino alla morte e cui si aggiunsero, man mano, altri incarichi ufficiali. La maturazione di Filippo e quella di Velázquez furono dunque parallele; lo stretto rapporto tra il re e il suo pittore si interruppe solo in occasione di due visite in Italia concesse a Velázquez tra il 1629 e il 1631 e tra il 1649 e il 1651. La prima fu stimolata da Rubens (pagina 235) durante la sua missione diplomatica del 1628. Studiando la grande pittura del Rinascimento veneziano nella collezione reale insieme a Velázquez, unico artista spagnolo contemporaneo che egli ammirasse, Rubens portò il giovane collega ad approfondire la sua comprensione del linguaggio pittorico del Tiziano (pagina 158).

Filippo IV in bruno e argento fu il primo ritratto del sovrano eseguito da Velázquez successivamente al suo ritorno dall'Italia nel 1631; Filippo non aveva concesso ad alcuno di ritrarlo durante l'assenza del suo pittore. La posa rispetta un modello convenzionale nella ritrattistica reale spagnola, e potrebbe fare riferimento al protocollo delle udienze concesse dal sovrano, occasioni nelle quali gli ambasciatori o i postulanti venivano rapidamente condotti attraverso le stanze del palazzo al cospetto del re, che attendeva graziosamente in piedi, a capo scoperto, con il cappello poggiato su un tavolo vicino. L'ipotesi è rafforzata dalla presenza della firma di Velázquez sotto forma di una petizione tenuta in mano dal sovrano. Filippo porta l'ordine del Vello d'oro appeso a una catena d'oro e un rigido

Filippo IV di Spagna in bruno e argento

colletto bianco, la *golilla*, capo introdotto per legge all'inizio del suo regno in sostituzione dell'elaborata gorgiera crespata in un tentativo di frenare le stravaganze della moda.

    Eccezionalmente per un ritratto ambientato in un interno, il re non è abbigliato in nero a tinta unita bensì con un sontuoso costume, il motivo di massimo vanto del dipinto di Velázquez. Mentre il volto, che si distingue per la caratteristica malformazione della mascella inferiore degli Asburgo e dallo sguardo sorprendentemente timido, è modellato attraverso una trama omogenea di colore, il costume si materializza grazie a spruzzi e strisci applicati con grande libertà di tocco di ispirazione tizianesca e tintorettiana (pagina 155). Da lontano questi segni, talvolta fluidi e sottili, tavolta invece tanto densi da assumere carattere tridimensionale, creano l'illusione del luccichio di ricami argentei sopra stoffa lucida. È probabile che essi siano stati dipinti, successivamente al volto, con i lunghissimi pennelli che sappiamo Velázquez usava.

Lo sfondo sottile e diluito di rosso e bruno-grigiastro chiaro, diventato più trasparente con il tempo, rivela alcuni mutamenti apportati dall'artista nella posa delle gambe e nel profilo del mantello, e, nella zona sovrastante il cappello, persino tracce che il pittore lasciò nel pulire i pennelli sulla preparazione. La sottopittura grigio chiara deve aver sempre palesato i suoi delicati riflessi attraverso i diafani colori superficiali, suggerendo l'aria ambientale. I contemporanei esaltarono la tecnica virtuosistica e la scioltezza di Velázquez – nelle quali essi riconobbero l'impronta dei suoi illustri predecessori veneziani – giudicando tali caratteristiche particolarmente adatte a un'arte destinata ai palazzi principeschi, dove gli enormi saloni e le lunghe prospettive consentivano di ammirare i dipinti di grande formato da lontano.

Il ritratto, che diventa appropriatamente regale da una certa distanza, può essere interpretato come un'icona del 'Re Planetario', erede dell'intera magnificenza del trono Spagnolo. A un'osservazione più attenta, tuttavia, esso si rivela anche documento – carico di partecipazione umana, ma inflessibile – di un carattere esitante: il ritratto di un giovane uomo prigioniero della pompa e dei cerimoniali del suo alto incarico.

Diego Velázquez 1599–1660

Scena di cucina con Cristo nella casa di Marta e Maria

1618? Olio su tela, 60 x 104 cm
Questo quadro fa parte di una serie di *bodegones* – scene naturalistiche ambientate in cucine o in taverne con importanti nature morte (da *bodega*, cantina o taverna) – realizzati da Velázquez a Siviglia nei primi anni della sua carriera, in completo distacco dallo stile accademico del suo maestro Pacheco. Queste opere sembrano ispirarsi al Caravaggio (pagina 180), che aveva lavorato nei territori italiani sotto il dominio spagnolo e i cui dipinti godettero di grande favore in Spagna, sebbene non sappiamo quali di essi il giovane Velázquez avesse avuto occasione di vedere, se mai ne vide. Il gusto spagnolo per soggetti di vita popolare si era formato sui romanzi picareschi popolati di accattoni e malandrini, il primo dei quali fu pubblicato nel 1554; i saggi di Velázquez in questo genere furono accolti con favore tanto a Siviglia quanto a Madrid.

Mentre i suoi primi quadri di *bodegón* a noi noti sono esuberanti scene improntate al modello picaresco, quelli più elaborati adottano il tono composto di questo dipinto. Molti di essi mostrano figure di donne al lavoro. Sotto questo aspetto, come pure nell'inserimento di un episodio biblico sullo sfondo, queste opere si ispirano alla pittura cinquecentesca dei Paesi Bassi, o più probabilmente a incisioni basate sui dipinti di quella tradizione. Nondimeno, esse hanno un carattere assolutamente originale, marcatamente spagnolo.

Allo stesso modo in cui Velázquez rifiuta gli aspetti più appariscenti dello stile di Caravaggio, egli riduce l'improbabile profusione di cibarie dei modelli nordici a ingredienti di un pasto vero e proprio, mostrati in comuni recipienti spagnoli. La giovane donna in primo piano pesta dell'aglio in un mortaio, forse per preparare una salsa piccante, da accompagnare con il pesce alla griglia, con l'aggiunta dei rossi d'uovo, dell'olio d'oliva (nella caraffa sulla destra) e del peperoncino. L'umiltà di questi pochi ingredienti disposti in una serie di ovali decrescenti diventa sublime grazie all'incomparabile trattamento di Velázquez della forma e della consistenza delle superfici. L'argentea viscidità del pesce, il pesante bagliore dell'ottone, il denso smalto brillante, scheggiato, sulla terracotta, la sottile pellicola cartacea che avvolge l'aglio, la più densa rugosa secchezza del peperoncino, i riflessi sulla superficie convessa del cucchiaio di peltro: tutti questi particolari resistono alla riproduzione o alla descrizione. E mai coppia di uova è stata dipinta con tanta cura, il loro volume e l'attenuato riflesso dei gusci suggeriti con tanta precisione (si veda il particolare a pagina 168). In questa natura morta il diciannovenne Velázquez dimostra già quell'originalissima e misteriosa mescolanza di virtuosismo e riservatezza, equivalente alla negazione della sua soggettività, che avrebbe caratterizzato l'intera sua opera.

La finestrella aperta nel muro della cucina rivela la scena di Cristo nella casa di Marta e Maria (Luca 10:38–42). Maria siede ai piedi di Cristo, ma Marta è preoccupata perché è stata lasciata sola a servire; ed egli la rimprovera: 'Marta, Marta, tu ti affanni e ti preoccupi di troppe cose, ma una sola è la cosa necessaria. Maria si è scelta la parte migliore ...' Il preciso rapporto tra il primo piano e lo sfondo, dipinto in maniera meno elaborata e più convenzionale, non è chiaro. La giovane donna imbronciata, con le mani arrossate, che lavora con il pestello nel mortaio è forse Marta? O si tratta invece di una cuoca moderna che viene esortata a svolgere il proprio compito, in un'errata interpretazione del racconto evangelico come santificazione dei faticosi lavori domestici? Ed è forse intenzione dell'artista rivolgere a noi, attraverso lei, lo stesso invito? Un confronto tra la scena in primo piano e quella sullo sfondo sembra suggerire che Velázquez, almeno in questo dipinto, abbia voluto dedicare maggior cura alle cose della quotidianità del regno di Marta.

Diego Velázquez 1599–1660
La toeletta di Venere ('la Venere di Rokeby')

Circa 1647–51? Olio su tela, 122 x 177 cm

Per ragioni di scrupolo religioso, il nudo femminile veniva rappresentato di rado nell'arte spagnola, sebbene la collezione reale fosse ricca di nudi mitologici del Tiziano e di altri maestri del Rinascimento veneto. La *Toeletta di Venere*, detta 'Venere di Rokeby' dalla Rokeby Hall nello Yorkshire dove essa fu esposta nell'Ottocento, è il solo dipinto di questo genere eseguito da Velázquez che sia sopravvissuto (un altro, di cui è accertata l'esistenza, è andato perduto); e sarebbe rimasto unico in Spagna finché Goya (pagina 290), probabilmente ispirandosi proprio all'opera del suo predecessore, non dipinse la *Maja desnuda*. Eseguita immediatamente prima o durante il secondo soggiorno italiano di Velázquez, tra il 1649 e il 1651, la *Venere* è documentata nel 1651 come appartenente alla collezione del giovane figlio del primo ministro di Filippo IV, famoso sia come grande seduttore che come grande mecenate. Più tardi egli sarebbe diventato marchese del Carpio, e in seguito viceré di Napoli, e dovette essere proprio questa posizione di prestigio presso la corte a permettergli la commissione di un tale dipinto senza temere l'intervento dell'Inquisizione.

Se il soggetto di questa tela rappresenta una fusione tra la 'Venere allo specchio con Cupido' e la 'Venere giacente', invenzioni del Rinascimento veneziano, il tema cha la pervade completamente è quello della riflessione. Venere riflette sulla propria bellezza, riflessa nello specchio; e poiché riusciamo, seppure indistintamente, a vederne il volto, sappiamo che anche a lei è dato di vedere il nostro, e dunque possiamo presumere che essa rifletta sugli effetti suscitati in noi dalla sua bellezza. Velázquez ha riflettuto a lungo davanti alla tela e al suo modello vivente: questa fanciulla dalla vita sottile e dai fianchi prominenti, i capelli acconciati in stile moderno, non ricorda affatto i più pieni e rotondi nudi italiani ispirati alla scultura antica. Soltanto la presenza del paffuto Cupido dall'aria innocentemente ossequiosa ne fa una dea ai nostri occhi. Il pittore ne ha forgiato il corpo con curatissime e morbide gradazioni cromatiche, di bianco, rosa e grigio, di nero e rosso smorzati. Il raso nero-argenteo che si riflette sulla luminosa pelle risplende, a sua volta, con i riflessi perlacei dei toni della carnagione. Strisce di rosa, bianco e grigio sono nastri avvolti sulla cornice d'ebano dello specchio; e ancora più sorprendente è quell'unica pennellata, carica di pittura nera, che sottolinea la sagoma del corpo dalla metà della schiena fin sotto il polpaccio. Tanto l'esattezza della notazione mimetica quanto questi tocchi liberi e spontanei sono frutto di pratica e meditazione protratte.

La genesi stessa di questo dipinto potrebbe configurarsi come un atto di riflessione. Si ipotizza che esso sia stato ideato in armonica contrapposizione a un nudo di Danae (più tardi trasformata in Venere) attribuito a Tintoretto. Nel 1677 entrambi i dipinti erano stati incorporati, probabilmente in coppia, nella decorazione di un soffitto di uno dei palazzi del Carpio. La Danae-Venere, recentemente riscoperta in una collezione privata europea, ha dimensioni pressoché identiche, e si presenta sostanzialmente come un'immagine speculare della *Venere* di Velázquez: la figura giace in un paesaggio nella stessa posa, ma rivolta verso lo spettatore e su un drappeggio rosso. L'ingegnoso ribaltamento dell'immagine richiama la procedura seguita da Tiziano nelle sue 'poesie' dipinte per il nonno di Filippo IV, Filippo II, e tuttora parte della collezione reale, nelle quali egli prometteva di mostrare i diversi aspetti del nudo femminile. Ma, in modo caratteristicamente velazquiano, in quest'affascinante discendente delle più sensuose ed esuberanti opere rinascimentali l'aspetto narrativo e quello poetico della pittura consistono, entrambi, nel guardare e nell'essere guardati.

Johannes Vermeer — 1632–1675

Giovane donna in piedi alla spinetta

Circa 1670. Olio su tela, 52 x 45 cm

Vermeer, pittore di Delft, è celebre per le sue piccole scene di vita domestica, in particolare di un'agiata esistenza femminile, quieti interni di sottile geometria abitati da una o due figure. Tuttavia le sue prime opere, ampie e drammatiche scene narrative influenzate dai pittori cattolici italianizzanti di Utrecht (pagine 177, 206), rivelano come egli avesse inizialmente aspirato alla 'pittura di storia'. A un certo punto, intorno al 1656, data di una *Mezzana* attualmente a Dresda, egli si trasformò nel pittore che qui riconosciamo, sebbene alcune opere presenti in altre collezioni rivelino che egli non recise mai completamente il suo legame con il genere 'più nobile'.

Forse fu semplicemente la difficoltà di procurarsi commissioni in questo genere tradizionale a spingere Vermeer, cattolico, a rivolgersi verso soggetti commerciabili tratti dalla 'vita quotidiana' dell'Olanda protestante. In ogni caso, le sue pitture documentate a oggi note sono solamente una trentina in tutto (tra le quali si contano anche due stupefacenti vedute cittadine): oltre a essere piuttosto lento nel lavoro, egli gestiva una locanda ereditata dal padre, svolgeva un incarico comunale, e commerciava ed eseguiva perizie in campo artistico. Durante l'invasione francese del 1672 l'artista andò praticamente in rovina. Dopo la sua morte, avvenuta all'età di appena quarantatre anni, la vedova, gravata di debiti e con otto figli minorenni da mantenere, fu costretta a vendere tutti i suoi dipinti per pagare i creditori.

Come ci appare naturale per un artista delle sue aspirazioni, Vermeer caricò di significato narrativo o allegorico persino i suoi interni domestici. La giovane donna tocca i tasti della spinetta – una versione più piccola del clavicembalo – ma intanto guarda con aspettazione fuori del quadro. La musica, ricorderemo, è 'il cibo dell'amore', e la sedia vuota evoca una persona assente, forse in viaggio in terra straniera tra le montagne dipinte nel quadro appeso alla parete e sul coperchio sollevato dello strumento. Il Cupido che mostra una carta da gioco o una tavoletta è stato associato all'idea di fedeltà a un unico amante, come parrebbe suggerire uno dei popolari libri di emblemi olandesi contemporanei, dove il significato dell'immagine viene chiarito in un motto e in un testo esplicativo. C'è chi sostiene, in maniera non del tutto convincente, che il dipinto debba essere considerato come *pendant* contrastante della vicina *Giovane donna seduta alla spinetta*, dove la viola da gamba in primo piano attende l'interprete mancante di un duo, sebbene l'immagine della *Mezzana* (opera del pittore di Utrecht Baburen) alle spalle della donna evochi l'amore mercenario.

Legati tra loro o meno, certamente entrambi i dipinti raffigurano giovani donne immerse in fantasticherie amorose. Ma il tema in sé appare banale di fronte all'esecuzione di Vermeer. Dalla finestra a sinistra una fresca luce diurna penetra all'interno, come sempre nei suoi dipinti. L'azione di questa luce definisce le più minute particolarità e la specifica lucentezza delle diverse qualità materiche, del marmo venato di grigio e delle caratteristiche piastrelle bianche e azzurre di Delft, della cornice dorata e della parete imbiancata, del velluto e del taffettà azzurri e del raso bianco, dei fiocchi scarlatti. La fonte luminosa rivela i volumi, proietta le ombre e crea lo spazio. Ma la vera magia del dipinto consiste nel fatto che tutto ciò non esaurisce, se così si può dire, completamente la luce. Ne resta ancora molta come presenza palpabile diffusa in tutta la stanza; ed essa giunge fino a noi, oltre la cornice del dipinto.

Francisco de Zurbarán 1598–1664
Santa Margherita d'Antiochia

Circa 1630–4. Olio su tela, 163 x 105 cm

Zurbarán svolse il suo alunnato pittorico a Siviglia, dove strinse un legame di amicizia con Velázquez (pagina 249), tramite i cui buoni uffici più tardi egli sarebbe stato incaricato di contribuire alla decorazione del nuovo palazzo madrileno del re. Nella prima parte della sua carriera egli fu tra i principali prestatori d'opera al servizio dei numerosi ordini monastici presenti a Siviglia; successivamente al 1650 circa, l'artista dovette fare affidamento sui contratti provenienti da oltre oceano, inviando diverse serie di tele di tema religioso alle colonie spagnole nel Nuovo Mondo. Morì in miseria a Madrid, dopo aver cercato, nell'ultima parte della sua vita, di ammorbidire il proprio stile spigoloso avvicinandosi alla maniera più garbata e 'vaporosa' del suo fortunato rivale a Siviglia, Murillo (pagina 220).

Questa *Santa Margherita* è uno splendido esempio dello stile del suo primo periodo, influenzato, probabilmente in modo indiretto, dal Caravaggio (pagina 180). Il dipinto era forse uno scomparto di una pala d'altare, o forse apparteneva a una serie di immagini di sante vergini, alcune delle quali furono inviate da Zurbarán e dalla sua bottega a conventi in Spagna e in America Latina. La figura di Margherita in piedi è solida, intensamente e quasi uniformemente illuminata dall'alto, come una delle statue di legno vivacemente colorate che popolano le chiese spagnole. Il suo attributo, il drago, non è così chiaramente

Santa Margherita d'Antiochia

visibile contro il fondale scuro. Secondo la leggenda, il demonio era apparso alla santa sotto forma di drago mentre essa era in prigione per essersi rifiutata di sposarsi, giacché si era consacrata a Cristo. Quando il drago la minacciò, Margherita si fece il segno della croce sul petto; e quando l'ebbe mangiata, la croce crebbe sempre più, fino a squarciare il ventre dell'animale dal quale la santa potè quindi uscire illesa. Più tardi morì decapitata, ma in memoria di questa temporanea liberazione Margherita viene invocata come protettrice delle donne durante il parto.

Qui la vediamo vestita da pastora (sebbene erudita, severa e particolarmente curata nell'aspetto), perché secondo la tradizione la santa aveva anche custodito le pecore della sua nutrice. Al suo braccio sinistro, pendono delle *alforias* tessute in lana, caratteristiche bisacce spagnole, mentre nella mano destra Margherita stringe un bastone da pastore con un'impugnatura metallica. Tutti i dettagli del costume, in particolare il cappello di paglia, le cui strisce intrecciate seguono la curvatura delle tese, sono chiaramente studiati dal vero, indossati da un paziente modello oppure accomodati sopra un manichino. Essi vengono resi con tale realismo da mettere in rilievo, paradossalmente, il suo trionfo di martire sulla natura.

ALA EST

La pittura dal 1700 al 1900

Molti dei visitatori, entrati alla National Gallery dall'imponente portico che dà su Trafalgar Square, vanno subito alla ricerca delle colorate tele degli impressionisti, collocate, insieme ai dipinti più recenti della Collezione, all'interno dell'Ala Est. Opere quali la *Spiaggia a Trouville* di Monet o *In barca sulla Senna* di Renoir, create ormai più di un secolo fa, sembrano continuare a comunicare con noi con grande immediatezza, riportandoci alla mente personali esperienze dei semplici piaceri delle villeggiature estive al mare o in campagna. Non è facile, a prima vista, trovare un nesso che le colleghi con le opere più palesemente 'artefatte' delle tradizioni precedenti, ricche di riferimenti religiosi o classici talora oscuri. Eppure io sono convinta che esista un filo conduttore che le unisce.

Con una formula stenografica del linguaggio strettamente accademico, definirei questo tema unificante come 'perseveranza e trasformazione dei generi', le tradizionali divisioni della pittura codificate nel Seicento. Se per un momento chiudiamo gli occhi sulle innovazioni tecniche apportate dalla pittura francese di metà Ottocento – la nuova tavolozza sgargiante, l'apparente spontaneità dell'esecuzione pittorica, l'invadente nuova qualità e consistenza del medium – per soffermarci su *ciò* che viene dipinto, sul formato delle opere, e sulle loro finalità originarie, ci accorgiamo che la tradizione ha giocato un ruolo importante quanto l'impulso al cambiamento.

È la forza stessa della tradizione consolidata a fornire un incentivo all'innovazione, oltre che a darcene pienamente la misura. Gli impressionisti non sono che gli ultimi di una lunga fila di artisti dell'Europa occidentale a misurarsi con le problematiche della *pittura di paesaggio*. A partire dal cinquecentesco fiammingo Patinir, e poi via via con Elsheimer, Rubens, Claude, Poussin, Ruisdael, i maestri veneziani di vedute e di capricci, fino a Constable e Turner, i pittori avevano escogitato varie soluzioni per rappresentare la distanza e la luce naturale all'aria aperta. I modi di produrre, di vendere ed esibire i dipinti di paesaggio nelle Province Unite d'Olanda del Seicento anticiparono i processi del fare artistico e del mercato dell'arte ottocenteschi, e fu soprattutto l'esempio del realismo olandese a incoraggiare i pittori del Settecento e dell'Ottocento a portare i propri cavalletti all'aperto.

Se il paesaggio divenne un tema dominante della pittura 'moderna', le altre categorie forgiatesi nel corso della storia dell'arte europea non caddero perciò nell'oblio. L'ala orientale della Galleria ospita anche dipinti che appartengono ai generi 'più alti': pale d'altare, allegorie e *pitture di storia* di soggetto mitologico e religioso. La cosa non risalta, forse, immediatamente, poiché le decorazioni murali eseguite per la corte spagnola e le pale del Tiepolo, il più grande artista italiano del Settecento, sono rappresentate solo da piccoli schizzi a olio, modelli per le opere definitive. Le vaste decorazioni allegoriche eseguite dal Tiepolo su pareti o su soffitti sono esemplificate attraverso frammenti di ridotte dimensioni, tra i quali si annovera anche una tela sagomata, l'*Allegoria con Venere e il Tempo*, rimossa dal suo alloggiamento originario in un palazzo veneziano. La maggior parte delle grandi pale d'altare e dei 'quadri di storia' prodotti in Francia a partire dal 1700 è rimasta nella terra d'origine, ma la Galleria possiede due straordinarie pitture narrative monumentali di Delaroche e Puvis de Chavannes. La vitalità della 'pittura di storia' nell'Ottocento è, comunque, degnamente illustrata dall'*Esecuzione di Massimiliano* di Manet, ora frammentaria, mentre il saggio giovanile di Fragonard sul tema di Psiche e le sue sorelle testimonia il protrarsi dell'interesse per la mitologia. Benché attenuata, anche questa tradizione è sopravvissuta fino alla nostra epoca, come dimostrano le *Bagnanti* di Cézanne, che sfidano le monumentali ninfe della pittura veneta cinquecentesca.

La *ritrattistica* in scala naturale è ben rappresentata in quest'ala della Galleria da una serie di opere che spaziano dal Settecento al Novecento. Nell'Inghilterra protestante questo era il genere di pittura di cavalletto più richiesto nel Settecento, con grande sconforto di molti artisti. Il tentativo di Reynolds di 'nobilitare' la ritrattistica avvicinandola alla più inventiva e palesemente didattica 'pittura di storia' emerge chiaramente nella gran parte delle sue opere qui esposte. Ma tutti i pittori che si sono cimentati con ritratti di prestigio hanno cercato, e tuttora cercano, di arricchire il modello e la composizione di ulteriori significati, spesso facendo riferimento ai grandi maestri del passato. Ciò vale tanto per Matisse, che guardò al Veronese per il suo ritratto di Greta Moll del 1908, quanto per Goya, Ingres, Degas, e persino per Gainsborough, il rivale 'naturalistico' di Reynolds.

Sorella più umile, ma assai vitale, della 'pittura di storia', la *pittura di genere* o della vita quotidiana, continuò a prosperare, nella forma apertamente moralistica del *Marriage A-la-Mode* di Hogarth o in quella priva di qualunque intento di giudizio, se non addirittura edonistica, incarnata nelle scene impressioniste della vita moderna.

La *natura morta*, Cenerentola della teoria artistica accademica, e tuttavia amatissima dai principi come dai comuni cittadini, non è mai stata abbandonata. Da Meléndez a Picasso, essa ha continuato a essere terreno di sperimentazione nella rappresentazione della forma e della qualità delle superfici. La *Sedia di van Gogh* personalizza un motivo simbolico della natura morta olandese seicentesca.

Ma oltre alla tecnica, agli strumenti e ai materiali della pratica artistica, non c'è nient'altro di nuovo nelle sale dell'Ala Est della National Gallery? La pittura *è* un'arte manuale, e sarebbe insensato considerare i mutamenti della tecnica come un fatto privo di rilievo. Anche le trasformazioni della struttura economica e sociale hanno influito profondamente sulla fisionomia della pittura tra il 1700 e i giorni nostri: il sorgere di figure professionali quali il commerciante di colori e il mercante di tele, ad esempio, che determinò un distanziamento dell'artista dai suoi materiali grezzi, rendendo superflui sia la bottega che l'apprendistato; il diffondersi di mostre pubbliche e di privati mercanti d'arte; il passaggio dalla collezione principesca al museo statale; e, ovviamente, il declino del culto privato e delle forme di religiosità pubblica, la nascita e la caduta delle monarchie, delle repubbliche e degli imperi.

Tuttavia, anche in quella perseverante tradizione dei generi pittorici cui ho fatto poc'anzi riferimento, consciamente o inconsciamente assorbita sia dagli artisti che dal pubblico, si sono verificate importanti trasformazioni. Proprio perché ne conosciamo le regole, possiamo pertecipare a un gioco. Tramite l'incrocio di generi 'alti' e generi 'bassi' si creano nuovi significati. Come abbiamo visto, Reynolds combinò la ritrattistica con la 'pittura di storia'. Inversamente, il ritratto fu addomesticato con l'assimilazione di tratti delle scene di 'vita quotidiana'; tale mescolanza diede origine alla 'scena di conversazione', un genere del quale *Le famiglie Milbanke e Melbourne* di Stubbs, opera di modeste dimensioni, rappresenta un esempio magnifico, seppure straordinariamente silenzioso.

Più sconcertante è l'ibrido dei *Bagnanti ad Asnières* di Seurat. Anonimi lavoratori dell'industria in cerca di svago – soggetto tipico del genere domestico di piccole proporzioni – vengono ad assumere dignità eroica grazie alla scala monumentale nella quale sono dipinti e al rigore geometrico della composizione, degno di un affresco di Piero della Francesca. Seurat non è l'unico a 'elevare' le classi sociali 'inferiori'. Un'opera come lo *Spulatore* di Millet nasce dal medesimo impulso. I paesaggi di modeste proporzioni di Friedrich esprimono la stessa intensità di fede religiosa di una pala d'altare. Redon nasconde l'Ofelia di Shakespeare in un bouquet di fiori. Sorpresi ed entusiasti per l'infinita capacità di trasformazione e di rinnovamento dell'arte, ci aggiriamo tra le pitture della nostra Galleria per trovare e ridefinire noi stessi.

NOTA ALL'EDIZIONE RIVEDUTA

Nel 1997 la National e la Tate Gallery hanno deciso di comune accordo che le opere di artisti non britannici anteriori al 1900 confluissero nella Collezione di Trafalgar Square e, viceversa, le opere del Novecento fossero trasferite alla Tate. Perciò il *Ritratto di Greta Moll* di Matisse, il *Piatto di frutta, bottiglia e violino* di Picasso e *Ofelia tra i fiori* di Redon, tutti dipinti dopo il 1900, non sono più esposti nelle sale dell'ala Est. Tuttavia, le voci relative a queste opere sono state conservate nella *Piccola guida*; esse raccontano una parte fondamentale della storia della pittura europea occidentale tra il 1700 e gli esordi del ventesimo secolo, e potrebbero incoraggiare il lettore a visitare, oltre alla National Gallery, anche altre collezioni.

La bellissima tela dipinta a Tahiti da Gauguin nel 1898, alla fine della sua vita, è una delle opere passate dalla Tate alla National, e viene descritta insieme ad altre importanti acquisizioni nelle pagine aggiunte a questa edizione della *Guida*.

Canaletto 1697–1768

'Il cortile dello scalpellino'

Circa 1726–30. Olio su tela, 124 x 163 cm

La popolarità di Giovanni Antonio Canal tra i 'Grand Tourists' inglesi – termine con cui solitamente ci si riferisce ai giovani di famiglia nobile che completavano la propria formazione culturale con un ampio viaggio attraverso l'Europa continentale – ha fatto sì che le sue opere pittoriche si trovino oggi in quantità assai maggiore in Gran Bretagna che non nella sua nativa Venezia o, addirittura, in Italia. Iniziato all'attività di scenografo, già dal 1725 egli si specializzava in vedute, documenti topograficamente più o meno esatti della città, dei suoi canali e delle sue chiese, delle sue feste e delle sue cerimonie. Si recò in Inghilterra diverse volte, ma i suoi dipinti inglesi non erano apprezzati, e intorno al 1756 l'artista ritornò definitivamente in patria.

Benché siamo soliti associare il nome del Canaletto a scene cristalline, prodotte in serie, di celebri vedute, il *'Cortile dello scalpellino'*, il suo capolavoro, non appartiene a questo genere. Pittura relativamente giovanile, quasi certamente eseguita su commissione per un cliente veneziano, essa presenta una veduta intima della città, come osservata da una finestra sul retro. Non si tratta, in realtà, del cortile di uno scalpellino, ma del Campo San Vidal, ritratto durante le opere di ricostruzione dell'adiacente chiesa di San Vitale. La chiesa che si vede oltre il Canal Grande è Santa Maria della Carità, ora Accademia delle Belle Arti, la principale pinacoteca di Venezia. Le opere mature del Canaletto sono dipinte in maniera piuttosto misurata su un fondo bianco riflettente, ma in questo caso la pennellata è stata applicata liberamente sopra una base di bruno rossiccio, ciò che spiega tecnicamente la calda tonalità dell'insieme. Nubi temporalesche si vanno diradando, e il sole proietta dense ombre, le cui marcate diagonali contribuiscono a definire lo spazio e ad articolare l'architettura. Ad animare la scena e a determinare la scala del dipinto non sono dogi o dignitari, ma semplici lavoratori e bambini veneziani. In primo piano sulla sinistra, una madre ha posato la scopa per accorrere in aiuto del piccolo monello caduto a terra, osservata da una donna che arieggia la biancheria da letto a una finestra sovrastante e da una bambinetta dall'aria compunta. Gli scalpellini inginocchiati sono intenti al lavoro. Una donna siede filando alla finestra. La città, segnata dalle intemperie, cadente, continua a vivere; e sotto l'alta torre campanaria di Santa Maria della Carità c'è la misera casupola, con un audace drappo rosso appeso alla finestra, che riceve la più viva luce del sole.

Paul Cézanne 1839–1906

Bagnanti

Circa 1900–6. Olio su tela, 127 x 196 cm

Il Cézanne che conosciamo meglio è un pittore di nature morte e di paesaggi della sua Provenza, dove era nato, immagini lentamente e metodicamente costruite con ordinate chiazze di colore che rappresentano simultaneamente la forma e gli effetti della luce. Poiché la sua opera influenzò la pittura cubista di Braque e di Picasso (pagina 308), e per via di una celebre citazione – riportata senza alcun riferimento al contesto – nella quale si parla di trattare la natura 'secondo la sfera, il cono e il cilindro', si tende a considerare Cézanne un artista disciplinato e cerebrale. Niente potrebbe essere più distante dalla verità. I suoi primi dipinti – forti, agitati – trattavano soggetti violenti e sensuali quanto quelli di Delacroix (pagina 275), e in una lettera del 1858 indirizzata al suo amico d'infanzia Émile Zola, egli viene descritto come 'quel nostro amico poetico, fantastico, bacchico, erotico, antico, fisico, geometrico'.

Figlio di un facoltoso banchiere che ne avversò vigorosamente le inclinazioni artistiche, Cézanne portò avanti inizialmente gli studi di diritto all'università di Aix-en-Provence. Successivamente prese lezioni di disegno presso l'accademia locale, e nel 1861 seguì Zola a Parigi, dove visitò diversi musei e conobbe Pissarro (pagina 309), che lo incoraggiò a dipingere all'aperto. Il successo come pittore arrivò piuttosto tardi, ed egli non riuscì mai a liberarsi completamente di un certo impaccio nel disegno della figura umana. Ma nelle sue tre grandi tele di *Bagnanti*, realizzate tra il 1895 e il 1905, giunse finalmente a una sintesi tra l'esperienza della maturità e le passioni, ora sublimate, le ambizioni, e forse anche i ricordi, della sua giovinezza.

Come le altre due figurazioni di *Bagnanti* (attualmente conservate presso la Barnes Foundation di Merion, Pennsylvania, e il Museum of Art di Philadelphia), il quadro della National Gallery richiama le sensuose, monumentali ninfe al bagno e le dee pagane della pittura mitologica del Rinascimento veneziano. Cézanne aveva studiato queste opere, in particolare quelle del Tiziano (pagina 158), al Louvre negli anni giovanili, sebbene in questo caso non venga evocato alcun particolare episodio letterario. Allo stesso tempo, questi nudi immaginari si integrano nella natura con la stessa autorevolezza della roccia, della vegetazione e delle case di pietra dei paesaggi che l'artista documentò 'sotto il bel sole di Provenza'.

Come osserva la pittrice Bridget Riley a proposito di questo dipinto, la gamba sporta indietro dalla fanciulla sulla sinistra 'pianta saldamente la linea del tronco dell'albero nel terreno, mentre il suo capo si fonde con la corteccia', e 'gli ocra, gli azzurri, i rosa, i verdi e il bianco' della composizione 'sono derivati della terra, della pelle, del cielo, delle foglie e delle nubi opalescenti'. Le stesse pennellate e le stesse zone piatte di colore si ripetono in ogni parte del dipinto, e la sensazione evocata dall'insieme è quella di una viva luce diurna. Mentre gli anonimi, quanto sgraziati, nudi femminili del primo periodo di Cézanne documentavano le tormentate fantasie dell'artista – il fascino e il terrore dell''eterno femminino'; la visione della donna come vittima e insieme annullatrice del maschio, dell'amore come inscindibile dallo stupro, dall'omicidio e dall'immolazione – queste figure trascendono l'emozione soggettiva, e conquistano un'enigmatica serenità.

Paul Cézanne 1839–1906

La stufa nello studio

Fine del sesto decennio dell'Ottocento, 41 x 30 cm

Alla fine degli anni '60 dell'Ottocento, Cézanne si divideva tra una vita borghese presso la sua famiglia ad Aix-en-Provence e un'esistenza da *bohémien* a Parigi, dove fu probabilmente dipinto questo piccolo, e tuttavia vigoroso, quadretto. In città trascorreva gran parte del suo tempo eseguendo schizzi al Louvre dove, paradossalmente, trovò l'ispirazione per un nuovo tipo di arte basato sull'osservazione diretta della natura. È probabile che egli si sia soffermato particolarmente su un famoso dipinto di Chardin, la *Fontana di rame*, che era entrato nella collezione del Louvre nel 1869. Come gli altri grandi maestri del passato che in quegli anni venivano riscoperti o rivalutati – i pittori olandesi di interni domestici Vermeer e de Hooch, i fratelli Le Nain, Hals, il giovane Velázquez (pagine 254, 208, 215, 202, 249) – Chardin (pagina 265) aveva dipinto ciò che aveva realmente osservato, e l'interesse di Cézanne per questo artista non sarebbe mai venuto meno.

Qui il pittore ha disposto con spiccata nettezza gli oggetti quotidiani presenti nel suo studio, e noi li osserviamo dal punto di vista elevato dell'artista, in piedi di fronte al cavalletto, sotto la viva luce che proviene dalle finestre situate dietro la sua spalla sinistra. Gli emblemi della sua professione, una tavolozza e un piccolo dipinto, brillano contro la parete scura, e una piatta tela di colore chiaro montata sul telaio incornicia il panciuto calderone reminiscente degli utensili di cucina di Chardin. Nella cornice del più ampio interno di atelier, questo motivo forma una natura morta quasi indipendente. Tono e colore, materia pittorica e forma appaiono, come in Velázquez o in Hals, inseparabili. L'oscurità non è assenza di colore, ma si compone di striature brillanti e voluttuose di neri diversi; la gamma dei bianchi spazia dalla tinta più pura e luminosa al crema e al grigio, mentre il fuoco è il cuore, rosso e rovente, della composizione. Diversi anni più tardi, a un giovane artista che gli domandava quale fosse lo studio fondamentale per un principiante, l'anziano Cézanne rispose: 'dipingete il tubo della vostra stufa'.

Jean Siméon Chardin — 1699–1779

Il castello di carte

Circa 1736–7. Olio su tela, 60 x 72 cm

In un'epoca che considerava le grandi opere della pittura eroica narrativa come le più degne, Chardin, ostacolato dalla sua carenza di tirocinio accademico nel disegno, divenne uno dei maggiori specialisti dell''umile' arte della natura morta. Nato a Parigi, dove trascorse gran parte della sua esistenza, svolse il proprio apprendistato presso l'Accademia di S. Luca prima di essere accolto dall'Académie Royale come pittore di nature morte e di

Il castello di carte

animali. Quando morì, le sue opere comparivano in moltissime delle più importanti collezioni private del tempo. Benché completamente votato all'osservazione empirica e al lavoro strettamente dal vero, Chardin sviluppò metodi di pittura a una certa distanza dal modello, ciò che gli permetteva di conciliare l'esattezza nel dettaglio con un effetto più ampio. Se alcuni critici deplorarono la sua incapacità di dipingere soggetti più 'elevati', altri, come l'importante filosofo Diderot, apprezzarono la 'magia' del suo pennello: 'Questa magia sfugge all'intelletto ... è un vapore alitato sulla tela ... Avvicinatevi al dipinto, e tutto si confonde, si appiattisce, e scompare; allontanatevene, e tutto si crea e ricompare.'

All'inizio del terzo decennio del Settecento, forse in risposta ai benevoli rimproveri di Joseph Aved, un amico ritrattista, Chardin cominciò a dedicarsi anche alla pittura di figura su scala ridotta, sotto l'influsso dei maestri seicenteschi fiamminghi e olandesi della scena di genere. Incoraggiato dal successo di queste casalinghe composizioni di cuoche e servitori all'opera, dai retrocucina egli si spostò negli ambienti abitati delle case borghesi. Restringendo il fuoco alla mezza figura, l'artista riuscì anche ad ampliarne la scala, come vediamo qui. In questa pittura dall'atmosfera meravigliosamente raccolta e contemplativa, egli ritrae il figlio del suo amico Monsieur Lenoir, commerciante di mobili ed ebanista.

Il soggetto del *Castello di carte* deriva dalle moraleggianti *vanitates* seicentesche (pagina 249). I versi che accompagnano l'incisione della composizione pittorica, pubblicata nel 1743, sottolineano la precarietà degli sforzi umani, effimeri, appunto, quanto un castello di carte. Ma il dipinto tende a mettere in discussione questa morale. La sua composizione rigorosamente geometrica e stabile conferisce all'insieme un'impronta di permanenza che contraddice la natura fugace del passatempo cui attende il ragazzo, e dell'infanzia stessa. Il 'magico accordo' di toni creato da Chardin avvolge completamente la scena nella sua luce calda e sottile, diretta e diffusa allo stesso tempo. La sua tecnica non fu mai svelata, sebbene si sospettasse che egli facesse uso del pollice quanto del pennello. Ma non abbiamo alcuna difficoltà a credere alla risposta che l'artista diede a un mediocre pittore: 'Ci *si serve* dei colori, ma *si dipinge* con il sentimento.'

John Constable   1776–1837

Il carro da fieno

1821. Olio su tela, 130 x 185 cm

Il padre di Constable era un agiato mugnaio del Suffolk. 'Quando guardo un mulino dipinto da John,' disse il fratello del pittore, 'so che esso *girerà*, il che non sempre è vero per quelli di altri artisti.' L'aderenza di Constable al vero e la sua devozione al paesaggio natio sono entrate nella leggenda. Meno noto è, tuttavia, il fatto, riportato dal suo biografo, che sarebbero stati *Agar e l'angelo* di Claude – ora parte della Collezione – e gli acquerelli di Girtin le sue prime 'guide nello studio della natura'. Ruisdael, Rubens, Wilson e Annibale Carracci furono alcune delle altre 'affidabili guide' i cui lavori l'artista copiò in età giovanile; in occasione di una visita a Ipswich, egli scrisse: 'mi pare di vedere Gainsborough in ogni siepe e albero cavo' (pagine 241, 235, 181, 283). Constable trasse insegnamenti anche dai pittori contemporanei, non scordando mai il consiglio che gli aveva dato Benjamin West, presidente della Royal Academy: 'Ricordatevi sempre, signore, che la luce e l'ombra *non stanno mai ferme* ... nei vostri cieli ... mirate sempre alla *luminosità* ... anche negli effetti più scuri ... i vostri scuri dovrebbero apparire come gli scuri dell'argento, e non del piombo o dell'ardesia.'

L'esclamazione del giovane Constable, 'C'è posto abbastanza per una pittura [di stile] naturale', non deve essere intesa come lo sfogo di un 'pittore naturale', ma come 'manifesto' *in nuce* delle aspirazioni di un ambizioso apprendista, strenuamente impegnato ad appropriarsi del linguaggio dell'arte che plasmava i suoi sentimenti più profondi prima ancora che egli potesse dar loro espressione.

Il *Carro da fieno*, esposto alla Royal Academy nel 1821 e presso la British Institution nel 1822 col titolo di *Paesaggio: meriggio*, era una delle grandi tele 'di sei piedi' alle quali Constable lavorava a Londra, durante l'inverno, da schizzi e studi realizzati in campagna nella stagione estiva. Il carro per la mietitura cui fa riferimento il titolo moderno fu copiato da un disegno di John Dunthorne, amico d'infanzia dell'artista e suo assistente, spedito a Constable dietro sua richiesta dal Suffolk. La veduta ritrae la casa rurale di un agricoltore di nome Willy Lott situata su una gora derivata dal fiume Stour nei pressi di Flatford Mill, che il padre di Constable aveva in affitto. Uno schizzo a grandezza naturale preparatorio al dipinto si trova presso il Victoria and Albert Museum. In questa versione definitiva, Constable eliminò una figura a cavallo sul bordo dell'acqua e la sostituì con un barile, che fu a sua volta eliminato più tardi (e che ora comincia, tuttavia, a trasparire).

In questa 'selezione e combinazione' di 'alcune delle forme e degli effetti evanescenti della natura' Constable cercava una 'naturale verità d'espressione' che non comportasse, tuttavia, la perdita dell'aspetto poetico. Lavorò instancabilmente 'fin quasi a svenire' per conservare negli ampi dipinti, elaborati in studio nel corso di lunghi mesi, la freschezza di schizzi. Il *Carro da fieno*, icona amatissima del paesaggio inglese, fu ammirata dagli amici più intimi di Constable, ma non incontrò grande favore alle mostre londinesi. L'artista lo vendette nel 1823, insieme ad altre due pitture, a un mercante anglo-francese, che nel 1824 le espose al Salon di Parigi. Lì, finalmente, l'opera di Constable fu compresa, in particolare dai pittori (si veda Delacroix, pagina 275), i quali levarono 'alte le loro voci a mio favore', riconoscendo 'la ricchezza della tessitura pittorica e la cura dedicata alla superficie delle cose, [...] colpiti dalla loro vivacità e freschezza ...' Un viaggiatore inglese raccontò di avere udito per caso un visitatore confidare al vicino: 'Guarda questi paesaggi di un inglese: sembra che il terreno sia ricoperto di rugiada.' Uno stampo della medaglia d'oro conferita a Constable dal re di Francia Carlo X è stato incorporato nella cornice del dipinto.

John Constable 1776–1837

La baia di Weymouth, con Jordon Hill

1816? Olio su tela, 53 x 75 cm

Constable incontrò Maria Bicknell nel 1800, quando lei aveva tredici anni. Era la nipote del ricco dottor Rhudde, rettore a East Bergholt, paese natale dell'artista. Nel 1811 i due si fidanzarono, ma il padre di lei, Procuratore presso l'Ammiragliato, e soprattutto suo nonno, il rettore, avversarono l'unione della ragazza con 'un uomo a lei inferiore quanto a fortuna, e ... senza una professione'. L'amico e biografo di Constable C.R. Leslie racconta che per cinque anni Maria fu trattata 'come una collegiale in pericolo di cadere preda di un cacciatore di dote'. All'età di ventinove anni, tuttavia, 'ella si sentì in diritto di risolvere a modo suo una questione che toccava in maniera così assoluta la sua felicità,' e il 2 ottobre 1816 i fidanzati furono uniti in matrimonio nella chiesa di St Martin dal reverendo John Fisher, amico di Constable. Fisher invitò la coppia a soggiornare, in compagnia sua e di sua moglie, a Osmington, nei pressi di Weymouth: 'Qui la campagna è magnificamente selvaggia e sublime, e vale certamente la visita di un pittore.'

Non è stato appurato se questo dipinto della baia di Weymouth sia uno schizzo eseguito da Constable all'aperto durante la sua luna di miele oppure un'opera dipinta più tardi, sulla base di schizzi realizzati in quel periodo, destinata alla vendita e rimasta incompiuta. La freschezza e la spontaneità della tela sono tali da far desiderare che si tratti di un documento diretto del soggiorno di Constable, che avrebbe poggiato il suo cavalletto poco a ovest di Redcliff Point, di fronte a Jordon Hill e Furzy Cliff, in un ventoso giorno ottobrino. Il bruno rossiccio dell'imprimitura traspare dall'azzurro del cielo e dell'acqua, conferendo

un caldo bagliore al paesaggio, che viene incorniciato e 'respinto verso il fondo' da un promontorio sulla destra e da rocce e ciottoli sul bordo inferiore, dipinti con scioltezza ma in maggiore dettaglio rispetto al resto. La bellezza della *Baia di Weymouth*, tuttavia, è tutta nel paesaggio di nubi: nembi che si levano dall'orizzonte a formare la 'volta celeste', la scoperta pittorica delle marine olandesi del Seicento (pagina 178). 'Il mugnaio osserva ogni mutamento del cielo con particolare interesse,' scrive Leslie, che prosegue citando la descrizione data da Constable di un'incisione basata su uno dei suoi studi a olio:

> quelle [nubi] che fluttuano assai più vicine alla terra potrebbero forse incontrare una corrente d'aria più forte, che ... le fa muovere con maggiore rapidità; ecco perché i mugnai e i marinai le chiamano messaggeri, e sono sempre forieri di brutto tempo. Esse fluttuano in quelli che potremmo definire i sentieri intermedi delle nuvole.

Il suo lavoro in età precoce presso il mulino del padre lo aveva certamente reso sensibile all'aspetto e al comportamento delle nubi. È, perciò, particolarmente commovente scoprire che, nei suoi sforzi giovanili di auto-apprendistato artistico, egli si era messo a tavolino e aveva diligentemente copiato e codificato una serie di configurazioni di nubi pubblicata nel 1785 per i suoi alunni da Alexander Cozens, paesaggista e professore di disegno. Non esistono studi di nuvole più veritieri di quelli di Constable, ma anche quel mugnaio così dotato di spirito di osservazione dovette acquisire il lessico della rappresentazione prima di potersi esprimere nel linguaggio della pittura. Fuseli, membro della Royal Academy, 'sentiva il desiderio di avere un ombrello di fronte a uno dei paesaggi piovosi di Constable'. Davanti alla *Baia di Weymouth*, noi siamo tentati di porre mano alle sciarpe e alle giacche a vento.

Jean-Baptiste-Camille Corot 1796–1875

Contadini sotto gli alberi all'alba

Circa 1840–5. Olio su tela, 28 x 40 cm

Fin oltre il 1900, la fama e la popolarità di Corot si sono basate sulle artificiali composizioni dei suoi paesaggi più tardi: eleganti, suggestive immagini argentee pervase di romanticismo in cui salici nebulosi si dissolvono contro uno sfondo luminoso di cielo e acqua. Ancora alla fine degli anni '30, ricordò, quale piccola visitatrice di gallerie d'arte, come gli adulti sospiravano di compiaciuta malinconia davanti a queste monotone, benché liriche, tele. Fu soltanto molti anni più tardi che scoprii l'altro Corot, mentore della scuola naturalistica di Barbizon, di Pissarro (pagina 309) e degli impressionisti: l'umile pittore del vero, la cui visione delicata e precisa resiste all'analisi verbale e non si presta a superficiali sentimentalismi.

Gli 'studi' di Corot dipinti all'aperto direttamente sul motivo erano opere private, e non destinate all'esposizione presso i Salon parigini. Ciononostante, essi ebbero grande valore formativo per generazioni di artisti, poiché successivamente alla morte di Corot furono acquistati da altri pittori, tra i quali Degas (pagina 272). Piuttosto tardivo nel suo sviluppo artistico, ispirato dai paesaggi di Constable esposti al Salon del 1824 (pagina 267), e fortunato nel ricevere sostegno e incoraggiamento dalla famiglia, Corot divenne uno dei più modesti rivoluzionari di tutta la storia dell'arte. Scoprendo la pace e l'armonia del classicismo nella natura stessa, egli fu l'elemento catalizzatore nel passaggio dalla tradizione del 'paesaggio ideale' severamente stilizzato improntata a Poussin e Claude (pagine 223, 184) alla moderna pittura di paesaggio.

Gli schizzi a olio più belli di Corot sono forse quelli che documentano le sue impressioni del Meridione classico – antichi acquedotti, bronzei bastioni, colline boscose, pini a ombrello e ulivi sotto i vasti cieli d'Italia e di Provenza – e il visitatore alla Galleria apprezzerà senz'altro la raffinata piccola veduta di *Avignone da occidente*. Ma qui ho scelto di illustrare una pittura ancor meno pretenziosa, eseguita nel Morvan, regione della Borgogna situata a ovest di Digione che Corot visitò frequentemente, in escursioni dedicate all'attività pittorica, all'inizio del quarto decennio del secolo. La famiglia di suo padre era originaria della zona, e l'artista doveva sentire una particolare affinità con i suoi luoghi. Un contadino è intento a far legna; sua moglie lo aiuta. Alberi e lontani edifici di un villaggio si stagliano contro il cielo, irradiati dalla fredda luce di primo mattino, mentre lunghe ombre cadono sull'erba, dove distinguiamo appena uno sprazzo di piume bianche sul dorso di un'oca dalle ali grigie che va dondolandosi in cerca di cibo. Non c'è nulla di eroico qui, né di volutamente poetico, nessuna fioritura estrosa, ma solo un'armonia perfettamente calibrata di note di bianco, grigio, grigio-bruno, verde, appena un poco di azzurro, ravvivata da un unico tocco di rosso nella cuffia della donna.

Jacques-Louis David 1748–1825

Jacobus Blauw

1795. Olio su tela, 92 x 73 cm

Acquistata dalla National Gallery nel 1984, quest'opera magnificamente ben conservata è stato il primo dipinto di David a entrare in una collezione pubblica britannica. L'artista si distinse in Francia sia come pittore che come figura politica, partecipando attivamente alla Rivoluzione e, più tardi, diventando l'artista ufficiale di Napoleone. Dopo la caduta di Napoleone, David venne esiliato a Bruxelles, dove morì; il suo *Ritratto della viscontessa Vilain XIIII e di sua figlia*, eseguito in quella città nel 1816, è stato recentemente acquisito dalla Galleria.

Sebbene la fama di David sia legata alle grandi opere narrative di genere eroico che illustravano temi derivati dall'antichità, alcuni dei suoi lavori più pregevoli sono ritratti di contemporanei, nei quali egli unisce una notevole fedeltà al vero alla severità della composizione, alla disciplinata gamma di colori e alla sobria tecnica pittorica dello stile neoclassico. *Jacobus Blauw* è un esempio di particolare bellezza della sua ritrattistica e combina – aspetto, questo, degno di nota – gli interessi politici e artistici del pittore. Il modello è un noto patriota olandese che, nel 1795 – o, secondo la data riportata da David sul dipinto, anno quarto del Calendario rivoluzionario – contribuì alla fondazione della Repubblica batava. Quando più tardi, nel corso dello stesso anno, l'esercito francese invase i Paesi Bassi, Blauw, insieme al compatriota Caspar Meyer, fu inviato a Parigi per negoziare un trattato di pace. Fu allora che David venne incaricato di eseguire i loro ritratti (quello di Meyer si trova al Louvre). È evidente, tuttavia, che, tra i due, l'artista trovò in Blauw un modello a lui più simpatico.

Blauw viene raffigurato seduto mentre scrive un documento ufficiale: un espediente che permette all'artista di organizzare la composizione secondo uno schema strettamente geometrico, dove linee prevalentemente orizzontali e verticali si incontrano perpendicolarmente, echeggiando la forma della tela (la figura di Blauw potrebbe anche essere immaginata come una piramide che si eleva dallo scrittoio). L'impressione che egli si sia appena distolto dal suo lavoro per una pausa di riflessione giustifica la raffigurazione completamente frontale del volto. David ammorbidisce, tuttavia, il disagio di un confronto tanto diretto collocando la testa del modello fuori centro e lasciando il suo sguardo senza punto focale. La posa combina grande stabilità e senso d'azione momentanea, e sembra permetterci di intuire qualcosa del carattere di Blauw. Egli ci viene mostrato nell'abbigliamento semplice che si addice a un repubblicano: porta una giacca in tinta unita, un morbido fazzoletto intorno al collo e, invece di un'aristocratica parrucca, i suoi capelli veri, incipriati. Un magnifico tocco vivacizza i bottoni d'ottone: bagliori di rosso, inspiegati riflessi dallo studio dell'artista che è anche lo spazio dello spettatore.

Hilaire-Germain-Edgar Degas 1834–1917

Dopo il bagno, donna che si asciuga

Ottavo decennio dell'Ottocento.
Pastello su diversi pezzi di carta montati su cartone, 104 x 98 cm

'Inquieto personaggio della tragicommedia dell'arte moderna, con una sfrenata passione per il disegno'; così il poeta Valéry descrive Degas. Artista progressista profondamente devoto alla tradizione accademica, che egli aveva appresa dagli allievi di Ingres (pagina 296) e assorbita nel corso di un viaggio di studio in Italia tra il 1856 e il 1859, Degas si cimentò inizialmente nella 'pittura di storia'. A partire dalla fine del sesto decennio del secolo, divenne un acuto, seppure selettivo, osservatore di soggetti della moderna società urbana: il caffè concerto, il balletto, l'ippodromo, donne del proletariato al lavoro o in atto di bagnarsi. Dal 1874 espose con gli impressionisti senza, tuttavia, aderire alle loro teorie né alla loro tecnica.

L'Impressionismo richiedeva l'abbandono quasi assoluto della linea per il colore, e Degas, eccellente disegnatore, non era disposto a recidere questo legame col passato. Per lui, come per Ingres e gli artisti rinascimentali dell'Italia centrale, il disegno era la pietra angolare della rappresentazione; la pittura necessitava esaurienti studi preparatori e un disciplinato approccio all'organizzazione formale. Recatosi nel 1901 insieme all'artista inglese Sickert a vedere i quadri dei giardini d'acqua di Monet (pagina 305), Degas osservò: 'Non sento la necessità di perdere lucidità ["connaissance"] davanti a uno stagno.' Inoltre, per lo meno dal 1870, egli soffrì di disturbi visivi che gli rendevano penosa l'attività all'aria

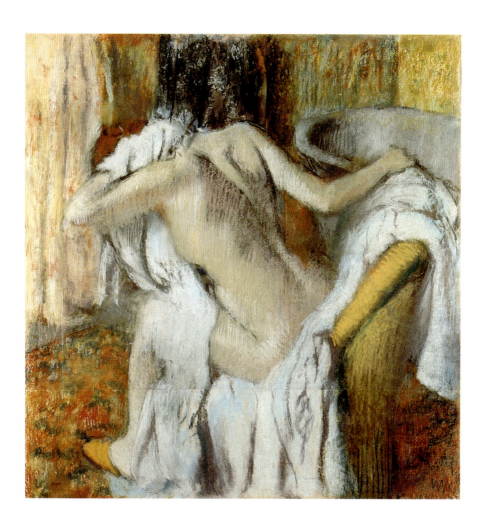

aperta; la sua scelta di soggetti fu perciò limitata dalla necessità di lavorare in studio con luce smorzata (in una nota del 1882 egli descrive la luce del giorno come 'più Monet di quanto i miei occhi possano tollerare'. Questa afflizione agli occhi, che richiedeva sforzi, cure, e periodi di riposo continui, acuì la sua consapevolezza della natura volontaria della percezione: 'Si vede ciò che si desidera vedere'; 'Disegnare non ha nulla a che fare con quel che si vede, è questione di quel che si riesce a far vedere agli altri'.

Degas passò all'uso dei pastelli per diverse ragioni. La loro qualità opaca ricordava quella degli affreschi italiani che, come Puvis de Chavannes (pagina 311), egli ammirava; i pastelli erano disponibili in una gamma di tinte vivaci, 'moderne'; e, soprattutto, essi gli consentivano di disegnare con il colore: 'Sono un colorista con linea.' A metà dell'ottavo decennio del secolo, l'artista produsse una serie di nudi 'quotidiani' di donne alla toilette, eseguiti a pastello su carta, gettando una sfida contemporanea a un motivo tradizionale: 'finora il nudo è sempre stato rappresentato in pose che presuppongono la presenza di un pubblico, ma le mie donne sono esseri semplici e autentici … È come se le si guardasse attraverso il buco della serratura.'

In piedi, probabilmente su una piattaforma, vicino al modello atteggiato in posa nel suo studio, Degas cominciò con un abbozzo a carboncino che rimane visibile sotto il reticolato dei pastelli colorati. Oltre a quella che delinea i contorni delle spalle e delle braccia, una modellatura a carboncino si osserva sulla schiena, sotto un tratteggio rosa. Colori vividi e puri quanto quelli degli impressionisti vengono usati in maniera descrittiva in alcune zone, ma arbitraria altrove – tocchi di azzurro sulla sedia gialla, arancione nell'ascella della donna – accendendosi vicendevolmente e infondendo vigore all'intera composizione. Degas ha fuso alcuni strati, spruzzando del fissativo su altri per consentire a nuove tinte di agire su quelle già stese. L'effetto finale è allo stesso tempo magnifico e dissonante. Un angolo claustrofobico viene trattato con criteri di complessità spaziale; il modello, cui è negato persino un volto, viene spersonalizzato nel compimento (simulato) di un atto privato; lo spettatore del dipinto diventa complice del *voyeur*, che afferma la propria presenza con vigorosi tratti sulla carta.

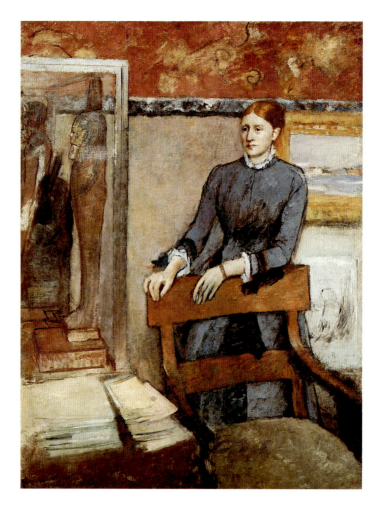

Hilaire-Germain-Edgar Degas   1834–1917

Hélène Rouart nello studio del padre

Circa 1886. Olio su tela, 161 x 120 cm

Hélène Rouart, che intorno al 1877 Degas aveva dipinto bambina sulle ginocchia del padre, era l'unica figlia di Henri Rouart, amico di Degas per la vita, che aveva costruito la propria fortuna come ingegnere e industriale e la spese come collezionista e pittore. Espose proprie opere a sette delle otto mostre del gruppo impressionista. Secondo Louis

Rouart, fratello di Hélène, questo ritratto, dipinto quando la sorella aveva circa diciotto anni, sarebbe nato dal progetto di ritrarre l'intera famiglia. Sopravvivono due pastelli e un disegno con Hélène in piedi, avvolta in uno scialle, che ammira una statuetta di Tanagra insieme alla madre. Forse a causa della cattiva salute di Madame Rouart, più tardi Degas decise di ritrarre Hélène da sola nello studio del padre. Alcuni studi preparatori la mostrano seduta sul bracciolo della sedia che appare in questo quadro.

Sin dal sesto decennio del secolo, Degas aveva mostrato interesse per un tipo di ritratto nel quale la personalità del soggetto si esprimesse attraverso gli attributi circostanti. Ancora più curioso appare, dunque, il fatto che Hélène sia qui definita esclusivamente dagli oggetti del padre: statue lignee egizie in una bacheca di vetro; sulla parete, un arazzo di seta cinese, uno studio a olio del golfo di Napoli di Corot e un disegno di Millet. La presenza del padre viene evocata dall'enorme sedia su cui Hélène appoggia le mani e dalla scrivania sulla quale i libri e le carte di Monsieur Rouart attendono il suo ritorno, come, passivamente, sembra fare anche la figlia.

Immobilizzata tra la sedia e il muro, Hélène ha uno sguardo introspettivo, incurante sia del pittore/osservatore che degli oggetti che la attorniano. È stato detto che il modello di questo ritratto viene presentato come 'qualcuno che sia cresciuto in un ambiente colto'. A me sembra l'immagine di una donna soffocata da ciò che la circonda. I luminosi contorni rossi che Degas ha apposto, con pennellata sciolta, intorno alla figura per staccarla dal fondo – e che forse intendeva elaborare ulteriormente in un secondo tempo – servono a rafforzare l'assonanza con la nota cromatica dominante del rosso vivo cinese, scelto forse anche come commento al colore dei capelli della modella. Figlia nubile – Degas ce ne mostra le dita prive di anelli sebbene, a quanto pare, fosse fidanzata, e si sarebbe sposata di lì a poco – è probabile che Hélène aiutasse il padre come amanuense. Degas la annovera come l'oggetto più prezioso dell'eclettica collezione di Henri Rouart. Questo suo ritratto, una delle più enigmatiche tra le grandi opere del secolo, rimase nello studio di Degas fino alla sua morte.

Recensendo la statua di Degas che raffigura una ballerina precocemente invecchiata, un critico scrive dell'artista nel 1881: 'Se conserverà questo stile, si guadagnerà un posto nella storia delle arti crudeli.'

Ferdinand-Victor-Eugène Delacroix 1798–1863
Louis-Auguste Schwiter

1826–7. Olio su tela, 218 x 144 cm

Le più grandiose opere di Delacroix non hanno mai lasciato il loro paese d'origine. Le sue interpretazioni del 'mito antico e della storia medievale, del Golgota e della Barricata, di Faust e di Amleto, di Scott e di Byron, della tigre e dell'odalisca' – secondo le parole dello storico dell'arte Lorenz Eitner – si possono ammirare con maggiore chiarezza nei grandi quadri di cavalletto e nelle decorazioni di soffitti parigini. Soltanto lì possiamo apprezzare pienamente l'ardita riconciliazione tra bellezza e crudeltà, sensualità e misura, fantasia e osservazione, modernità e tradizione che caratterizza l'arte di questo importante pittore. 'Quando Delacroix dipinge,' ebbe a dire un contemporaneo, 'è come un leone che divora un brano [di carne].'

Come Byron impersona la poesia romantica, così lo spirito dell'arte romantica francese si incarna soprattutto in Delacroix. Come Byron, Delacroix ottiene i suoi vistosi effetti artistici grazie a un'intensa applicazione intellettuale e a una solida padronanza della tecnica. Allievo di un artista accademico, la sua formazione fu sostanzialmente autonoma,

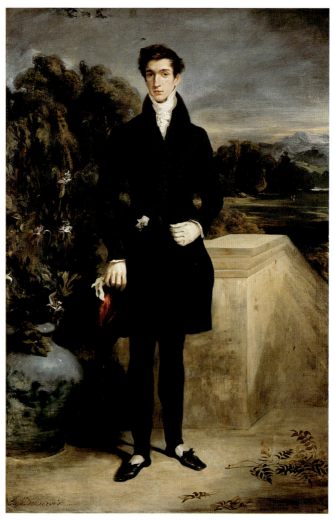

Louis-Auguste Schwiter

basata sullo studio dei grandi coloristi del Rinascimento e del Seicento esposti al Louvre. Affascinato dalla pennellata vibrante dei veneziani e del loro erede fiammingo Rubens (pagine 155, 158, 165, 235), egli ne imitò la capacità di simulare lo splendore della luce diurna anche nelle ombre e l'uso del colore al posto della linea come primario elemento strutturale. Furono proprio questi effetti, nell'interpretazione di Constable, il cui *Carro da fieno* (pagina 267) venne esposto al Salon di Parigi nel 1824, a suscitare notevole sensazione, esacerbando ancor più in Delacroix un'anglomania che era già piuttosto di moda in quel momento. Nel 1825, venduto il suo quadro con il *Massacro di Scio* allo stato francese, egli partì per Londra con due amici inglesi, gli acquarellisti Richard Bonington e Thales Fielding. Insieme, oltre a dilettarsi nella lettura dei poeti inglesi, frequentarono gallerie d'arte e teatri. Delacroix incontrò altri artisti inglesi, tra i quali Thomas Lawrence (pagina 298). Il ritratto a grandezza naturale di Louis-Auguste Schwiter, dipinto successivamente al rientro dell'artista a Parigi, è un saggio nello stile ritrattistico di Lawrence; il che lo rende particolarmente appropriato per una Collezione inglese.

Schwiter, amico per la vita di Delacroix, era anch'egli un pittore. Qui egli viene, tuttavia, raffigurato nei panni del gentiluomo, elegantemente abbigliato di nero e con il cappello in mano, in piedi su quella che sembrerebbe la terrazza di una grande villa, come in attesa di essere annunciato. Il vaso cinese azzurro con i fiori caratterizzati da una densa consistenza di colore contrasta con la fodera rossa del cappello. Come i rami tagliati di bignonia sul pavimento, questi tocchi di colore servono a collegare il primo piano al meditativo paesaggio al tramonto (che si ritiene sia stato in parte dipinto da Paul Huet, un altro artista amico di Delacroix), stemperando così l'isolamento della figura monocroma.

L'illuminazione da destra, che ribalta la norma secondo cui nei ritratti la luce proviene solitamente della parte opposta, mette in risalto il lato sinistro del volto del modello e potrebbe forse spiegare la curiosa impressione di titubanza che questi comunica allo spettatore, malgrado la stabile collocazione della figura al centro del dipinto e il suo sguardo diretto. La posa 'moderna', priva di enfasi, di Schwiter, che suggerisce un riserbo caratteristicamente inglese, e la scioltezza 'non finita' della pennellata resero questo ritratto a figura intera, così formale e così poco convenzionale al tempo stesso, inaccettabile agli occhi dei giudici del Salon parigino del 1827, che lo rifiutarono. Più tardi Delacroix rielaborò il dipinto, completandolo infine nel 1830.

Paul Delaroche   1795–1856

L'esecuzione di Lady Jane Grey

1833. Olio su tela, 246 x 297 cm

L'anglofilia era un sentimento assai diffuso in Francia nel secondo e nel terzo decennio dell'Ottocento (si veda la scheda precedente). L'interesse per la storia britannica, rinvigorito dai romanzi di Sir Walter Scott, ricevette nuovo impulso dai paralleli che venivano stabiliti tra i recenti eventi francesi e le turbolente cronache relative ai Tudor, agli Stuart e alla guerra civile del Seicento inglese. La rappresentazione pittorica della storia britannica ebbe forse i suoi pionieri in Inghilterra, ma fu il francese Paul Delaroche a guadagnarsi fama europea facendone materia di grandiose tele, che furono esposte all'annuale Salon parigino tra il 1825 e il 1835. Rese popolari attraverso le incisioni prodotte in serie, queste elaborate immagini, che combinavano un ostentato gusto per l'antico con il pseudo-realismo del melodramma borghese, influenzarono a loro volta i pittori di storia britannici nel pieno dell'epoca vittoriana. La fama di Delaroche è oggi pressoché completamente tramontata, e tuttavia la sua *Esecuzione di Lady Jane Grey* resta uno dei quadri più popolari della National Gallery.

La scena presenta gli ultimi istanti della vita della diciassettenne Jane Grey, pronipote di Enrico VII, che fu proclamata regina d'Inghilterra alla morte del giovane Edoardo VI, protestante come lei. Regnò per nove giorni nel 1553, ma in seguito alle macchinazioni messe in atto dai sostenitori della figlia cattolica di Enrico VIII, Maria Tudor, fu accusata di alto tradimento e condannata a morte. La sentenza fu eseguita nella Torre di Londra il 12 febbraio 1554.

Personalmente, non amo molto questo quadro: trovo la sua superficie eccessivamente levigata, il dettaglio troppo meticoloso rispetto all'ampia scala del dipinto. Ma, soprattutto, non mi piace il suo sentimentalismo: l'apoteosi della fragilità femminile, compatita da un garbato carnefice in lunghe calze rossicce. Delaroche, che basò il dipinto su un martirologio protestante del Cinquecento, falsa la cronaca storica per meglio attrarre l'interesse dei contemporanei. Lady Jane Grey, giovane donna sposata di buona cultura umanistica, fu in realtà messa a morte all'aperto. Accompagnata da due gentildonne del suo seguito, probabilmente altrettanto stoiche, essa si avviò risolutamente verso il ceppo. Di certo non indossava un abito di raso bianco di taglio ottocentesco con un corsetto con stecche di balena, né avrebbe portato i capelli sciolti sulle spalle, ma fissati sul capo. Un dipinto non può, tuttavia, essere giudicato in base al suo grado di accuratezza storica. Assai più pertinenti sono, in questo caso, i criteri del melodramma popolare e del *tableau vivant*.

Come su un palcoscenico, l'eroina brancola verso il pubblico, dolcemente guidata dall'anziano Guardiano della Torre, la cui massiccia, scura, maschile presenza si contrappone a quella di lei. Una luce di proscenio puntata dall'alto sulla protagonista rischiara la cupa illuminazione del palcoscenico, e viene riflessa dall'abito immacolato e dalla paglia che sporge verso la prima fila della platea. Le emozioni di ciascun attore vengono delineate e distinte con cura, e non restano dubbi circa il carattere di ogni personaggio, compresa la dama sullo sfondo che volta le spalle all'atroce spettacolo. Nonostante le mie perplessità, l'*Esecuzione di Lady Jane Grey* resta un'immagine di notevole potenza, che realizza perfettamente l'auspicio espresso nel 1563 da John Foxe nel suo *Libro dei martiri* : 'che questa degna signora sia conosciuta come una santa; e che tutte le nobili signore che ne portano il nome imitino le sue virtù.'

François-Hubert Drouais 1727–1775

Madame de Pompadour

1763–4. Olio su tela, 217 x 157 cm

Figlio di un pittore, Hubert Drouais, François-Hubert divenne un ritrattista di successo presso la corte francese. Particolarmente di moda erano le sue raffigurazioni di bambini aristocratici, abbigliati da giardinieri e da accattoni savoiardi per sottolinearne il carattere 'naturale' o 'filiale' (i piccoli suonatori di organetto savoiardi riportavano ogni anno i loro guadagni alle madri in Alta Savoia). Questo sontuoso ritratto di Madame de Pompadour, amante di Luigi XV, usa analogamente l'immagine della virtù e dell'operosità borghese per adulare una gran dama.

In questo caso, tuttavia, la finzione è meno lontana dal vero: la marchesa de Pompadour era nata semplicemente Mademoiselle Poisson. Donna graziosa, affascinante, di buon

carattere e istruita, all'età di nove anni si sentì predire da un'indovina che avrebbe regnato sul cuore di un re, episodio in seguito al quale in famiglia la chiamarono Reinette, 'reginetta' (vent'anni più tardi avrebbe ricompensato la donna con una cospicua somma di danaro, ben seicento *livres*). Sposata con il nipote del ricco amante di sua madre, cominciò a intrattenere gli intellettuali parigini nel suo *salon*; Voltaire è il più noto tra i *philosophes* di cui la marchesa si accattivò le simpatie e che furono da lei sostenuti. Ben presto attirò l'attenzione del re, Luigi XV, e nel 1745, già separata dal marito, fu sistemata a Versailles e gratificata di un titolo nobiliare. Per i suoi nemici restò sempre una parigina borghese, esponente di una classe che, dal loro punto di vista, si stava arricchendo a loro spese. Grazie al suo affetto, al suo fascino, e soprattutto ai suoi interessi per la musica e le arti, la Pompadour mantenne l'amicizia e la stima del re anche dopo la fine della loro relazione avvenuta tra il 1751 e il 1752.

Il dipinto di Drouais documenta fedelmente le diverse occupazioni della marchesa, disponendo intorno a lei libri, un mandolino, la cartella di un artista, il suo amatissimo cane da salotto, e abbigliandola con un vestito di seta abbondantemente ricamato e bordato con metri di magnifici pizzi. Le sue lane da ricamo – eseguito su telaio – sono tenute in un elaborato tavolo da lavoro all'ultima moda, con placche in porcellana di Sèvres (Madame de Pompadour aveva in precedenza preso la fabbrica di porcellana di Vincennes sotto la sua protezione, e l'aveva trasferita a Sèvres, vicino a una delle sue residenze). La dama alza gli occhi verso lo spettatore come avrebbe potuto rivolgersi al re quando questi entrava nel suo appartamento per una scala privata. È una donna non più giovane, ma ha ancora quella 'magnifica carnagione' e 'quegli occhi non eccessivamente grandi, ma tuttavia straordinariamente luminosi, intelligenti e brillanti' elogiati da un contemporaneo.

Ma qui c'è di più di quel che potrebbe apparire a prima vista. Come ci rivela la sua firma, Drouais dipinse il volto della marchesa dal vero nell'aprile del 1763 su un rettangolo a parte che fu poi unito al resto della tela. La dama dovette essere soddisfatta del risultato poiché altri ritratti, a mezza figura, furono in seguito commissionati a Drouais. Ma questo quadro fu terminato nel maggio del 1764, poche settimane dopo la morte della Pompadour, avvenuta il 5 aprile, all'età di quarantatre anni. Per tutta la vita era stata di salute cagionevole, ma persino durante la sua ultima malattia continuò, stoicamente, a imbellettarsi le guance e a sorridere a tutti. Il ritratto soave e grandioso, eppure in un certo senso anche intimo, di Drouais imprime nella nostra memoria l'immagine che lei stessa avrebbe voluto tramandare.

Jean-Honoré Fragonard 1732–1806
Psiche mostra alle sorelle i doni di Cupido

1753. Olio su tela, 168 x 192 cm

In questa pittura giovanile eseguita presso l'École des Élèves Protégés di Parigi, Fragonard, allievo premiato di François Boucher, sembra interpretare alla perfezione il gusto dei mecenati di Boucher, il re Luigi XV e la sua favorita, la marchesa di Pompadour. Tuttavia, dopo un ultimo fallito tentativo di ottenere riconoscimento istituzionale all'esposizione del Salon di Parigi nel 1767, Fragonard praticamente scomparve dalla vita artistica ufficiale sotto la monarchia, lavorando quasi esclusivamente per committenti privati, molti dei quali erano suoi amici. Potè così dare libero sfogo a una vena più personale nella celebrazione della natura, dell'erotismo e della sensualità. Negli oli, nei guazzi, nei pastelli, nelle incisioni e nelle acqueforti, come pure nei numerosi disegni a gessetto, inchiostro o acquerello, egli giunse ad annullare le distinzioni tra lo schizzo e l'opera finita, e addirittura i confini tra i diversi generi. Non sempre, ad esempio, è possibile determinare se le sue molteplici rappresentazioni di singole figure siano ritratti in costume oppure composizioni immaginarie.

Nel corso delle due visite in Italia, la prima all'Accademia di Francia a Roma e la seconda, a distanza di più di dieci anni, come ospite di un committente, Fragonard fu attratto verso il paesaggio e verso gli artisti italiani contemporanei e quasi contemporanei, in particolare Tiepolo e Giordano (pagine 323, 200). Né le antiche rovine, né l'arte del Rinascimento suscitarono il suo interesse. Con il crollo del mercato dell'arte durante la Rivoluzione francese, l'artista si ritirò nella nativa Grasse, nel sud della Francia, ma fu trascinato nella politica dal figlio del suo insegnante, il pittore David (pagina 271). I suoi ultimi dipinti mostrano un tentativo di conformarsi, non sempre con successo, all'austerità neoclassica dello stile 'repubblicano' di David.

Il soggetto di questo quadro è tratto dalla favola allegorica su Cupido e Psiche del poeta latino Apuleio, probabilmente nella versione francese di La Fontaine. Psiche mostra alle sorelle i suoi 'pozzi di tesori' nel magico castello dove è stata insediata da Cupido, dio dell'amore. Le sorelle 'covavano in sé grande invidia' – personificata dalla figura anguicrinita di Eris, dea della discordia, che si libra nell'aria su di loro – e cercarono di distruggere la sua felicità minando la sua fiducia nell'amante invisibile. Nel trattamento del medium oleoso, e in dettagli quali i paffuti bambini alati – i putti dell'arte antica, che qui rappresentano gli invisibili servitori del castello – questo quadro, dipinto quando l'artista aveva appena ventun anni, tradisce l'influenza delle opere di Rubens nel palazzo del Lussemburgo, e anche di Watteau.

La composizione deriva da un disegno sullo stesso tema eseguito da Boucher per un arazzo. Ma i colori, quelle armonie di oro e arancio che cominciano a spodestare gli accordi di rosa e azzurro di Boucher, sono già riconoscibili come un'impronta personale di Fragonard. Essi appaiono nella loro forma più pura e concentrata nei fiori al piedi del trono di

Psiche, la zona del dipinto più chiaramente 'a fuoco'. La nettezza dei contorni diminuisce verso i bordi della pittura, come potrebbe accadere in uno specchio convesso, e i colori tendono a perdere la propria identità, a mischiarsi e a confondersi, circondando le figure principali di sfumature di grigio o di toni scuriti, che lasciano presagire le imminenti sventure.

Caspar David Friedrich   1774–1840

Paesaggio invernale

1811. Olio su tela, 32 x 45 cm

Artista preminente del movimento romantico tedesco, nato nel piccolo porto baltico di Griefswald e studente presso l'Accademia di Copenaghen, Friedrich si specializzò nella pittura di paesaggio. Il fine che egli si prefiggeva non era, come scrisse, 'la fedele rappresentazione dell'aria, dell'acqua, delle rocce e degli alberi,' bensì quello di cogliere 'il riflesso dell'anima e dell'emozione [dell'artista] in questi oggetti'. Più tardi, quando usò il paesaggio per esprimere sentimenti soggettivi, egli lo investì anche di simbolismo. Gli elementi naturali quali le montagne, il mare, gli alberi, le stagioni dell'anno e i momenti del giorno spesso acquistarono un significato religioso.

    Questo *Paesaggio invernale* fu originariamente esposto da Friedrich a Weimar nel 1811 insieme a un'altra scena invernale, ora nel museo di Schwerin. Nel tetro dipinto di Schwerin,

Paesaggio invernale

una figurina appoggiata su delle grucce guarda verso una pianura innevata. L'uomo è circondato da nodosi tronchi di querce morte o in agonia, e ceppi di alberi tagliati si perdono in lontananza. Ma alla desolazione assoluta dell'immagine di quel dipinto si contrappone questo suo compagno, ora a Londra. Qui lo stesso storpio ha abbandonato le sue stampelle e, appoggiato contro una solida roccia, leva le mani in preghiera davanti a un crocifisso che luccica contro i vigorosi rami sempreverdi di giovani abeti. All'orizzonte, la facciata e le guglie di una chiesa gotica, la cui sagoma riprende quella degli abeti, sorgono come una visione da un banco di nebbia. Fili d'erba sbucano dal manto di neve, e il cielo è screziato dai bagliori dell'alba. La disperazione estrema del primo dipinto si trasforma qui in speranza di resurrezione, la salvezza promessa da Cristo con il suo sacrificio sulla croce.

Friedrich non fu il solo in Germania, in questo periodo, a riconoscere un'analogia tra l'architettura della chiesa gotica 'autenticamente tedesca' e la crescita naturale degli alberi della foresta, e l'immaginario di questo quadro, testimonianza di fede religiosa, riflette quasi certamente anche le simpatie dell'artista per i movimenti patriottici e democratici dell'epoca.

Questo *Paesaggio invernale* è stato dipinto con un numero di pigmenti sorprendentemente limitato, ciò che suggerisce che Friedrich non fosse tanto interessato al colore in sé, quanto a una sottile transizione di toni. Egli ottiene l'impressionante effetto di foschia diafana e abbagliante grazie a una meticolosa punteggiatura eseguita con l'estremità del pennello, usando un pigmento azzurro – smaltino – che in un medium oleoso risulta trasparente.

L'analisi tecnica, comunque, ha portato anche ad altre scoperte. Il *Paesaggio invernale* che si sapeva essere stato esposto nel 1811 scomparve per lungo tempo finché, nel 1940, si credette di averlo ritrovato a Dresda, e l'opera fu acquistata per il museo di Dortmund. Nel 1982 un secondo quadro con la stessa composizione fu rinvenuto a Parigi tra le proprietà di un principe russo in esilio. La National Gallery lo acquistò nel 1987, e fu la prima opera dell'artista tedesco a entrare in una collezione pubblica britannica. A quanto pare, soltanto il *Paesaggio invernale* londinese reca il marchio dei meticolosi procedimenti di Friedrich, ed è probabile si tratti del quadro che l'artista dipinse nel 1811. Se l'opera di Dortmund sia una replica realizzata dallo stesso Friedrich o, come sembrerebbe più probabile, una copia di un allievo o di un imitatore, è tuttora incerto.

Thomas Gainsborough   1727–1788

I coniugi Hallett ('La passeggiata mattutina')

Circa 1785. Olio su tela, 236 x 179 cm

Istintivo, per nulla pomposo, attratto dalla musica e dal teatro più che dalla letteratura o dalla storia, e dalla natura più di qualunque altra cosa, Gainsborough continua a incantarci, ciò che di rado sa fare il severo Reynolds (pagina 315). Nato nel Suffolk, come Constable (pagina 267), anch'egli divenne, entro i limiti dei suoi mezzi e della sua epoca, un 'pittore naturale', anche se di un genere assai diverso. Benché egli affermasse di non desiderare nulla più che 'prendere la mia viola da gamba e incamminarmi verso qualche dolce villaggio dove io possa dipingere paesaggi,' i suoi sentimenti per la natura abbracciavano ben più del paesaggio. Bambini e animali, donne e uomini, tutto ciò che danza, luccica, respira, sussurra o canta, appare naturale nel mondo incantato di Gainsborough, cosicché la 'natura' finisce col contenere in sé non soltanto i boschi, i laghetti e le farfalle ma anche le sete e i veli, le piume di struzzo e le capigliature incipriate. Ma questa sua maniera ispirata, che egli realizzava elaborando tutte le parti della tela allo stesso tempo con pennellate vibranti, emerge soltanto nelle opere mature come questo celebre splendido quadro.

Negli anni giovanili trascorsi a Sudbury, che seguirono a un periodo di apprendistato londinese impiegato da Gainsborough restaurando paesaggi olandesi e lavorando presso un incisore francese, la rifinitura dell'artista non era così libera. Dopo essersi trasferito a Bath, località di villeggiatura, intorno al 1759, l'artista si formò una clientela metropolitana e scoprì Van Dyck (pagina 193) attraverso le collezioni delle nobili dimore di campagna. Entrambe le cose furono per lui decisive, e gli effetti si possono rilevare soprattutto nei suoi ritratti di donne, in scala naturale, nei quali l'eleganza e la naturalezza della maniera si coniugano con una nuova, più delicata gamma di colori e un certo alleggerimento della consistenza del colore. Nel 1774 si stabilì a Londra, dove avviò una fiorente attività ritrattistica ma cominciò anche a dipingere originali 'quadri di fantasia' ispirati a Murillo (pagina 220). Egli non aspirò mai alla 'gran maniera' della 'pittura di storia'. La poesia delle sue opere risiede soprattutto nella pennellata, e non nell'inventiva della composizione.

Rispose certamente a una personale inclinazione di Gainsborough, tuttavia, l'interpretazione di un formale ritratto nuziale, per il quale i modelli probabilmente posarono separatamente, come una passeggiata in un parco. William Hallett aveva ventun anni e sua moglie Elisabeth, nata Stephen, venti, quando essi si presero solennemente sotto braccio per incamminarsi insieme sul sentiero della vita. Un samoiedo, candido e lanuginoso quanto pallida e vaporosa è la signora Hallett, procede al loro fianco, incedendo, in armonia con la posa delle due figure, con la zampa destra. Non essendo che un cane privo di senso delle circostanze, l'animale ansima lieto sperando di attrarre l'attenzione. Il parco è un fondale dipinto, come quelli usati dai fotografi vittoriani, e tuttavia fornisce il pretesto per raffigurare dei modelli cittadini, in eleganti abiti cittadini, nella luce variegata di un mondo fresco di rugiada.

Thomas Gainsborough 1727–1788
I coniugi Andrews

Circa 1748–9. Olio su tela, 70 x 119 cm
Robert Andrews e sua moglie Frances Mary, nata Carter, si sposarono nel 1748, non molto tempo prima che Gainsborough eseguisse il ritratto della coppia e, contemporaneamente, di Auberies, la loro tenuta situata nei pressi di Sudbury. Quella che si vede sullo sfondo è la chiesa di St. Peter, a Sudbury, mentre la torre sulla sinistra appartiene alla chiesa di Lavenham. Il piccolo ritratto a figura intera all'aria aperta in uno scenario agreste è tipico delle opere giovanili di Gainsborough, dipinte nel natio Suffolk dopo il suo ritorno da Londra; la presenza di una veduta riconoscibile è un tratto insolito, e forse asseconda una precisa richiesta dei committenti. Non dobbiamo immaginare che essi abbiano realmente posato insieme sotto un albero mentre l'artista montava il suo cavalletto tra i covoni di grano; probabilmente i loro abiti furono indossati da appositi manichini, il che potrebbe spiegare l'aspetto di statuine delle due figure, e il paesaggio fu studiato separatamente.

In questo tipo di pittura, commissionata da persone 'che vivevano in stanze linde ma non spaziose' – secondo la felice espressione usata dallo storico dell'arte Ellis Waterhouse riferendosi al contemporaneo di Gainsborough Arthur Devis – si specializzavano pittori che non erano tra quelli più valutati. I modelli, o i loro sostituti artificiali, i manichini, sono atteggiati in una 'posa garbata', derivata dai manuali di buone maniere. Mr Andrews, fortunato possessore di una licenza di caccia, tiene con aria disinvolta il fucile sotto il braccio; Mrs Andrews, rigida come una stecca e accuratamente composta, avrebbe dovuto forse reggere un libro o, come qualcuno ha ipotizzato, un uccello ucciso dal consorte. Di fatto, uno spazio riservato in grembo alla donna non è stato riempito con alcun oggetto riconoscibile.

Servendosi di questi ingredienti convenzionali, Gainsborough ha composto il quadro più aspramente lirico dell'intera storia dell'arte. Il compiacimento di Mr Andrews per le sue terre ben tenute scompare di fronte all'intensità dei sentimenti dell'artista per l'oro e il verde dei campi e delle macchie boscose, per le dolci sinuosità della terra fertile che si congiungono alle nubi maestose. Le figure spiccano per la loro fragilità contro lo splendore, ordinato, di quella prodigiosa munificenza. Con quale grazia la gonna a crinolina di un

azzurro glaciale dispiega le sue forme in modo da rimeggiare, ma non perfettamente, con la curva dello schienale della panchina, le appuntite scarpe di seta fanno maliziosamente comunella con i piedi dello stesso sedile, mentre le solide scarpe di Mr Andrews conversano con le radici dell'albero. (Il fedele cane da caccia farebbe meglio a tener d'occhio le sue zampe indifese.) Rime e assonanze connettono anche altre linee del dipinto: quelle del fucile e delle cosce del cacciatore, del cane e del polpaccio, della giubba; un lembo di quest'ultima fa eco al nastro che pende da un cappello da sole; un che di sbarazzino nel tricorno del marito attira la coda dell'occhio della consorte. Profonda tenerezza e ingenuo artificio si fondono dando vita alla prima rappresentazione completamente riuscita di un idillio autenticamente inglese.

Paul Gauguin — 1848–1903

Vaso di fiori

1896. Olio su tela, 64 x 74 cm

Gauguin nacque a Parigi, ma visse in Perù fino all'età di sette anni. A diciassette si arruolò in marina. Queste precoci esperienze gli lasciarono una certa diffidenza verso la civiltà urbana e verso la razionalità, e una certa nostalgia per il mistero delle culture 'primitive', modi di vita che egli immaginava basarsi su un rapporto diretto con la terra e sulla fede religiosa. Quando, nel 1883, perse il suo lavoro presso un agente di cambio in seguito a una crisi finanziaria, Gauguin decise di dedicare la sua vita alla pittura, attività che aveva intrapreso intorno al 1873. Dopo avere incontrato gli impressionisti ed esposto con il gruppo a partire dal 1879, egli avrebbe rifiutato il loro ideale di una pittura basata sull'osservazione diretta della natura e i loro soggetti tratti dalla vita quotidiana.

Tra il 1886 e il 1889 Gauguin divenne il fulcro di un gruppo di artisti attivi presso Pont-Aven, in Bretagna. In quell'aspra e remota provincia, l'artista trovò i caratteri di 'rustica religiosità venata di superstizione' che egli ammirava, e creò una pittura fortemente simbolica basata su piatte superfici colorate e contorni marcati. Nel 1887 visitò Panama e la Martinica, e nel 1888 risiedette ad Arles con van Gogh (pagina 286). Nel 1891 si stabilì a Tahiti dove, escludendo un soggiorno in Francia tra il 1893 e il 1895, restò fino al 1901. Morì nelle isole Marchesi. Sotto il sole dei tropici finalmente trovò ciò che aveva sempre cercato: uno stile di vita primitivo, ma, a differenza di quello della Bretagna, sensuale. In

Vaso di fiori

quei luoghi trattò temi universali in manera possente e immediata, utilizzando i ritmi e i colori vigorosi dell'Oceania in un tessuto di allusioni simboliche e formali alla tradizione occidentale e orientale.

Quest'immagine floreale fu dipinta a Tahiti nel 1896 e acquistata da Degas (pagina 272), nel 1898, da Daniel de Monfreid, amico di Gauguin. Lo stesso Degas aveva organizzato un'esposizione dei dipinti tahitiani di Gauguin a Parigi nel 1893. In Francia, la pittura floreale aveva avuto un revival sul finire dell'Ottocento, ma il dipinto di Gauguin è assai diverso dalla composizione di fiori coltivati di Fantin-Latour anch'essa esposta nell'Ala Est. Il motivo dipinto da Gauguin è tradizionale – corolle di petali e foglie in un vaso rotondo poggiato su un tavolo o uno scaffale – ma gli arditi contrasti tra il rosso aranciato, il verde e l'azzurro sono inconsueti quanto gli stessi fiori esotici. Il vaso campeggia solido al centro della figurazione, ravvicinato, e la mensola che lo sostiene si estende su entrambi i lati. In contrasto con queste forme inerti e appiattite, i fiori si intrecciano e si piegano, vibranti di energia, mostrando la propria fisionomia da ogni lato. Nonostante la loro rudimentale modellatura e l'uniformità della loro tessitura pittorica, essi non formano semplicemente motivi di colore ornamentali. Noi li percepiamo come immobili creature viventi, colte nel loro ultimo momento di febbrile splendore, che precede l'avvizzimento e la caduta dei petali.

Vincent van Gogh 1853–1890

La sedia di van Gogh

1888. Olio su tela, 92 x 73 cm
Le commoventi lettere che Vincent van Gogh scrisse al fratello Theo, mercante d'arte che lo sostenne emotivamente e finanziariamente per tutta la vita, gettano luce non soltanto

sulla sua pratica pittorica, ma anche sul suo atteggiamento verso l'arte antecedente. Fu in parte la sua ammirazione per la maniera spontanea del grande pittore olandese del Seicento Frans Hals (pagina 202) a consentire a van Gogh di assimilare l'apparente mancanza di rifinitura e le cromie brillanti dell'Impressionismo, che egli incontrò per la prima volta quando nel 1886 raggiunse Theo a Parigi.

Figlio di un pastore protestante olandese, van Gogh tentò varie carriere, alcune delle quali in terra inglese – come quella di mercante d'arte, insegnante, predicatore e missionario – prima di decidere di diventare pittore. Dopo brevi periodi di studio a Le Hague, Anversa e Parigi, nel febbraio del 1888 partì per Arles, in Provenza. Ad Anversa aveva cominciato a collezionare stampe giapponesi e, come Monet (pagina 305) nel suo giardino di ninfee, pensava al Giappone come a una terra idilliaca della quale sperava di trovare l'equivalente: '[Ad Arles] la mia vita diventerà sempre più simile a quella di un pittore giapponese, che vive a stretto contatto con la natura *en petit bourgeois* ...' Guardò dal finestrino del treno diretto verso sud 'per vedere se qui sia già Giappone' e scrisse le sue prime impressioni: 'Questa terra mi sembra bella come il Giappone quanto alla limpidezza dell'atmosfera e ai vivaci effetti di colore.' Sognava di fondare una colonia di artisti, ma le sue speranze andarono infine deluse. Dopo aver trascorso un periodo in un ospedale per malati di mente a St-Rémy, in Provenza, e un altro sotto controllo medico nel nord della Francia, Vincent van Gogh si uccise.

I suoi violenti dissidi con Gauguin (pagina 285), che si era trasferito presso di lui nell'ottobre del 1888, precipitarono in lui una crisi depressiva, che lo colse nel mese di dicembre. *La sedia di van Gogh* è uno dei due dipinti gemelli che egli iniziò quel mese, a simboleggiare due artisti, Gauguin e lo stesso van Gogh, e la loro diversa maniera di accostarsi alla pittura. Descrisse il dipinto che lo riguardava come un quadro raffigurante 'una sedia di legno, con il sedile impagliato, tutta gialla su piastrelle rosse contro una parete (di giorno)' e ' ... una sedia di legno chiaro con una pipa e una borsa di tabacco'. Il suo *pendant* con la sedia di Gauguin, ora ad Amsterdam, viene invece identificato come una 'poltrona, effetti notturni rossi e verdi ... sul sedile due romanzi e una candela'. Il motivo delle sedie potrebbe essergli stato suggerito dall'incisione di Luke Fildes dal titolo *La sedia vuota; Gad's Hill*, che raffigura la sedia di Charles Dickens nel giorno della morte dello scrittore.

Gauguin era fautore di una pittura stimolata dall'immaginazione: un'idea – di origine letteraria – che trovava una forma pittorica. *La sedia di van Gogh* esemplifica l'ispirazione dell'artista: si tratta di una semplice sedia rustica fatta di materiali naturali, osservata alla luce del giorno in 'prospettiva giapponese', dietro alla quale alcuni bulbi che cominciano a germogliare evocano l'idea della crescita naturale. Ma questo dipinto 'dai colori chiari' potrebbe forse adombrare un significato più cupo. Nell'arte olandese seicentesca, come van Gogh doveva sapere, fumare la pipa era un atto simbolico di transitorietà, che illustrava il versetto di un libro certamente anch'esso assai familiare all'artista: 'Signore, ascolta la mia preghiera ... Si dissolvono in fumo i miei giorni ...' (Salmo 102:1–3).

Vincent van Gogh 1853–1890
Girasoli

1888. Olio su tela, 92 x 73 cm

Nell'estate antecedente l'arrivo di Gauguin ad Arles, van Gogh cominciò a dipingere una serie di tele con girasoli come decorazione della sua casa, che egli sperava di condividere con 'il nuovo poeta [che] vivrà qui'. A Gauguin, secondo le parole di van Gogh, 'piacevano alla follia i miei girasoli', tanto che ritrasse persino l'artista al cavalletto mentre li dipingeva; di tutte le sue opere, queste sono le più note e largamente riprodotte. Van Gogh dipinse quattro tele in tutto prima che i girasoli sfiorissero, ma ne giudicò solo due degne di essere firmate e appese nella stanza di Gauguin. Il quadro di proprietà della National Gallery è una di queste due opere autografate; l'altra attualmente si trova a Monaco. Esse appartengono al ristretto numero delle opere che van Gogh ritenne opportuno mostrare pubblicamente, e che furono esposte a Bruxelles nel novembre del 1889. 'Creare abbastanza calore da fondere quegli oro ... non è cosa fattibile da chiunque, richiede l'energia e la concentrazione dell'intero essere di una persona ...', aveva scritto Vincent al fratello Theo.

I *Girasoli* londinesi costituiscono il primo esempio riuscito della tecnica di van Gogh del 'chiaro su chiaro', forse indebitata agli esperimenti di pittura monocromatica perseguiti a Parigi nel 1887 dal compagno di studi Louis Anquetin. La tinta predominante, il giallo – per van Gogh un emblema di felicità – è anche un omaggio alla Provenza e al pittore provenzale contemporaneo Monticelli, che 'raffigurò il Meridione [della Francia] tutto in giallo, tutto in arancio, tutto in zolfo'.

Nel gennaio del 1889, tuttavia, van Gogh dipinse tre 'copie assolutamente uguali e identiche' dei *Girasoli*, che egli intendeva utilizzare, insieme agli originali, come pannelli laterali per diverse versioni del suo ritratto della moglie di Joseph Roulin, postino di Arles e amico dell'artista. La rossa Mme Roulin, che tiene in mano le corde della culla di un neonato, viene dipinta in violente sfumature di verde e rosso. 'Immagino queste tele [i ritratti] tra quelle dei Girasoli, che così formerebbero portalampade o candelabri delle

stesse dimensioni ... E allora i toni gialli e arancio della testa guadagneranno in brillantezza per la prossimità delle gialle ali laterali.'

Così l'interesse di van Gogh per il colore, benché radicato nella natura, differiva da quello degli impressionisti, poiché si estendeva anche alle combinazioni decorative; un contesto nel quale le tinte di un quadro ravvivavano quelle di altri, modificandone allo stesso tempo il significato originario.

L'immagine dei *Girasoli* illustra il ciclo della vita, dal boccio alla maturità, fino alla morte. Le forme appuntite o contorte della natura simboleggiavano per van Gogh anche le passioni umane, ma sarebbe improprio scorgere qui, come molti hanno voluto fare, segni di 'delirio' artistico. I luminosi girasoli hanno un aspetto estremamente realistico: la spessa consistenza della loro superficie ottenuta con rapidi tocchi di pennello – anche grazie alla solida qualità dei nuovi colori polverizzati a macchina disponibili agli artisti dell'Ottocento – è sapientemente controllata nella resa mimetica delle ispide calatidi e dei pelosi sepali verdi, mentre vigorose, più lunghe, pennellate scorrono sulla superficie nella stessa direzione dei petali, delle foglie e degli steli. Come in contrasto con queste forme naturali, il piano del tavolo e il vaso sono semplificati, appiattiti e definiti dalla linea di contorno, richiamando grossolane stampe popolari, e la firma di van Gogh, 'Vincent', diventa una semplice decorazione azzurra sopra lo smalto del vaso provenzale di terracotta.

Francisco de Goya   1746–1828

Doña Isabel de Porcel

Prima del 1805. Olio su tela, 82 x 55 cm

La fama di Goya è ambigua quanto la sua carriera. Pittore di corte in voga e ritrattista dell'alta società, un tempo rinomato per i suoi disegni di graziose decorazioni, è oggi famoso per le sue appassionate denunce dell'ingiustizia e degli orrori della guerra. Superbo documentatore degli svaghi, delle superstizioni e dei travagli dei suoi compatrioti, egli è anche il sommo maestro dell'incubo individuale, espresso soprattutto nelle terribili 'pitture nere' realizzate per la sua stessa abitazione. Forse l'ultimo grande artista che operò secondo uno stile legato agli *anciens régimes* di tutta Europa, egli è stato definito 'il primo dei moderni'.

Pittore che rivaleggiava con Velázquez (pagina 249) nella libertà di tocco e nella profondità dell'interpretazione di luci e ombre, Goya divenne celebre fuori della Spagna per le sue incisioni, le acqueforti e le acquatinte, tra le più belle che si siano mai vedute. Al termine di una carriera durata sessant'anni, egli lasciò circa cinquecento dipinti, molti dei quali si trovano tuttora in Spagna (dove l'artista eseguì anche affreschi), e un gran numero di stampe e di disegni. Non è possibile arrivare a 'conoscere' Goya alla National Gallery, ma le poche opere dell'artista spagnolo presenti nella Collezione sono sufficienti a illustrare alcuni dei suoi improvvisi mutamenti di stile e di temperamento: dai manierati sollazzi di una *Scampagnata*, schizzo per il cartone di un arazzo, si passa alla scena comica di stregoneria, e proseguendo con l'etereo *Don Andrés del Peral* si giunge a questo vigoroso ritratto femminile.

Doña Isabel e suo marito Don Antonio erano intimi amici di Goya: secondo la tradizione, egli dipinse entrambi i loro ritratti nel corso di una visita in casa loro in segno di riconoscenza per l'ospitalità. Il ritratto di Don Antonio, già presso il Jockey Club di Buenos Aires, andò distrutto in un incendio.

Doña Isabel indossa l'abito di una *maja*, un abbigliamento in precedenza associato al *demimonde* di Madrid, ma adottato, tra la fine del Settecento e l'inizio dell'Ottocento, dalle signore spagnole alla moda in segno di patriottismo, oltre che senza dubbio per il fatto, qui evidente, che la mantilla di pizzo nero e la vita alta conferivano grandissimo fascino alla figura. L'abito spiega la posa, che conosciamo dalla danza flamenca: braccio sinistro sul fianco, busto e capo vistosamente voltati in direzioni opposte. Perfettamente adeguata al formato della mezza figura – il braccio e la mano destra prominenti formano una stabile base per il busto – questa posa sarebbe stata imperdonabilmente volgare nel ritratto di una signora in assenza della connotazione di *maja*. La nostra impressione è quella di un'immagine femminile magnificamente emancipata.

Goya mette in rilievo i tratti migliori di Doña Isabel, gli occhi e il fresco colorito, senza nasconderne il naso carnoso e la mascella leggermente rilasciata; l'incipiente doppio mento accresce il suo fascino giovanile. Dipinta con grande scioltezza, la mantilla incornicia come un'aureola scura il volto luminoso, e smorza le vibranti cromie rosa e bianche del corpetto per non distrarre l'attenzione dai toni dell'incarnato. Furono proprio questi effetti ad attrarre Manet (pagina 299) verso Goya.

La dama cela un segreto: fotografie ai raggi X rivelano che essa è stata dipinta sopra il ritratto di un uomo in uniforme (fig. 7).

Fig. 7 Radiografia ai raggi X di Doña Isabel de Porcel *di Goya, dettaglio che mostra la presenza di un ritratto maschile sotto l'attuale superficie pittorica.*

Francisco de Goya — 1746–1828

Il duca di Wellington

1812–14. Olio su tavola di mogano, 64 x 52 cm

'Dipingeva esclusivamente in un'unica seduta, talvolta di dieci ore, ma mai nel [tardo] pomeriggio. Gli ultimi tocchi, per ottenere il massimo dell'effetto in un quadro, li dava di notte, con la luce artificiale,' scrisse il figlio di Goya, Francisco Javier, nella sua biografia dell'artista. La vivacità di questo ritratto, uno dei tre di Wellington dipinti a olio da Goya, suggerisce che si tratti dell'unico eseguito dal vero (sebbene si possa nutrire qualche dubbio sul fatto che il 'Señor Willington', come Goya lo chiamava, abbia posato per dieci ore di seguito). Il lustro delle decorazioni, assai più spiccato delle lumeggiature sull'incarnato o dei riflessi negli occhi, sembrerebbe suggerire anch'esso una rifinitura notturna. Sappiamo che sia l'uniforme che le decorazioni furono modificate da Goya dopo la prima seduta.

Wellington è l'unico inglese, e uno dei pochissimi stranieri, a essere stato ritratto da Goya. Come vincitore della battaglia di Salamanca, il conte di Wellington e tenente generale, ciò che egli era all'epoca, aveva liberato Madrid dai francesi, entrando nella città nell'agosto del 1812; fu quello il periodo in cui posò per Goya. Egli ci viene mostrato con le decorazioni di tre Ordini, quello inglese del Bagno (la stella in alto), quello portoghese della Torre e della Spada (più in basso a sinistra), e quello spagnolo di San Fernando (in basso a destra). L'insegna del Vello d'Oro fu probabilmente aggiunta al costume in un secondo tempo nel corso dello stesso mese, e l'uniforme alterata per renderla più simile all'alta uniforme da generale. In origine Wellington era stato ritratto con l'ovale *Medaglione Peninsulare*; Goya ritoccò il ritratto due anni più tardi, quando, dopo la restaurazione di Ferdinando VII, Wellington ritornò in Spagna come ambasciatore; nel frattempo, il medaglione era stato sostituito dalla Croce d'oro militare.

Arthur Wellesley, primo duca di Wellington, quarantatreenne, all'epoca del ritratto, che cominciava appena a ingrigire sulle tempie, guarda fuori della tela da sopra le sue medaglie, con aria vigile e bonaria. Spesso Goya conferiva ai suoi modelli un'espressione animata ritraendoli con la bocca leggermente dischiusa; persino la regina di Spagna, Maria Luisa, mostra i denti in un famoso ritratto di gruppo del 1800; un'impensabile violazione dell'etichetta in qualunque epoca antecedente. Qui, il corto labbro superiore del duca è leggermente sollevato da due grossi incisivi inglesi: si tratta di un 'ritratto parlante'. È improbabile, tuttavia, che egli stesse parlando con Goya, che era diventato completamente sordo in seguito a una malattia che l'aveva colpito nel 1792 e poteva comunicare soltanto con il linguaggio dei gesti e per iscritto.

Purtroppo, la restaurazione della monarchia borbonica inaugurò una nuova era di fanatismo e repressione. Goya mantenne il suo ruolo di 'primo pittore di corte' per un altro decennio. Nel 1824, avendo ripreso vigore la persecuzione dei pensatori liberali, egli dovette nascondersi. Successivamente a una dichiarazione di amnistia nello stesso anno, l'artista si stabilì a Bordeaux per rimanervi fino alla morte, che lo colse quattro anni più tardi.

Francesco Guardi 1712–1793
Capriccio architettonico

Prima del 1777. Olio su tela, 54 x 36 cm

Francesco Guardi, benché ricordato quasi esclusivamente per le sue scene veneziane reali e immaginarie, lavorò con il fratello minore Giovanni Antonio a pitture di vario genere: pale d'altare, scene narrative mitologiche, quadri di battaglie, e anche pitture murali. Una pala recentemente scoperta, datata successivamente alla morte del fratello intorno al 1777, dimostra che Francesco continuò a dipingere opere su vasta scala anche dopo la dissoluzione della bottega familiare. Ma a partire dal 1760 circa, il suo lavoro consistette principalmente nell'esecuzione di vedute improntate al Canaletto (pagina 262), i cui disegni egli non di rado copiò. Ben presto, tuttavia, Guardi si liberò tanto della topografia letterale, quanto della maniera più prosaica del Canaletto, per concentrarsi su poetici 'capricci', ariose compilazioni di motivi architettonici veneziani, come in questo quadro, ma anche di rovine, ed evocazioni delle scintillanti acque della laguna che egli fu il primo pittore a ritrarre. (Esempi di tutti questi soggetti si possono vedere nelle vicinanze.) Le sue tinte pastello e il suo tocco naturale furono forse influenzati dal cognato, Giovanni Battista Tiepolo (pagina 323). Le pitture del Guardi, tuttavia, si rimpiccolirono progressivamente, raggiungendo in alcuni casi dimensioni appena superiori a scatole di fiammiferi (tre di queste minuscole vedute vengono esposte nella Galleria in un'unica cornice). È presumibile che esse fossero state ideate come gingilli destinati ai turisti, souvenir da *boudoir* piuttosto che ricordi del Grand Tour destinati ad arredare le ville di campagna inglesi.

A differenza della maggior parte delle vedute, molti degli immaginari panorami architettonici del Guardi hanno un formato verticale. Dopo il suo rientro definitivo a Venezia intorno al 1756, Canaletto aveva prodotto alcune pitture verticali con Piazza San Marco vista da sotto, o attraverso, il suo colonnato, che potrebbero avere ispirato il Guardi. (Mentre scrivo, accanto al *Capriccio architettonico* è esposto proprio un Canaletto corrispondente alla descrizione.) Lo spettatore del Canaletto resta immobile come una macchina fotografica su un treppiede, ma davanti alla pittura di Guardi sentiamo l'impulso di seguire la figurina in giallo limone che porta il suo carico di quel che parrebbe biancheria; passeggiando dalla luce del sole entriamo in ombra, per emergere nuovamente in un chiarore che sembra ancor più brillante perché incorniciato da una zona di oscurità che riflette la luce. Allo stesso modo, le proporzioni delle arcate, in armonica successione, acquistano

Capriccio architettonico

monumentalità grazie alla piccola statura delle figure sottostanti. Qualcuno fa la carità. Potrebbe essere primavera, forse di prima mattina. La luce solare cade in chiazze di rosa pallido, leggermente più scuro sui muri di mattoni distanti e su un mantello in primo piano e, più scuro ancora, sulla linea illuminata dell'asta di bandiera. Il giallo dell'abito della nostra remota guida viene ripreso più avanti su una lanterna di ottone; l'azzurro del cielo si stinge nel bianco, toni del giallo limone e del rosa emergono da una foschia argentea e si fondono nuovamente per ravvivare la pietra color argento e grigio peltro. Non vi è traccia di rosso puro in alcuna parte del dipinto, e notiamo appena qualche nervoso tocco e qualche linea di nero. La perfetta armonia di questa pittura tutt'altro che pretenziosa può essere percepita pienamente soltanto di fronte all'originale, che ci infonde lo stesso conforto di un brano di musica, o del ricordo di un viaggio nella Venezia dei nostri sogni.

William Hogarth   1697–1764

Il contratto di matrimonio

Prima del 1743. Olio su tela, 70 x 91 cm

Polemico e litigioso, Hogarth è uno degli artisti britannici più affascinanti e innovativi. Nato a Londra, seguì il tirocinio dell'incisore, studiando più tardi pittura presso un'accademia privata, ma fu frustrato nella sua ambizione di diventare un 'pittore di storia' inglese. Ne attribuì la colpa alla voga dei Grandi Maestri e alla competizione dei contemporanei continentali. Il suo clamoroso patriottismo, tuttavia, non può nascondere il debito dell'artista verso l'arte francese; né Hogarth esitò a sbandierare l'uso che egli aveva fatto 'dei migliori Maestri di Parigi' per incidere la serie dal titolo *Marriage A-la-Mode*, della quale questa pittura costituisce la prima scena.

Non potendo sopravvivere come ritrattista o pittore monumentale, Hogarth concepì l'idea di vendere per sottoscrizione 'moderni soggetti morali' in incisione, oltre che nell'originaria forma pittorica. Nello spirito dell''epica comica' di Henry Fielding, che subì l'influenza di Hogarth e che più tardi l'avrebbe influenzato a sua volta, queste 'pitture di storia comiche' sono le opere più memorabili dell'artista, e quelle che esprimono più chiaramente le sue profonde convinzioni morali. Esse si legano alla tradizione degli opuscoli (*broadsides*) cinquecenteschi, ma anche alle '*conversation pieces*' (pagina 322) e ai soggetti teatrali che lo stesso Hogarth aveva contribuito a diffondere.

La serie del *Marriage A-la-Mode*, 'raffigurante una varietà di moderne vicende nell'alta società', fu lanciata per sottoscrizione nell'aprile del 1743. Il tema, il matrimonio infelice tra la figlia di un ricco e avaro borghese, assessore comunale, e il figlio di un conte decaduto, fu suggerito dalla cronaca contemporanea, ma si ispirava anche alla commedia che portava lo stesso titolo composta da Dryden, nonché a un recente lavoro di Garrick. Poiché le pitture erano destinate a essere incise – ciascuna stampa essendo l'immagine speculare della composizione incisa su una lastra di rame – l'ordine degli eventi in ogni dipinto è invertito.

La serie comincia dunque con il conte che indica con orgoglio il proprio albero genealogico originato da Guglielmo il Conquistatore; egli poggia il piede gottoso – segno di degenerazione – su uno sgabello decorato con la sua corona nobiliare. Alle sue spalle si intravede un sontuoso edificio nel nuovo stile classico, incompiuto per mancanza di fondi; un creditore gli porge dei conti. Ma sul tavolo di fronte a lui spicca un bel gruzzolo di monete d'oro – la dote della sposa appena consegnatagli dall'occhialuto assessore comunale, che tiene in mano il contratto di matrimonio. Un untuoso avvocato, Silvertongue (Lingua d'argento), sussurra all'orecchio della figlia dell'assessore che si trastulla indifferente con l'anello nuziale infilato su un fazzoletto. La figura che volge le spalle alla giovane per fiutare una presa di tabacco e guardarsi allo specchio – e nell'incisione, guida l'occhio dello spettatore verso la scena successiva – è lo sposo, fatuo damerino. Ai suoi piedi, come figure simboliche della situazione della coppia, un cane e una cagna sono incatenati l'uno all'altra. Dalle pareti, orride scene di martirio di Grandi Maestri italiani fanno presagire la tragedia, e la testa di una Gorgone urla da un ovale che sovrasta i promessi.

Il resto della serie riporta le patetiche avventure della mal assortita coppia: lui frequenta una giovanissma prostituta contraendo una malattia venerea; lei accumula debiti per soddisfare i suoi gusti alla moda e fa dell'avvocato Silvertongue il suo amante. Scoperto in una casa d'appuntamento, l'avvocato uccide il marito, viene arrestato e giustiziato. La contessa, tornata nella miserabile casa paterna (dove alle pareti sono appese scene di 'vita umile' olandesi, e il cane muore di fame) ingoia del veleno; il padre le strappa l'anello nuziale dal dito mentre una fantesca prende in braccio il figlioletto in lacrime, il cui piede zoppo sorretto da un'armatura di ferro richiama la deformità morale della sua famiglia.

Jean-Auguste Dominique Ingres 1780–1867
Madame Moitessier

1856. Olio su tela, 120 x 92 cm
Spesso si sente dire che se Delacroix (pagina 275) fu il grande fautore del Romanticismo francese, il suo più anziano contemporaneo Ingres fu il paladino della tradizione classica: ossessionato da Raffaello (pagine 86, 146) e dall'antichità, sostenitore del 'disegno' contro il 'colore'. Poiché la vita, in realtà, non è così schematica, scopriamo, tuttavia, che Delacroix era un artista più calcolato dell'ipersensibile Ingres, il quale non esitò a rompere le regole accademiche per fini espressivi. Entrambi dipinsero soggetti tratti dalla letteratura e dalla storia, e come i visitatori della Galleria possono constatare nella piccola versione ingresiana dell'episodio di *Angelica salvata da Ruggiero*, il suo trattamento del nudo femminile è carico di tensione erotica e di violenza a malapena sublimata come quello di Delacroix. Né Ingres emulava invariabilmente Raffaello e Poussin (pagina 223). Nel corso della sua lunga carriera egli cercò di armonizzare stile e soggetto, guardando di volta in volta alla pittura di vasi greci, al primo Rinascimento, e persino alla pittura olandese di genere del Seicento.

È vero, d'altronde, che il disegno era per lui cosa di primaria importanza. Costretto nel 1814 a mantenere sé stesso e sua moglie a Roma disegnando i turisti inglesi, tornati a frotte nella città liberata dal dominio francese, egli sviluppò una linea meravigliosamente tersa, eppure vivace e descrittiva. E sebbene, come il suo maestro David (pagina 271), disprezzasse la ritrattistica, considerandola una forma artistica inferiore, Ingres raggiunse l'eccellenza in quel genere di pittura. Pochi dei suoi ritratti dipinti sono più sontuosi di *Madame Moitessier*, opera cominciata nel 1847 ma completata soltanto nel 1856, quando l'artista, come ci rivela con la sua firma, aveva settantasei anni.

Ingres si era originariamente rifiutato di ritrarre questa agiata moglie di un banchiere, ma quando ebbe occasione di incontrarla personalmente fu talmente attratto dalla sua

bellezza da acconsentire alla richiesta, pregando la signora di portare con sé la figlioletta, 'la charmante Catherine', la cui testa appare sotto il braccio della madre in un disegno preparatorio conservato al Museo Ingres di Montauban. La bambina, indubbiamente annoiata e recalcitrante, fu presto eliminata dalla composizione, quando Ingres si trovò alle prese con l'esecuzione del ritratto pittorico, poiché egli imponeva al modello lunghe ore di immobilità. L'abito fu cambiato più di una volta. Si sa che nel 1847 Ingres stava ancora lavorando al ritratto. La morte della moglie nel 1849 lo gettò in una disperazione che gli impedì di dipingere per diversi mesi. Nel 1851 l'artista cominciò da capo le sedute di posa e completò un ritratto a figura eretta di Inès Moitessier in nero (ora a Washington). Ritornò alla versione seduta nel 1852.

Quand'egli ebbe finito, quattro anni più tardi, il modello aveva trentacinque anni. Senza età come una dea – con il profilo greco inverosimilmente riflesso in uno specchio parallelo alla nuca – ma abbigliata secondo lo stile opulento del Secondo Impero in *chintz* fiorato, *Madame Moitessier* esemplifica le ambiguità dell'arte di Ingres. Il netto contorno delle spalle, delle braccia e del volto definisce carni perfettamente arrotondate – sebbene quasi prive di modellatura – compatte, lisce e luminose come levigato alabastro, e tuttavia, paradossalmente, vellutate al tatto. In contrasto con il divano cedevolmente rigonfio e ben imbottito di crine di cavallo, esse suscitano fantasie e timori di possibili ammaccature. La posa, con il capo poggiato contro l'indice della mano destra, deriva da un'antica pittura murale e denota, come Ingres certamente sapeva, modestia matronale. Ma gli espedienti 'classicheggianti' sono controbilanciati dalla trascrizione minuziosamente realistica della superficie dei tessuti, degli eleganti gioielli, delle cornici di bronzo dorato, della porcellana orientale. L'accordo tra generale e particolare, grandiosità senza tempo e ostentazione borghese, languore e rigore compositivo è un elemento caratteristicamente ingresiano, ben lontano dagli esangui stilemi neoclassici.

Thomas Lawrence 1769–1830
La regina Charlotte

1789–90. Olio su tela, 239 x 147 cm
Il più giovane di cinque figli di genitori puittosto imprevidenti, Lawrence fu un bambino prodigio. All'età di dieci anni disegnava ritratti di profilo dei clienti della locanda del padre a Devizes, e ben presto fu ovvio che il suo talento per la ritrattistica avrebbe potuto mantenere la famiglia. Intorno al 1787 Thomas fu condotto a Londra dal padre, incominciò a dipingere con gli oli e a esporre alla Royal Academy. La sua fama di pittore di ritratti a figura intera con tecnica a olio fu sancita definitivamente in occasione della mostra

tentuasi presso l'Academy nel 1790, che presentava, in un gruppo di una dozzina di quadri vari di sua mano, questo magistrale ritratto della regina Charlotte. Ammirato all'esterno della cerchia della famiglia reale, il dipinto non fu mai acquisito da quest'ultima, forse perché il re si era risentito per il fatto che la regina aveva posato a capo scoperto, giacché a Lawrence non erano piaciuti la cuffia e il cappello che ella voleva indossare. La regina stessa trovò il giovane artista 'piuttosto presuntuoso' quando egli le chiese di parlare durante la seduta, in un tentativo di animarne i tratti. Toccò infine alla Vicecustode del suo Guardaroba completare le sedute per i dettagli, come i braccialetti decorati con un ritratto in miniatura del re e il suo monogramma.

Lawrence, disegnatore di estrema precisione, lavorò con strenuo impegno per dare all'esecuzione pittorica un' 'apparenza di facilità'. La sua brillante tecnica di pennello, ispirata a Rubens, Van Dyck, Rembrandt e Tiziano (pagine 235, 193, 227, 158), gli permetteva di dipingere con soddisfazione i drappeggi, a differenza del suo rivale 'ormai avanti con gli anni' Joshua Reynolds (pagina 315), che spesso li lasciava ai suoi assistenti. Ma qui c'è ben più da ammirare oltre al frusciante luccichio delle sete, dei veli e dei pizzi indossati dal regale modello. La regina Charlotte era rimasta profondamente colpita e rattristata dalla malattia di Giorgio III che si era manifestata poco prima che fosse eseguito questo ritratto. L'analisi ai raggi X ha rivelato che l'artista modificò l'espressione afflitta che aveva originariamente osservato sul suo volto. Eppure anche nel ritratto finale, così formale nella concezione, così grandioso nell'esecuzione, il turbamento della regina resta palese e toccante.

Il paesaggio di sfondo mostra una veduta di Eton College, come osservato dal Castello di Windsor. Gli alberi stanno diventando rossicci, come facilmente potrebbe essere accaduto nel settembre inoltrato in cui la regina posò per Lawrence, ma anche affinché i contrasti cromatici tra il tappeto e l'abito siano ripresi nell'accostamento del fogliame color ruggine contro il cielo azzurro. Sebbene la regina non possa vedere il panorama che si profila alle sue spalle, la direzione del suo sguardo conduce i nostri occhi verso quei vividi, eppure melanconici, messaggeri d'inverno.

Edouard Manet 1832–1883

L'esecuzione di Massimiliano

1867–8. Olio su tela, quattro frammenti su un unico supporto, 193 x 284 cm

I critici contemporanei stigmatizzarono Manet, uomo economicamente indipendente e membro della buona borghesia parigina, per il suo distacco e la sua 'indifferenza'. All'inizio del nostro secolo, si riteneva ancora che l'artista fosse motivato esclusivamente da considerazioni di ordine formale. Più tardi, la sua opera fu interpretata come tentativo di dipingere la vita moderna in base agli insegnamenti dei grandi artisti del passato, che egli ebbe occasione di studiare al Louvre e durante un viaggio in Spagna nel 1865. Solo di recente è stata rilevata anche la valenza politica, repubblicana, di alcune delle scene urbane dipinte da Manet a partire dal sesto decennio dell'Ottocento. Non vi sono mai stati dubbi, tuttavia, sulla natura politicamente polemica, durante il Secondo Impero di Napoleone III, dell'*Esecuzione di Massimiliano*.

Il trentaduenne arciduca Massimiliano, fratello minore dell'imperatore Francesco Giuseppe d'Austria, era stato insediato come imperatore del Messico da un corpo di spedizione francese, e in seguito tradito dal ritiro delle truppe da parte di Napoleone III. Catturati dal vittorioso esercito repubblicano di Benito Jurez, Massimiliano e i suoi due fedeli generali, Miramón e Mejía, furono processati e condannati a morte. La fucilazione fu eseguita il 19 giugno 1867.

L'effetto suscitato dalla morte di Massimiliano, in tutt'Europa e, in particolare, su Manet, fu tremendo. L'evento fornì l'unico spunto tematico – tragico, e tuttavia contemporaneo e politico – che potesse ispirare all'artista un 'quadro di storia', la categoria tenuta in maggiore considerazione al Salon e che, ciononostante, era stata fino a quel momento

L'esecuzione di Massimiliano

disdegnata dall'artista. Tra il luglio del 1867 e l'inizio del 1869 egli produsse tre pitture di ampie proporzioni che mostravano Massimiliano, Mejía e Miramón di fronte al plotone d'esecuzione comandato da un ufficiale, con un sergente accanto pronto a sparare il colpo di grazia. La prima versione, rimasta incompiuta, era una composizione in gran parte di fantasia. Attualmente si trova a Boston.

Quando resoconti dettagliati della fucilazione e fotografie delle vittime e del plotone d'esecuzione cominciarono a pervenire in Francia, Manet iniziò una seconda, più 'autentica', redazione dell'episodio, dipinta con l'aiuto di cinque modelli in persona, forse un gruppo di soldati inviati nel suo studio grazie agli uffici di un amico di famiglia, il comandante Lejosne. I mutilati frammenti di questa versione, ora alla National Gallery, furono salvati da Degas (pagina 272) e sono stati ricomposti su una tela approssimativamente delle stesse dimensioni di quella originale. Sebbene manchino le figure di Mejía e di Massimiliano sulla sinistra, si vede chiaramente che le vittime sono poste ben in evidenza, in un paesaggio piatto e semplificato, sullo stesso livello dei fucilatori, assai vicini allo spettatore. I soldati sono armati con i moschetti della fanteria francese e indossano uniformi che, come le cronache riportarono a proposito del plotone messicano, ricordano quelle dell'armata francese. Nella versione finale, attualmente a Mannheim, questi provocatori dettagli sono conservati, sebbene le figure siano più arretrate, contro un muro da sopra il quale alcuni spettatori osservano la scena con orrore. Massimiliano porta un sombrero che evoca un'aureola intorno al suo capo, Mejía barcolla mentre i proiettili esplodono dai fucili. Ma il sole brilla ugualmente su tutti i protagonisti, e i soldati imperterriti obbediscono agli ordini con pratico distacco.

L''indifferenza' di Manet, il suo rifiuto di una retorica espressiva, dovette apparire particolarmente oltraggiosa in queste opere dipinte con tanta maestria. Se i soldati non sono, infatti, malvagi, e Massimiliano è, sì, una vittima, ma non un eroe, la colpa ricade interamente su Napoleone III, i cui sordidi calcoli politici hanno portato alla disfatta. Le autorità vietarono l'esposizione della versione finale del dipinto al Salon del 1869, e la litografia della scena eseguita da Manet non fu mai pubblicata mentre l'artista era in vita.

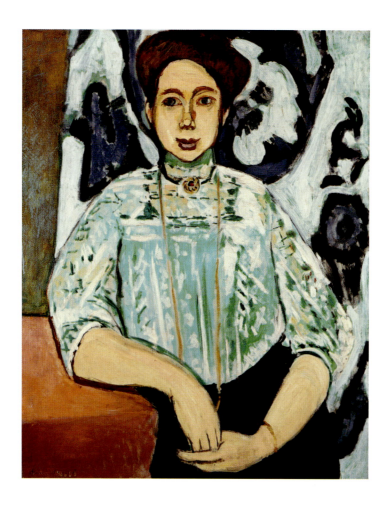

## Henri Matisse	1869–1954

Ritratto di Greta Moll

1908. Olio su tela, 93 x 74 cm, in prestito alla Tate Gallery, Londra

Matisse e i pittori della sua generazione cercarono di preservare l'intensità del colore dell'Impressionismo, ma con finalità diverse. Come Gauguin e van Gogh prima di loro (pagine 285, 286), essi rifiutarono la rappresentazione dei fugaci effetti della mutevole luce naturale di Monet e Renoir (pagine 303, 314) a favore di un'impressione di costante diffusa luminosità emanata dal dipinto stesso. Abbandonando l'accurata descrizione della 'realtà', essi disposero colori puri secondo un ordine apparentemente arbitrario sulla tela, per creare abbaglianti vibrazioni tramite l'interazione di tinte contrastanti. Quando Matisse e i suoi compagni esposero le loro opere dipinte secondo questo stile al Salon d'Automne parigino del 1905, il pubblico ne rimase talmente scioccato da assegnare loro l'appellativo di *fauves*, 'belve'.

Tre anni più tardi, quando Matisse si offrì di dipingere questo ritratto di un'allieva, la pittrice e scultrice Greta Moll, egli si stava allontanando da alcune implicazioni del metodo 'fauvista'. In particolare, egli non si fidava della dissoluzione della linea e della forma che risultava da un'esecuzione pittorica basata su pennellate e chiazze di colore sparse. Data la sua profonda adesione agli ideali di ordine e di unità dell'insieme, egli temeva particolarmente la frammentazione della figura umana. Allo stesso tempo, permaneva in lui il desiderio di creare una pittura luminosa, di trovare 'il tipo di luce della quale poter essere certi che durerà'. La luce irradia dall'intera composizione di *Greta Moll*; ma ciò non è dovuto primariamente all'assenza di ombre scure nel dipinto, e neppure al generoso ricorso dell'artista al bianco, bensì al modo in cui i colori si intensificano a vicenda. Il vivace motivo azzurro del tessuto stampato a fiori dietro al modello – uno degli arredi di studio favoriti – fa risaltare il caldo bagliore fulvo nella capigliatura e il fresco colorito della donna. Una linea verde sopra l'avambraccio destro e una linea rosso scuro sotto di esso rendono i toni dell'incarnato più rosei e intensi. Tocchi di rosa sotto il verde-menta della blusa non soltanto suggeriscono trasparenza, ma anche lucentezza.

L'effetto raggiante e gioioso è il frutto di intenso lavoro. Greta Moll dedicò a Matisse dieci sedute di tre ore ciascuna. L'artista mutava continuamente lo schema cromatico: a un certo punto dell'esecuzione la camicia era di colore bianco-lavanda e la gonna verde. Il dipinto testimonia anche lo studio condotto da Matisse sull'opera di artisti antecedenti. Egli ammirava la 'linea sensuale e decisa di Ingres', e il ritratto quasi invita un paragone con la *Madame Moitessier* di quest'ultimo (pagina 297), che contrappone il volume e la linea allo schema compositivo. La posa diretta di Greta Moll non è troppo diversa da quella del *Ritratto di donna* ('*La Schiavona*') del Tiziano esposto nell'Ala Ovest. Secondo i ricordi della stessa Moll, Matisse, in un estremo tentativo di ottenere una composizione solenne e monumentale, rese le braccia più piene ed accentuò le sopracciglia – con iniziale sgomento di lei – sotto l'influenza di un Veronese esposto al Louvre.

Luis Meléndez   1716–1780

Natura morta con arance e noci

1772. Olio su tela, 61 x 81 cm

Considerato l'allievo di maggior talento dell'Accademia Reale spagnola nel 1745, Meléndez fu espulso nel 1748 in seguito a una disputa pubblica tra l'Accademia e suo padre, anch'egli pittore. L'espulsione precluse all'artista la possibilità di ricevere commissioni di pale d'altare o pitture narrative di ampio formato. Negli ultimi vent'anni della sua vita egli eseguì un centinaio di nature morte, opere che oggi lo hanno reso celebre. Sebbene quasi la metà di queste siano state inizialmente documentate presso la residenza reale spagnola di Aranjuez, è possibile che esse non siano state commissionate dal re direttamente al pittore, che morì in povertà.

Questo quadro appartiene a un gruppo che annovera le opere più ampie e di maggior pregio dell'artista, forse realizzate in rapporto alla seconda petizione che egli rivolse al sovrano per ottenere il ruolo di pittore di corte. Come molte delle nature morte di Meléndez, essa concentra l'attenzione simultaneamente sulle forme geometriche degli oggetti domestici tipicamente spagnoli rappresentati – arance, noci, un melone, scatole di dolci in legno e un barilotto, brocche di terracotta – e sulle loro qualità di superficie, entrambe le quali, forme e consistenze, vengono rivelate dalla forte luce che cala dall'angolo superiore sinistro del dipinto. La gamma dei colori è ristretta a nero, bianco, e gradazioni di terra, cromie vivacizzate soltanto dal brillante arancione. Il punto di vista dello spettatore, così vicino alla superficie pittorica, è situato appena sopra la più piccola delle due brocche. Soltanto le noci aperte ci consentono di penetrare con lo sguardo fino alla loro commestibile polpa interna, tra i frutti ben protetti dalla buccia e i contenitori chiusi di frutta candita, olive e olio, disposti in bella mostra in un'allettante composizione: sono gli umili prodotti della terra e dell'operosità spagnola, nobilitati dal pennello dell'artista.

Claude Monet 1840–1926

La spiaggia a Trouville

1870. Olio su tela, 38 x 46 cm

Con Pissarro, Renoir, Degas (pagine 309, 314, 272) e un'altra dozzina di amici, Monet fu uno dei membri fondatori di una consociazione di artisti che avrebbe tenuto la sua prima mostra di gruppo nel 1874, sfidando l'ufficiale Salon di Parigi. Uno dei dipinti esposti in quell'occasione, un olio dall'aspetto incompiuto intitolato *Impression. Soleil levant* (*Impressione. Levar del sole*; 1872, attualmente al Musée Marmottan, Parigi) contribuì a dare agli espositori il nome di impressionisti, appellativo con il quale essi sono diventati celebri. Votati alla pittura di soggetti moderni, basati sulla vita contemporanea e sull'uso di nuovi pigmenti artificiali – che ampliarono e arricchirono la tradizionale tavolozza dell'artista – essi miravano soprattutto a catturare gli effetti fugaci della luce naturale. Benché la maggior parte delle loro opere si sviluppasse, in realtà, per stadi distinti, e fosse sovente finita nello studio, la *Spiaggia a Trouville* fu chiaramente il frutto di un atto spontaneo, come ben appare, eseguito in un'unica sessione all'aperto nell'elegante stazione balneare dove Monet portò la sua prima moglie, Camille, subito dopo il loro matrimonio, nel giugno del 1870. La superficie del dipinto è cosparsa di granelli di vera sabbia (fig. 8), soffiati sulla tela dallo stesso vento che Monet ha dipinto nelle nubi in fuga. Spesse pennellate di colore bianco applicate a corpo risultano appiattite dall'impronta di un'altra tela, come se la pittura fosse sfata accatastata insieme ad altre non appena eseguite.

Camille, che indossa un abito chiaro e un cappello ornato di fiori con una veletta corta, è probabilmente in compagnia di Madame Boudin, moglie dell'artista Eugène Boudin, noto soprattutto per le sue raffigurazioni della spiaggia di Trouville realizzate nel sesto decennio del secolo. Quella che sembrerebbe una scarpina da spiaggia appesa allo schienale della sedia vuota tra le due donne potrebbe suggerire la presenza del piccolo Jean, il figlioletto di tre anni dei Monet. La composizione informale, con entrambe le figure vicine all'osservatore e tuttavia tagliate ai bordi del dipinto, rafforza la straordinaria immediatezza dell'opera, effetto che risalta anche per l'assenza di una modellatura tradizionale e l'uso di piatte, ampie chiazze di colore.

La fresca, ariosa luminosità del dipinto, tuttavia, deriva primariamente dalla preparazione di base della tela, utilizzata da Monet come componente fondamentale nella

La spiaggia a Trouville

definizione ultima del motivo della composizione. Essa si rivela in molte zone del cielo, intorno alla sedia, come lumeggiatura tra i fiori del cappello di Camille, nella mano non dipinta di Madame Boudin, e nella chiazza priva di colore proprio al centro della composizione. In questi effetti improvvisati, i colori circostanti modificano il caldo grigio pallido della preparazione, sicché questa assume toni più freddi, più scuri, o più chiari, volgendo quasi al malva tra le pennellate azzurro-verdastre del cielo. Mentre i pennelli carichi scorrevano penetrando o accarezzando il colore fresco già steso sulla tela, le pennellate successive solcavano e si fondevano con quelle precedenti per produrre mescolanze di colori sulla superficie pittorica. Quando l'artista mischiava i colori sulla tavolozza – come nel caso della complessa gamma di neri modificati con tutta una serie di altri pigmenti – ancora più sabbia finiva sulla tela.

Il quadro è stato giudicato come un 'esperimento ardito', ma il suo grande fascino sta forse nel carattere quasi scherzoso che esso dimostra nella baldanzosa noncuranza di ogni disciplina professionale. Quasi trent'anni più tardi, ricordando quell'estate, Boudin avrebbe scritto a Monet: 'Il piccolo Jean gioca sulla sabbia mentre il suo papà è seduto per terra con l'album da disegno in mano …' Si sarebbe tentati di aggiungere, 'o davanti alla sua cassetta da pittore, intento a produrre le più incantevoli pitture di sabbia'.

Fig. 8 Monet, La spiaggia a Trouville, *ingrandimento di un dettaglio di granelli di sabbia nella parte bassa.*

Claude Monet   1840–1926
Il laghetto delle ninfee

1899. Olio su tela, 88 x 92 cm

Fino alla fine del settimo decennio dell'Ottocento, Monet si era dedicato alla pittura di soggetti moderni: Parigi, i suoi sobborghi, le località turistiche frequentate dai villeggianti della metropoli, le rive e i ponti del Tamigi a Londra, dove egli si era rifugiato durante la guerra franco-prussiana. Dopo lo sfaldamento del gruppo impressionista nell'ottavo decennio del secolo, Monet, comunque desideroso di restare fedele allo stile che egli, forse più di chiunque altro, aveva creato, cominciò a viaggiare per la Francia, dipingendo una serie di un limitato numero di motivi paesaggistici in diverse località e in diverse condizioni atmosferiche e di luce. Molte di queste opere escludevano ogni traccia di civilizzazione, concentrandosi direttamente sulle reazioni dell'artista di fronte alla natura.

L'importanza di questa impresa eroica fu presto riconosciuta dalla critica, che acclamò Monet come 'il più significativo pittore di paesaggio dei tempi moderni'. Più specificamente, egli veniva ora considerato il supremo interprete degli aspetti essenziali del suo paese: talvolta selvaggio, come la Belle-Ile in Bretagna, talvolta interamente costruito dall'uomo, come la cattedrale di Rouen, in altri casi, come nelle serie dei *Covoni* e dei *Pioppi* dei tardi anni '80 e dei primi anni '90, plasmato congiuntamente dalla natura e dall'opera umana.

Queste ultime serie furono entrambe realizzate nei pressi di Giverny, una comunità rurale dove Monet si stabilì nel 1883. Egli era sempre stato appassionato di giardini, e nell'ultimo decennio del secolo, ormai diventato non soltanto famoso, ma anche ricco, aveva acquistato la proprietà sulla quale viveva e creato due giardini complementari: uno occidentale, pieno di fiori, vicino alla casa, e, oltre la strada e il binario della ferrovia, un giardino acquatico orientale con un ponte giapponese, copiato da una stampa appesa nella sala da pranzo dell'artista. Monet ammirava i giapponesi, 'un popolo profondamente artistico' il cui amore per la natura e per la bellezza i francesi, egli sentiva, avrebbero dovuto emulare. Nel 1899, quando la vegetazione del giardino acquatico era all'apice del suo rigoglio, egli iniziò una serie di vedute che ritraevano il laghetto e il ponte arcuato. Delle diciotto infine realizzate, dodici, compresa quella della National Gallery, furono esposte presso il suo mercante d'arte nel 1900. Questa versione è una delle più tranquille.

Il giardino, ritratto nella luce obliqua di un pomeriggio estivo, presenta fresche armonie di verde e lilla bilanciate da luminosi riflessi gialli e vivide ninfee rosse e bianche. I bordi laterali della tela di forma quasi quadrata sono divisi a metà dal ponte, in alcuni punti scuro contro i salici assolati, altrove chiaro, stagliato contro le ombre. Sotto il suo arco elevato, il laghetto forma un triangolo irregolare, come recedente in lontananza verso un invisibile punto di fuga. Spruzzi, chiazze e striature di colore non servono solamente a descrivere ciò che viene rappresentato, ma anche ad assicurare la coerenza dell'insieme, contrastando la recessione spaziale con una densa e vibrante tessitura pittorica che copre l'intera superficie del dipinto. È una scena statica e, allo stesso tempo, brulicante di energia, priva, tuttavia, del senso giocoso degli schizzi di vita moderna dei decenni precedenti. Già nel 1890 Monet scriveva al suo futuro biografo: 'Lavoro incessantemente, impegnato in una serie di effetti diversi ... Sto diventando lento, ... [ma] è imperativo lavorare moltissimo per ottenere ciò che ricerco: l' 'istantaneo', soprattutto ... la stessa luce presente ovunque ...'

Claude Monet 1840–1926
Bagnanti alla Grenouillère

1869. Olio su tela, 73 x 92 cm

Durante l'estate del 1869 Monet lavorò a fianco di Renoir (pagina 314) alla Grenouillère, una stazione balneare un po' equivoca sulla Senna, non lontano da Parigi. Entrambi intendevano produrre dipinti di ampie proporzioni di questo soggetto ultramoderno per l'esposizione al Salon del 1869, ma nel settembre dello stesso anno Monet era riuscito a realizzare solo 'alcuni brutti schizzi' (*mauvaises pochades*), come scrisse all'amico pittore Bazille. Uno di questi è il quadro della National Gallery che mostra alcune cabine di spogliatoio, barche in affitto e uno stretto pontile che conduce a un isolotto rotondo detto 'camembert', che appare al centro della composizione nel secondo schizzo di Monet, attualmente al Metropolitan Museum di New York. Una terza, più piccola *pochade* mostra due barche a remi (Brema, Kunsthalle). Una composizione più elaborata dello stesso motivo è ora nota solo attraverso vecchie fotografie.

Uno dei più celebri quadri 'impressionisti' di Monet si rivela dunque niente più che un lavoro preliminare a un dipinto più rifinito. E tuttavia, gli esperimenti che egli avviò in quest'occasione si dimostrarono assai fecondi nella sua opera successiva, dove la distinzione tra *pochade* – eseguita rapidamente all'aperto sul motivo – e *tableau* – basato su schizzi ma accuratamente elaborato in studio – sarebbe stata abolita.

Tale sviluppo era stato notevolmente agevolato da due invenzioni ottocentesche: il tubetto di metallo pieghevole per il colore, e la ghiera di metallo per i pennelli da pittore. I nuovi tubetti consentivano di conservare i colori a olio (ora prodotti e commercializzati da fabbricanti specializzati) freschi e pronti all'uso, all'aperto come nello studio. Le ghiere metalliche permettevano la produzione di pennelli piatti, anziché rotondi, ciò che consentiva un nuovo tipo di pennellata: la *tache*, o macchia colorata, una pennellata ampia,

piatta, uniformemente carica di colore, che è la chiave della tecnica rapida e diretta usata da Monet nei *Bagnanti alla Grenouillère*. Un agglomerato di chiazze di colore fluido ma opaco, densamente applicato con lieve picchiettatura sulla tela, forma gli alberi verde chiaro illuminati dal sole nella zona in alto a sinistra del dipinto; l'illusione dei riflessi nell'acqua in perenne movimento viene resa con larghe strisce orizzontali spezzate; lunghi profili ininterrotti delineano le barche e il pontile sul fiume. Anche le figure umane ricevono un trattamento similmente sommario: chiazze di colore catturano l'azzimato parigino in giacca scura e pantaloni chiari nell'atto di attaccare discorso con due donne sul pontile, e dai loro arditi costumi, come pure dall'atteggiamento con il quale una di esse poggia la mano sul fianco, si capisce che non si tratta di candide fanciulle. Qui, finalmente, la tradizionale contrapposizione tra 'disegno' e 'colore' viene superata, nel momento in cui le *taches* colorate scivolano rapide sulla tela fissando forma e sostanza, oltre che luce; la natura materica del colore stesso sommerge i dettagli della scena rappresentata e impone unità pittorica alla figurazione.

Ma anche quest'immagine, apparentemente istantanea, non fu raggiunta senza ingenti revisioni. L'analisi ai raggi X rivela che Monet aveva iniziato l'opera diversamente, e forse capovolse la tela prima di ricominciare daccapo. A occhio nudo si vedono rossi bordi di barche trasparire, in posizioni diverse, dall'ultimo strato di colore. Come avrebbe osservato la pittrice Berthe Morisot, che nel 1875 lavorava su una barca al largo dell'isola di Wight: 'Tutto ondeggia, lo sciabordio dell'acqua è infernale ... le barche cambiano posizione ogni istante ...' Nella *mauvaise pochade* di Monet queste difficoltà furono trascese, e il risultato finale appare fresco come un tuffo nella Senna.

Pablo Picasso 1881–1973

Piatto di frutta, bottiglia e violino

Circa 1914. Olio e sabbia su tela, 92 x 73 cm, in prestito alla Tate Gallery, Londra
Per secoli, la pittura occidentale è stata concepita come un'illusoria finestra aperta su un mondo di forme tridimensionali collocate nello spazio. Alla fine dell'Ottocento, questa visione aveva già cominciato a subire alcuni attacchi. L'illusione della tridimensionalità poteva essere ottenuta grazie a uno strumento meccanico, attraverso la fotografia. In pittura, non soltanto la prospettiva, ma anche fugaci e veristici effetti di luce erano stati catturati. Molti artisti sentivano che la pittura, per essere 'sincera' e 'autentica', doveva essere fedele a sé stessa: una disposizione di linee, toni, consistenze e colori su un supporto

piano. In quanto arte rappresentativa, essa doveva 'rendere visibile' il mondo secondo un nuovo idioma, e non affidarsi al trito linguaggio artistico che veniva insegnato nelle accademie e negli studi.

Tra il 1910 e il 1913 circa, Picasso e Braque avevano forgiato un nuovo tipo di pittura, detto cubismo 'analitico'. Gli oggetti venivano frantumati in forme sfaccettate che non erano descrittive in sé, ma che, una volta ricomposte sulla tela, potevano evocare le cose rappresentate come osservate da diversi punti di vista. La luce divenne un elemento figurativo arbitrario, che poteva essere diretto verso qualunque punto, o serie di punti, del dipinto. Durante questo stadio i due amici limitarono la loro tavolozza ai toni neutri, principalmente sfumature spezzate di bianco, grigio, marrone chiaro e nero, assicurando così l'unità strutturale di ciascuna composizione e minimizzando l'illusione dello spazio. Poiché l'effetto di questo genere d'arte dipendeva dalla capacità dello spettatore di identificare le forme che essa aveva rese astratte, la scelta dei soggetti fu ristretta ai motivi più familiari e tradizionali, e perciò più facilmente riconoscibili: prevalentemente natura morta e ritrattistica.

Tra il 1912 e il 1913 i limiti del cubismo analitico sembravano ormai essere stati raggiunti. Per rivitalizzare la loro opera, Braque inventò il *papier-collé*, una composizione realizzata con forme di carta ritagliate e incollate sulla tela. Il cosiddetto cubismo 'sintetico', cui appartene questo dipinto di Picasso, germinò da questa tecnica. Con un'inversione del processo di 'analisi' mediante il quale una figura o un oggetto venivano scomposti in frammenti, gli elementi puramente figurativi – le forme e i piani di colore – vengono ora in primo luogo sintetizzati in una composizione. La somiglianza con l'oggetto reale viene sviluppata in uno stadio successivo del procedimento. Qui forti colori decorativi e consistenze materiche 'reali', di sabbia e tela grezza, si combinano tra loro per formare una totalità complessa che riesce a mantenere la piattezza ottica della superficie pittorica. (Se vi è mai capitato di porre un colore contro una superficie bianca, o una sagoma scura su una chiara, saprete quanto sia difficile non percepire l'una come 'oggetto' e l'altra come 'sfondo'.)

Ruotando la riproduzione (con il libro) di novanta gradi, è più facile vedere quanto questa composizione di *Piatto di frutta, bottiglia e violino* sia riuscita: come la linea verticale nera prosegua nella verde per dividere il dipinto quasi a metà; come le forme si richiamino e rimino tra loro, dalle curve più ampie alle più minute. Capovolta, la figurazione risulta altrettanto variata, stabile e piacevole. Nessuna zona è secondaria rispetto a un'altra, indipendentemente dal colore o dalla consistenza della superficie pittorica; ciascuna infonde energia al resto della composizione. Riportata nella sua posizione originaria, la tela concede all'osservatore il piacere ulteriore di riconoscere una tovaglia e un tavolo, un giornale, dell'uva, un violino. Benché ardita e monumentale, quest'opera è deliberatamente scherzosa, non difficile. Il suo messaggio è che l'arte non ha alcun messaggio al di fuori della propria capacità creativa.

Camille Pissarro 1830–1903

Il viale di Sydenham

1871. Olio su tela, 48 x 73 cm

Pissarro, il più anziano dei pittori impressionisti, rifiutò la carriera nel mondo degli affari che suo padre aveva desiderato per lui e, lasciando le native Indie Occidentali, nel 1855 si stabilì a Parigi per diventare un artista. A quest'epoca i pittori più 'progressisti' si stavano volgendo verso il paesaggio, che sembrava offrire la possibilità di dipingere fedelmente dal vero anziché attenersi alle superate convenzioni dell'Académie. Pissarro ammirava particolarmente Corot (pagina 270) e ne richiese i consigli per la pittura all'aperto. A partire dal 1859, alcuni dei suoi dipinti furono accettati al Salon, ma Pissarro e la sua famiglia

Il viale di Sydenham

continuarono a vivere in estrema povertà. Nel 1870, prima dell'invasione tedesca, essi fuggirono a Londra, dove Monet, amico più giovane dell'artista, li aveva preceduti (pagina 303).

Durante il soggiorno londinese Pissarro realizzò dodici dipinti; questa scena primaverile deve essere stata completata poco prima del suo ritorno in Francia nel giugno del 1871. Sebbene l'immagine documenti una veduta a tutt'oggi riconoscibile, la sua composizione fu probabilmente influenzata dal *Viale di Middelharnis* di Hobbema (pagina 206), che era stato esposto alla National Gallery un mese prima. Il formato tradizionale, il soggetto – un'elegante zona residenziale – le proporzioni relativamente ampie e l'alto grado di rifinitura sono tutti elementi che potrebbero essere ricondotti all'intenzione dell'artista di rendere il dipinto desiderabile per un acquirente, e in effetti Pissarro riuscì a venderlo al mercante d'arte Durand-Ruel, che aveva incontrato a Londra.

A prima vista, il *Viale di Sydenham* sembrerebbe illustrare la tipica freschezza della pittura all'aria aperta; questa impressione, tuttavia, non trova riscontro nel modo in cui il dipinto è stato eseguito. Pissarro realizzò, in primo luogo, uno studio preparatorio ad acquerello, oggi al Louvre. Il quadro vero e proprio fu dipinto in due tempi, sulla base di un disegno preliminare che definiva sulla tela le linee della composizione. L'analisi ai raggi X rivela che le principali zone della superficie pittorica sono state in un primo tempo definite con blocchi di colore, non perfettamente congiunti. Nella fase successiva, Pissarro utilizzò una tecnica particolare per dare unità alla composizione, applicando un colore accanto o sopra un altro prima che quest'ultimo si fosse asciugato, in modo da ottenere una certa fusione tra i due. Come Corot, egli dipinse gran parte della tela con complesse mescolanze di colori, schiariti con l'aggiunta di pigmenti bianchi per creare una tonalità generale piuttosto chiara, in contrasto con Renoir che una decina d'anni più tardi, nella sua scena *In barca sulla Senna* (pagina 315), utilizzerà pigmenti puri, non diluiti, di grande intensità. Alberi più piccoli e rami furono poi dipinti sopra il cielo. Le figure furono realizzate per ultime, sulla pittura asciutta, e perciò quasi certamente nello studio. A uno stadio molto avanzato del lavoro fu eliminata una figura femminile che camminava verso di noi sul marciapiede destro, sotto la chiesa, e alla sua destra fu aggiunto un gruppo di persone più lontane. La donna è parzialmente visibile a occhio nudo, e risulta molto evidente nella riflettografia a raggi infrarossi (fig. 9). Come Pissarro avrebbe osservato più tardi, dipingere dal vero all'aperto era indispensabile per realizzare *études* (schizzi, studi), ma 'quell'unità che lo spirito umano dà alla visione può essere trovata soltanto in atelier. È là che le nostre impressioni, precedentemente disperse, vengono co-ordinate e si mettono reciprocamente in risalto per creare [una] vera poesia ...'

Fig. 9 *Riflettografia a raggi infrarossi del* Viale di Sydenham *di Pissarro, dettaglio che mostra la figura femminile eliminata dal pittore.*

Pierre-Cécile Puvis de Chavannes 1824–1898
Decollazione di San Giovanni Battista

Circa 1869. Olio su tela, 240 x 316 cm
Negli stessi anni in cui Monet e Renoir tentavano di catturare fuggevoli lampi di vita moderna in pittura (pagine 303, 314), un ingegnere mancato di Lione lavorava per scopi virtualmente opposti. Figlio di un ingegnere minerario, Puvis si ammalò gravemente a pochi giorni dall'esame di ammissione all'École Polytechnique di Parigi. Dopo due anni di riposo si recò in Italia, e al suo ritorno decise di lasciare la tecnologia per diventare pittore. Aprì un suo studio a Parigi e nel 1861, all'età di trentasette anni, vinse una medaglia al Salon con due allegorie della Pace e della Guerra, *Concordia* e *Bellum*, che furono acquistate dallo stato. Da allora la sua carriera fu una serie ininterrotta di commissioni pubbliche, e non soltanto in Francia: nel 1896 l'artista decorò la biblioteca civica di Boston.

La *Decollazione di San Giovanni Battista* esemplifica gli ideali e i metodi di Puvis. Se il dipinto è quasi certamente incompiuto, la sua superficie pittorica priva di spessore è caratteristica dell'artista. Nel corso dei suoi viaggi, egli si era innamorato degli affreschi dei 'primitivi italiani', ed erano le loro superfici piatte, opache, che Puvis cercava di imitare. La sua ammirazione per l'affresco aveva, tuttavia, implicazioni più generali. Già nel 1848, il dibattito riguardante l'intervento statale a sostegno dell'arte e il futuro delle arazzerie dei Gobelins aveva definito profonde differenze tra la pittura di cavalletto e la pittura murale. Il chimico Chevreul, allora direttore della tintoria della Manifattura dei Gobelins,

Decollazione di San Giovanni Battista

ammoniva contro la riproduzione delle pitture di cavalletto e delle loro 'mezzetinte' negli arazzi destinati all''arredo dei monumenti pubblici'. Le argomentazioni di Chevreul sottendevano il presupposto che l'arte che ornava i muri degli edifici pubblici avesse una funzione più elevata dell'illusionistica pittura di cavalletto, essenzialmente oggetto di consumo domestico. Era questa nobile causa di 'semplicità e verità' che Puvis intendeva servire, aspirando a uno stile 'murale'. La versione della *Decollazione* esposta al Salon del 1870 (ora a Birmingham), più piccola, fu lodata dalla critica e dalle istituzioni per il suo 'carattere elevato assai reale', ma molti visitatori la trovarono ridicola, reminiscente delle rozze stampe popolari francesi dette *'images d'Epinal'*.

La decollazione di San Giovanni Battista è uno dei soggetti principali dell'arte cristiana. La versione popolare dell'episodio, nella quale una *femme fatale* fa uccidere il santo spinta dal desiderio per lui, aveva tuttavia stimolato, a partire dal Cinquecento, la produzione di pitture erotiche raffiguranti Salomè che regge il capo mozzato del Battista, spesso un autoritratto dell'artista. Il tema fu ripreso nel 1841 da Heinrich Heine nel suo esotico poema *Atta Troll*, e presto divenne di moda in tutte le arti. Forse inconsciamente, Puvis sembra rifarsi a entrambe le tradizioni: la pallida Salomè di questo dipinto somiglierebbe, infatti, all'amante del pittore, la principessa rumena Cantacuzène, mentre l'influenza di Heine emerge in maniera particolarmente eclatante nella figura del boia 'moresco'. Ma l''austera semplificazione della forma' e 'l'amore per la parete' derivano dagli affreschi delle chiese. I corpi – la muscolosa schiena del moro, ad esempio – sono distorti in modo da apparire paralleli alla superficie pittorica, oppure perpendicolari ad essa in stretto profilo. La prospettiva è stata soppressa, e i rami del fico delineano sullo spazio retrostante motivi ornamentali bidimensionali. Il 'silenzio dei colori' è assicurato da estensioni quasi piatte delle diverse tinte, come il mantello rosso cupo del meditabondo cortigiano, completamente insensibile a qualunque riflesso luminoso o riverbero d'ombre.

Odilon Redon 1840–1916
Ofelia tra i fiori

Circa 1905. Pastello su carta, 64 x 91 cm, in prestito alla Tate Gallery, Londra

In un primo tempo Redon aveva deciso di studiare architettura, e non pittura. Abbandonò, tuttavia, il tirocinio per trascorrere un breve periodo presso lo studio parigino del pittore accademico Gérôme. Dopo un forte esaurimento, ritornò alla nativa Bordeaux, dove ricevette un'istruzione informale da un acquerellista locale e dall'acquafortista e incisore Rodolphe Bresdin. Tra il 1879 e il 1899 Redon lavorò soprattutto a monocromo su carta, producendo disegni a carboncino e serie litografiche che suscitarono grande entusiasmo nell'avanguardia letteraria e che avrebbero influenzato artisti più giovani. Molte delle sue litografie illustrano, o meglio, interpretano liberamente, opere letterarie: di Baudelaire, Flaubert, Edgar Allan Poe. Come questi poeti, ben più che alla decodificazione dell'apparenza delle cose, l'artista era interessato all'interpretazione del sogno, per elevare 'lo spirito fin nei regni del mistero, nell'angoscia dell'irrisolto e nel delizioso mondo dell'incertezza'. Sebbene continuasse a dipingere studi di paesaggio e soggetti floreali dal vero ed eseguisse ritratti a pastello, Redon criticò i pittori impressionisti come 'parassiti dell'oggetto'.

Nel 1897 la casa dell'infanzia di Redon nei pressi di Bordeaux fu venduta, e l'artista parve liberarsi dagli amari ricordi che avevano ossessionato le sue opere in bianco e nero. Si trasferì a Parigi dove, sotto l'influenza di Gauguin (pagina 285), artista più giovane di lui, si volse sempre più verso il colore. In brillanti pitture floreali, egli tentò di catturare la radiosità emanata dall' 'essenza dell'oggetto', dotandolo della 'luce della spiritualità'.

Ofelia tra i fiori è l'unica opera di Redon posseduta dalla National Gallery e una delle pochissime presenti nelle collezioni pubbliche britanniche. Nel tempo, si è andato diffondendo il mito secondo cui la composizione asimmetrica di questo dipinto sarebbe stata iniziata come una natura morta floreale di formato verticale – un vaso verde-azzurro poggiato su un tavolo di colore bruno – e il profilo di Ofelia sarebbe stato aggiunto in un secondo tempo. Non esiste, tuttavia, alcuna prova a sostegno di questa teoria, e Redon realizzò numerose composizioni del genere. I morbidi pastelli, accarezzati, tratteggiati, fusi, traslucidi sopra la carta bianca oppure compatti nel formare densi blocchi di colore opaco, gli ispirarono l'immagine dell'Ofelia shakespeariana – un soggetto a lui particolarmente caro – come visionaria poetessa dei fiori, incoronata di 'fantastiche ghirlande', che, prima di annegare, galleggiò sull'acqua del ruscello intonando 'frammenti di antiche ballate/come ignara della propria sventura'.

Pierre-Auguste Renoir 1841–1919

In barca sulla Senna

Circa 1879–80. Olio su tela, 71 x 92 cm

Le due giovani donne di Renoir che remano pigramente sulla Senna nella caligine di una calda giornata estiva sono una vera e propria evocazione dello svago suburbano, tema che fornì agli impressionisti i loro più celebri e amati soggetti. La tecnica pittorica del quadro dimostra anche, con una chiarezza quasi da manuale, le teorie del colore che maggiormente affascinavano questi artisti. Renoir avrebbe successivamente abbandonato la 'spontaneità informe' che questa tela sembra illustrare in modo esemplare per uno stile più tradizionale, basato sulla disciplina del disegno. A quest'epoca, tuttavia, egli si stava ancora misurando con gli amici Monet, Pissarro (pagine 303, 309), Sisley e altri nel tentativo di realizzare pitture autenticamente 'moderne', ispirate alla vita contemporanea, utilizzando i nuovi pigmenti per catturare i fugaci effetti della luce naturale.

Gli artisti avevano cominciato a eseguire schizzi all'aperto quantomeno sin dal Seicento, ma era consuetudine completare i dipinti in studio, in condizioni rigorosamente controllate. Gli impressionisti, tuttavia, coltivarono la leggenda secondo la quale le loro opere venivano realizzate sul posto, di fronte al motivo, in un'unica seduta. Sebbene essi simulassero tale effetto, ciò si verificava di rado, se mai si verificava, per i dipinti che essi avevano destinato alla vendita (l'unico dipinto della National Gallery per il quale tale leggenda abbia fondamento è la piccola scena, eseguita rapidamente, della *Spiaggia a Trouville* di Monet, pagina 304). Questo quadretto di vogatrici sulla Senna, a dispetto della sua apparente spontaneità, è stato sviluppato in stadi diversi, come ha dimostrato un'analisi scientifica.

Alcune alterazioni apportate alla composizione sono visibili nelle fotografie ai raggi X. L'immagine è stata elaborata sulla base di una varietà di consistenze e di densità del colore, e la tela scarsamente trattata con l'imprimitura traspare costantemente, conferendo al dipinto la sua generale tonalità chiara. Ma l'abbagliante fulgore che costituisce la chiave dello straordinario fascino di quest'opera è frutto del lavoro eseguito dall'artista in superficie. Qui Renoir accosta colori non mischiati, presi direttamente dal tubetto, limitandosi all'uso del bianco di piombo e di sette pigmenti dall'intensa colorazione, molti dei quali erano stati elaborati solo di recente. Non appaiono né il pigmento nero né i colori di terra. Appoggiando il luminoso arancio di cromo della barca e dei suoi riflessi contro la distesa di blu di cobalto del fiume, l'artista collaudava il principio cardine della teoria sul colore proposta dal chimico francese Chevreul nel 1839, la legge del contrasto simultaneo. Nel

cerchio cromatico di Chevreul, l'arancio e l'azzurro sono collocati in opposizione e, secondo la sua teoria, quando vengano accostati, essi acuiscono reciprocamente la loro intensità. Non potremmo immaginare miglior dimostrazione della validità di questa teoria del vivido dipinto di Renoir.

Sir Joshua Reynolds 1723–1792

Il capitano Robert Orme

1756. Olio su tela, 240 x 147 cm

Joshua Reynolds, settimo figlio, terzo maschio, del reverendo Samuel Reynolds, fu avviato all'apprendistato artistico all'età di diciassette anni presso il ritrattista Thomas Hudson, anch'egli nativo del Devonshire. Nonostante l'esempio scarsamente ispirato di Hudson, Reynolds riuscì a coronare la propria ambizione di differenziarsi dai 'comuni' pittori-artigiani: si affermò come ritrattista alla moda, stinse amicizia con i più eminenti letterati d'Inghilterra, diventò, nel 1768, il primo presidente della Royal Academy, di recente fondazione, e nel 1769 fu fatto cavaliere. Pur non avendo raggiunto l'apice della celebrità come 'pittore di storia', egli investì i suoi innumerevoli ritratti dell'alta società inglese dell'arguzia, dell'eco poetica e della nobiltà tipiche dell'arte narrativa eroica. I suoi quindici *Discorsi sull'arte*, pronunciati alla Royal Academy tra il 1769 e il 1790, restano l'omaggio più persuasivo e commovente tributato in lingua inglese agli ideali dell'arte occidentale radicati nel Rinascimento italiano.

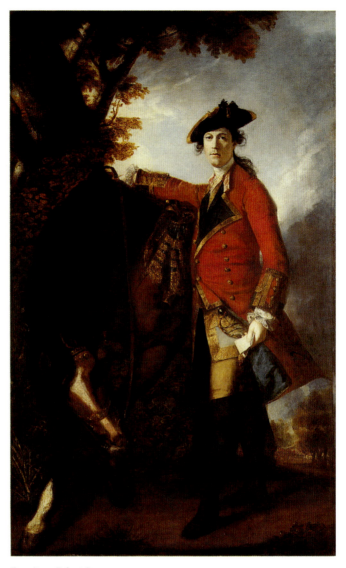

Il capitano Robert Orme

Oggi, agli artifici di Reynolds tendiamo a preferire il pennello più vivace del suo rivale Gainsborough (pagina 283). Incessante e indiscriminato sperimentatore di diluenti e pigmenti, aspirando a imitare gli effetti di superficie della pittura dei Grandi Maestri senza averne compreso i metodi, egli vide i suoi quadri impallidire, sfaldarsi e creparsi, cosicché i suoi ritratti 'perirono' ancor prima dei loro modelli. Persino i contemporanei si scandalizzarono per i suoi difetti di tecnica. E malgrado ciò, più guardiamo all'opera di Reynolds, con la prodigiosa varietà che fu giustamente invidiata da Gainsborough, e più ci rendiamo conto che l'artista realizzò davvero ciò che egli aveva definito 'quella grande idea, che conferisce alla pittura la sua vera dignità ... che consiste nel parlare al cuore'. Nel 'grande disegno' volto a 'catturare l'immaginazione', più di qualunque pittore inglese prima di lui, Reynolds fu operoso artefice di quell' 'amichevole scambio che dovrebbe esistere tra gli artisti, e che consiste nel ricevere dai morti e dare ai vivi, e forse a coloro che ancora non sono nati' (*Discorso XII*).

Il *Capitano Robert Orme* è uno dei grandi ritratti militari romantici, e Reynolds lo dipinse subito dopo essersi stabilito a Londra. Allorché nel 1761 il quadro fu esposto presso la Society of Artists, un visitatore lo descrisse come 'un ufficiale ... con una lettera in mano, pronto a montare a cavallo con tutto l'ardore misto a furore che la guerra e l'amor di patria possono eccitare'. Il modello, Robert Orme (1725–90), prestò servizio in America come aiutante di campo del generale Braddock. Quando nel 1755 Braddock fu ucciso dai francesi in un'imboscata, Orme ritornò in Inghilterra e si dimise dall'esercito. Avrebbe posato per Reynolds nel corso del 1756.

Orme non acquistò mai il ritratto dall'artista, nello studio del quale esso attrasse grande interesse 'per la sua audacia e singolarità'. È possibile che la composizione sia stata liberamente adattata da disegni di affreschi italiani e sculture romane che Reynolds aveva portato con sé in Inghilterra dopo il suo viaggio in Italia avvenuto tra il 1750 e il 1752; e non è escluso che si alluda a un ritratto di Carlo I di Van Dyck (pagina 193), attualmente a Parigi. L'effetto è comunque straordinariamente drammatico e immediato: il cielo minaccioso e l'eccentrica illuminazione, la capigliatura di Ormond scompigliata dal vento, i lumeggiati dispacci nella mano, il destriero con la schiuma alla bocca, la giubba rossa con un lembo sollevato dalla spada pronta per essere sguainata: ogni particolare suggerisce l'impressione di trovarsi di fronte a un breve attimo eroico della vita del giovane ufficiale.

Sir Joshua Reynolds   1723–1792

Lady Cockburn e i suoi tre figli maggiori

1773. Olio su tela, 142 x 113 cm

Nel suo settimo *Discorso* sull'arte, pronunciato alla Royal Academy nel 1776, Reynolds proclamava:

> Colui ... che nella pratica della ritrattistica desideri nobilitare il proprio soggetto, che supporremo essere una signora, non la dipingerà in abiti moderni, la cui sola familiarità è sufficiente a distruggere ogni decoro ... [egli] vestirà la sua figura con qualcosa che abbia un'aria generale d'antico per amore di dignità, e manterrà qualcosa di moderno per amore di somiglianza.

Nel quarto dei *Discorsi*, pronunciato nel 1771, egli aveva raccomandato al 'pittore storico' di non 'degradare le proprie concezioni con un'attenzione minuta alle qualità distintive del drappeggio ... Per lui, l'abito non è di lana, né di lino, né di seta, raso, o velluto: è semplicemente un drappeggio; nient'altro.'

Reynolds non era il solo a preoccuparsi di come i ritratti cominciassero ad apparire ridicoli man mano che la moda mutava. Gli abiti degli antichi greci o romani appartenevano all'epoca della storia europea nella quale, così credevano allora le persone colte, erano stati stabiliti, per sempre, i canoni della civiltà; si riteneva, inoltre, che essi fossero più vicini alla natura rispetto alla foggia moderna – in particolare ai rigidi busti delle signore inglesi, 'deleteri ... per la salute e una vita lunga'. Ma non tutti i modelli desideravano essere raffigurati in mitiche sciarade, che potevano talvolta avere effetti ancor più grotteschi di un corpetto fuori moda; come quando Lady Sarah Bunbury, che 'amava cibarsi di bistecche e giocare a cricket', fu ritratta da Reynolds nell'atto di offrire sacrifici alle Tre Grazie.

Il ritratto di Lady Cockburn mostra la foggia intermedia adottata dall'artista con grandissimo successo, e la sua soddisfazione per tale formula trova riflesso nell'apposizione della firma sul bordo del manto – un magnifico 'drappeggio' color oro. In accordo con l'esaltazione della maternità recentemente tornata in auge, Augusta Anne, la seconda moglie di Sir James Cockburn, viene raffigurata insieme ai suoi tre figlioletti (sebbene sedute di posa separate siano documentate per i figli maggiori). James, il cherubino

Lady Cockburn e i suoi tre figli maggiori

inginocchiato sulla sinistra, nato nel 1771, divenne generale; George, nato nel 1772, e qui intento ad arrampicarsi al collo della madre, da grande avrebbe guidato come ammiraglio la nave che condusse Napoleone in esilio a Sant'Elena; l'infante, William, nato nel giugno di quell'anno, entrò nella Chiesa d'Inghilterra e divenne Decano di York. La commissione dovette richiamare a Reynolds la tradizionale immagine allegorica della Carità, raffigurata in guisa di donna con tre bambini; probabilmente l'artista conosceva il dipinto di Van Dyck (ora alla National Gallery, ma allora in una collezione privata inglese), o la famosa incisione basata su di esso, poiché la sua composizione ricorda quell'opera in numerosi dettagli.

Mentre la Carità vandyckiana leva lo sguardo al Cielo, tuttavia, Lady Cockburn, guardando affettuosamente il figlio maggiore, ci mostra il suo profilo. Malgrado l'aria monellesca con cui George si rivolge allo spettatore, probabilmente da immaginarsi come il suo papà, la composizione rieccheggia le grandiose e severe sibille dipinte da Michelangelo sulla volta della Cappella Sistina. L'accento di colore dello splendido macao, uccello prediletto in casa di Reynolds e noto per essersi, a quanto pare, appollaiato sulla mano del dottor Johnson, fu un ripensamento, e richiama un analogo artificio di Rubens. Così bene, tuttavia, riuscì Reynolds nell'impresa di conferire a Lady Cockburn 'un'aria generale d'antico', che quando il dipinto fu inciso all'acquaforte per essere pubblicato, e Sir James proibì che il nome della consorte fosse pubblicamente esibito, la stampa fu intitolata *Cornelia e i suoi figli*, dalla matrona romana che vantava i propri figli quali suoi unici gioielli.

Henri Rousseau 1844–1910

Tigre in una tempesta tropicale (Sorpresa!)

1891. Olio su tela, 130 x 162 cm

Nel 1885, un anno dopo che Seurat aveva completato i suoi *Bagnanti ad Asnières* (pagina 321), un oscuro ex bandista reggimentale si dimise dall'impiego di addetto alla barriera di pedaggio presso il Dazio comunale di Parigi (malgrado il suo famoso soprannome, egli non raggiunse mai il grado di Doganiere) e cominciò a dedicarsi seriamente all'arte. Eseguiva e componeva musica, scriveva poesie e testi teatrali; e, soprattutto, dipingeva. Questi dipinti amatoriali, oggetto di ironia da parte di molti, cominciarono a essere apprezzati da alcuni; nel 1908 Picasso (pagina 308) diede una cena nel suo studio in onore di Rousseau.

Le ampie tele di Rousseau, dotate di un inquietante carattere onirico, hanno influenzato varie correnti pittoriche novecentesche. Benché egli sostenesse di aver ricevuto consigli tecnici dagli accademici Gérôme e Clement, le sue opere, come la gran parte dell'arte ingenua, antepongono l'elemento decorativo alla 'correttezza' della rappresentazione. Certi motivi ricorrenti, tuttavia, come quello dei rami stagliati contro il cielo, combinano la calligrafia con l'osservazione. Rousseau sosteneva di avere prestato servizio nell'esercito francese in Messico (si veda Manet, pagina 299), ma è più probabile che le sue scene esotiche fossero copiate da stampe popolari. Questa composizione, la prima di una ventina che egli si lasciò ispirare dall'ambiente dalla giungla, presenta alcune somiglianze con un pastello di Delacroix (pagina 275). Oltre alle stampe e ai libri illustrati, Rousseau studiò anche piante e animali tropicali al Jardin des Plantes di Parigi. Alcuni dei suoi effetti più magici si devono all'ingrandimento di piante ornamentali da interno; in questo caso la sansevieria, detta anche lingua di suocera, lungo il primo piano del dipinto, e il ficus, in basso a destra.

La *Tigre in una tempesta tropicale* fu esposta per la prima volta, col titolo di *Surpris!*, nel 1891 al Salon des Indépendants, una mostra annuale priva di giuria, organizzata in contrapposizione al Salon ufficiale. Più tardi Rousseau descrisse la scena come una tigre a caccia di esploratori, ma forse originariamente il titolo intendeva riferirsi al temporale improvviso che aveva colto la tigre di 'sorpresa'. Lunghe striature di lampi attraversano il cielo, e noi possiamo immaginare il rombo del tuono. È un dipinto avventuroso. L'intera composizione è dominata dal motivo delle righe; le scie della pioggia sono delicate velature trasparenti di grigio e bianco. Invertendo la normale aspettativa di un primo piano luminoso e uno sfondo più scuro, chiazze scarlatte risplendono da dietro il fogliame verde e bruno fulvo, facendo eco al rosso più tenue delle fauci contratte in una smorfia feroce della tigre allarmata.

Georges-Pierre Seurat 1859-1891

Bagnanti ad Asnières

1884. Olio su tela, 201 x 300 cm

Come Degas (pagina 272), Seurat studiò a Parigi sotto un allievo di Ingres (pagina 296) e fu profondamente legato al disegno come disciplina. I suoi bellissimi disegni a matita conté sono basati sui contrasti di tono più che sulla linea tanto cara a Degas e a Ingres, ma egli condivideva pienamente con questi due artisti l'approccio disciplinato all'organizzazione figurativa.

Per questo dipinto, la sua prima tela di ampie proporzioni, Seurat eseguì oltre venti studi preparatori, sia a matita conté che a olio, alcuni dei quali realizzati all'aperto. La scena dei *Bagnanti ad Asnières*, come anche il secondo quadro monumentale di Seurat, *Domenica pomeriggio all'isola della Grande Jatte*, ora a Chicago, è ambientata in un tratto della Senna nella zona nord-ovest di Parigi, tra il ponte di Asnières e quello di Courbevoie. In lontananza si vedono i grandi stabilimenti industriali di Clichy, mentre in primo piano alcuni lavoratori si rilassano nel loro giorno di riposo. Il tema trattato da Seurat, la ricreazione del proletariato, era d'attualità, un soggetto che interessava i politici radicali e gli scrittori naturalisti dell'epoca. L'interpretazione di Seurat, in apparenza, non sembra presentare alcun esplicito commento di natura sociale. Tuttavia, quando l'originale è davanti a noi, le sue proporzioni esprimono un possente messaggio. Come Seurat ben sapeva, le teorie artistiche accademiche paragonavano i dipinti che ritraevano la vita quotidiana alla commedia: la rappresentazione di 'uomini come noi o a noi inferiori'. La scala monumentale era riservata alla 'pittura di storia', analoga alla tragedia o all'epica, che narrava le nobili gesta degli 'uomini migliori di noi'. Usando il tradizionale linguaggio del genere più alto per soggetti di rango inferiore, Seurat compiva un atto potenzialmente sovversivo, come la giuria del Salon del 1884, che rifiutò la tela, dovette aver capito.

L'artista viene ricordato soprattutto per aver sviluppato la teoria del colore degli impressionisti nel *pointillisme*, un procedimento che consiste nell'accostare sulla tela piccoli punti di colore puro, fusi dall'occhio dello spettatore a una certa distanza. Più tardi Seurat rielaborò parti dei *Bagnanti* utilizzando questa tecnica: la cosa risulta evidente nel cappello di colore arancio, modificato con punti di azzurro e giallo (si veda il dettaglio a pagina 258), e in alcune zone dell'acqua. Il trattamento originale variava, dalle dense pennellate impressioniste per il fiume al reticolo di linee rosa, arancio, gialle e verdi per l'erba. Come nei suoi disegni a matita conté, le figure vengono irradiate di luce con la manipolazione del tono di fondo, senza alcuna considerazione per la realtà ottica. Ciò è particolarmente evidente là dove l'acqua si fa più scura dietro le carni lumeggiate, mentre appare chiara dietro le carni in ombra. In questo modo si definiscono contorni netti senza ricorrere alla linea e con un minimo di modellatura, accentuando l'impressione di una luce solare velata e nondimeno brillante.

Bombetta, canottiera, cane vigile e stivali, e persino la posa dinoccolata e il mento sfuggente dell'adenoideo ragazzo seduto: tutto colloca queste figure maschili di svariate età 'nei ceti inferiori' (con l'unica eccezione del bambino sulla destra, che si atteggia a Tritone, la divinità acquatica della mitologia classica, suonando una conca marina). Allo stesso modo, la posa impettita della coppia, lei con parasole, lui con cappello a cilindro, traghettata sul fiume, sotto la bandiera tricolore della Terza Repubblica, rivela la loro appartenenza alla borghesia. Ma sono i 'ceti inferiori' che Seurat eleva al rango di monarchi e di angeli, come quelli dipinti con geometrica maestosità da Piero della Francesca (pagina 80) nei suoi affreschi aretini, copia dei quali Seurat avrebbe potuto studiare nella cappella dell'École des Beaux-Arts di Parigi.

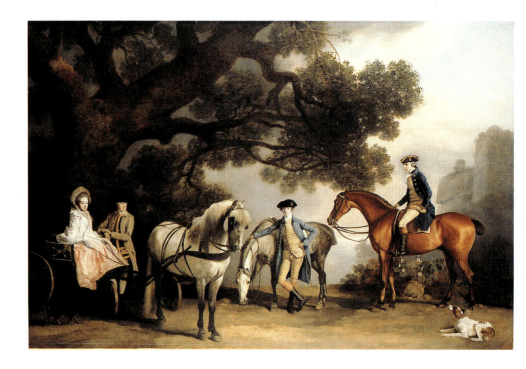

George Stubbs 1727–1806

Le famiglie Milbanke e Melbourne

Circa 1769. Olio su tela, 97 x 149 cm

Stubbs nacque a Liverpool, figlio di un venditore di cuoio, e ci seduce l'idea che proprio tra le briglie e le selle nella bottega del padre egli possa essere venuto a contatto per la prima volta con quel mondo inglese della caccia, delle corse e dell'allevamento dei cavalli del quale sarebbe diventato il quintessenziale interprete. Era un mondo nel quale duchi facevano metaforicamente comunella con garzoni di stalla, grandi proprietari terrieri con commercianti di carni di Smithfield, signore dell'alta società con fantini di Newmarket, e uomini e donne di ogni grado con cani e cavalli. 'Maestro nell'arte della distinzione di classe', come ha osservato la storica dell'arte Judy Egerton, egli non adulava né dileggiava, ma dipingeva con profonda 'accettazione delle cose più o meno come sono'. Nelle parole di Mary Spencer, sua compagna per una cinquantina d'anni, 'ogni oggetto del dipinto era un ritratto'.

Nel tentativo di raffigurare le persone in modo veritiero, Stubbs studiò anatomia presso una scuola di medicina. Per meglio ritrarre i cavalli egli li sezionava, e apprese da solo anche la tecnica dell'incisione per pubblicare *L'anatomia del cavallo*. Sebbene avesse forse desiderato diventare 'pittore di storia' di stampo accademico, del suo viaggio a Roma avvenuto tra il 1754 e il 1756 egli sembra aver conservato solamente il ricordo di un antico marmo con un leone che attacca un cavallo. Il soggetto lo tormentò per più di trent'anni e, di tutta la sua opera, questo è il tema che più si avvicina all'evocazione della 'pietà e del terrore' della narrativa epica. Le doti inventive di Stubbs non avevano a che fare con la narrazione, bensì con il disegno astratto.

L'effetto poetico creato da Stubbs combinando osservazione obiettiva e ricerca di effetto decorativo nella composizione del motivo si evidenzia con grande bellezza in questo piccolo ritratto di gruppo a figura intera, che mostra – da sinistra a destra – la diciassettenne Elizabeth Milbanke, suo padre Sir Ralph Milbanke, suo fratello John Milbanke, e suo marito

Sir Peniston Lamb, il futuro Visconte di Melbourne. Sebbene questo tipo di pittura, popolare nell'Inghilterra del Settecento, venisse definito *'conversation piece'*, qui i modelli umani non sono impegnati in conversazione più di quanto non siano il leggero calesse, i cavalli o lo spaniel di Sir Peniston. Questo insuccesso dipende probabilmente dal fatto che Stubbs aveva studiato i singoli gruppi di figure separatamente, oltre che da angolazioni diverse. Forse dovremmo immaginare che i più illustri membri della famiglia Milbanke stiano dando il benvenuto all'insignificante *parvenu* Sir Peniston. (La sua promozione al titolo di visconte nel 1784 fu ottenuta grazie alla relazione di sua moglie con il principe di Galles.)

Completa in sé stessa, ciascuna vignetta – precisa nel delineamento del carattere quanto accurata nella descrizione del costume, delle carnagioni, delle giubbe, delle bardature, o della curvatura delle ruote osservate in prospettiva – è diligentemente accostata a quella successiva per suggerire un'elegante linea sinuosa, ma priva di modulazione, che attraversa il dipinto, e lungo la quale ciascuna figura, umana o animale, riceve lo stesso rilievo. Il fregio, contenuto nell'ambito della tela, si curva verso l'interno alle due estremità. Sovente Stubbs aggiungeva un immaginario fondale paesaggistico soltanto dopo aver sistemato con piena soddisfazione le sue figure, e sono convinta che in questo caso egli abbia agito proprio così, disponendo le masse del fogliame, la rupe, e gli spazi vuoti del cielo in contrappunto con la melodia delle figure. E quel dialogo 'vitale ma infinitamente silenzioso' che si stabilisce tra loro (secondo la bellissima espressione di David Piper) è forgiato attraverso le forme e i toni degli spazi che le circondano, i ritmi creati dai colli incurvati e dalle groppe dei cavalli, dalle gambe degli uomini e dalle zampe degli animali, dagli accenti marcati dei tricorni, di rosa, azzurro, giallo opaco, baio, grigio.

Giovanni Battista Tiepolo 1696–1770
Allegoria con Venere e il Tempo

Circa 1754–8. Olio su tela, 292 x 190 cm

Per penetrare appieno nel radioso mondo del Tiepolo dobbiamo viaggiare: recarci a Venezia, la sua città natale, poi nell'entroterra verso Udine e Vicenza, quindi raggiungere attraverso le Alpi Würzburg in Baviera, per concludere il nostro itinerario in Spagna, a Madrid, dove, temendo il mutamento dei gusti in patria, l'artista decise di trascorrere gli ultimi anni della sua vita. Il più grande pittore decorativo del secolo, egli si esprimeva più felicemente nell'affresco, dove la sua maniera 'rapida e risoluta' era una necessità tecnica. Sotto il suo pennello virtuoso spazi ariosi, raggianti di luce, si aprivano su pareti e soffitti per accogliere esseri eroici – cristiani, mitologici, allegorici, storici o poetici – che abbagliavano gli spettatori mortali. Egli è stato definito l'ultimo pittore rinascimentale, e deve molto al Veronese (pagina 165). Ma Tiepolo non fu mai completamente serio nel dipingere l'epica, ancor meno del Veronese. Egli può essere maestoso ma non solenne; commovente, più che tragico. Nel secolo che scoprì la sensibilità femminile, Tiepolo introdusse una nota di tenerezza nelle immagini più austere e sublimi.

Fortunatamente per noi, parte della freschezza delle decorazioni murali del Tiepolo è preservata nei suoi schizzi a olio e in questa tela, destinata a decorare il soffitto di una sala di uno dei numerosi palazzi veneziani della famiglia Contarini. La composizione è disegnata per essere osservata dal basso, ma obliquamente, non appena si sia varcata la soglia che conduce nella stanza. Da cieli immensamente luminosi Venere, sontuosa nella sua nudità bianca, dorata e rosa, è scesa precipitosamente nel suo carro; le sue colombe, liberate dalle briglie, fluttuano con grazia sopra di lei, mentre da una nube del colore dell'alba le Tre Grazie spargono rose. Più in basso l'alato Cupido, suo figlio divino, si libra nell'aria con la faretra piena di frecce. Venere è venuta a consegnare il neonato figlioletto, appena lavato con l'acqua di un'anfora di terracotta, al Tempo. Quest'ultimo, che ha posato la sua falce, assume qui il significato dell'eternità, più che della mortalità. Il bambino – con

Allegoria con Venere e il Tempo

occhi spalancati, labbra carnose e una precoce 'punta' nell'attaccatura dei capelli – ricorda i paggetti affrescati dal Tiepolo non molto tempo prima sullo scalone della residenza principesco-vescovile di Würzburg. È evidente che l'artista intendeva raffigurare un bambino vero. L'unico figlio umano di Venere, nato da un padre mortale, era Enea, il fondatore di Roma. I Contarini, una delle famiglie più antiche di Venezia, si erano ideati un lignaggio che risaliva all'antica Roma; il riferimento a Enea suggerisce, dunque, che la decorazione del soffitto possa essere stata commissionata per annunciare la nascita di un figlio. Grazie alle sue auguste origini, oltre che alle sue stesse eroiche gesta, un rampollo Contarini poteva far presagire, come Enea, la conquista di eterna fama.

Joseph Mallord William Turner 1775–1851

Il 'Fighting Temeraire' viene rimorchiato al suo ultimo ormeggio per essere demolito

1838–9. Olio su tela, 91 x 122 cm

Se Constable (pagina 267), nativo del Suffolk, desiderava diventare un pittore naturale, Turner, figlio di un modesto barbiere di Covent Garden, aspirava al sublime. Dopo aver studiato la tecnica del disegno topografico, appagò le sue ambizioni imparando a perfezione il linguaggio di Claude (pagina 184) e dei più importanti paesaggisti e pittori di marine del Seicento olandese (pagine 178, 241), oltre agli effetti melodrammatici dello scenografo Jacques Philippe de Loutherbourg. Questo membro dell'Accademia francese di origini alsaziane, oggi quasi completamente dimenticato, dilettò il pubblico londinese e influenzò numerosi artisti, da Gainsborough (pagina 283) a Turner e Joseph Wright of Derby, allestendo spettacoli panoramici in miniatura nei quali paesaggi dipinti, illuminazione ed effetti sonori teatrali si combinavano per simulare fenomeni naturali e tragiche catastrofi.

Alla ricerca del Sublime, Turner viaggiò estesamente, schizzando grandiosi scenari e condizioni meteorologiche estreme, poi tradotti in tele che l'artista espose insieme a citazioni poetiche. Egli considerava *Didone che fonda Cartagine, o la nascita dell'impero cartaginese* (1815) il suo capolavoro, e lo lasciò in eredità alla National Gallery insieme al *Sole che sorge attraverso il vapore* a condizione che essi fossero collocati accanto al *Porto con l'imbarco della regina di Saba* (pagina 185) e al *Paesaggio con lo sposalizio di Isacco e Rebecca* di Claude. (Questa disposizione testamentaria è ora onorata nella Sala 15.)

L'emulazione della pittura barocca da parte di Turner, tuttavia, non escludeva riferimenti moderni, che venivano, anzi, convertiti in 'arte alta'. In questo modo, egli entrava in competizione sia con i maestri storici che con quelli contemporanei. Il *'Fighting Temeraire'* fu esposto alla Royal Academy nel 1839, accompagnato da alcuni versi del poeta Thomas Campbell tratti da *Ye Mariners of England (*O marinai d'Inghilterra): 'The flag which braved the battle and the breeze / No longer owns her' (La bandiera che affrontò la battaglia e la brezza / più non la governa). Il *Temeraire* si era distinto nella battaglia di Trafalgar del 1805, ma nel terzo decennio del secolo le navi da guerra reduci dalle guerre napoleoniche venivano ormai sostituite dalle navi a vapore. Turner doveva aver letto sui giornali che il vecchio veliero, ormai in disarmo, era stato rimorchiato da Sheerness a Rotherhithe per essere demolito. Nel dipinto, sia la topografia che l'ingegneria navale vengono manipolate per fini simbolici e figurativi. Turner concepisce la scena come un moderno Claude: un vascello spettrale trainato da un tozzo rimorchiatore nero, che vomita fuoco e fuliggine, sullo sfondo di un fiammeggiante tramonto. La sua tecnica è molto diversa da quella di Claude: raggi e riflessi densi e rilevati contrastano con zone coperte da sottili strati di pittura, e i colori passano repentinamente dal chiaro allo scuro. Un'epoca eroica e garbata volge al termine; l'epoca spietata del vapore e del profitto preme per affrettarne la scomparsa. Il sole che muore segna la fine dell'una, i riflessi di una pallida luna, la nascita dell'altra. Ma allo stesso modo in cui le albe e i tramonti di Claude risvegliano nell'osservatore la sensazione del viaggio, l'ultimo approdo del *'Fighting Temeraire'* evoca il declino di ogni vita umana.

Joseph Mallord William Turner 1755–1851

Pioggia, vapore e velocità; la *Great Western Railway*

Prima del 1844. Olio su tela, 91 x 122 cm

Se nel *'Fighting Temeraire'* Turner sembrava deplorare la Rivoluzione industriale, il suo atteggiamento in questo dipinto, una delle sue ultime grandi opere, è assai più ambiguo. Gli anni '40 dell'Ottocento furono un periodo in cui la ferrovia suscitò maniacali entusiasmi, e l'inquieto Turner trovò congeniali la velocità e la comodità offerte al viaggiatore da questo mezzo di trasporto. Un aneddoto inattendibile riportato dal grande sostenitore di Turner, Ruskin, fa risalire le origini del dipinto a un viaggio in treno durante un temporale, nel corso del quale l'artista avrebbe sporto la testa dal finestrino. Eccitato come sempre da forti sensazioni, Turner replica l'esperienza in pittura, ma dispone per lo spettatore un punto di vista elevato dal quale osservare il treno che si avvicina. Il ponte era, ed è, riconoscibile come il Viadotto di Maidenhead sul Tamigi, che collega Taplow a Maidenhead sulla linea ferroviaria, allora recentemente inaugurata, per Exeter e Bristol. Comin-

ciato su progetto di Brunel nel 1837 e terminato nel 1839, il viadotto fu oggetto di grandi controversie, poiché i suoi detrattori ne mettevano in dubbio la stabilità. La veduta è rivolta verso Londra; quello che si intravede sulla sinistra è il ponte carrozzabile di Taylor, la cui prima pietra fu posata nel 1772.

Ancora una volta, Turner si rifà a Claude (pagina 184) per la recessione diagonale dal primo piano verso un punto di fuga al centro del dipinto. Gli effetti cui i due artisti mirano, tuttavia, sono molto diversi. Lo scorcio eccessivo del viadotto lungo il quale il nostro sguardo viene lanciato verso l'orizzonte serve a suggerire la velocità alla quale la locomotiva irrompe nel nostro campo visivo attraverso la pioggia sferzante, con il suo faro abbagliante acceso. Davanti ad essa, una lepre – proverbialmente il più veloce tra gli animali – di esagerate proporzioni balza tra le rotaie; dubitiamo che possa vincere la gara e salvarsi la vita. Molto più in basso, sul fiume, scorgiamo una piccola barca; in lontananza, un contadino stoicamente solca con l'aratro la terra del suo campo. Virtuosistici vortici e sferzate, strisci e spruzzi di colore simulano la pioggia, il vapore e la velocità, sfocando queste figure del vecchio paesaggio. Esaltazione e rimpianto si mischiano a un senso di inquietudine; tra un attimo dovremo farci rapidamente da parte per lasciar passare il rombante cavallo di ferro.

Elisabeth Louise Vigée Le Brun 1755–1842

Autoritratto con cappello di paglia

Dopo il 1782. Olio su tela, 98 x 70 cm

Figlia e allieva di un pittore minore di Parigi, Louis Vigée, Madame Vigée Le Brun era una donna graziosa e piena di fascino; come pittrice, si specializzò in una ritrattistica femminile ugualmente graziosa e piena di fascino, pur restando una competente ritrattista di modelli maschili. L'idea settecentesca di un'eleganza spontanea può forse apparire al pubblico del nostro secolo affettata o sentimentale; nondimeno, la pittrice inaugurò uno stile nuovo. I suoi ritratti alla moda in una foggia d'abito semplificata, detta *à la grecque*, eliminano la scenografia barocca di colonne e tendaggi per rilevare maniere e sentimenti 'naturali', anticipando i ritratti neoclassici di David (pagina 271).

Madame Vigée Le Brun fuggì dalla Rivoluzione francese nel 1789, sottraendosi al destino della sua più illustre patronessa, la regina Maria Antonietta, e acquisì fama internazionale nelle capitali d'Europa. Tornò nella sua città natale dopo la Restaurazione, nel 1814, e compilò una cronaca dei primi anni della sua vita e delle successive tribolazioni e trionfi nelle piacevolissime, seppure inattendibili, *Memoirs* pubblicate nel 1835.

Il pittore Claude Joseph Vernet, ricorda l'artista, le consigliò di studiare i maestri italiani e fiamminghi, ma soprattutto di seguire la natura. Questo dipinto, replica autografa di un autoritratto eseguito a Bruxelles nel 1782, attesta argutamente l'ammirazione dell'artista per un famoso capolavoro fiammingo, il *Ritratto di Susanna Lunden* di Rubens, noto come il *'Chapeau de paille'* (pagina 238). 'Il [suo] grande effetto,' scrisse Madame Vigée Le Brun, 'risiede nei due diversi tipi di illuminazione creati semplicemente dalla luce diurna e dalla luce del sole ... Questo dipinto, mi ha ispirata a tal punto da spingermi a eseguire il mio stesso ritratto ... alla ricerca del medesimo effetto.'

Il vivo bagliore e la luminosità generale della luce all'aperto, diretta e riflessa, come rappresentata nella pittura di Rubens, sono indubbiamente osservate con grande precisione, ma Madame Vigée Le Brun si premura di registrare anche il proprio debito verso la natura. L'artista si ritrae all'aperto, sullo sfondo di un cielo chiazzato di nubi, ed essendo modella e pittrice allo stesso tempo, non c'è da sorprendersi che si presenti quasi come una personificazione dell'arte della pittura. Per questa fittizia gita in campagna, ma anche per dimostrare le sue doti di osservazione, ella porta un autentico *chapeau de paille*, a differenza del modello di Rubens, il cui copricapo è, in realtà, di feltro felpato. Alla vistosa piuma di struzzo è stata aggiunta una ghirlanda di rustici fiori appena raccolti. La capigliatura, realmente quella del modello e non una parrucca, non è incipriata. Mentre Susanna Lunden incrocia modestamente le braccia sopra la vita e guarda da sotto il cappello, Madame Vigée Le Brun offre la sua spontanea amicizia allo spettatore. Più naturale di ogni altra cosa appare, tuttavia, il suo incantevole petto. A differenza della 'bella' di Rubens, i cui seni sono modellati dall'attillato corsetto, Madame Vigée Le Brun lascia chiaramente vedere dal suo ampio *décolletage* di non aver alcun bisogno di un simile artificio.

Joseph Wright detto Wright of Derby 1734–1797

Esperimento con una macchina pneumatica

1768. Olio su tela, 183 x 244 cm

Nato a Derby, nei pressi del primo grande stabilimento industriale in Inghilterra, Joseph Wright divenne, appropriatamente, il primo pittore della Rivoluzione industriale, ritrattista e amico di industriali, ingegneri, e di quei primi scienziati che venivano ancora chiamati 'filosofi naturali'. Compì gli studi a Londra presso Thomas Hudson, maestro del più anziano contemporaneo di Wright, Joshua Reynolds. Wright, come Reynolds, aspirava a essere più di un semplice 'artigiano'. Nello spirito indagatore caratteristico dell'ambiente di Derby cui egli apparteneva, ma anche in emulazione degli epigoni olandesi del Caravaggio (pagina 180) – maestri del 'lume di candela' quali Honthorst, che aveva lavorato presso la corte inglese, (pagina 206) e Godfried Schalcken (1643–1706) – Wright intraprese continui esperimenti pittorici sugli effetti della luce; in particolare in notturni di scenari industriali – officine di fabbri, fucine, laboratori per la soffiatura del vetro, altiforni, cotonifici – e in scene di eruzioni vulcaniche, che egli raffigurò ripetutamente dopo aver visto il Vesuvio in attività durante una visita in Italia tra il 1773 e il 1775. Tutti questi soggetti furono dipinti con un nuovo fervore romantico grazie al quale Wright riuscì, come fece anche lo scienziato e poeta dottor Erasmus Darwin, nonno di Charles, ad 'arruolare l'immaginazione sotto il vessillo della scienza'.

Il motto di Darwin descrive molto bene questo ampio dipinto, allo stesso tempo moderno quadro di genere, pittura di storia, *vanitas* (si vedano le pagine 248–9, 259–60) e ritratto. Più che un esperimento, esso rappresenta un intrattenimento domestico di interesse scientifico, del genere che Josiah Wedgwood avrebbe organizzato nel 1779

Esperimento con una macchina pneumatica

convocando un assistente del chimico Joseph Priestley per istruire i figli e gli amici. Nel quadro di Wright, un carismatico filosofo naturale dimostra gli effetti del vuoto e la necessità dell'aria per gli esseri viventi. L'aria è stata aspirata dall'ampolla di vetro che sovrasta il complesso apparato sistemato sul tavolo con la pompa pneumatica inventata intorno al 1650 dal fisico tedesco Otto von Guericke. Un'altra delle sue invenzioni, una coppia di emisferi di Magdeburgo, è visibile nelle vicinanze; quando questi vengono messi a contatto, e l'aria tra di essi viene estratta, il vuoto creatosi rende le emisfere inseparabili. Dentro l'ampolla un prezioso cacatua bianco si affanna alla ricerca d'aria, e sembra prossimo alla morte. Solo lo scienziato – con la capigliatura bianca, lo sguardo e il gesto diretti del Dio Padre dell'immaginario religioso – può salvarlo, allentando la valvola alla sommità del recipiente. Il ragazzo alla finestra abbassa la gabbia dall'uccello nella speranza di una sua imminente liberazione; le sue due sorelle reagiscono con angoscia e orrore di fronte all'agonia del loro animaletto, mentre il padre adduce il freddo conforto della ragione. L'uomo anziano sulla destra medita sulla morte, un tema la cui universale pertinenza è resa ancor più evidente dal teschio umano conservato nel grosso bicchiere, dietro il quale riluce un'unica candela. Un altro tradizionale motivo di transitorietà introdotto dall'artista è l'orologio con cui l'uomo sulla sinistra cronometra la dimostrazione. Dietro di lui, un ragazzo osserva affascinato. La giovane coppia – sguardi amorosi uniti indissolubilmente, pensieri rivolti solo alla vita – è l'unico gruppo a ignorare l'azione che si svolge al centro. Si tratta di Mary Barlow e Thomas Coltman, che si sarebbero sposati nel 1769; il loro doppio ritratto come marito e moglie, dipinto da Wright nel 1771, si trova anch'esso nella Galleria.

Una più debole fonte di luce secondaria è la luna che si intravede attraverso la finestra; un tocco di gotico che ci ricorda come alla fine del Settecento scienza e occulto talvolta si confondessero, e affascinassero allo stesso modo. A distanza di pochi anni il dottor Mesmer, a Parigi, avrebbe dimostrato il 'magnetismo animale', mentre in Inghilterra la Lunar Society di Erasmus Darwin si sarebbe riunita ogni lunedì in prossimità della luna piena per discutere i progressi della scienza e della tecnologia.

NUOVE ACQUISIZIONI

San Michele trionfante sul diavolo con il donatore Antonio Juan

Bartolomé Bermejo documentato 1468–1495

San Michele trionfante sul diavolo con il donatore Antonio Juan

1468. Olio e oro su tavola, 180 x 82 cm

Il più celebre pittore di rossa capigliatura nella storia è l'italiano, attivo nel Cinquecento, soprannominato Rosso Fiorentino. Lo spagnolo Bartolomé de Cardénas meriterebbe il secondo posto in questa graduatoria, se non fosse per il fatto che solo una ventina delle sue opere sono sopravvissute. Detto in spagnolo Bartolomé Bermejo, egli ha orgogliosamente firmato con l'equivalente latino, *'bartolomeus rubeus'*, 'Bartolomeo il Rosso', il finto cartellino di pergamena in primo piano nella sua splendida tavola, una delle più importanti acquisizioni della Galleria negli ultimi anni. Bermejo fu uno dei primi, e dei più raffinati, esponenti del cosiddetto stile ispano-fiammingo, adottando la tecnica delle velature ad olio sviluppata dai pittori dei Paesi Bassi, Campin, Jan van Eyck, Rogier van der Weyden e da loro successori. Si ha comprovata testimonianza della presenza dell'artista, nativo di Cordova in Andalusia, ma, a quanto pare, in perenne movimento, a Valencia, Daroca, Saragozza e Barcellona nel regno d'Aragona; e non si esclude che parte del suo tirocinio abbia avuto luogo nei Paesi Bassi. *San Michele trionfante sul diavolo con il donatore Antonio Juan* è il dipinto più antico dell'opera di Bermejo, e la sua autenticità è attestata dai documenti oltre che dalla sua firma. Era la tavola centrale di una composita pala d'altare commissionata per la chiesa di San Miguel a Tous, vicino a Valencia, da Antonio Juan, il signore feudale della città. Juan, che nel 1473 combatté al fianco di Giovanni II d'Aragona contro i francesi, viene raffigurato piccolo in scala ma dotato di un'assertiva fisicità; abbigliato in una magnifica tunica di damasco grigio-violetto con collo in velluto, porta la catena e la spada di cavaliere. Egli è inginocchiato sulla nuda terra ai piedi di San Michele, e tiene in mano un salterio aperto sui versetti d'esordio di due salmi penitenziali: 'Pietà di me, o Dio, secondo la tua misericordia' (Salmo 51) e 'Dal profondo a te grido, o Signore' (Salmo 130).

La sconfitta del diabolico drago da parte di Michele e dei suoi angeli, descritta nell'Apocalisse (12:7), era un soggetto particolarmente apprezzato nella cattolica Spagna del Quattrocento, dove veniva associato alla *reconquista*, la riconquista dei territori occupati dai musulmani, che mantennero il governo di Granada fino al 1492. Ecco perché Bermejo, (diversamente dal Perugino, si veda pagina 78) mostra il luogotenente di Dio nell'atto di trafiggere il demone, tralasciando la bilancia con cui l'arcangelo soppesa le anime al Giudizio Finale. Come il Perugino, tuttavia, egli sfrutta le potenzialità tecniche della pittura a olio nel dipingere la lucente armatura metallica di Michele, che qui sembrerebbe fatta non d'acciaio, ma di oro. La convessa piastra pettorale riflette le torri gotiche della Gerusalemme celeste. In un saggio di ancor più esperta bravura, Bermejo mostra uno scudo sormontato al centro da una semisfera di cristallo, riflettente e trasparente allo stesso tempo. Un sacerdotale mantello di broccato d'oro, foderato in cremisi e allacciato con un fermaglio adorno di pietre preziose, fluttua nell'aria tutt'intorno al santo guerriero con impeto ondeggiante, mettendo in rilievo la grazia soave con cui egli brandisce la sua pesante spada, la compostezza delle sue ali di angelo e la bellezza impassibile del suo volto giovanile, e staccando la sua figura sottile dal consunto fondo in foglia d'oro, lavorato in disegni ornamentali.

Il demone calpestato dalle ingemmate calzature metalliche di Michele è una fantastica chimera: parte rettile, parte uccello, farfalla notturna, pipistrello, conchiglia, porcospino, bambino indisciplinato, con occhi/capezzoli brillanti, una lingua lasciva e una dentatura che divora la sua stessa carne; una creatura non meno suggestiva dei mostri inventati nei decenni successivi da Hieronymus Bosch (pagina 25). Suisciterebbe l'orrore del donatore e dell'artista venire a sapere quanto esso appaia affascinante ai miei occhi, gli occhi di una spettatrice del ventesimo secolo cresciuta tra i fumetti e i cartoni animati? O forse l'ironia faceva parte della strategia di Bermejo?

Albrecht Dürer 1471–1528

San Girolamo

Circa 1495. Olio su tavola, 23 x 17 cm

Una feconda discordanza segna il carattere e la carriera di Albrecht Dürer. Figlio e allievo diligente di un orafo di Norimberga, gettò alle ortiche l'arte paterna per ricominciare daccapo come apprendista pittore (continuando, tuttavia, a sfruttare le proprie abilità di orafo nella disciplina dell'incisione su metallo). Artigiano con rudimentale cultura letteraria, aspirava a diventare un gentiluomo e un erudito. Avendo acconsentito di buon grado a un matrimonio combinato, e avviata una bottega con la dote della sposa, nel 1494, a pochi mesi dalle nozze, abbandonò moglie e attività per attraversare le Alpi e raggiungere l'Italia. La fuga dovette essere ispirata da Willibald Pirckheimer, figlio del padrone di casa dei Dürer e amico d'infanzia di Albrecht, che studiava legge a Pavia. Questa pittura, il primo dipinto incontestato dell'artista acquistato da una galleria pubblica in Gran Bretagna, è datato subito dopo il ritorno a casa di Dürer alla fine del 1495. Da questo momento il giovane norimberghese, così copiosamente dotato di quell'empirico individualismo che egli stesso attribuì alla 'mentalità tedesca', cercò di scoprire il segreto dell'armonia universale italiana.

La Mecca artistica dell'Italia settentrionale in questo periodo non era, comunque, Pavia, e neppure, nonostante la presenza di Leonardo da Vinci, la vicina Milano, ma la Venezia di Mantegna (pagina 62) e Bellini (pagina 22). Dürer copiò le innovative incisioni del Mantegna, esotiche nelle loro *nackete Bilder*, 'figure nude', nei ritmi, nella violenza e *pathos* stilizzati dell'arte greco-romana. Con lo stesso vigore reagì all'uso poetico del colore e della luce di Giovanni Bellini. In contrasto con gli 'inventari topografici' del suo apprendistato, i disegni di paesaggio ad acquerello che egli realizzò durante il viaggio verso nord attraverso le Alpi sottomettono il dettaglio a una concezione globale, e modulano il colore dei singoli oggetti in accordo con le condizioni atmosferiche e di luce.

La minuta tavoletta di *San Girolamo* (per la storia e l'iconografia del santo si vedano le pagine 20–1) traduce questi disegni alpini in una commerciabile pittura devozionale a olio. Anni più tardi, Dürer avrebbe scritto che egli era in grado di 'produrre in un anno una pila' di opere simili, ma questa pittura giovanile appare non meno elaborata e profondamente sentita delle incisioni cui egli prodigò cure e tempo infiniti. Nella sua sintesi di stili e motivi nordici e italiani Dürer dovette desiderare che l'osservatore riconoscesse il viaggio cruciale che egli stesso aveva compiuto.

A quest'epoca, gli artisti dei Paesi Bassi e tedeschi normalmente raffiguravano Girolamo come santo erudito nel suo studio, ciò che lo stesso Dürer aveva fatto in una precedente xilografia. Qui, nell'atteggiamento del penitente, egli appare come un eroico visionario. Il suo compagno leone deve più all'iconografia di San Marco, il patrono di Venezia, che non all'osservazione di leoni veri, ma le piante e gli insetti, i vivaci fringuelli che si bagnano nel ruscello di acque perenni, quale che sia il loro carico di simbolismo religioso, sono resi con meticoloso realismo. Il crocifisso di Girolamo è saldamente conficcato nel ceppo di una betulla argentata. Abeti coronano le frastagliate guglie, e la strada sinuosa si inoltra in una foresta di querce e conifere in mezzo alle quali spuntano i tetti spioventi di un castello bavarese. Da questa ombrosità germanica, la vista si apre su un'ariosa pianura italianizzante, oltre la quale montagne lucenti si perdono in rarefatta aria azzurrina. Reso più brillante dalla nera filigrana di un albero spoglio, il bagliore giallo e arancione del sole sfida le nubi, oscuri araldi della notte al tramonto, o sue sentinelle di retroguardia che si ritirano prima dell'alba.

Sul retro della tavola appare una cometa dipinta rapidamente; forse un celeste segno premonitore del Giudizio Finale, le cui trombe si dice Girolamo abbia udito nel deserto.

Wolf Huber

Congedo di Cristo dalla madre

Dopo il 1520. Olio su tavola, 95.5 x 68 cm
Questo intenso frammento di un'originariamente più ampia pala d'altare illustra lo stesso soggetto e propone gli stessi elementi figurativi del dipinto di Albrecht Altdorfer riprodotto a pagina 102. E' la prima opera pittorica di Wolf Huber a entrare in una collezione pubblica britannica, e sebbene in termini strettamente geografici Huber sia nato nell'attuale territorio austriaco, essa rafforza notevolmente il patrimonio di area tedesca della Galleria (si vedano anche Cranach, pagina 111; Dürer, pagina 333; Holbein,

Congedo di Cristo dalla madre

pagina 122; Lochner, pagina 59; Maestro di Liesborn, pagina 70; Maestro del ritratto Mornauer, pagina 72; Maestro dell'Altare di San Bartolomeo, pagina 73).

Come Altdorfer, Huber apparteneva a un piccolo gruppo di artisti, attivi principalmente in Baviera, che traeva ispirazione dalle boscose vedute della vallata del Danubio. Le lodi della pittura di paesaggio espresse dagli autori latini e dagli autori italiani del Rinascimento, la nuova fioritura del genere paesaggistico a Venezia (si veda Giorgione, pagina 115) e, su influenza veneziana, nell'arte di Dürer, li predispose a produrre scene di questo tipo in disegni, stampe e dipinti a olio. A differenza di Altdorfer, Huber non sembra aver dipinto quadri di paesaggio 'puro', sebbene egli abbia eseguito numerosi disegni di paesaggio che influenzarono l'arte successiva. Dettagli tratti da questi ultimi, come il ponte di legno sullo sfondo di questa tavola, furono da lui utilizzati per creare scenari evocativi nelle sue composizioni narrative e nei ritratti.

In questo preludio alla Passione in cui Cristo si congeda dalla madre, il lamento delle donne, massa di linee curve e sinuose che si abbassa lentamente, si carica di *pathos* attraverso il motivo di abeti che riecheggiano, nella loro verticalità, la figura eretta del Salvatore parzialmente visibile sul bordo della tavola. La sua mano benedicente, che appare all'estrema destra del frammento, sottolinea gli angoli retti formati nell'incrocio tra i tronchi e il ponte, la cui linea orizzontale prosegue quella del suo braccio esteso. La fragilità femminile si contrappone al coraggio maschile, il dolore mortale alla volontà divina e all'insopprimibile, sublime forza vitale della natura. L'oscura vegetazione della foresta mette in risalto gli intensi rossi e azzurri dei mantelli in primo piano, la liquefazione di grigio e rosso scuro dei drappeggi delle pie donne che si chinano per confortare la Vergine affranta.

La tragedia della perdita e del dolore di una madre viene inscenata in abiti contemporanei e in un'ambientazione naturale facilmente riconoscibile per il committente, un paesaggio il cui carattere universale è acuito dalla sua stessa precisa localizzazione. La comunione emotiva con le figure viene, tuttavia, ulteriormente rafforzata dalla sapiente maestria di Huber nella prospettiva, che si rivela più chiaramente nello scorcio delle assi che formano il ponte (visibile nell'originale se, forse, non nella riproduzione). Il paesaggio, il cielo, parte del quale è certamente andata perduta, e le figure sono osservati da un unico e unificante punto di vista, quello, si potrebbe dire, dello spettatore, all'altezza degli occhi delle donne in posizione più eretta, la più lontana delle quali guarda verso Cristo.

In passato, le tavole che formano l'attuale frammento si erano separate, ed erano state successivamente imperfettamente ricomposte. Nel corso del trattamento di conservazione cui l'opera è stata sottoposta presso la Galleria dopo il suo acquisto, si è rivelato possibile riallinearle e, in aggiunta, rimpiazzare una piccola sezione mancante, larga 2.1 cm, tra due tavole sulla destra, restituendo nuovamente al gesto di Cristo piena leggibilità.

Faa Iheihe

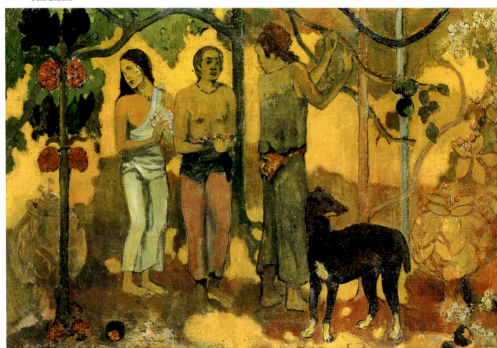

Paul Gauguin 1848–1903

Faa Iheihe

1898. Olio su tela, 54 x 169.5 cm, in prestito dalla Tate Gallery, Londra

Questo quadro, entrato alla National Gallery nel 1997 nell'ambito di uno scambio con la Tate, è stato dipinto a Tahiti, come la pittura floreale di Gauguin a pagina 286. Si tratta, tuttavia, di un'opera ben più innovativa e importante. Non soltanto riflette più chiaramente l'interesse di Gauguin per l'arte 'primitiva' e l'ethos dell'Oceania, ma segna anche l'inizio di una nuova fase della sua vita. Poco prima di dipingerla, l'artista aveva cercato di togliersi la vita ingerendo del veleno; il tentativo non era riuscito, e non fu più ripetuto. *Faa Iheihe* ricorda nel formato e nello stile l'ultimo quadro dipinto prima del fallito suicidio, *Da dove veniamo? Che siamo? Dove andiamo?* (ora a Boston), ma il suo stesso titolo, iscritto dall'artista sulla tavola in basso a destra, è segnale di una nuova serenità. L'espressione *Faa Iheihe* non fa parte della lingua di Tahiti; forse Gauguin ha scambiato due occlusive glottidali per suoni aspirati nella voce verbale *fa'ai'ei'e*, 'abbellir(si)', 'adornar(si)', oppure ha trascritto erroneamente *faa ineine*, 'preparativi per una celebrazione'. Entrambi i significati appaiono appropriati per un'opera che è allo stesso tempo decorativa e solenne, e il cui senso risiede nei suoi motivi e colori esotici, e nella loro disposizione formale, piuttosto che in uno specifico elemento narrativo.

L'aspetto della tela e la posa di alcune figure, in particolare della donna con la mano alzata in un gesto rituale di preghiera o di saluto, derivano dalla decorazione scultorea dei templi giavanesi, fotografie dei quali furono trovate nella capanna di Gauguin dopo la sua morte. Non siamo invitati a leggere il dipinto da un estremo all'altro, come in un fregio occidentale narrativo o processionale, ma procedendo verso l'esterno a partire dal centro, seguendo lo sguardo della donna dai capelli rossi sulla nostra sinistra e quello del suo nudo speculare alla nostra destra; gli scuri profili del cavallo e del cane ci spingono a ritornare verso l'interno. (Il cane non è studiato dal vero più di altri particolari, ma deriva

da un dipinto di Courbet appartenuto al tutore di Gauguin.) Anche i colori contribuiscono a dividere il dipinto in due parti, più fredda quella sinistra, più calda la destra. A tale divisione binaria si oppone, tuttavia, il modo in cui le figure e lo scenario circostante si intrecciano sulla superficie: un arabesco di rami e rampicanti attraversa la parte superiore della tela, mentre tronchi di alberi e figure verticali, arbusti ornamentali e fiori ne punteggiano l'intera altezza.

Gauguin difese questo tipo di organizzazione dello spazio pittorico in una lettera all'amico Charles Morice, scritta tra il 1896 e il 1898 ma diretta contro i critici parigini della sua esposizione tahitiana del 1893:

> ...la folla e i critici schiamazzavano davanti alle mie tele dicendo che erano troppo dense, troppo adimensionali. Nessuna delle loro amate prospettive, nessun familiare punto di fuga... Si aspettavano forse che mostrassi loro la favolosa Tahiti come la periferia parigina, dove tutto è allineato e accuratamente ordinato? ...Qualunque prospettiva che recede sarebbe un'assurdità. Poiché volevo evocare un tipo di natura lussureggiante e indomita, un sole tropicale che accende tutto ciò che lo circonda, dovevo dare alle mie figure una cornice adeguata...queste donne sussurranti in un immenso palazzo decorato dalla natura stessa... Ecco la ragione che spiega tutti questi colori favolosi, questo bagliore trattenuto e silenzioso.
> 'Ma niente di ciò esiste!'
> 'Sì che esiste, come equivalente della grandezza, della profondità, del mistero di Tahiti, quando lo si deve esprimere su una tela di appena un metro quadro...'

Indice dei nomi, dei luoghi e delle opere

I nomi degli artisti e i riferimenti di pagina in **grassetto** rimandano alle voci più importanti.

Acciaiuoli, Margherita 144
Aldobrandini, Olimpia 185
Aldobrandini, Pietro, cardinale 182, 191
Altdorfer, Albrecht 101, **102–3**
 Congedo di Cristo dalla madre **102–3**, 334, 335
 Paesaggio con ponte 102
Amsterdam 204, 205, 208, 210, 211, 213, 217, 241
Andrews, Robert e Frances Mary 284–5
Anna di Boemia 96
Anne di Bretagna 57
Anquetin, Louis 288
Ansidei, Bernardino 87
Antonello da Messina 18, **20–1**
 San Girolamo nello studio 18, **20–1**
Anversa 39, 95, 106, 116, 130, 142, 153, 194, 195, 22, 236, 239, 287
Aretino, Pietro 158, 161
Arezzo 81
Ariosto, Ludovico 229, 234
Ascoli Piceno 37, 38
Aved, Joseph 266
Avercamp, Hendrick 173–4
 Scena sul ghiaccio nei pressi di una città **173–4**
 Scena invernale con pattinatori nei pressi di un castello 173
Augsburg 122
Avogadro, famiglia 137
Avogadro, Gerolamo II 137

Baburen, Dirck
 La Mezzana 255
Bacchiacca 144
Baldovinetti, Alesso 21–2, 23
 Ritratto di dama in giallo **21–2**, 23
Bartolomeo, fra 158
Basilea 122, 123
Bassano, Jacopo 103–4, 119
 Salita al Calvario **103–4**
Baudelaire, Charles 313
Bazille, Frédéric 306
Bellini, bottega dei 62, 158
Bellini, Gentile 22, 163
Bellini, Giovanni 21, **22–5**, 62, 64, 100, 115, 126, 334
 Il doge Leonardo Loredan 21, **22–3**, 163
 Festino degli dei 158
 Incoronazione della Vergine 22
 Preghiera nell'orto **24–5**
Bellini, Jacopo 22

Bentivoglio, famiglia 34
Berchem, Nicolaes 174–5
 Contadini con quattro buoi e una capra al guado presso i resti di un acquedotto **174–5**
Bergamo 138, 140
Bermejo, Bartolomé 331-2
 San Michele trionfante sul diavolo con il donatore Antonio Juan **331-2**
Bicknell, Maria 268
Blauw, Jacobus 271–2
Bloemaert, Abraham 177, 206
Bologna 34, 147, 181, 201, 202
 San Petronio 233
Bonington, Richard 276
Borch, Gerard ter 175–6
 Ufficiale che detta una lettera 175
 Suonatrice di tiorba e due uomini **175–6**
Borghese, Pierfrancesco 144, 152
Borgherini, Salvi 144
Borgo San Sepolcro 80, 81, 89
Bosch, Hieronymus 25–6, 106, 332
 Cristo schernito (Incoronazione di spine) **25–6**
Both, Jan 174
Botticelli, Sandro 18, **27–9**
 'Natività mistica' **28–9**
 Venere e Marte 18, **27**, 29, 79
Boucher, François 280
Boudin, Eugène 303, 304
Bouillon, duca di 185
Bouts, Dirk 19, **29–30**
 Deposizione nel sepolcro 19, **29–30**
Bramante, Donato 147
Brant, Isabella 236
Braque, Georges 263
Brescia 136, 137, 140, 149
Bresdin, Rodolphe 313
Bronzino 100, **104–6**, 145, 154
 Allegoria con Venere e Cupido 101, **104–6**, 112
Browning, Robert 147
Bruegel il Vecchio, Pieter 106–7, 155, 173
 Adorazione dei Magi **106–7**
Bruges 20, 39, 76, 116
 San Donaziano 39
Brugghen, Hendrik ter 171, **177–8**, 206
 Concerto **177–8**, 204, 208
Brunelleschi, Filippo 67
Bufolini, Maria 142

Caffarelli, Prospero, vescovo 37
Campen, Jacob van 243
Campin, Robert 31–3, 46, 95, 130, 332
 Ritratti di uomo e di donna 31
 Madonna col Bambino davanti a un parafuoco 32
Campin, Robert, bottega di 32–3
 Madonna col Bambino in un interno **32–3**
Canaletto 262–3, 293
 'Il cortile dello scalpellino' **262–3**
Cappelle, Jan van de 178–9
 Imbarcazione olandese che tira una salva di saluto mentre una lancia si allontana, e molti piccoli vascelli all'ancora **178–9**
Caravaggio 171, 177, **180–1**, 190, 201, 251, 252, 255, 329
 Ragazzo morso da un ramarro 180
 Salomè riceve la testa di San Giovanni Battista 181
 Cena in Emmaus **180–1**
Carpio, marchese del 252, 253
Carracci, Agostino 181
Carracci, Annibale 181–2, 184, 190, 218, 223, 267
 'Domine, quo vadis?' **181–2**
Carracci, i 201
Carracci, Ludovico 181
Castelfranco 115
Catullo 159
Cavallino, Bernardo 171
Cézanne, Paul 263–5
 Bagnanti 260, **263–4**
 La stufa nello studio **264–5**
Champaigne, Philippe de 183–4
 Il cardinale Richelieu **183–4**
Chardin, Jean-Siméon 213, 264, **265–6**
 Fontana di rame 264
 Il castello di carte **265–6**
Carlo I, re d'Inghilterra 195, 196, 207, 235
Carlo II, re d'Inghilterra 192
Carlo V (Asburgo), imperatore 140
Carlo VI, re di Francia 75
Carlo il Calvo, re franco 74
Carlo Martello, re franco 74, 75
Carlo il Temerario, duca di Borgogna 76
Charlotte, regina d'Inghilterra 298, 299
Chevreul, Michel Eugène 311, 314–15

Chigi, Agostino 150
Cima da Conegliano, Giovanni Battista 33–4, 81
Incredulità di San Tommaso **33–4**
Claude Lorrain 170, 175, **184–7**, 212, 259, 270, 325, 326, 327
Agar e l'angelo 267
Paesaggio con lo sposalizio di Isacco e Rebecca 170, **185**, 325
Porto di mare con l'imbarco della Regina di Saba 170, **184–5**, 325
Veduta di Delo con Enea **186–7**
Clemente VIII (Aldobrandini), papa 142, 181
Cockburn, Lady 317, 318
Colonia 59, 60, 73
Coltman, Mary e Thomas 330
Constable, John 237, 241, 259, **267–9**, 283, 325
Il carro da fieno **267–8**, 276
La baia di Weymouth, con Jordon Hill **268–9**
Contarini, famiglia 323, 324
conversazione, scene di 260, 295, 322
Cornaro, Francesco 62
Corot, Jean-Baptiste Camille **270–1**, 309, 310
Avignone da occidente 271
Contadini sotto gli alberi all'alba **270–1**
Correggio 100, **108–10**, 119, 141, 154, 181
Madonna della cesta **109–10**
Venere con Mercurio e Cupido ('L'educazione di Amore') 101, **108–9**
Cortona, Pietro da 200
Cosimo Rosselli 79
Costa, Lorenzo 34–5, 92, 224
Concerto **34–5**
Courbet, Gustave 338
Cozens, Alexander 269
Cranach, Hans 101, 111
Cranach il Giovane, Lucas 111
Cranach il Vecchio, Lucas 101, **111–13**, 136
Lamento di Cupido a Venere 101, **111–12**
Ritratti di Giovanni il Costante e Giovanni Federico il Magnanimo **112–13**
Cristiano II, re di Danimarca 125
Cristiano IV, re di Danimarca 207
Cristina di Danimarca, duchessa di Milano 125–6
Crivelli, Carlo 36–8
Annunciazione con Sant'Emidio **37–8**
Madonna della rondine 36
Cuyp, Aelbert 187–8
Paesaggio fluviale con cavaliere e contadini **187–8**
Darwin, Erasmus 329, 330

David, Gerard 39–40
Madonna col Bambino con sante e donatore **39–40**
David, Jacques-Louis **271–2**, 280, 329
Jacobus Blauw **271–2**
Ritratto della Viscontessa Vilain XIIII e di sua figlia 271
Degas, Hilaire-Germain-Edgar 260, 270, **272–5**, 300, 303, 320
Dopo il bagno, donna che si asciuga **272–4**
Hélène Rouart nello studio del padre **274–5**
Delacroix, Ferdinand-Victor-Eugène 165, 263, **275–6**, 296, 319
Louis-Auguste Schwiter **275–6**
Massacro di Scio 276
Delaroche, Paul 259, **277–8**
L'esecuzione di Lady Jane Grey **277–8**
Delft 132, 198, 208, 209
della Robbia, Luca 82
della Torre, Giovanni Agostino 126, 127
della Torre, Niccolò 126, 127
Devis, Arthur 284
Diderot, Denis 266
Dinteville, Jean de 123, 124
Dittico Wilton **96–7**
Dolci, Carlo 171, **188–9**, 232, 245
Adorazione dei Magi **188–9**
Madonna col Bambino e fiori 188
Domenichino 184, **190–1**, 202, 218, 223
Apollo e i Ciclopi **190–1**
Domenico Veneziano 80
Donatello 52, 67
Donne, Sir John 76
Dordrecht 187, 217
Dou, Gerrit 191–3
Bottega di pollivendolo **191–3**
Drouais, François-Hubert 278–80
Madame de Pompadour **278–80**
Duccio di Buoninsegna 40–3, 51, 81
Annunciazione **42–3**
Gesù apre gli occhi a un cieco 42
Madonna col Bambino e santi **40–1**
Madonna Rucellai 40
Maestà 41, 42, 43, 89
Trasfigurazione 42
Dunthorne, John 268
Duquesnoy, François 192
Dürer, Albrecht 59, 62, 103, 118, 130, 143, 232, 245, **333–4**, 335
San Girolamo **333–4**
Dyck, Antonie van 163, 164, 171, 183, **193–8**, 284, 299, 317, 318
Il Conte di Pembroke con la sua famiglia 164
Sant'Ambrogio impedisce all'imperatore Teodosio di entrare nella Cattedrale di Milano **193–4**

Ritratto equestre di Carlo I **195–6**
Lord John e Lord Bernard Stuart **197–8**
Ritratto della viscontessa Andover e Lady Thimbelby 198

Eitner, Lorenz, citato 275
Elliot, William 188
Elsheimer, Adam 101, **113–14**, 181, 184, 240, 259
San Paolo a Malta **113–14**
Enrico VIII, re d'Inghilterra 123, 126
Erasmo 123, 130, 131
Este, Alfonso d' 158
Este, Borso d' 92
Este, Ercole d' 92
Este, Isabella d' 54
Este, Lionello d' 93
Eyck, Jan van 21, 31, 39, **44–6**, 96, 116, 330, 332
Uomo col turbante **45–6**
Ritratto di Giovanni (?) Arnolfini e di sua moglie ('Ritratto degli Arnolfini') **44–5**

Fabritius, Carel 198–9, 208
Veduta di Delft 198
Giovane con berretto di pelliccia e corazza (autoritratto?) **198–9**
Fantin-Latour, Henri 286
Federico il Saggio, elettore di Sassonia 111
Ferrara 34, 35, 80, 93, 158
Villa Belfiore 93
Fielding, Henry 295
Fielding, Thales 276
Filippo II, re di Spagna 120, 253
Filippo IV, re di Spagna 249–50, 251
Filippo di Borgogna, vescovo di Utrecht 116
Filippo il Buono, duca di Borgogna 116
Firenze 27, 50, 53, 54, 56, 58, 60, 61, 80, 82, 84, 94, 133, 147, 188, 234
Cappella Brancacci 66
Duomo 82
Oratorio di San Sebastiano 84
Santa Maria del Carmine 58, 68
Fisher, John, reverendo 268
Flaubert, Gustave 313
Fontainebleau 212
Fourment, Daniel 238
Fourment, Hélène 237, 238
Fragonard, Jean-Honoré 109, 260, **280–1**
Psiche mostra alle sorelle i doni di Cupido **280–1**
Frederik Hendrik, principe d'Orange 179, 207, 212
Friedrich, Caspar David 261, **281–2**

Paesaggio invernale **281–2**
Fuseli, Henry, citato 269

Gainsborough, Thomas 221, 260, 267, **283–5**, 316, 325
I coniugi Andrews **284–5**
I coniugi Hallett ('La passeggiata mattutina') **283–4**
Gauguin, Paul 285–6, 288, 301, 313, **337–8**
Faa Iheihe **336–8**
Vaso di fiori **285–6**
Geertgen tot Sint Jans 47–8
Natività, notturno **47–8**
genere 260 *si veda anche* 'vita quotidiana'
Gentile da Fabriano 48–9, 83
Madonna col Bambino (Madonna Quaratesi) **48–9**
Gerbier, Balthasar 235
Gérôme, Jean-Léon 313, 319
Ghiberti, Lorenzo 52, 69
Giacomo I, re d'Inghilterra 195, 211
Giordano, Luca 171, 188, **200–1**
Morte di Gezabele 200
Perseo pietrifica Fineo e i suoi compagni **200–1**
Ratto delle sabine 200
Giorgione 100, **115–16**, 137, 149, 150, 158, 161, 162
Tramonto **115–16**
Giotto di Bondone 50–1, 67, 89, attribuito a:
Pentecoste **50–1**
Giovanni il Costante, elettore di Sassonia 111, 112, 113
Giovanni Federico il Magnanimo, elettore di Sassonia 111, **112–13**
Giovanni di Paolo 51–2, 89
San Giovanni Battista si ritira nel deserto **51–2**
Scene dalla vita di San Giovanni Battista 51
Girtin, Thomas 267
Giulio II (della Rovere), papa 146, 147
Giulio Romano 225
Giustiniani, Vincenzo, marchese 206
Gogh, Vincent van 203, 285, **286–9**, 301
Ritratto di Mme Roulin 288
Girasoli **288–9**
La sedia di van Gogh 260, **286–8**
Gonzaga, Federico II, signore di Mantova 108
Gossaert, Jan 116–19, 155
Adorazione dei Magi 116, **117–19**
Vacchi coniugi **116–17**
Goya, Francisco de 260, **290–3**
Don Andrés del Peral 291
Doña Isabel de Porcel **290–1**
Il duca di Wellington **292–3**
Maja desnuda 252

Scampagnata 291
Goyen, Jan van 242
Granacci, Francesco 144
Greco, El 119–20, 171
La cacciata dei mercanti dal tempio **191–20**
Grey, Lady Jane 277, 278
Guardi, Francesco 293–4
Capriccio architettonico **293–4**
Guardi, Giovanni Antonio 293
Guercino 171, **201–2**
Sibilla cumana con un putto 202
Cristo morto con due angeli **201–2**
Guericke, Otto von 330

Haarlem 47, 120, 202, 204, 242, 243
Hallett, William e Elisabeth 283, 284
Hals, Frans 202–4, 227, 247, 264
Giovane con un teschio (Vanitas) **202–4**
Heemskerck, Martin van 120–1
La Vergine e San Giovanni Evangelista, donatore e Santa Maria Maddalena **120–1**
Heine, Heinrich 312
Heyden, Jan van der 204–5
Veduta della Westerkerk ad Amsterdam **204–5**
Hobbema, Meindert 205–6
Il viale di Middelharnis **205–6**, 310
Hofer, famiglia 91
Hogarth, William 218, **295–6**
Matrimonio alla moda 260, 295
Il contratto di matrimonio **295–6**
Holbein, Hans, il Vecchio 122
Holbein, Hans, il Giovane 72, 101, **122–6**
Cristina di Danimarca, duchessa di Milano **125–6**
Jean de Dinteville e Georges de Selve ('Gli ambasciatori') **123–4**
Signora con scoiattolo e storno **122–3**
Ritratto di Enrico VIII 123
Honthorst, Gerrit van 177, **206–8**, 329
Cristo davanti al sommo sacerdote **206–8**
Hooch, Pieter de 208–9, 217, 264
Cortile di una casa di Delft **208–9**
Huber, Wolf 334–6
Congedo di Cristo dalla Madre **334–6**
Hudson, Thomas 315
Huet, Paul 276
Huygens, Constantijn 211–12

Ingres, Jean-Auguste-Dominique 260, **296–7**, 302, 320
Angelica salvata da Ruggiero 296

Madame Moitessier **296–7**
Innocenzo VIII, papa 37, 84
Jacopo di Cione 53–4, attribuito a:
Incoronazione della Vergine con santi in adorazione (pala d'altare di San Pier Maggiore) **53–4**
Jansen, Cornelis 183
Javier, Francisco 292
Joannes de Broeder 117
Juárez, Benito 299

Kalf, Willem 210–11
Natura morta con corno a guisa di coppa della gilda degli arcieri di S. Sebastiano, aragosta e bicchieri **210–11**
Keyser, Thomas de 211–12
Ritratto di Constantijn Huygens e del suo assistente **211–12**
Keyser, Thomas de, il Vecchio, 205
Koninck, Philips 241

La Hire, Laurent de 212–13
Figura allegorica della Grammatica **212–13**
Lamb, Sir Peniston 322–3
Lanfranco 109
Lastman, Pieter 213–14
Giunone scopre Giove con Io **213–14**
Lawrence, Thomas 276, **298–9**
La regina Charlotte **298–9**
Lebrun, Charles 218
Legenda aurea 74, 144, 155
Le Nain, fratelli, Antoine, Louis e Mathieu 215–16, 264
Quattro figure a tavola **215–16**
Tre uomini e un fanciullo 215
Leonardo da Vinci 54–7, 66, 79, 80, 86, 100, 109, 110, 123, 130, 131, 147, 149, 180, 181
Cristo tra i dottori 181
Il Cenacolo 54, 181
La Gioconda 54
Vergine col Bambino con Sant'Anna e San Giovannino **56–7**, 100
Vergine delle rocce **54–6**, 100
Leone X (de' Medici), papa 150
Leslie, C.R., citato 268, 269
Lippi, Filippino 27, 58
Lippi, fra Filippo 27, **58–9**
Annunciazione **58–9**
Sette santi 58
Lochner, Stephan 59–60
Adorazione dei Magi 59
Santi Matteo, Caterina d'Alessandria e Giovanni Evangelista **59–60**
Londra 305, 311
Abbazia di Westminster 124
Lopez, Alfonso 229
Loredan, Leonardo, doge 23

Lorenzo Monaco 60–1, 69
  Incoronazione della Vergine e santi in adorazione 60–1
Lotto, Lorenzo 126–9, 137
  Dama con disegno di Lucrezia 128–9
  Il medico Giovanni Agostino della Torre e suo figlio Niccolò 126–7
Loutherbourg, Jacques Philippe de 325
Lovanio 29
Lucas van Leyden 144
Luigi XII, re di Francia 57
Luigi XV, re di Francia 279, 280
Lunden, Susanna 238–9, 329
Lutero, Martin 72, 111, 124

Mabuse *si veda* Gossaert, Jan
MacGregor, Neil 184, 218
Maes, Nicolaes 217–18
  Cristo benedice i fanciulli 217–18
Mander, Karel van, citato 178, 242
Manet, Edouard 259, 291, 299–300
  L'esecuzione di Massimiliano 259, 299–300
Manierismo 147, 153, 154
Mantegna, Andrea 22, 24, 25, 34, 38, 62–5, 109, 224, 334
  Preghiera nell'orto 64–5
  Introduzione del culto di Cibele in Roma 62–3
  Madonna col Bambino 64
Mantova 34, 62
Margarito d'Arezzo 40, 65–6
  Vergine in trono col Bambino, con scene della Natività e delle vite dei santi 65–6
Margherita d'Austria, governatrice dei Paesi Bassi 125–6
Margherita di York 76
Maria d'Ungheria, governatrice dei Paesi Bassi 126
Marinus van Reymerswaele 129–30, 131
  Gli esattori 129–30
Martino V Colonna, papa 70
Maestro dell'Altare di San Bartolomeo 73–4
  Deposizione dalla croce 73–4
Maestro di Delft 132–3
  Scene dalla Passione 132–3
Maestro di Flémalle *si veda* Campin, Robert
Maestro di Liesborn 70–1
  Annunciazione 70–1
Maestro del ritratto Mornauer 72
  Ritratto di Alexander Mornauer 72
Maestro di Sant'Egidio 74–5
  La Messa di Sant'Egidio 74–5
  Sant'Egidio e la cerva 74
Masaccio 48, 58, 66–8, 69–70, 81
  attribuito a (con Masolino): *Santi Liberio (?) e Mattia* 69–70
  Madonna col Bambino 48, 66–8, 70

Masolino 58, 66, 69–70
  Assunzione della Vergine 69
  attribuito a (con Masaccio): *Santi Liberio (?) e Mattia* 69–70
  Miracolo della neve 69
  Santi Girolamo e Giovanni Battista 69
Massimiliano, imperatore del Messico 299, 300
Massys, Quinten 39, 130–1
  attribuito a: *Vecchia grottesca* 130–1
Matisse, Henri 260, 301–2
  Ritratto di Greta Moll 301–2
Medici, Cosimo de' 94, 105
Medici, Cosimo III de' 245
Medici, Giulio de' 150, 151
Medici, Maria de' 183
Medici, famiglia 58, 150, 234
Mejía, Tomás, generale 299, 300
Meléndez, Luis 260, 302–3
  Natura morta con arance e noci 302–3
Melzi, Giovanni Francesco 54
Memling, Hans 39, 76–7
  Madonna col Bambino con santi e donatori (Trittico Donne) 76–7
Menasseh ben Israel 231
Mengs, Anton Raffaël, citato 109
Meyer, Caspar 272
Michelangelo 50, 66, 77, 86, 100, 119, 120, 133–6, 142, 144, 147, 150, 151, 152, 155, 158, 318
  Deposizione nel sepolcro 100, 133–4, 135
  Giudizio universale 119, 181
  Leda e Notte 240
  Madonna col Bambino, San Giovanni e angeli ('Madonna di Manchester') 100, 135–6
  Madonna della scala 136
  Tondo Doni 133
Mignard, Pierre 218–19, 245
  La marchesa di Seignelay con due dei suoi figli 218–19
Milbanke, famiglia 322–3
Millet, Jean-François
  Lo spulatore 261
Miramón, Miguel, generale 299, 300
Moll, Greta 301, 302
Monet, Claude 229, 287, 301, 303–7, 310, 314
  Bagnanti alla Grenouillère 306–7
  Impressione. Levar del sole 303
  Il laghetto delle ninfee 305–6
  La spiaggia a Trouville 259, 303–4, 314
Monfried, Daniel de 286
Monticelli, Adolphe 288
More, Sir Thomas 123
Moretto da Brescia 101, 136–8, 139
  Ritratto di gentiluomo 136–8
Morice, Charles 338
Morisot, Berthe 307

Mornauer, Alexander 72
Moroni, Giovanni Battista 101, 136, 138–40
  Ritratto di gentiluomo ('Cavaliere dal piede ferito') 139–40
  Ritratto di uomo ('Il sarto') 138–9
Murillo, Bartolomé Esteban 172, 220–2, 255
  Autoritratto 221–2
  Le due Trinità 220–1

Napoleone III, imperatore di Francia 300
Nashe, Thomas, citato 116
natura morta 172, 210, 248, 251, 260, 265, 309
Niccolini, famiglia 235
Niccolò di Pietro Gerini 53
Niccolò da Prato, vescovo di Ostia 40
Niccolò da Tolentino 94

Orme, Robert 315, 316, 317
Ovidio 79, 159
  Metamorfosi 79, 186, 187, 200, 214, 218

Pacheco, Francisco 249
Padova 50, 62
paesaggio 101, 102, 106, 114, 115, 143, 144, 170, 173, 174–5, 184, 186, 187, 191, 205, 206, 236, 237, 241, 242, 268, 270, 309
pale d'altare 18, 19, 20, 29, 33, 36, 37, 39, 40, 42, 47, 48, 53, 60, 61, 65, 66, 70, 77, 78, 87, 96, 121, 132, 133, 150, 170, 227
Pamphilj, Camillo 185
Parigi 74, 183, 223, 305, 320
  Abbazia di Saint-Denis 74
  École des Beaux-Arts 321
Parma 108, 119, 141
Parmigianino 108, 119, 141–2, 154
  Madonna col Bambino con i santi Giovanni Battista e Girolamo 141–2
Patinir, Joachim 101, 116, 142–4, 259
  attribuito a: *San Girolamo in un paesaggio roccioso* 142–4
Perugino, Pietro 76, 77–8, 86, 87, 88, 224, 245, 332
  Madonna col Bambino con un angelo, l'Arcangelo Michele e l'Arcangelo Raffaele con Tobia 77–8
Picasso, Pablo 260, 263, 308–9, 319
  Piatto di frutta, bottiglia e violino 308–9
Piero della Francesca 35, 80–2, 89, 92, 261, 321
  Battesimo di Cristo 80–1
  Natività 35, 81–2
Piero di Cosimo 79, 147

Combattimento tra Lapiti e Centauri 79
Satiro piange la morte di una ninfa 79
Pirckheimer, Willibald 334
Pisa 68
   Santa Maria del Carmine 68
Pisanello 83–4
   Visione di Sant'Eustachio 83–4
Pisani, famiglia
Pisano, Nicola e Giovanni 40
Pissarro, Camille 264, 270, 303, 309–11, 314
   Il viale di Sydenham 309–11
pittura di storia 18, 144, 163, 171, 214, 218, 223, 227, 254, 259, 299, 320, 322
Plinio il Vecchio 113
Poe, Edgar Allan 313
Poel, Egbert van der 198
Pollaiolo, Antonio e Piero del 84–5, 93, 100
   Battaglia dei dieci ignudi 84, 85
   Martirio di San Sebastiano 84–5
Pompadour, Mme de 278–80
Pontormo, Jacopo 105, **144–5**, 148, 152
   Giuseppe con Giacobbe in Egitto 105, **144–5**
Porcel, Doña Isabel e Don Antonio de 291
ritratti 18, 21, 23, 31, 35, 45–6, 72, 101, 116, 123, 124, 125, 126, 127, 128, 130, 131, 136, 139, 146, 148, 153, 158, 162–3, 172, 197, 198, 199, 202, 211, 217, 221, 222, 238, 249, 260, 296, 301, 309
Post, Pieter 212
Poussin, Nicolas 171, 190, 212, 218, **223–7**, 259, 270
   Adorazione del vitello d'oro 223–4
   Baccanale 224
   Cristo che risana un cieco 227
   Ritrovamento di Mosè 226–7
   Traversata del Mar Rosso 224
   Trionfo di Pan **224–5**
Preti, Mattia 200
Pucci, famiglia 85
Puvis de Chavannes, Pierre-Cécile 259, **311–12**
   Decollazione di San Giovanni Battista **311–12**
   Concordia e *Bellum* 311

Quaratesi, famiglia 48

Raffaellino del Garbo 147
Raffaello 77, **86–9**, 100, 101, 103, 126, 142, **146–7**, 150, 151, 181, 190, 191, 221, 223, 232, 233
   Baldassare Castiglione 229
   Madonna col Bambino con San Giovanni Battista e San Nicola di Bari (Madonna Ansidei) **87–9**

Madonna di Foligno 142
Madonna della seggiola 153
Nozze della Vergine 89
Papa Giulio II 146–7
San Giovanni Battista che predica 89
San Nicola che salva la vita ai marinai 89
Santa Caterina d'Alessandria 86–7
Trasfigurazione 150, 151
Redon, Odilon 261, **313–14**
   Ofelia tra i fiori 313–14
Rembrandt 163, 171, 172, 177, 191, 198, 199, 205, 212, 213, 217, **227–32**, 235, 299
   Autoritratto all'età di 34 anni **229–30**
   Festino di Baldassar 172, 229, **231–2**
   Giovane donna che si bagna in un ruscello 172, **227–9**
   Stampa dei cento fiorini 218
Reni, Guido 171, 202, 223, **232–3**, 245
   Lot abbandona Sodoma insieme alle figlie 232–3
Renoir, Pierre-Auguste 301, 303, 306, **314–15**
   In barca sulla Senna 259, 310, **314–15**
Reynolds, Sir Joshua 221, 260, 283, 299, **315–18**, 329
   Il capitano Robert Orme **315–17**
   Lady Cockburn e i suoi tre figli maggiori **317–18**
Riccardo II, re d'Inghilterra 96–7
Richelieu, cardinale 183–4, 224
Riley, Bridget 120, 264
Rockocx, Nicolaas 194, 239
Rodolfo II (Asburgo), imperatore 154, 166
Romanino, Girolamo 136
Roma 69, 87, 100, 109, 119, 120, 126, 133, 142, 177, 180, 190, 202, 223, 234
   Cappella Sistina 27, 77, 133, 152
   San Pietro in Montorio 152
   Santa Maria Maggiore 69
   Santa Sabina 245
   Vaticano, appartamenti papali 87
   Villa Farnesina 150
Rosa, Salvator **234–5**
   Autoritratto **234–5**
Rosso Fiorentino 332
Rouart, Hélène 274–5
Rouart, Henri 274–5
Rousseau, Henri **319–20**
   Tigre in una tempesta tropicale (Sorpresa!) **319–20**
Rubens, Peter Paul 114, 126, 144, 171, 183, 193, 194, 199, **235–40**, 249, 259, 267, 276, 280, 299, 329
   Paesaggio con arcobaleno 237

   Paesaggio autunnale con veduta di Het Steen di prima mattina 236–7, 241
   'Guerra e Pace' (Minerva protegge Pax da Marte) 235–6
   Ritratto di Susanna Lunden(?) ('Il cappello di paglia') 199, **238–9**, 329
   Sansone e Dalila 194, **239–40**
Ruisdael, Jacob van **241–2**, 259, 267
   Paesaggio panoramico con le rovine di un castello e la chiesa di un villaggio **241–2**
   Paesaggio panoramico con rovine 241
Ruskin, John 235, 326
Ruysdael, Salomon van 179, 241, **242–3**
   Veduta di Deventer da nord-est **242–3**

'sacra conversazione' 87
Saenredam, Pieter **243–4**
   L'interno della Buurkerk di Utrecht **243–4**
Sandrart, Joachim von, citato 184
Santi:
   Ambrogio 195
   Anna 56
   Antonio abate 40, 76, 116
   Aurea 40
   Barbara 39, 76
   Benedetto 60, 61, 65
   Brigitta di Svezia 48, 81
   Caterina d'Alessandria 37, 39, 60, 65, 76, 86, 87
   Cristoforo 76
   Domenico 40
   Edmondo 96
   Edoardo il Confessore 96
   Egidio 74
   Eligio 74
   Eustachio 84
   Francesco 89, 90
   Giorgio 37, 48, 116, 155–6
   Giovanni Battista 30, 48, 51–2, 54–5, 60, 61, 70, 76, 81, 87, 96, 135, 153
   Giovanni Evangelista 60, 61, 65, 70, 76, 121, 134
   Girolamo 20–1, 37, 70, 142, 143, 334
   Giuseppe 82, 110, 118, 153, 221
   Liberio 69, 70
   Lorenzo 54
   Margherita 45, 65–6, 255–6
   Maria Maddalena 30, 40, 48, 74, 95, 149–50, 160–1
   Martino 70
   Matteo 59, 60, 61
   Mattia 69, 70
   Michele, arcangelo 78, 332
   Nicola di Bari 48, 65, 87
   Paolo 70, 114
   Pietro 53, 60, 61, 70, 157, 182

Raffaele, arcangelo 78
Rocco 116
Romualdo 60
Sebastiano 37, 85
Stefano 53
Tommaso 33, 81
Uberto 84
Veronica 103–4
Santi, Giovanni 86
Sarto, Andrea del 144, **147–8**, 163
Ritratto di giovane **147–8**
Sassetta 51, **89–90**
San Francesco trionfante 89
San Francesco riceve le stimmate **89–90**
Sassoferrato 245–6
Madonna in preghiera 245–6
Savoldo, Gian Girolamo 136, **149–50**
Santa Maria Maddalena si reca al Sepolcro **149–50**
Schalken, Godfried 329
Schiavone, Andrea 164
Schwiter, Louis-Auguste 276–7
Scuola sveva, artista ignoto 26, **91–2**
Ritratto di donna della famiglia Hofer **91–2**
Sebastiano del Piombo 150–3
Madonna col Bambino, San Giuseppe, Giovanni Battista e un donatore 144, **152–3**
Resurrezione di Lazzaro 150–1, 152
Seignelay, Jean-Baptiste Colbert de 218
Seignelay, marchesa di 218–19
Selve, Georges de 123, 124
Seurat, Georges-Pierre 81, 261, **320–1**
Bagnanti ad Asnières 261, 319, **320–1**
Domenica pomeriggio all'isola della Grande Jatte 320
Shakespeare, William 178, 204, 314
Siena 40, 51, 89
Duomo 42, 89
Sisley, Alfred 314
Sisto IV (della Rovere), papa 37, 84
Siviglia 220, 251, 255
Sofia di Meklemburg 112
Spagna, lo 245
Spencer, Mary, citata 322
Spranger, Bartholomaeus 153–4
Adorazione dei Magi 153–4
Squarcione, Francesco 62
Steen, Jan 247–8
Effetti dell'intemperanza 247–8
Giocatori di birilli davanti a una locanda 247
Due uomini e una giovane donna musicanti su un terrazzo 247
Steenwyck, Harmen 249

Allegoria delle vanità della vita umana 249
Stoffels, Hendrijke 227, 228
Stuart, Elisabetta, regina di Boemia 207
Stuart, Lord John e Lord Bernard 197, 198
Stubbs, George 322–3
Le famiglie Milbanke e Melbourne 260, **322–3**

Tallemant, Gédéon 212
Tenniel, Sir John 131
Tiepolo, Giovanni Battista 165, 259, 293, **323–4**
Allegoria con Venere e il Tempo 259, **323–4**
Tintoretto, Jacopo 119, **155–8**, 164, 165, 245, 250, 253
Lavanda dei piedi **157–8**
Ultima Cena 157
San Giorgio e il drago **155–6**
Tiziano 100, 101, 115, 119, 126, 137, 150, 155, **158–64**, 165, 181, 195, 200, 223, 250, 253, 264, 299
Bacco e Arianna 101, 150, **158–9**, 223, 225
Morte di Atteone 100, 101
'Noli me tangere' **160–1**
Ritratto di donna ('La Schiavona') 302
Ritratto di uomo **162–3**, 229
La famiglia Vendramin **163–4**
Venere e Adone 101
Tournai 31
Treck, Jan Jansz. 248–9
Natura morta con caraffa di peltro 248
Natura morta (Vanitas) 248–9
Tura, Cosimo 19, 34, **92–3**
Figura allegorica 19, **92–3**
Turner, Joseph Mallord William 170, 259, **325–7**
Didone che fonda Cartagine 170, 325
Il 'Fighting Temeraire' viene rimorchiato al suo ultimo ormeggio per essere demolito **326–7**
Pioggia, vapore e velocità; la Great Western Railway **325–6**
Sole che sorge attraverso il vapore 170, 325

Uccello, Paolo 18, 80, **93–4**
Battaglia di San Romano 18, **93–4**
Ulm 91
Urbino 80, 86
Utrecht 177, 244

vanitas 202, 204, 248–9, 266
Vasari, Giorgio 79
citato 62, 66, 84, 93, 133, 142, 145, 146, 147, 153

Velázquez, Diego 171, 172, 220, 221, **249–53**, 255, 264, 265, 291
Scena di cucina con Cristo nella casa di Marta e Maria **251–2**
Filippo IV di Spagna in bruno e argento **249–51**
La toeletta di Venere ('la Venere di Rokeby') 172, **252–3**
Velde, Adriaen van de 242
Vendramin, Andrea 163
Vendramin, famiglia 163–4
Venezia 20, 33, 100, 109, 119, 124, 150, 155, 157, 158, 165, 166, 181, 262–3
Vermeer, Johannes 254–5, 264
Giovane donna in piedi alla spinetta **254–5**
Vernet, Claude-Joseph 329
Veronese, Paolo 165–6, 200, 303, 323
Allegoria d'Amore, II ('Disinganno') 166–7
La famiglia di Dario davanti ad Alessandro 165–6
Verrocchio, Andrea del 77
Vespucci, famiglia 27
Vigée Le Brun, Élisabeth Louise 239, **328–9**
Autoritratto con cappello di paglia **328–9**
Virgilio
L'Eneide 186
Visch de la Chapelle, Richard de 39, 40
'vita quotidiana' 172, 175, 192, 202, 208, 247, 254
Voltaire 279
Vouet, Simon 212
Vroom, Hendrik 178

Walpole, Horace, citato 235
Waterhouse, Ellis, citato 284
Watteau, Jean-Antoine 247, 280
Wedgwood, Josiah 329
Wellington, duca di 292–3
West, Benjamin 267
Weyden, Rogier van der 39, 92, 93, **95–6**, 116, 130
La Maddalena che legge **95–6**
Whistler, James Abbot McNeill, citato 204
Wierix, fratelli 221
Wilson, Richard 267
Witz, Konrad 81
Wright of Derby, Joseph 325, **329–30**
Esperimento con una macchina pneumatica **329–30**

Zola, Émile 264
Zurbarán, Francisco de 172, **255–6**
Santa Margherita d'Antiochia **255–6**